¥ 新编

会计业务

从入门到精通

曾勤·编著

U0650810

人民邮电出版社

北京

图书在版编目（CIP）数据

新编会计业务从入门到精通 / 曾勤编著. —— 北京：
人民邮电出版社，2017.8（2018.8重印）
ISBN 978-7-115-45457-7

Ⅰ. ①新… Ⅱ. ①曾… Ⅲ. ①会计学－基本知识
Ⅳ. ①F230

中国版本图书馆CIP数据核字（2017）第087913号

内 容 提 要

　　本书以《会计法》《企业会计准则》以及各项财经法规等为依据，以一般纳税人会计业务处理为主线，结合作者多年的会计从业经验编写而成。

　　本书共分为四篇。第一篇为"走近会计"，主要介绍会计基础理论，包括会计基础、会计要素、会计科目与账户、会计凭证、会计账簿以及财务报表等理论知识；第二篇为"业务核算"，详细地阐述了会计日常工作中业务及其账务处理的流程与方法；第三篇为"技能提升"，主要是对会计工作中涉及的税务处理、票据处理、财务报表分析以及会计电算化的运用进行详细介绍，目的是丰富会计人员的知识结构，以提高业务技能；第四篇为"实战演练"，主要是全盘手工账的实际操练，以某公司某月发生的经济业务为载体，填制记账凭证、登记账簿、编制财务报表、填列纳税申报表等，模拟其一个月完整的会计账务处理。

　　为了便于读者更好地学习本书内容，本书在重、难知识点后均附有二维码，通过手机或平板电脑扫描二维码，即可观看该知识点的视频动画讲解或账务实操演示。此外，本书配套光盘中还提供 3 大真账练习系统、书中同步实操练习的参考答案和相关会计单据，以及 Excel 做账模板等内容，供读者练习和参考使用！

　　本书适合财务会计岗位的新手、会计初学者以及缺乏会计实操经验的人阅读，也可作为广大会计从业者的参考用书。

◆ 编　　著　曾　勤
　　责任编辑　牟桂玲
　　责任印制　彭志环

◆ 人民邮电出版社出版发行　　北京市丰台区成寿寺路 11 号
　　邮编　100164　电子邮件　315@ptpress.com.cn
　　网址　http://www.ptpress.com.cn
　　固安县铭成印刷有限公司印刷

◆ 开本：787×1092　1/16
　　印张：30.5
　　字数：567 千字　　　　　　　　　　2017 年 8 月第 1 版
　　印数：3 701－4 000 册　　　　　　　2018 年 8 月河北第 4 次印刷

定价：69.80 元（附光盘）

读者服务热线：(010)81055410　印装质量热线：(010)81055316
反盗版热线：(010)81055315

F○REWORD

组织编写本书的初衷 ▶▶

财务工作向来是众多求职者的心仪之选。根据历年大学毕业生就业的热门工作岗位统计数据来看，会计岗位一直是名列前茅。

一般人认为会计工作就是"做账"，但这其实只是对会计工作内容较为通俗的理解。所谓"做账"，就是对企业发生的经济业务进行会计处理。会计人员只有具备做账的基本技能，才能娴熟地处理企业的各项业务，从而在业务处理中不断拓展其他方面的技能。

正是基于上述考虑，本书以会计业务的具体处理为基本出发点，在介绍会计理论知识的基础上，详细讲述了会计人员在日常工作中所涉及的各项业务的处理。

本书的读者对象主要有：一是已取得会计从业资格证书但缺乏实操经验的人员；二是会计初学者或转行想从事会计工作的人员。通过阅读本书，他们不仅可以巩固会计理论基础，还可以掌握会计实际做账的方法及具体操作步骤，从而达到熟练处理会计业务的目的。

本书能给读者带来的帮助 ▶▶

⋙ 巩固会计理论基础

本书针对会计业务处理所需的基础理论，通过会计做账的流程，分别介绍了各步骤所依据的理论基础。在介绍相关知识时，将理论与实际操作相结合进行阐述，并针对实际业务处理中的问题，提供了"经验之谈"小栏目，这主要是总结一些会计的工作经验，为读者提供了业务处理的"小窍门"。同时，读者还可以通过"知识补充"小栏目了解一些关于会计业务处理的延伸知识。

>>> 掌握常见的业务处理方法

本书首先将会计人员日常工作中涉及的业务进行系统分类，然后分别对不同类别下业务的处理进行了详细介绍。在介绍相关业务处理时，本书提供了丰富的案例资料，这些案例都是对真实业务的提炼。通过这些案例，读者可以真实体会到企业业务的具体处理方法以及详细的操作步骤。

>>> 提升票据管理与税务处理能力

在实际工作中，会计人员常常会与各类票据打交道，因此，本书介绍了企业常见票据的相关知识，并提供了各类票据在填写时的具体方法。同时，由于企业负有纳税义务，所以会计人员与税务机关之间的业务往来也是"家常便饭"。本书还对企业经营中涉及的常见税种以及主要税种纳税申报表的填写进行了简单的介绍。

>>> 掌握财务报表分析能力

会计人员还必须掌握针对财务报表的分析能力。本书详细介绍了财务报表分析的方法，其中，针对资产负债表与利润表的分析，提供了具体的案例。本书通过对特定企业财务报表的分析，使读者掌握如何分析企业主要财务报表，以及如何通过财务报表分析指标分析出企业的偿债能力、营运能力以及盈利能力等。

>>> 掌握企业全盘手工账账务处理

本书最后提供了一个公司在某个月中发生的具体经济业务，以供读者模拟练习会计人员在实际工作中从取得原始凭证、填制记账凭证到登记会计账簿，再到编制财务报表，最终完成纳税申报的全套业务处理。同时，本书的配套光盘资源中也提供了相关账务处理的参考答案。通过此部分练习，读者可以体验会计人员从月初到月末会做的各项具体工作，从而真实体会会计人的职场生活。

>>> 通过光盘中提供的"真账实操训练营"轻松学实操

本书配套光盘中提供有"真账实操训练营"，读者可以在计算机上运行并进行实操训练。该系统完全模拟一个企业的真实账务处理，读者不仅可以在计算机上直接填制记账凭证、报表等，而且还可以观看相关的实操视频讲解，身临其境学实操。

怎样使用本书 ▶▶

　　为了让读者能够更好地使用本书，建议阅读以下几点小提示。

◆ 本书采用的是循序渐进的方式进行讲解，因此，建议读者按分篇的顺序进行学习。

◆ 本书中提供有二维码，用手机或平板电脑扫描二维码，即可观看会计知识动画讲解、账务实操视频演示、知识延伸以及相关案例的操作解析等内容。

◆ 本书的配套光盘中提供有前三篇每章章末"基础练习""提高练习""精通练习"的参考答案和相关单据，以及第四篇业务处理中涉及的记账凭证、"T"型账户、试算平衡表、账本、财务报表、纳税申报表等，在本书中相应位置均有光盘对照路径，以供读者参阅。

◆ 为了方便读者更好地练习手工做账，本书配套光盘提供了"凭证账簿类模板（供打印）"等文件。这些模板均为 Excel 格式，且已设置好打印效果，读者只需打开账簿模板，然后在连接有打印机的计算机上进行打印输出，便可练习做账使用。当然，读者也可以自行购买记账凭证和账簿等会计资料进行练习。

作者团队 ▶▶

　　除了本书编委会成员外，参与本书资料收集整理、部分章节编写、校对、排版、光盘制作等工作的人员还有：曾勤、肖庆、李秋菊、黄晓宇、蔡长兵、牟春花、李凤、熊春、蔡飚、张程程、高利水、郑巧、李巧英、廖宵、何晓琴、蔡雪梅、罗勤、李星等。

　　尽管在本书的编写与出版过程中编者力求精益求精，但由于水平有限，书中难免有错漏和不足之处，恳请广大读者批评指正。我们的联系信箱是 muguiling@ptpress.com.cn。

编　者

CD ▶光 盘 使 用 说 明

INSTRUCTIONS

　　将光盘放入光驱中，光盘会自动开始运行，并进入演示主界面。若不能自动运行，可以在"计算机"窗口中双击光盘盘符，或在光盘文件的根目录下双击 autorun.exe 文件图标进行运行。下面对光盘的主要功能及板块进行介绍。

1 主界面

　　在光盘演示主界面中有"本书配套""真账实操训练营"和"超值赠送"3个按钮，单击某个按钮，即可打开文件夹查看资源或运行软件，如图1所示。

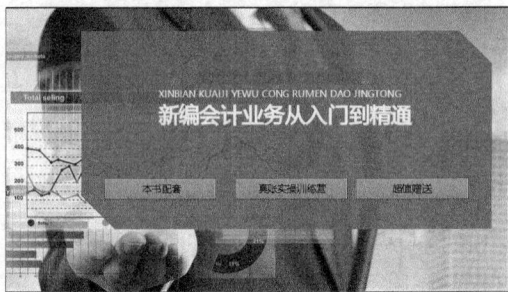

图 1　主界面

2 "本书配套"板块

　　本板块中主要提供本书的案例单据、手工账资料、练习题答案等配套资源，如图 2 所示。单击某个选项，即可在打开的文件夹中查看相关内容。

图 2　"本书配套"板块

3 真账实操训练营

　　在光盘主界面中单击"真账实操训练营"按钮，将进入真账实操训练营，在其中可以观看和练习会计实操做账，如图 3 所示。

　　真账实操训练营中，除"零基础学会计"板块外，其他 3 个板块在使用前均需要激活。在激活时需要先连接互联网，然后单击界面中的"新手专项训练""手工账训练"或"模板打印与下载"按钮，均可打开"激活"对话框，如图 4 所示，在其中输入光盘封面上的 12 位激活码，最后单击"激活"按钮即可激活全部功能。

图 3 "真账实操做账训练营"板块

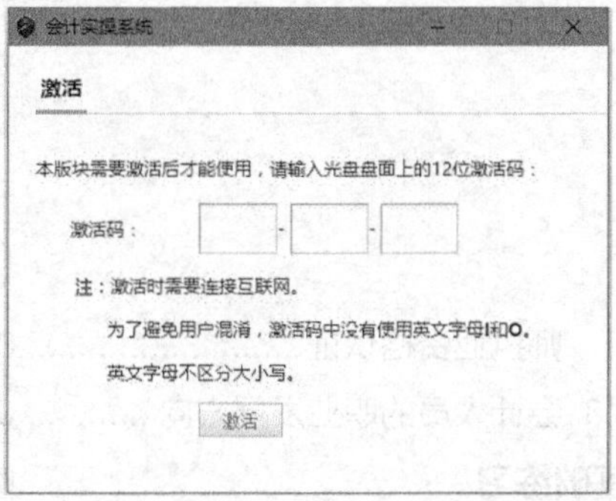

图 4 "激活"对话框

● "零基础学会计"板块：该板块中提供会计基础知识和成本核算的动画演示，以及凭证与票据填制、会计登账、款项核算及纳税、会计档案装订 4 个方面的实操视频讲解（见图 3）。

● "新手专项训练"板块：在该板块中可以进行账簿填制和开票的专项练习，如图 5 所示。

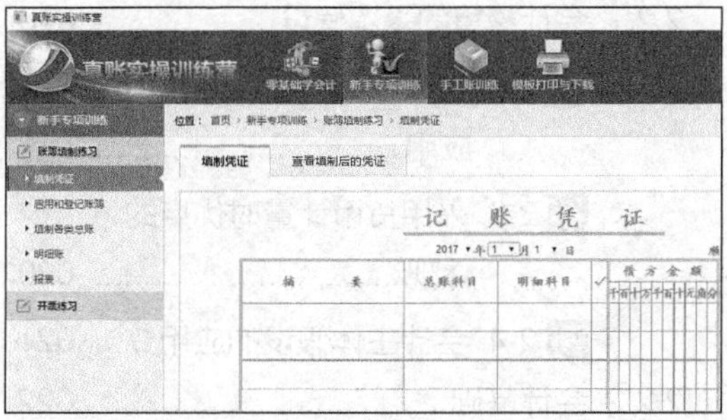

图 5 "新手专项训练"板块

● "手工账训练"板块：在该板块中可以对传统的手工做账进行专项训练，如图 6 所示。

图 6 "手工账训练"板块

● "模板打印与下载"板块：在该板块中可以下载和打印会计实操过程中所需要使用的各种模板，如图 7 所示。

图 7 "模板打印与下载"板块

4 "超值赠送"板块

本板块主要为读者提供一些学习资料，如图 8 所示。单击某个选项，即可查看相关内容。

图 8 "超值赠送"板块

目录 CONTENTS

第3篇 技能提升 ▶▶

第15章 做好企业与税务机关的中
间人——报税 298

UNIT

第1篇 ▶▶

初识会计

第 1 章　走近会计

本 章 导 读

会计这一职业由来已久，我国从周代起就有了专设的会计官职。但随着社会的不断发展，对于"会计"一词，就产生了不同的理解，而会计这一职业也越来越受到大众的关注。有意从事会计工作的人员，应该了解会计的含义、从事会计工作需要掌握的技能，同时，对于会计这一职业的发展方向也应该有所认识。这样可以为自己在踏入会计领域之前做好准备。

本章首先介绍了会计的基本概念及其所包含的经济意义，以及会计岗位的工作内容。在此基础上，总结了会计人员应具备的知识。最后，还对会计的职业发展进行了简单介绍，主要包括会计职业发展的不同阶段以及会计职位的晋升路径等。通过本章的学习，读者可以对会计的工作内容与会计岗位的设置有一个基本的了解。

精彩内容

▶ **什么是会计**：会计的概念、会计的经济意义、会计岗位的工作内容。

▶ **会计人员应具备的知识**：财务会计专业知识、税务基本知识、财经法规知识、基本的财务管理知识。

▶ **会计的职业发展**：会计职称评定、注册会计师执业资格认证、会计人员的职业发展方向。

1.1 什么是会计

大多数会计初学者对会计的认识是比较片面的。最为普遍的一种理解就是：会计是企业的一个职位，就是与钱财打交道的人员。其实不然，"会计"一词在不同的角度具有不同的含义。

1.1.1 会计的概念

从西周时期开始，我国就设立了与现代会计岗位类似的官职，主要负责掌管赋税收入、钱银支出等财务工作。在古代，财务工作主要是进行月计、岁会，是指每月零星盘算为"计"，一年总盘算为"会"，两者合在一起即称"会计"。

会计的概念并不是唯一的，其主要有以下三层意思。

- **会计是一门学科**：会计学是管理学的一个分支，其专门研究会计方法与会计理论。
- **会计是一种职业**：会计从业者的工作内容以货币为主要计量单位，通过专门的方法和手段对经济活动进行监督和管理。
- **会计是对一类人员的统称**：会计人员是指主要从事会计工作的人。

对"会计"的上述含义进行归纳，如图 1-1 所示。

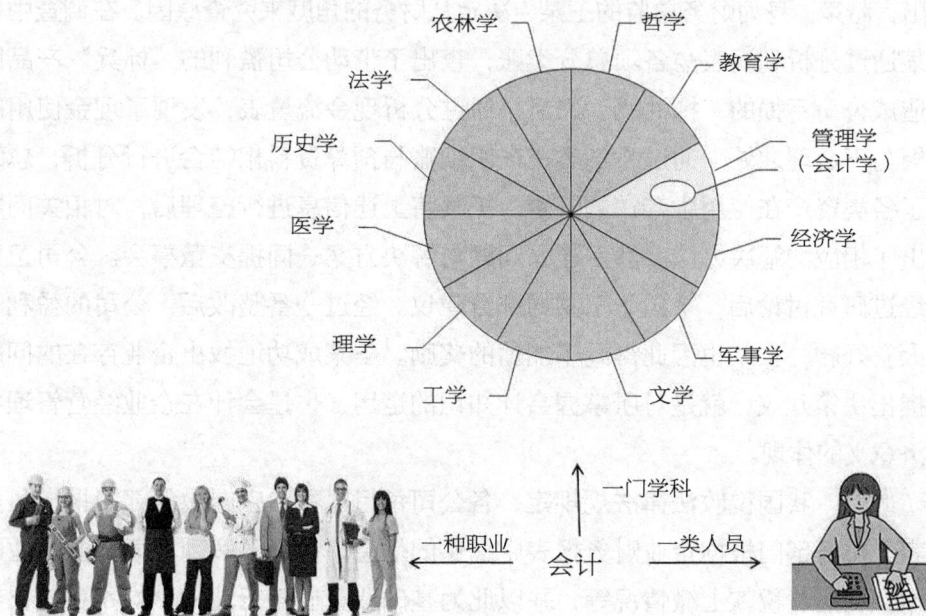

图 1-1 "会计"的含义

1.1.2 会计的经济意义

会计作为企业的一项经济管理活动，既可以对经济信息进行收集、加工、利用，也可以对经济活动流程进行组织、控制、调节和指导，还可以根据提供的信息对各类决策提供资料支持。因此，会计是了解和掌握经济信息的重要来源，并且具有非常重要的经济意义。

从宏观方面来讲，利用会计提供的经济信息，可以为政府的宏观经济管理和决策提供重要依据和信息支持；从微观方面来讲，根据会计提供的信息，可以帮助各类财务信息使用者，如投资者、债权人、企业管理人员等了解和掌握企业的财务状况、经营成果和现金流量等信息，并据此进行相应的战略规划，做出正确的投资和管理决策。

例 1-1

会计经济意义的体现

会计在宏观与微观方面的经济意义，在概念上不容易理解，能否通过一个实例对两者进行说明呢？

┃ 专家解答 ┃

会计的经济意义可通过以下实例进行理解：A公司是本行业的标杆企业，但近两年公司的盈利情况却不大理想。为了找出原因，董事长决定让各部门经理出言献策。身为财务总监的王某，决定从财务的角度来究查原因。在调查中，王某通过分析利润表与各项总分类账，查出了带动公司盈利的"标兵"产品以及造成公司亏损的"拖油瓶"产品；通过分析现金流量表，发现了现金使用的短板与不合理之处；通过将各类资产明细账与预算资料相结合进行分析，总结出了各类资产在使用中存在的问题。王某将上述信息进行整理后，对相关问题提出了相应的解决办法，然后连同问题与解决方案一同提交董事会。公司董事会经过研究讨论后，采用了王某的部分建议。经过一番整改后，公司的盈利情况大有好转，王某也因此得到了加薪的奖励。王某成功地找出企业存在的问题并提出决策建议，就是对所掌握会计知识的运用，也是会计在企业经营管理中经济意义的体现。

此外，我国税收法律法规规定，各公司每月（季）应向税务部门报送各类报表。税务部门根据企业财务报表中提供的信息，可以了解到不同行业企业的成本、利润、税款上缴情况等，并以此为基础计算出各行业的平均税负，在参考其他资料后，再制定出各行业的平均税负。税务部门也可通过将实际缴税情况与行业平均税负相比较，查看企业是否存在逃避缴纳税款的情况。税务部门采用会计人员提供的会计信息，计算出各行业平均税负，这便体现了会计在宏观调控中的经济意义。

1.1.3 会计岗位的工作内容

企业根据规模以及业务特点的不同，设置的会计岗位也有所不同。通常，会计岗位可分为财务总监、财务经理、财务主管和财务人员。其中，财务人员主要包括会计员、出纳、报账员、统计员等。根据企业业务处理的复杂程度，会计员还可以根据工作的性质和内容再进行分类，如工资核算会计、往来核算会计、财产物资核算会计、资金核算会计、成本费用核算会计、收入利润核算会计、总账会计等。

会计涉及的各类岗位如图 1-2 所示。

图 1-2 不同的会计岗位

岗位不同，会计从业人员的工作内容也不同，如表 1-1 所示。

表 1-1 不同会计岗位的工作内容

会计岗位	工作内容
财务总监	①制定与完善财务部内部制度、工作流程、工作标准 ②对公司资金进行统筹管理，对财务数据进行分析，对企业成本费用进行控制 ③参与确定公司的股利政策，促进与投资者的顺畅沟通，保证股东利益的最大化 ④组织编制公司预算、财务收支计划、成本费用计划、信贷计划、财务报告和会计报表等 ⑤与财政、税务、银行、证券等相关政府部门及会计师事务所等相关中介机构建立并保持良好的关系 ⑥审定财务、会计、审计等财务负责人的任免、晋升、调动、奖惩事项 ⑦对公司重大的投资、融资、并购等经营活动提供建议和决策支持，参与风险评估、指导、跟踪和控制
财务经理	①组织、带领团队进行企业会计核算、财务分析、财务管理等工作 ②负责组织、领导财务部门全面开展会计核算、财务管理、财务分析、纳税筹划工作 ③准确、及时、全面、系统地核算企业各项收入、成本、债权债务、经营成果等 ④按时编制会计报表及相关财务资料，对企业经营状况及财务状况进行认真分析 ⑤定期组织资产清查盘点，保证财产安全 ⑥定期清理往来账户，及时催收和清偿款项，做好账务核对，组织审计工作 ⑦负责所属人员的管理、培训、绩效考核、任用及部门的团队建设

会计岗位	工作内容
财务主管	①对公司日常财务活动进行核算，参与公司的经营管理 ②核对、抽查公司各项财产的登记工作，检查是否按规定计算折旧等 ③草拟内部会计操作程序和财务内控制度、措施，保证企业资产安全 ④对财务分析提供简要数据 ⑤审核会计凭证、审核上报的各种会计报表及纳税申报表、审核往来数据的准确性 ⑥协助上级做好部门内务工作，完成部门领导交办的任务 ⑦负责编制公司月度、年度财务报表
财务人员	①审核、录入公司经济业务的原始凭证 ②编制记账凭证，登记总账、明细账 ③编制公司内部财务管理报表及日常统计表 ④向政府有关管理部门提交报表，负责税费的计算和计提 ⑤正确办理纳税申报，按期缴纳各种税款，妥善处理公司发票管理等相关工作 ⑥整理和保管会计凭证、账簿等财务资料 ⑦处理与银行、工商、税务等部门的事项，协助上级主管与税务、金融和政府部门建立工作联系

由表1-1可知，各会计岗位具有以下特点。

● **财务总监**：其工作内容具有较强的综合性，属于企业宏观方面的工作，较少强调具体的核算工作，主要是与公司管理层或决策层相关的内容，同时，财务总监还应善于处理与外部各组织间的关系。

● **财务经理**：其工作内容与财务总监的工作内容相比，要具体一些。虽然财务经理的工作也强调对企业的管理，但同时包含了具体的核算内容。

● **财务主管**：其工作内容更多地强调对实际业务的处理，同时也会参与公司的管理。与财务人员相比，财务主管的工作主要强调的是审核与汇总，即对财务人员的工作进行审核，并汇总相关会计资料。此外，会计主管还应对财务人员进行技能指导等。

● **财务人员**：其工作内容即会计的基本工作内容，也就是所谓的"做账"，其工作就是核算企业日常经济活动，并办理与税务相关的业务，基本不会涉及企业管理层面的内容。

1.2 会计人员应具备的知识

通过对会计各岗位的介绍可以发现，会计人员无论在管理企业方面，还是对企业经济业务的具体核算方面，都需要有一定的知识储备。会计作为一个专业性很强的职业，其对从业人员的专业素质、水平以及能力都有较高的要求。

1.2.1 会计人员要会做账——财务会计专业知识

财务会计专业知识是会计人员应具备的基本技能，无论从事何种与会计相关的工作，财务会计知识都是从业基础。在实际工作中，主要从会计理论与专业技能两方面考查。

会计理论方面主要考查会计人员是否具备以下三方面的专业知识。

- **将经济活动转化为会计语言**：主要检查会计人员是否能将企业发生的经济活动以会计分录的形式进行体现。在这个过程中，主要用到会计要素、科目、账户、借贷记账法等相关知识。
- **掌握会计核算的理论基础**：主要考查会计人员是否了解会计凭证的类型、会计账簿的格式、财产清产的程序等，这些都是进行具体会计核算的理论基础。
- **编制财务报表**：主要检查会计人员是否会编制财务报表。因为财务报表是企业会计信息的最终体现，若不能将企业经济活动转化为财务报表信息，那么会计核算工作就是无效的。

专业技能方面主要考查会计人员是否能将所掌握的专业理论运用到具体的工作中。具体来说，就是检查会计人员是否会使用财务软件；是否会将会计分录填制到记账凭证中，填制的格式、金额等是否正确；是否能根据记账凭证和原始凭证登记总分类账和明细分类账；是否能将凭证上的数据登记到账簿上；是否能根据总账资料与记账凭证编制资产负债表、利润表等财务报表等。

1.2.2 会计人员要会报税——税务基本知识

一个企业从成立到结束都伴随着与税务部门打交道。在成立初期，企业需要到税务部门办理税务登记。企业日常的经营活动会涉及各项税费的缴纳，如增值税、消费税、企业所得税、城市维护建设税、教育费附加等。若企业在经营过程中发生涉税事项的变更等，需要到税务部门办理变更税务登记；若企业经营不善倒闭或结束业务时，则需要到税务部门办理注销税务登记。

会计人员应具备的税务基本知识主要概括为以下三方面。

- **办理税务登记**：会计人员应了解具体的办理流程，即具体应在什么地方办理税务登记手续，办理税务登记应准备的资料有哪些，填写税务登记各类表时涉及哪些项目等。
- **企业日常经营活动中的税务处理**：首先，会计人员应知道本企业生产经营活动应该缴纳的税种，这就需要会计人员对主要税种的征税范围进行适当了解；其次，会计人员还应计算出具体应缴纳的税款数额，这就需要会计人员掌握并准确计算出各类税种应纳税额。除此之外，多数企业老板都希望少缴税款，所以，这时还需要会计人员在合法、合理的前提下进行纳税筹划，从而使得企业的税负降到最低。
- **办理变更税务登记与注销税务登记**：会计人员应了解企业进行相关变更是否符

合办理相应税务登记的条件，若不符合条件，还应进行什么处理，若符合条件，还需准备什么资料；企业若存在未结清的往来款项等，是否需要先行处理等。这些都是会计人员在进行具体操作时应该考虑的问题。

1.2.3 会计人员应懂法——财经法规知识

会计人员应具备的法律知识主要是指财经法规知识。由于会计人员的工作主要就是与钱财打交道，因此会计人员对于财经法规知识的掌握程度将直接影响业务处理的正确性。

为了规范会计工作，我国出台了一系列法律法规，其中企业会计工作涉及的法律法规主要有《中华人民共和国会计法》（以下简称《会计法》）和《企业会计准则》。《会计法》是会计法律制度中层次最高的法律规范，它是制定其他会计行政法规、会计规章的依据，也是指导会计工作的最高准则。

《企业会计准则》包括基本准则、具体准则和应用指南。基本准则为主导，对企业财务会计的一般要求和主要方面做出原则性的规定，为制定具体会计准则提供依据；具体准则是在基本准则的指导下，对企业处理具体业务做出的标准规范；应用指南从不同角度对企业具体准则进行强化，解决实务操作问题。

由于会计人员的工作中常常会涉及各种票据的处理，因此其还应了解支付结算的相关规定，如银行各类账户的使用、各类票据的填写及使用等，了解这些知识有助于提高处理会计业务的效率，保证正确性。

> **知识补充**　　若会计人员工作的单位属于事业单位或政府部门，其工作依据就不是《企业会计准则》，而是《事业单位会计准则》或《行政单位会计制度》。

1.2.4 会计人员应参与管理——基本的财务管理知识

一般会计人员若想在职业发展上有所成长，还应该具备基本的财务管理知识，为企业的长远发展提供财务决策支持。

通常，财务管理知识主要应用于企业的筹资、投资决策以及企业的日常运营中。运用财务管理中的有关指标，可以全方位地对企业的经营情况进行分析。例如，应用净现值、年金净流量、现值指数、内含报酬率等对企业投资活动进行分析；应用存货周转期、应收账款周转天数、ABC 分析法、经济订货模型等对企业资金营运情况进行分析；应用量本利分析、目标利润分析等方法对企业成本的管理进行分析。

由于会计人员时常会与财政、税务、银行等机构打交道，而这些部门获取企业信息时也大都通过会计人员，因此会计人员不仅应具备财务公关意识，还应加强与外界的交流，建立起双方友好沟通的桥梁。

1.3 会计的职业发展

会计的职业发展包括两方面：一方面是对于会计行业整体而言的；另一方面是对单个会计人员个人的职位晋升而言的。就整个会计行业而言，会计人员的职业发展大致如图 1-3 所示。

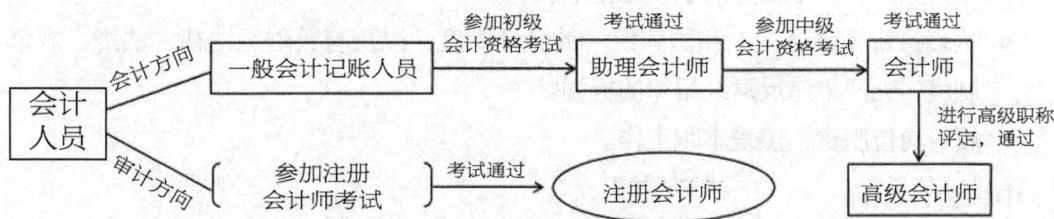

图 1-3 会计人员的职业发展

1.3.1 工作晋升须"充电"——会计职称评定

只要相关人员具备了担任会计的基本技能，就可以从事简单的会计工作，但会计人员在从业之后若想进一步提升自己，还需要进行"充电"。

会计专业职务实行职称评定与工作经验相结合的制度。《会计法》对担任会计机构负责人（会计主管人员）应当具备的条件做出了相应的规定，凡担任单位会计机构负责人（会计主管人员）的，应当具备会计师以上专业技术职务资格或者从事会计工作 3 年以上经历。因此，会计人员想要晋升会计职称，必须具备以上条件。

会计专业技术资格证书又称会计职称，是由财政部、人力资源和社会保障部共同组织，全国统一组织、统一考试时间、统一考试大纲、统一考试命题、统一合格标准的考试制度。

会计职称是衡量会计人员业务水平高低的标准，会计职称越高，表明会计人员的会计业务水平越高。我国现有的会计职称可分为初级、中级和高级职称，初级职称对应的会计职务有会计员和助理会计师，中级职称对应的会计职务为会计师，高级职称对应的会计职务为高级会计师。

1 │ 初级会计职称

会计人员若想获得初级会计职称，需参加初级会计专业技术资格考试。该考试由全国统一组织、统一考试时间、统一考试大纲、统一考试命题、统一合格标准，考试合格者颁发人力资源和社会保障部统一印制的会计专业技术资格证书（初级），该证书在全国范围内有效。

初级会计资格考试的科目为《初级会计实务》和《经济法基础》，两个科目的题型均包括4种，即单选题、多选题、判断题和不定项选择题，其中，《初级会计实务》科目的不定项选择题通常为业务处理类题目，《经济法基础》科目的不定项选择题通常为案例分析类题目。目前，初级会计资格考试已经全面实行无纸化考试，参加初级会计资格考试的人员，必须在一个考试年度内通过全部科目的考试，方可获得初级资格证书。

报考初级会计专业技术资格考试的人员的基本条件如下。

● 坚持原则，具备良好的职业道德品质。

● 认真执行《会计法》和国家统一的会计制度，以及有关财经法律、法规、规章制度，无严重违反财经纪律的行为。

● 履行岗位职责，热爱本职工作。

2 │ 中级会计职称

会计人员若想获得中级会计职称，需参加中级会计专业技术资格考试，该考试由全国统一组织、统一考试时间、统一考试大纲、统一考试命题、统一合格标准，考试合格者颁发人力资源和社会保障部统一印制的会计专业技术资格证书（中级），该证书在全国范围内有效。

中级会计资格考试的科目为《中级会计实务》《经济法》和《财务管理》。其中，《中级会计实务》科目的题型包括单选题、多选题、判断题、计算分析题和综合题；《经济法》科目的题型包括单选题、多选题、判断题、简答题和综合题；《财务管理》科目的题型包括单选题、多选题、判断题、计算分析题和综合题。全国会计资格评价中心《关于2017年度全国会计专业技术中高级资格考试考务日程安排及有关事项的通知》中确定，2017年中级会计师将全面实行无纸化试点考试。

报考中级会计专业技术资格考试的人员，除需满足基本条件外，还应具备以下条件。

● 取得大学专科学历，从事会计工作满5年。

● 取得大学本科学历，从事会计工作满4年。

● 取得双学士学位或研究生班毕业，从事会计工作满2年。

● 取得硕士学位，从事会计工作满1年。

● 取得博士学位。

3 │ 高级会计职称

会计人员若想获得高级会计职称，需参加高级会计专业技术资格考试，但该考试与初、中级会计职称考试有所区别。会计高级资格考试合格后，还须本人申请、单位推荐，经所在单位、省直主管部门、地市财政部门或集成职称评委会进行考核评议，并提出考核推荐材料，报省、自治区、直辖市财政部门会计专业高级职务评审委员会评审通过，才能获得高级会计师资格。

高级会计资格考试的科目为《高级会计实务》，考试题型只有案例分析题，且实行开卷考试。报考高级会计资格考试的人员除需满足持有会计中级证书（或经济师、统计师）的条件外，还应具备以下条件。

● 获得博士学位，担任会计师职务 2 年以上。
● 获得硕士学位，担任会计师职务 4 年以上。
● 大学本科毕业，担任会计师职务 5 年以上。
● 担任会计师职务 5 年以上，参加会计师资格考试合格。

1.3.2 会计的另一个从业方向——注册会计师执业资格认证

注册会计师（Certified Public Accountant，CPA），是指取得注册会计师证书并在会计师事务所执业的人员。其主要从事社会审计、中介审计、独立审计等业务。

很多人对注册会计师的认识有一定的偏差，从其名字中包含有"会计"两字就认为这是会计的一种职位。实际上注册会计师主要从事的是审计工作，其不属于通常意义上的会计职位。但是，注册会计师必须掌握会计知识，其开展审计工作时会运用会计知识，因此，注册会计师相较于一般会计人员而言，需要掌握更加综合性的知识，既包括会计知识，又包括税法、财务管理、公司管理等知识。

注册会计师除了是一种称号外，还是一种资格认证。取得注册会计师执业资格的人员，可以进入会计师事务所成为合伙人，也可以对上市公司的财务报表等出具审计报告。

注册会计师考试是我国的一项执业资格考试，该考试分为两个阶段，分别为专业阶段和综合阶段，考生只有在通过专业阶段考试的全部科目后，才能参加综合阶段考试。专业阶段的考试科目共有 6 科，包括《会计》《审计》《财务成本管理》《公司战略与风险管理》《经济法》《税法》；综合阶段的考试科目为《职业能力综合测试（试卷一）》《职业能力综合测试（试卷二）》；英语测试考试科目为《CPA 英语测试》。注册会计师全面推行无纸化考试，考试采用闭卷、计算机化的方式进行，专业阶段考试中，《会计》科目的题型为单选题、多选题和综合题；《审计》科目的题型为单选题、多选题、简答题和综合题；《财务成本管理》科目的题型为单选题、多选题、计算题和综合题；《税法》科目的题型为单选题、多选题、计算分析题和综合题；《经济法》科目的题型为单选题、多选题和案例分析题；《公司战略与风险管理》科目的题型为单选题、多选题、简答题和综合题。

具有高等专科以上学校毕业学历，或者具有会计或者相关专业中级以上技术职称的中国公民，可以申请参加注册会计师全国统一考试。

考生取得注册会计师全科合格证书后，有两种从业去向：一是进入会计师事务所，有两年审计工作经验后可申报转为注册会计师；二是不进入事务所，先加入注册会计师协会，成为非执业会员。非执业会员入会后要参加继续教育，才能使资格永久保留，否则，证书五年后作废。

> **经验之谈** 参加注册会计师考试取得全科合格证书并不意味着可以进行鉴证，还需取得执业证书。若取得执业证书，则可以加入会计师事务所，开展鉴证工作；若没有取得执业证书，则可以进入企业担任财务经理或主管，但不能进行鉴证审计。

1.3.3 会计人员的职业发展方向

在进行行业选择时，很多人首先考虑的是该行业的发展前景如何，在该行业中工作是否有晋升的渠道，以及其职位晋升的空间等。会计人员的职业发展方向如图1-4所示。

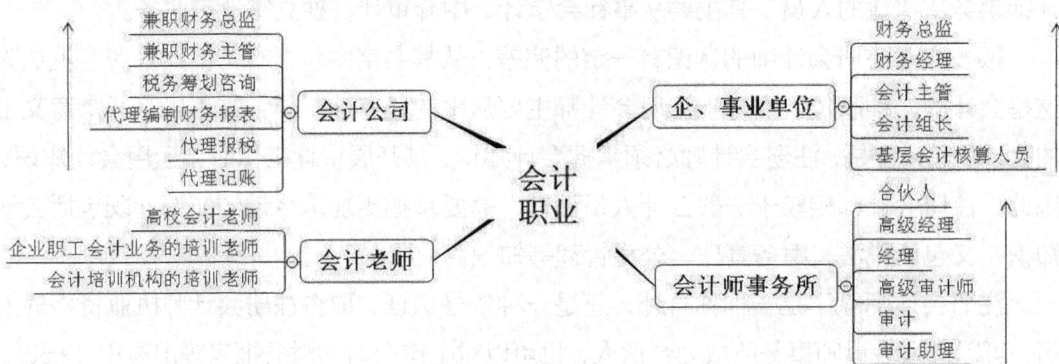

图1-4 会计人员的职业发展方向

1.4 基础练习

本章主要对会计行业的基本情况进行了介绍，并不涉及会计处理的专业知识，只是对会计行业的发展现状进行常识性的了解。本章内容可以让会计新人纵观会计这一行业的全貌，不至于只知道会计理论知识，却对会计职业的发展或职业晋升等情况一无所知。

从下面的对话中可以看到人们对会计的理解存在的误区。

A：我最近工作一点都不顺心，每天写文案策划，写得我头都大了，好想换个工作。

B：我有个亲戚是做会计的，她说平时基本没什么事做，只有月末的时候会稍微忙点，要不你转行去做会计好了。

A：会计？不行吧！我都没接触过，哪能干得下来呀！

B：我听别人说只要有老会计带着你做，即使你什么都不知道，要不了两个月就都会了！你不是有个表哥自己开了家公司吗？你可以去他的公司让会计带你，做个助理会计。

A：这主意不错。今晚就回去问问。不过听说做会计还有什么职称评定之类的，那个会不会很难呢？

B：我听说有初级、中级、高级和注会四种考试，你学会做账就可以去参加初级考试，一年后就能够报考中级了。

A：哈哈！瞧你说的，我有这么厉害吗？

B：那有什么！反正你是学中文的，对文字的理解能力很强。考试这类的不都是记记背背，对你而言，可不在话下啦！

A：说得倒是挺容易的，可一切还得从长计议。

要求：根据自己所掌握的会计常识，谈谈上述对话中存在哪些不当之处。

💿 **答案参见随书光盘** ◀

本书配套\练习答案\第1章\基础练习\会计常识知多少.docx

疑难问答 Difficult Questions

❶ 财务与会计的联系和区别

Q1 在日常工作中，经常听到"会计"和"财务"这两个词，它们之间有什么联系和区别呢？

A1 有的读者在日常工作中常常将"会计"和"财务"混淆。实际上，"会计"和"财务"并不能等同，两者既有联系又有区别。它们的联系主要表现在以下三个方面：

①会计和财务的作用对象相同，即都是对单位资金的循环与周转，主要对价值形态进行管理。

②会计和财务在企业岗位设置的内容上没有明确的界限，除不相容职务以外，财务与会计岗位可以重叠。企业会计机构负责人（会计主管人员），同时也可以是企业财务负责人。在实际工作中，有的财务部门包括会计机构，同时履行财务、会计

的职能；有的履行财务职能的机构就叫会计部门，部门人员可以根据单位要求，独立或参与单位财务计划的编制、利润分配方案的制定，以及财务管理和重大财务的决策。

③会计从业人员必须掌握有关财务知识，熟悉单位的内部财务规定，如差旅费、招待费等报销的规定等；同样，财务人员必须懂会计，能熟练分析和运用相关会计信息资料。

"财务"与"会计"的区别具体表现在以下三个方面。

①两者具体工作的内容不同。会计是指会计人员对公司财务数据的记录、核算、报告的过程，从而为公司的经营决策提供依据；而财务是从货币的时间价值去分析和预测公司的经营状况。

②两者的职能不同。会计的基本职能是核算和监督，侧重于对资金的反映和监督；而财务的基本职能是预测、决策、计划和控制，侧重于对资金的组织、运用和管理。

③两者面向的时间范围不同。会计是面向过去，即以过去的交易或事项为依据，对过去的交易或事项进行确认和记录；而财务注重的是未来，是基于一定的假设条件，在对历史资料和现实状况进行分析以及对未来情况预测和判断的基础上，侧重对未来的预测和决策。

❷ 新成立会计部门应准备的办公用品

Q2 新成立的会计部门物资比较少，会计人员应准备哪些办公用品呢？

A2 企业成立新的会计部门后，需要进行办公用品的采购。需要的办公用品可分为两种：一种是一般办公用品；另一种是会计专用办公用品。其中，一般办公用品包括笔（钢笔、水笔、圆珠笔）、笔记本、计算器、文件夹、文件袋等；会计专用办公用品包括各类账本、记账凭证（如收款凭证、付款凭证、转账凭证）、报销凭证（如借款单、费用报销单、收据、暂支单等）、凭证装订工具（如装订线、凭证装订机、大头针、胶水等）、印油、印章、科目印章等。其他办公用品可以在需要的时候再购买。

第 2 章

万丈高楼起于垒土——会计基本概念

通过前一章的学习，我们对会计有了初步的认识，但这些都是从表面上认识会计，并不涉及会计专业知识。若想成为一名合格的会计人员，除了应了解会计的相关概念之外，还应该在专业方面对会计的实质内容进行掌握。所谓万丈高楼起于垒土，对任何学科或领域的学习都应从基础开始，循序渐进地由浅入深，最后才能举一反三，融会贯通。

在本章中，首先介绍了会计的两大职能，即会计到底是做什么的，主要从主观上对会计有比较清晰的认识；其次，介绍了会计核算的两大前提，即会计基本假设和会计基础，这属于会计核算应当遵循的规则，只有在这些规则下才能正确地开展会计工作；最后，介绍了会计核算的基本流程和会计信息的质量要求，即会计在核算过程中的先后步骤是什么，企业提供的会计信息应满足哪些要求。这些介绍可以使会计新手了解会计工作的实际流程。

• 精彩内容

▶ **会计的两大职能**：会计的核算职能、会计的监督职能。

▶ **会计核算的两大前提**：会计核算的基本假设、会计基础。

▶ **会计核算的流程与会计信息的质量要求**：会计核算的一般流程、会计信息的质量要求。

上一章中，我们已经了解到会计不仅是一个专业，也是一门学科；是一种职业，也是一个工作岗位。会计还可以作为企业管理的工具。下面将从会计的基本概念出发，深入地理解会计。

2.1 会计的两大职能

会计的职能是指会计在经济管理活动中所具有的功能。会计的基本职能是会计核算和会计监督，除此之外，会计还具有预测经济前景、参与经济决策、评价经营业绩等拓展职能。

2.1.1 会计的核算职能

会计的核算职能是指利用货币计量单位对经济活动的数量方面进行核算。会计核算主要是通过记录、计算、分析已经发生的经济活动，反映单位经济活动的现实情况和历史状况。在进行会计核算时，应该对所有能以货币表现的经济活动都进行确认、计量、分析、记录和报告，上述过程必须是连续的，同时还需要采用科学的核算方法，提供系统的会计信息。

在会计实务操作中，会计核算可概括为记账、算账和报账的过程。会计核算职能所表现的过程如图 2-1 所示。

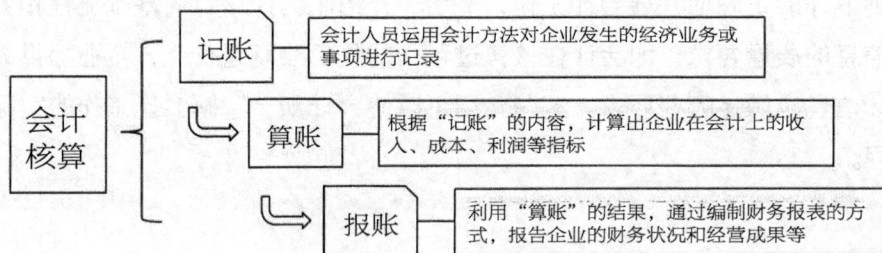

图 2-1 会计的核算职能

2.1.2 会计的监督职能

会计的监督职能是指对特定主体的经济活动和会计核算进行监督，即对会计核算的真实性、合法性、合理性进行监督检查。会计主要监督以下内容。

- 进行会计核算的内容是否属于真实发生的业务或事项。
- 会计核算的各项经济业务是否符合国家有关法律法规，是否遵守财经纪律。

监督有"监察"和"督促"之意。会计监督也可理解为对企业经济活动进行监察，督促企业改正不规范之处。

● 各项财务收支是否满足内部控制的要求，是否有奢侈浪费的现象等。

在会计实务操作中，会计监督可概括为检查会计信息是否满足要求，并督促解决检查中发现的问题。会计监督的内容如图2-2所示。

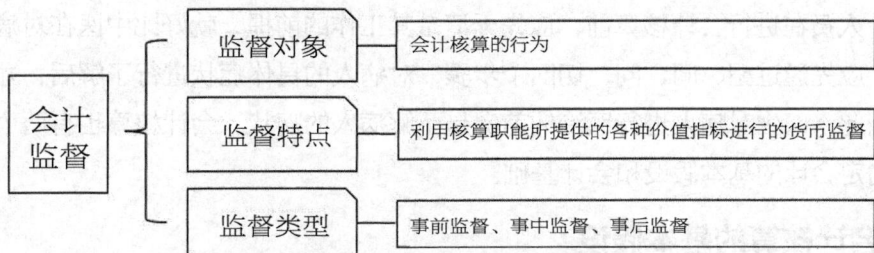

图 2-2 会计的监督职能

在会计的两大基本职能中，会计核算是会计监督的基础，会计监督是会计核算的质量保证，即先有会计核算，后有会计监督。

例 2-1

会计核算与会计监督在工作中的体现

会计核算和会计监督是会计的两个基本职能，它们在工作中怎样体现呢？

┃专家解答┃

会计核算和会计监督在工作中主要体现在岗位设置和业务安排上。首先，在岗位设置方面，既包括会计核算岗位，又包括会计监督岗位，但是两者的分工也不是绝对的，在每一个会计岗位中，都既包括会计核算的内容，又包括会计监督的内容。如出纳岗位，出纳工作中会计核算的内容体现为对现金日记账与银行存款日记账的登记，另外，出纳对于企业其他部门员工费用的报销等也属于会计核算的内容；出纳在登记现金日记账与银行存款日记账时，常常接触到各类票据的审核，对于不符合规定的票据予以退回或要求重开，这又体现了会计监督的内容。其次，在业务流程的安排上，某一项经济业务或事项的处理也是既包括会计核算的内容，又包括会计监督的内容。例如，会计人员对某项业务编制记账凭证，这属于会计核算的内容，同时，记账凭证编制完成后，还需要非编制记账凭证人员对记账凭证进行审核，这种业务处理上的分工也体现了会计监督的内容。

2.2 会计核算的两大前提

会计人员在进行会计核算前，应先弄清楚其工作的前提，就好比中医在对病人进行治疗前，应先通过望、闻、问、切四个步骤，对病人的具体症状进行了解后，才能对症下药。因此，医生对病人进行医治的前提是了解病人的病状。会计核算也有两个基本前提，即确定会计的基本假设和会计基础。

2.2.1 会计核算的基本假设

会计核算的基本假设并不像病人生病那样，它属于一种客观存在的现象。它是为了让会计实务中出现一些不确定因素时能进行正常的会计业务处理，而对会计领域里存在的某些尚未确认并无法正面论证和证实的事项所做的符合客观情理的推断和假设。

由于企业的内部、外部环境都是不断变化的，因此，为了会计工作的正常进行和保证会计信息的质量，提出会计基本假设可以营造一个相对稳定的环境。会计基本假设包括会计主体、持续经营、会计分期和货币计量，它们是对会计核算的范围、内容、基本程序和方法等所做的基本假定。

1 | 会计主体——明确做账对象

从概念上来讲，会计主体是指企业会计确认、计量和报告的空间范围，即会计核算和监督的特定单位或组织。简单来说，会计主体是指会计核算和监督的对象，也就是指具体为哪一个单位"做账"。

《企业会计准则》中规定，企业应当对其本身发生的交易或事项进行会计确认、计量和报告。该规定强调了会计主体这一基本假设。会计人员在进行会计核算和监督时，必须分清企业自身的经济业务或事项与其他单位的经济业务或事项，分清企业的经济业务或事项与企业所有者或企业职工个人的经济业务或事项。

> **经验之谈**　经济活动、经济业务与经济事项是会计中经常提及的概念，三者既有联系又有区别。经济活动是一个统称，泛指企业的生产经营活动；经济业务或经济事项是具体操作的事项，是在经济活动中使会计要素发生增减变动的交易或者事项。其中，经济业务主要是指某项具体业务，如购销业务等，而经济事项是指不构成业务但应该进行会计核算的事项，如计提固定资产折旧等事项。

需要注意的是，会计主体并不一定具有法律上的独立性。例如，某企业内部各部门之间实行独立核算，各部门独自计算盈亏，此时各部门均属于会计主体；但是，该公司的各部门并不具有法律意义上的独立性（独立的身份和地位），其在对外从事经济活动时都是以公司的名义，因此，会计主体并不等同于法律主体。一般而言，法律主体一定是会计主体，但会计主体不一定是法律主体。

2 | 持续经营——假设企业将长存

持续经营是指在可以预见的未来，企业将会按当前的规模和状态继续经营下去，不会停业，也不会大规模削减业务。提出持续经营这一假设，是为了方便会计核算。企业在实际经营中存在很多的未知因素，可能面临无法继续经营下去的风险，这种不确定性给会计核算增添了难度。因此，为了规范会计核算方法，提出了持续经营这一假设。

《企业会计准则》规定，企业会计确认、计量和报告应当以持续经营为前提。会计人员在进行会计核算时，只要企业可以正常经营，就要假设其可持续经营。另外，由于任何企业都存在破产清算的可能，因此，若能确定企业已进入清算，则不再适用持续经营假设，而应改按清算会计处理。持续经营这一假设为企业进行后续的会计核算提供了理论依据和计量基础。

例 2-2

持续经营假设在工作中的应用

"持续经营"只是一种假设，其在工作中的应用如何体现？

专家解答

在实际工作中，企业购入房屋、机器设备等固定资产，通常假设其将长期用于产品的生产或管理服务中，因此在这些固定资产的有效使用时间内，应将固定资产在使用过程中发生的价值磨损，按照一定的折旧方法，计入相关的产品成本或期间费用。上述操作也就是对该固定资产按照取得时的成本及其使用状况在寿命周期内计提折旧。这就体现了持续经营假设的应用。

3 | 会计分期——分段划分经营活动

会计分期是指将一个企业持续经营的经济活动划分为一个个持续的、长短相同的期间，以便分期结算账目和编制财务会计报告。在持续经营假设中，企业的经营过程由一系列连续不断的经济活动组成，若想要十分完整地将其经营结果反映出来是无法实现的。因此，为了兼顾完整性与持续性，可以分阶段地核算企业的经营活动，从而及时、有效地反映企业的经营成果。

《企业会计准则》规定，企业应当划分会计期间，分期结算账目和编制财务会计报告。会计期间可分为年度和中期。会计中期是短于一个完整的会计年度的报告期间，包括半年度、季度和月度。在我国，会计年度自公历每年 1 月 1 日起~12 月 31 日止。

4 | 货币计量——选择适当的计量工具

货币计量是指会计主体在会计确认、计量和报告时以货币作为计量尺度，反映会计主体的经营活动。采用货币计量为会计核算提供了便捷的工具。若会计核算没有统一计量单位，则无法对不同的经济活动进行比较。

例 2-3

▲ 采用货币计量时优点的体现

会计核算以货币计量为基础，货币作为计量工具的优点有哪些呢?

┃ 专家解答 ┃

采用货币计量的优点可通过下例来说明。

某企业销售大米，单价为 5 元 /kg，成本为 4.6 元 /kg，2016 年 2 月共销售了 1 000kg，因此，可计算得出该月销售大米的利润为 400 元，即（5-4.6）×1 000。另外，该企业同时也从事水果销售业务，2016 年 2 月共销售苹果 80 箱，单价为 600 元 / 箱，成本为 400 元 / 箱，可计算得出该月销售苹果的利润为 16 000 元，即（600-400）×80。由此可知，若未统一计量单位，销售大米的计量单位为 kg，销售苹果的计量单位为箱，两者根本无法比较，这就可以看出统一计量单位的重要性。另一方面，若苹果的单位也为 kg，每箱重量为 50kg，则可计算出 2016 年 2 月该企业共销售苹果 4 000kg（80×50）。这时若统一计量单位为重量（kg），那么销售大米为 1 000kg，销售苹果为 400kg，但我们并不能根据销售数量的多少判断出该企业销售大米更具有经济意义。因此，数量这一计量单位就有很大的局限性。相反，若用货币作为计量单位，则可以得出销售大米的利润为 400 元，而销售苹果的利润为 16 000 元，这时，我们就可以通过利润这一指标，得出一个结论：该企业销售苹果更具有经济效益。

通过上面的例子可以看出，在货币计量下，企业发生经济业务时，有了一个通用的标准对其进行计量，从而可以将会计主体发生的不同类型的经济业务表述为可以直接加减的数字。

《企业会计准则》规定，企业会计应当以货币计量。《会计法》规定，企业的会计核算以人民币为记账本位币；业务收支以外币为

> 记账本位币就是日常登记账簿时用以表示计量的货币。

主的企业，可以选定其中一种货币作为记账本位币，但编制的财务会计报告应当折算为人民币；在境外设立的中国企业向国内报送的财务会计报告，应当折算为人民币。

经验之谈

　　基本假设中的"货币计量"是针对会计核算而言的。企业为了管理的需要，也可以采用其他计量方式对资产进行管理。如企业对办公电脑进行日常盘点时，可以以"台"为单位进行登记，若以电脑的价值进行登记，这样反而不便于对电脑进行盘点。

例 2-4

会计主体假设的应用

　　有三个小伙伴结伴旅行，由于没有事先预订旅店，只能到附近的民宿投宿。服务员报价三人间为 300 元，于是三个人每人拿出 100 元，合计 300 元支付了房费。后来老板说今天特价，三人间只需要 250 元，于是叫服务员把多余的 50 元还给三个人。这时，服务员想自己将 20 元暗藏起来，于是就把剩下的 30 元退还给了三个人，那三个人每人拿回 10 元。

　　有人提出，三个人在一开始每人出了 100 元，每人退回 10 元后，每人实际支付 90 元，即每人支付 90 元投宿，三个人投宿总支出为 90×3+20=290（元），这样的话，由于最开始三个人拿出的钱的总数为 300 元，但现在只有 290 元，那剩下的 10 元去了哪里呢？

┃ 专家解答 ┃

　　上例中，产生总数 300 元与 290 元的分歧是由于没有明确会计主体造成的。首先，若按照 300 元为依据，其流向分为三部分，第一部分是老板手中的 250 元，第二部分是服务员自己藏起来的 20 元，第三部分是三个人每人退回的 10 元总计 30 元；这三部分相加为 300 元，与三个人最初拿出的钱的总数相同。从另一方面讲，由于三个人每人退回了 10 元，所以他们共拿出的钱的总数为 300-30=270（元），这 270 元的流向分为两部分，第一部分是老板手中的 250 元，第二部分是服务员自己藏起来的 20 元，这两部分相加为 270 元。所以并不存在"剩下的 10 元去了哪里呢？"这个问题。产生上述疑惑的原因在于没有理解"会计主体"的含义。根据会计主体的概念，"会计主体是会计核算的空间范围"，即会计为谁记账。本例中，由于资金是三个人出的，所以记账的对象就是这三个人。

读者可以根据如图2-3所示的内容，进一步理解和掌握会计的四大基本假设。

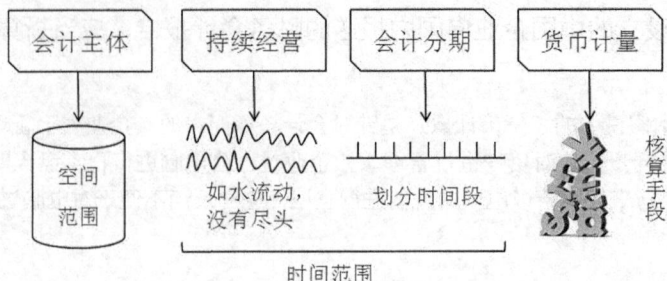

图2-3 会计的四大基本假设

2.2.2 会计基础

会计基础是指会计以什么为标准来确认、计量和报告企业单位的收入和费用，以更加真实、公允地反映企业单位在某一特定日期的财务状况和在某一特定期间的经营成果。

在实际工作中，会计基础可以理解为财务工作中一种计量的标准。在一定的会计期间，企业为了进行生产经营活动，不可避免地会发生费用，这些费用可能在本期付出货币资金，也可能在以前期间或以后期间付出货币资金；另外，企业销售产品形成的收入，可能在本期收到货币资金，也可能在以前期间或以后期间收到货币资金。那么企业到底是在本期确认这些收入或费用还是在非本期确认这些收入或费用呢？这就是会计基础需要解决的问题。

在会计工作中，所运用的会计基础主要有两种，分别是权责发生制和收付实现制。

1 │ 权责发生制——凡事讲原则

权责发生制是指收入、费用的确认应当以收入和费用的实际发生作为确认的标准，合理确认本期损益的一种会计基础。具体而言，在权责发生制下，凡是本期已经实现的收入和已经发生或应负担的费用，无论款项是否收付，都应当作为本期的收入和费用；凡不属于本期的收入和费用，即使款项已在本期收付，也不应当作为本期的收入和费用。

以上对权责发生制的描述比较抽象，以下通过案例来理解权责发生制。

例 2-5

▲ **权责发生制下费用的计算**

A 公司 2016 年 1 月用现金支付的款项情况如下：①支付本季度的水费共 900 元；②支付 2015 年 12 月员工工资 50 000 元；③本月购买办公用品 200 元；

④预付材料供应商 A 购买材料价款 3 000 元；⑤向材料供应商 B 购买材料，价款为 5 000 元，双方约定下月支付材料款。请问，在权责发生制下，该企业 2016 年 1 月应作为本期的费用金额为多少？

┃ 专家解答 ┃

首先，根据权责发生制的要求，可以对费用的确认做以下理解：凡属于本期发生或负担的费用，不论款项是否支付，都应当作为本期的费用；凡不属于本期的费用，即使款项已在本期支付，也不应当作为本期的费用。然后，我们依次处理案例中的情况：第①项中，支付本季度水费，即 2016 年 1、2、3 月的水费，这笔费用应该由这三个月负担，因此，1 月份的费用应该为 900÷3=300（元）；第②项中，支付的工资属于 2015 年 12 月，而不是 2016 年 1 月的员工工资，因此不作为 1 月份的费用；第③项中，本月购买的办公用品，确实为本月发生的费用支出，因此应作为 1 月份的费用，为 200 元；第④项中，由于"预付"材料价款，并不是本期购买材料发生的费用，因此不作为 1 月份的费用；第⑤项中，确实为本月购买材料，虽然未实际支付价款，但在权责发生制下，这属于本期的费用，因此应作为 1 月份的费用，为 5 000 元。综上所述，该企业 2016 年 1 月应作为本期的费用金额 =300+200+5 000=5 500（元）。

由于在权责发生制下，只要经济业务发生在本期，收入与支出就要计入本期，因此可以将其理解为"讲原则"，所以权责发生制又称为应计制或应收应付制。

2 ┃ 收付实现制——眼见就为实

收付实现制是指以收到或支付现金作为确认收入和费用的标准，这是与权责发生制相对应的一种会计基础。具体而言，在收付实现制下，凡属本期收到的收入和支出的费用，不论其是否应归属本期，都作为本期收入和费用；反之，凡本期未收到的收入和未支付的费用，即使应归属与本期收入和费用，也不能作为本期的收入和费用。

以下再通过一个案例理解收付实现制。

例 2-6

收付实现制下费用的计算

B 公司 2016 年 2 月与收入有关的事项如下：①销售 A 商品，收到货款

50 000 元存入银行；②销售 B 商品，货款为 30 000 元，与客户约定下月收款；③收到上月销售的 C 商品价款 20 000 元，存入银行。请问在收付实现制下，该企业 2016 年 2 月应作为收入的金额为多少？

▎专家解答 ▎

首先，根据收付实现制的要求，可以对收入的确认做以下理解：凡是本期收到的收入，不管是否归属于本期，都作为本期收入；凡是本期未收到的收入，即使应归属本期，也不能作为本期的收入。然后，我们依次处理案例中的情况：第①项中，已经将收到的货款存入银行，表明本期已经收到收入，收付实现制下，可以将该笔款项作为收入，因此 2016 年 2 月的收入增加 50 000 元；第②项中，虽然 B 商品的销售是在本期实现的，但在收付实现制下，由于本期未收到款项，所以这笔款项不作为 2016 年 2 月的收入；第③项中，虽然 C 商品的销售是在上月实现的，但其收入是在本期收到的，因此在收付实现制下，只要本期收到了款项，就应该在本期作为收入处理。因此，2016 年 2 月的收入增加 20 000 元。综上所述，该企业 2016 年 2 月应作为收入的金额 =50 000+20 000=70 000（元）。

在收付实现制下，由于收入与费用的确认以是否实际收到或支出为依据，因此收付实现制也可以理解为"眼见为实"。

通过前面两个案例可以看出，在实际操作中，收付实现制比权责发生制要简单一些，收付实现制也比较符合个人生活中对收支的记录。但在会计工作中，权责发生制更有利于正确反映各个会计期间所实现的收入和为实现收入所应负担的费用，从而可以把各期的收入与其相关的费用、成本相结合，并加以比较，提供更为正确的会计信息。

《企业会计准则》规定，企业会计应当以权责发生制为基础进行会计确认、计量和报告。另外，我国的其他经济组织中，行政单位会计采用的是收付实现制；事业单位会计核算一般采用收付实现制，但事业单位部分经济业务或事项，以及部分行业事业单位的会计核算采用权责发生制，这主要由财政部在相关会计制度中进行规定。

2.3 会计核算的流程与会计信息的质量要求

开始一项新的工作时，如果对具体的流程或步骤有比较清晰的认识，对实际工作的开展就会有很大的帮助。会计工作亦是如此，如果能够理顺会计核算的工作流程，那么就可以按照这些步骤，循序渐进地对企业的经济活动进行系统的核算。

所谓没有规矩不成方圆，会计人员在进行会计核算的过程中，如果没有相应的要求进行规范，那么其提供的会计信息的质量也无法得到保证。因此，在正式开始会计核算工作前，会计人员还应该了解提供的会计信息应满足的相关要求，以便在开展工作时能够按照要求，保证提供的会计信息的质量。

2.3.1 会计核算的一般流程

会计核算是一个循环往复的工作，就是在企业一个个连续的会计期间不断记账、算账、报账的过程。就工作流程看，会计核算工作就是对企业的经济活动进行会计确认、计量和报告的过程；就会计核算的具体内容而言，会计核算一般按照以下步骤进行：设置会计科目和账户→填制和审核原始凭证→记账→登记账簿→计算成本→财产清查→编制财务会计报告。综合以上两方面的内容，会计核算的流程如图 2-4 所示。

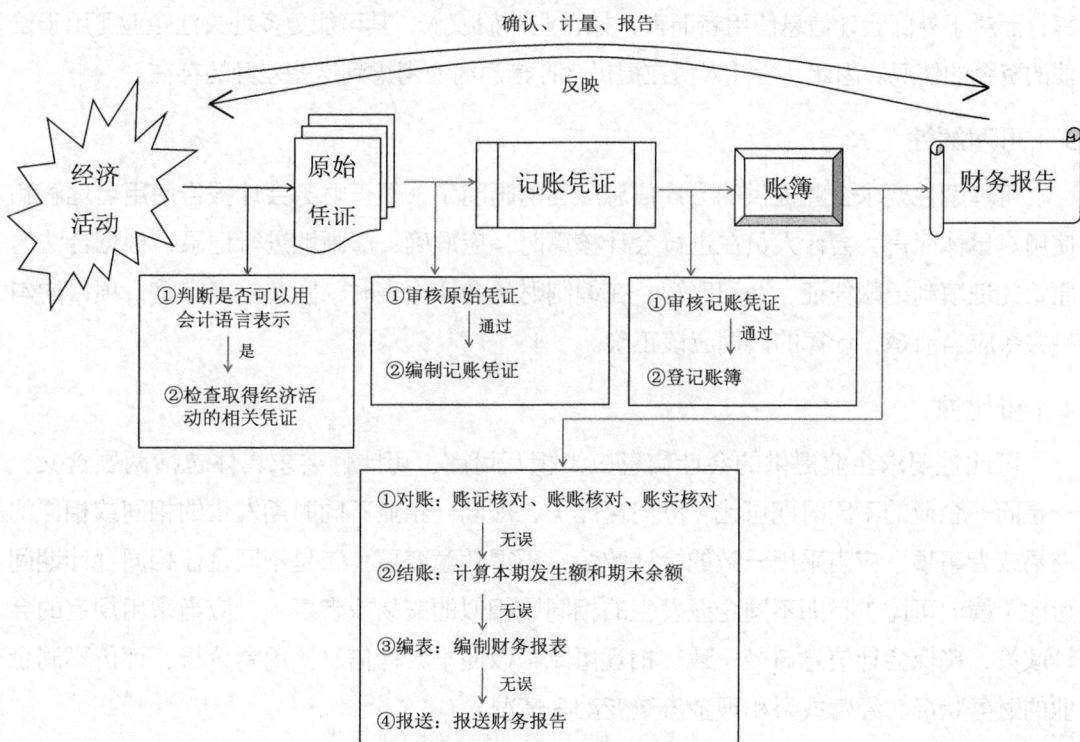

图2-4 会计核算的流程

2.3.2 会计信息的质量要求

会计信息是指企业通过财务报表、财务报告或附注等形式向投资者、债权人或其他信息使用者揭露企业财务状况和经营成果的信息。只有对使用者有用的数据，才能称得上是信息。会计人员想要提供高质量的会计信息，应遵循以下八项基本规范。

1 | 可靠性

可靠性要求企业应当以实际发生的交易或事项为依据进行确认、计量和报告，如实反映符合确认和计量要求的各项会计要素及其他相关信息。具体而言，会计人员在对经济活动进行会计确认、计量、报告时，应秉持"真实可靠"的原则，对实际发生的交易或事项进行会计核算，而不得根据虚假的、没有发生或尚未发生的交易或事项进行会计核算。

2 | 相关性

相关性要求企业提供的会计信息应当与财务会计报告使用者的经济决策需要相关，有助于财务会计报告使用者对企业过去和现在的情况做出评价，对未来的情况做出预测。具体而言，会计人员在进行会计核算时，应考虑到不同会计信息使用者对信息的不同需求，比如，对于内部会计信息使用者而言，如企业的管理者，其可能更多地关注企业的成本核算，而对于外部会计信息使用者而言，如企业的债权人，其可能更多地关注企业可用于偿债的资金的情况。因此，会计人员在提供会计信息时应考虑到这些差异的存在。

3 | 可理解性

可理解性要求企业提供的会计信息应当清晰明了，便于财务会计报告使用者理解和使用。具体而言，会计人员在进行会计核算时，应准确、清晰地进行记录，根据合法的原始凭证填制记账凭证、登记账簿；在编制财务会计报表时，内容应当完整，项目的勾稽关系应当清楚，计算的数据应该正确。

4 | 可比性

可比性要求企业提供的会计信息应当相互可比。可比性要求具体包括两层含义：一是同一企业的不同时期可比（纵向可比），即同一企业不同时期发生的相同或相似的交易或者事项，应当采用一致的会计政策，不得随意变更；二是不同企业相同会计期间可比（横向可比），即不同企业发生的相同或相似的交易或者事项，应当采用规定的会计政策，确保会计信息口径一致、相互可比，以便于会计信息使用者分析、评价不同企业的财务状况、经营成果和现金流量变动等情况。

5 | 实质重于形式

实质重于形式要求企业应当按照交易或事项的实质进行会计确认、计量和报告，不应仅仅以交易或者事项的法律形式为依据。实质重于形式要求的典型例子就是对采用融资租赁方式租入机器设备的核算。在融资租赁中，出租方对机器设备拥有所有权，承租方对机器设备拥有使用权，但承租方基本可以控制该机器设备的收益权。从法律形式上看，该机器设备属于出租方的资产；但从该交易的经济实质来看，该机器设备应该属于承租方的资产。所以在会计核算中，应将该机器设备确认为承租方的资产。

6 ｜重要性

重要性要求企业提供的会计信息应当反映与企业财务状况、经营成果和现金流量有关的所有重要交易或者事项。在实际工作中，判断一项经济业务是否具有重要性，取决于会计人员的职业判断水平。

7 ｜谨慎性

谨慎性要求企业对交易或者事项进行会计确认、计量和报告时要保持应有的谨慎，不应高估资产或者收益、低估负债或者费用。由于处于市场经济环境下，企业经营常常会面临风险和不确定性，因此为了保证所提供的会计信息的质量，会计人员应对风险持有谨慎的态度。在实际工作中，谨慎性表现为对可能发生减值的资产计提减值准备、对售出商品可能发生的保修义务确认预计负债等。

8 ｜及时性

及时性要求企业对于已经发生的交易或者事项应当及时地进行确认、计量和报告，不得提前或者延后。具体而言，会计人员在进行会计核算时，应及时收集、处理和传递会计信息。由于信息的价值体现在能够及时提供，因此，滞后的会计信息也就失去了意义。

> **经验之谈**
>
> 上文所讲的对会计信息质量的八项要求，在后续的学习中在其他知识点中还会逐项体现，到时会将这些要求与实际的会计处理结合起来，上述要求的内容会更加形象化，因此此处无须强行记忆。

2.4 基础练习

本章主要介绍了会计的职能、会计基本假设、会计基础、会计核算的一般流程以及会计信息质量要求，以上均属于会计的基本概念，具有较强的理论性。下面的资料阐述了上述会计理论在实际工作中的具体表现。

2.4.1 会计基本概念在工作中的体现

已知 B 公司是 A 股份有限公司旗下的分公司，在重庆和上海设有 C、D 两个分支机构，但分支机构不具备法人资格。B 公司的财务制度规定，C、D 机构需要进行独立核算，分别将财务数据上交 B 公司。B 公司目前经营状况良好，没有进行破产清算的迹象。根据有关法律规定，B 公司需要在每个月末、季末、半年末和年末分别编制财务报告并上报相关管理机构。另外，位于上海的 D 机构的主要客户为美国企业，业务收支以美元为主。

要求：

（1）判断 A、B、C、D 是否属于法律主体或会计主体。

（2）判断 B 公司是否满足持续经营的前提。

（3）指出 B 公司的会计分期有哪些情况。

（4）判断 D 机构的记账本位币币别，说明 B 公司在编制财务报表时应做怎样的处理。

◎ **答案参见随书光盘** ◄

本书配套\练习答案\第2章\基础练习\会计基本概念在工作中的体现.docx

2.4.2 会计信息质量要求的应用

A 企业的财务制度中有以下规定：

（1）对公司可能发生的减值损失计提减值准备，对售出的可能发生退回的商品确认为预计负债。

（2）D 企业签订销售合同一份，合同约定，将甲商品销售给 D 企业三个月后，应以高于原价 5% 的金额回购该批商品。A 企业未将该项销售确认为收入。

（3）企业计提某项固定资产折旧的方法一经选择，不得随意变更。

（4）企业提供的会计信息应当便于投资者等财务报告使用者的理解和使用。

（5）2016 年年初支付全年的报刊费 200 元。在该笔费用发生时，直接将其计入管理费用。

要求：根据上述资料，分别指出其属于哪一项会计信息质量要求。

◎ **答参见随书光盘** ◄

本书配套\练习答案\第2章\基础练习\会计信息质量要求的应用.docx

疑难问答 Difficult Questions

❶ 会计基本假设间的关系

Q1 会计的四个基本假设中，会计主体划分了会计核算的空间范围，持续经营和会计分期是对时间范围的划分，而货币计量主要规定了计量单位，但是这四者间有什么关系呢？

A1 正文中对四个基本假设的讲解是有一定的逻辑顺序的，它们也不是随意拼凑的。首先，运用会计主体假设明确会计核算的空间范围是首要任务，这解决了会计的工作对象的问题；其次，持续经营假设明确了企业持续经营下去的愿景，这解决了会计工作的必要性，如果一个企业没有继续经营下去的打算，会计工作也就无法开展（经营一段时间后进行清算除外）；再次，会计分期属于"技术上"的处理，这为会计工作的开展提供了便利；最后，货币计量统一了衡量标准，这使得会计核算的结果可比较。只有将以上四个假设加以综合运用，会计工作才得以顺利开展，因此，会计的四个基本假设缺一不可。

❷ 重要性的判断

Q2 会计信息的质量要求中的重要性要求提到，对于某项事项是否重要需要会计人员做出职业判断，但是这种重要性如何体现呢？

A2 会计人员对于重要性的判断，既需要运用专业知识，也需要经验的积累。随着会计业务处理的增多，会计人员对重要性的判断也会越来越得心应手。这里举一个简单的例子。假设某文化公司每年都会订购全年期刊，金额为 360 元。按照权责发生制的规定，该笔支出应在全年 12 个月内进行分摊。但是，由于这笔费用的金额较小，对企业经营成果的影响非常小，所以在实际工作中，有经验的会计人员会根据重要性原则，将这笔费用简化处理，即在实际支付时，直接将其计入本期费用中。

第 3 章

由表及里学会计——会计核算的内容

---| 本 章 导 读 |---

通过前面两章的学习，我们了解到会计的工作就是对企业的经济活动进行核算，那么，如何将企业的经济活动用会计语言进行描述就成了应首要解决的问题。

本章针对以上问题进行了详细介绍，即将企业发生的业务及事项转换为会计对象，然后在此基础上对会计对象进行不同层次的划分，将会计对象依次划分为资金运动、会计要素和会计科目。本章还介绍了会计核算的一种专门方法——设置账户。通过本章内容的学习，读者可以进一步从表面了解会计深入到理解会计的内涵，为以后的"做账"打下基础。

● 精彩内容

▶ **经济活动的会计对象化**：会计对象的概念、会计的一般对象。
▶ **财务报表与会计要素**：初识财务报表、六大会计要素。
▶ **会计科目与账户**：会计科目、账户。

3.1 经济活动的会计对象化

企业在日常生产经营中涉及的经济活动非常广泛，既包括人员配备、员工考勤、企业内部各部门之间的沟通协调等行政管理活动，也包括机器设备的购买、材料的消耗、产品的生产等经营活动，还包括合同的签订、生产计划的拟订以及投资的决策等活动。这一系列的活动是否都应该作为会计核算的对象呢？下面首先介绍会计对象的概念。

3.1.1 会计对象的概念

通过前面对会计概念的理解，了解到会计是以货币为主要计量单位，运用专门的方法，反映和监督一个单位经济活动的一种经济管理工作。因此，会计核算的对象就是指会计所核算和监督的内容，即会计工作的客体。由于会计需要以货币为主要计量单位，对一定会计主体的经济活动进行核算和监督，因此，只有那些特定主体能够以货币表现的经济活动，才是会计核算和监督的内容，也就是会计的对象。

动画演示
会计对象

3.1.2 会计的一般对象

会计对象是指那些"以货币表现的经济活动"。在企业的经营过程中，无论是生产资料的获得、材料物资的消耗，还是经营结果的衡量，都可以用价值形式来反映，所以会计核算的对象就是企业在生产过程中以价值形式表现的经济活动。因此，我们可以理解为：会计的一般对象可以描述为资金运动。

在市场经济条件下，资金只有通过不断的运动才能实现增值的目的。但不同行业资金运动的环节并不相同，一般可分为三个步骤，即资金进入企业→资金在企业中运转→资金退出企业。部分未退出企业的资金又作为新的资金，继续进入企业，然后循环往复地进行上述运动。工业企业的资金运动过程如图 3-1 所示。

> 资金是指能够用货币表现的财产物资，会随自身的不断运动而发生变化。

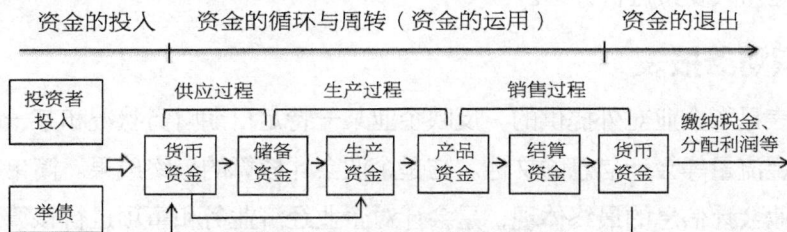

图3-1 工业企业的资金运动过程

与工业企业相比，商品流通企业的经营活动没有产品生产环节，其经营过程主要分为商品购进和商品销售两个环节。在第一个环节中，主要是采购商品，此时货币资金转换为商品资金；在第二个环节中，主要是销售商品，此时资金又由商品资金转换为货币资金。因此，商品流通企业的资金运动路径为：货币资金→商品资金→货币资金。

除此之外，行政事业单位为完成国家赋予的任务，同样需要一定数额的资金，但其资金主要来源是国家财政拨款，其所消耗的人力、物力和财力的货币表现，就是行政费用和业务费用。通常而言，行政事业单位的费用开支主要靠国家财政预算拨款，所以其业务收入基本没有或只有很少一部分，因此其经济活动可概括为两方面：一是按预算从国家财政取得拨入资金；二是按预算以货币资金支付各项费用。所以，行政事业单位的资金运动路径为：拨入资金→付出资金。

3.2 财务报表与会计要素

资金运动是十分复杂的，而把会计的对象描述为资金运动又非常抽象。为了系统、完整地核算和监督企业经济活动的发生情况及结果，为管理决策提供有效的会计信息，还必须对资金运动做进一步划分并进行科学的分类。因此，对资金运动进行的某一大类的划分，就是会计要素。

会计要素是指根据交易或事项的经济特征所确定的财务会计对象的基本分类。会计要素是会计报表的基本构成单位，因此会计要素也可以称为会计报表要素。根据企业会计准则的规定，企业会计要素包括资产、负债、所有者权益、收入、费用和利润六大类。其中，资产、负债、所有者权益是组成资产负债表的会计要素，其也称为资产负债表要素，另外，由于其反映了企业在一定日期的财务状况，因此其又称为静态要素；收入、费用、利润是组成利润表的会计要素，其也称为利润表要素，由于其反映了企业在一定时期内的经营成果，其又称为动态要素。

由于会计六大要素是资产负债表与利润表的构成要素，因此下面将通过这两种财务报表分别对这六大要素进行介绍。

3.2.1 初识财务报表

财务报表是指企业对外提供的，反映企业某一特定日期财务状况和某一会计期间经营成果、现金流量等会计信息的文件。它是企业会计核算的最终成果。简单来讲，财务报表就是企业会计信息的最终体现，是会计对企业经济业务和事项进行核算后，对企业财务状况、经营成果、现金流量、投资者投入资本的情况进行的集中反映。财务报表主要包括资产负债表、利润表、现金流量表和所有者权益变动表；小企业一般只需编制资

产负债表和利润表。因为会计要素只涉及资产负债表和利润表，因此下面先介绍这两张
财务报表。

1 ｜资产负债表

　　资产负债表是指反映企业在某一特定日期的财务状况的报表。从资产负债表的结构
来看，其左边为资产，右边上部分为负债、下部分为所有者权益。以下对资产负债表
中的项目进行分析。

- **右边项目**：右边项目可以理解为"钱"的来源。它主要包括两部分：一部分是
  投资者投入的，形成所有者权益；另一部分是通过举债得到的，形成负债。
- **左边项目**：左边项目可以理解为"钱"的去向，即利用获得的"钱"购买的所有
  东西，如购买的机器设备等就是固定资产，购买的材料等放在仓库就是存货。由
  于这些东西都是利用右边的"钱"买来的，所以资产负债表左右两边的合计数应
  该相等。

表 3-1 所示为成都市 A 服装有限公司的资产负债表。

表 3-1 资产负债表（简表）

资产负债表的项目分类

编制单位：成都市A服装有限公司　　2015年12月31日　　会企01表　单位：万元

资产	期末余额	负债和所有者权益	期末余额
流动资产：		流动负债：	
货币资金	500	短期借款	600
应收票据	10	应付票据	280
应收账款	80	应付账款	100
预付账款	25	应付职工薪酬	55
存货	330	应交税费	32
其他应收款	22	流动负债合计	1 067
其他流动资产	27	非流动负债：	
流动资产合计	994	长期借款	480
非流动资产：		应付债券	12
长期应收款	1 000	其他非流动负债	220
长期股权投资	120	非流动负债合计	712
投资性房地产	60	负债合计	1 779
固定资产	122	所有者权益（或股东权益）：	
在建工程	78	实收资本（或股本）	500
无形资产	240	资本公积	140
商誉	65	盈余公积	150
其他非流动资产	120	未分配利润	230
非流动资产合计	1 805	所有者权益合计	1 020
资产总计	2 799	负债和所有者权益总计	2 799

资产项目包括的内容　负债项目包括的内容　所有者权益项目包括的内容

2 | 利润表

利润表是指反映企业某一期间经营成果的报表。利润表的结构从上到下分为收入、费用和利润，三者之间的关系表示为"收入－费用＝利润"。对利润表的项目可做以下理解。

收入、成本与利润：老板拿出一部分钱作为企业的启动资金，企业拿这些钱去进货形成成本，货卖出去后取得收入，将收入与进货的成本相减，就是赚取的利润。利润分为三个层次，分别为营业利润、利润总额和净利润。

表 3-2 所示为成都市 A 服装有限公司的利润表。

表 3-2 利润表（简表）

会企02表

编制单位：成都市A服装有限公司　　　　2015年12月31日　　　　单位：万元

项目	本期金额
一、营业收入	530
减：营业成本	280
税金及附加	50
销售费用	15
管理费用	8
财务费用	22
资产减值损失	4
加：公允价值变动收益（损失以"－"号填列）	6
投资收益（损失以"－"号填列）	13
其中：对联营企业和合营企业的投资收益	
二、营业利润（亏损以"－"号填列）	170
加：营业外收入	9
其中：非流动资产处置利得	
减：营业外支出	6
其中：非流动资产处置损失	
三、利润总额（亏损总额以"－"号填列）	173
减：所得税费用	43.25
四、净利润（净亏损以"－"号填列）	129.75

从表3-2中可以看出，利润表的核心就是各项收入、费用、利润项目的计算，这些都是编制利润表的关键。

3.2.2 六大会计要素

通过认识资产负债表和利润表，对会计的六大要素，即资产、负债、所有者权益、收入、费用、利润也有了初步的了解，下面将详细介绍各类会计要素。

动画演示
会计要素

1 | 资产

资产是指企业过去的交易或事项形成的，由企业拥有或控制的，预期会给企业带来经济利益的资源。资产具有以下三个特征。

- 资产是由企业过去的交易或事项形成的。资产必须是现实的而不是预期的，它是企业过去已经发生的交易或事项所产生的结果，包括企业自己生产或建造、从外部购买、其他所有者捐赠等。资产必须是已经获得的资源，企业计划将在未来获取的或是计划准备的资源不能确认为资产。
- 资产是由企业所拥有或控制的资源。拥有是指企业对某项资产享有所有权，即企业有权自行决定资产的使用及处置等；控制是指虽然企业对某项资产不享有所有权，但享有通常与所有权相关的风险和报酬的权利，如融资租入的固定资产应确认为资产。
- 资产预期会给企业带来经济利益。这主要是指资产直接或间接导致现金和现金等价物流入企业的潜力，如现金、银行存款可用于购买商品、材料和设备等，而材料和设备为生产商品提供服务，商品卖出后，会为企业带来经济利益。因此，以上均属于资产。

例 3-1 融资租赁资产入账的确定

由于更新换代，A 公司的一台机器设备现在生产出的产品已经不再满足市场的需要，无法获得收入，于是该公司采用融资租赁方式从 B 公司租入一套流水线设备。租赁合同中约定的租期为 5 年，租期内该生产设备的所有权归 B 公司，A 公司享有使用权，到期后该设备归 B 公司所有。根据对资产的理解，该机器设备属于 A 公司的资产还是 B 公司的资产呢？

| 专家解答 |

在本例中，对于融资租入的机器设备，虽然租入方（A 公司）不拥有其所有权，但实际上已控制该设备，故 A 公司应将其确认为资产，而出租方（B 公司）不得再将该设备确认为资产。

通过资产负债表可以了解到，资产要素下包含了很多的项目，这些项目都属于资产的分类。一般而言，根据流动性进行分类，资产分为流动资产和非流动资产。流动资产是指将在 1 年或超过 1 年的一个正常营业周期内变现、出售或耗用的资产。它主要包括以下项目。

- **货币资金**：货币资金是指库存现金和银行存款，即放在企业保险柜中的"钱"和存在银行的"钱"，部分企业还有其他货币资金，如银行汇票存款等。
- **应收票据和应收账款**：应收票据和应收账款是指企业因销售商品或提供劳务等产生的一项收款权利，即企业将商品卖出去了但款项没有收回来，于是就形成了应收票据或应收账款。
- **预付账款**：预付账款是指企业按约定预付的款项，即企业购买某些企业的产品时需要先付款后给货，从而形成了预付账款。
- **其他应收款**：其他应收款是指企业在销售商品或提供劳务以外发生的各种应收及暂付款项，如员工出差向公司预支的备用金等。
- **存货**：存货是指企业持有的原材料、周转材料、在产品、半成品、产成品、库存商品、委托加工物资等。

非流动性资产是指不能在 1 年或者超过 1 年的一个正常营业周期内变现或者耗用的资产。非流动资产一般占用的资金多，企业持有的时间长，周转速度慢，大多为企业的长期发展服务，主要包括以下项目。

> 一个正常营业周期就是指从取得需加工的资产开始，到将其销售并收回现金为止的这段时间。

- **固定资产**：固定资产是指企业为生产商品、提供劳务、出租或经营而持有的，使用寿命超过一个会计年度的有形资产，如厂房、机器设备等。
- **无形资产**：无形资产是指企业拥有或者控制的没有实物形态的可辨认非货币性资产，如专利权、商标权、土地使用权等。

2 │ 负债

负债是指企业过去的交易或者事项形成的，预期会导致经济利益流出企业的现时义务。负债具有如下三个特征。

- 负债是企业过去交易或事项形成的。这主要是指企业债务的形成是因为发生了交易或事项，即负债是在交易或事项后发生的，而不是在交易或事项前发生的。
- 负债是企业承担的现时义务。现时义务是指企业在现行条件下已承担的义务，未来发生的交易或事项形成的义务不属于现时义务，不应确认为负债。
- 负债预期会导致经济利益流出企业。这主要是指负债需要用企业的资产进行偿还，如用现金还债、借新债还旧债、将债务转为所有者权益等。

> **知识补充**　现时义务可分为法定义务和推定义务。法定义务是指具有约束力的合同或法律法规规定的义务；推定义务是指根据企业多年来的习惯、公开承诺或者公开宣布的政策而导致企业将承担的责任。

例 3-2

负债的判断

某公司的主要业务是销售洗衣机，其在 2016 年第一季度共销售洗衣机 1 万台，取得销售收入 3 000 万元。但该企业在销售商品的同时与客户签订了产品质量保证条款，条款中规定，如其产品在一年内出现质量问题，该公司将免费进行维修。根据以前年度的维修记录，该公司预计出可能发生的维修费用为 20 万元，那么这笔费用可否确认为第一季度的负债？

专家解答

首先，该项维修费用是由于产品销售业务而产生的，因此其属于"企业过去的交易或事项形成的"；其次，维修费用是企业在现行销售条件下确定的应承担的义务，因此属于"企业承担的现时义务"；最后，若企业支付这笔维修费用，将导致资产减少，所以属于"导致经济利益流出企业"。综上所述，该笔费用满足负债的三个特征，所以这笔费用应该确认为第一季度的负债。

负债一般按其偿还时间的长短，分为流动负债和非流动负债。流动负债是指将在 1 年或超过 1 年的一个正常营业周期内偿还的债务。流动负债一般是企业为了日常的开支或短期的周转而负担的债务，主要包括以下项目。

- **短期借款：** 短期借款是指企业从银行或其他金融机构等借入的期限在 1 年以下（含 1 年）的各种借款。
- **应付票据和应付账款：** 应付票据和应付账款是指企业因购买商品或接受劳务等产生的一项债务，即企业购买商品或服务但还未付款，于是便形成了应付票据或应付账款。
- **预收账款：** 预收账款是指企业收到客户因购买产品等预付的款项，但并未交付产品给对方，故形成负债。
- **应付职工薪酬：** 应付职工薪酬是指企业按规定应支付给职工的各种薪酬，包括工资、奖金、津贴和职工福利等。
- **应交税费：** 应交税费是指企业按照规定计算的应向国家缴纳的各种税费，包括增值税、消费税、企业所得税等。
- **其他应付款：** 其他应付款是指企业在商品交易业务以外发生的应付和暂收款项，如企业收取的押金等。

非流动负债是指偿还期在 1 年或超过 1 年的一个正常营业周期以上的债务。企业借入非流动负债主要是为了长期发展与运营。非流动负债主要包括以下项目。

- **长期借款**：长期借款是指企业向银行或其他金融机构借入的期限在 1 年以上（不含 1 年）的各项借款。
- **应付债券**：应付债券是指企业为筹集长期资金而发行的债券的本金及应付的利息。
- **长期应付款**：长期应付款是指企业除长期借款、应付债券以外的其他各种长期应付款项。

通过上述负债的分类不难看出，企业举债的对象并不仅仅指银行，与企业形成负债关系的对象主要可以分为以下四类。

- **银行**：企业与银行间的负债关系主要是为了日常开支、短期周转或长期发展而形成的。
- **客户或供应商**：企业与客户或供应商间的负债关系，主要是由于商品买卖而形成的。
- **企业内部人员**：企业与内部人员间的债务关系，主要是由于企业日常经营中形成的。
- **税务部门**：企业与税务部门等行政机关间的债务关系，主要是指企业因承担纳税义务而形成的负债关系。

3 | 所有者权益

所有者权益是指企业资产扣除负债后由所有者享有的剩余权益。由于资产扣除负债后表现为企业的净资产，所以所有者权益也称为净资产。所有者权益与负债都属于企业资产的来源，相对于负债，所有者权益具有以下特征。

- 除非发生减资、清算或分派现金股利等情况，企业不需要偿还所有者权益。所有者权益是企业可以长期使用的资金，一般不存在偿还问题。
- 企业进行清算时，只有清偿完所有债务之后，所有者权益才返还给所有者。这一特征表明，所有者权益是所有者对剩余资产的要求权，而这一要求权在顺序上应在债权人的要求权之后。
- 所有者凭借所有者权益能够参与利润分配。分配企业利润是所有者享有的一项权利。

所有者权益按照其来源可以分为所有者投入的资本、直接计入所有者权益的利得和损失及留存收益。

- **所有者投入的资本**：所有者投入的资本是所有者权益的主要来源，包括实收资本（或股本）和资本公积两部分。其中，实收资本是指企业在工商部门注册登记的法定资本金，是投资者按照企业章程或合同、协议的约定实际投入企业的资本；资本公积是指企业收到投资者出资额超出其在注册资本（或股本）中所占份额的部分，以及直接计入所有者权益的利得和损失等，包括资本溢价（或股本溢价）和其他资本公积。

- **直接计入所有者权益的利得和损失**：利得是指由企业非日常活动所形成的，会导致所有者权益增加的，与所有者投入资本无关的经济利益的流入；损失是指由企业非日常活动所发生的，会导致所有者权益减少的，与向所有者分配利润无关的经济利益的流出。

- **留存收益**：留存收益是指企业历年实现的净利润留存于企业的部分，也是企业经营成果的体现，包括盈余公积和未分配利润。其中，盈余公积是指企业按照国家有关规定从税后利润（即净利润）中提取的公积金，包括法定盈余公积和任意盈余公积等；未分配利润是指企业待分配或留待以后年度分配的利润。

例 3-3

▶ 所有者权益各要素的确定

假设有三个人一起成立一家公司，他们商量决定每人出资 50 万元。其中，甲与乙分别以现金 50 万元出资，丙以房屋出资，合同中约定价值为 50 万元，三人各占股份的 1/3。根据当时的市价，丙提供的房屋价值为 60 万元。此时，应如何确定所有者权益的金额？

▌专家解答▐

本例中，由于三人约定各出资 50 万元设立公司，且各占公司股份的 1/3，所以该公司的注册资本为 150 万元。同时，由于丙出资的房屋市价为 60 万元，比其约定的价值多了 10 万元，这 10 万元应确认为资本公积。因此，该公司的所有者权益为 160 万元，其中实收资本为 150 万元，资本公积为 10 万元。

4 ▏收入

收入是指企业在日常活动中所形成的，会导致所有者权益增加的，与所有者投入资本无关的经济利益的总流入。收入具有以下三个特征。

- 由企业日常活动形成。日常活动通常是指企业从事的经常性活动以及为完成企业目标而进行的相关活动。

- 收入会导致所有者权益增加。企业取得收入，带来了经济利益的流入，在抵减费用后增加了企业的净资产，从而使得所有者权益增加。

- 收入是与所有者投入资本无关的经济利益的总流入。收入的获得是因为实现了既定目标而产生的经济利益的流入，不是由投资者投入而产生。若因为投资者投入使得经济利益流入，则应确认为所有者权益。

根据企业从事经济业务的性质不同，收入可以分为销售商品收入、提供劳务收入和让渡资产使用权收入；根据企业经营业务的主次，收入可分为主营业务收入和其他业务收入：主营业务收入是指企业从事的主要的、由日常活动取得的收入；其他业务收入是指除主营业务收入外其他业务取得的收入，是企业的次要收入，如销售材料、出租固定资产、出租无形资产等取得的收入。

例
3-4

收入的判断

由于生产技术的提高，A公司有一台用于生产产品的机器已经过时，于是管理层决定将其卖掉。已知该机器原价为400万元，卖价为50万元，扣除折旧以及清理费等该机器的净值为30万元。因此A公司因出售机器获得净收益20万元。那么这笔净收益属于A公司的收入吗？

专家解答

本例中，A公司出售的机器属于其固定资产。通常而言，企业出售固定资产的情况并不多，因此出售固定资产业务不属于企业的日常活动，即不满足收入的第一个特征。虽然这笔净收入会导致所有者权益增加，也与所有者投入资本无关，但由于这不属于企业的日常活动形成的，所以这笔净收益不属于A公司的收入，而应作为利得，作为"营业外收入"处理。

5 | 费用

费用是指企业在日常活动中发生的会导致所有者权益减少的，与向所有者分配利润无关的经济利益的总流出。费用具有以下三个特征。

- 由企业日常活动中形成。费用必须是在日常活动中形成的，一方面是与收入的界定相匹配，另一方面是为了将费用与损失相区分。若是由非日常活动形成的经济利益的流出，则应计入损失。如企业对厂房进行重新评估的价值低于其账面价值时，其差价则确认为损失，而不能确认为费用，因为对固定资产的重估不属于企业的日常活动，而是偶然发生的。

- 费用会导致所有者权益的减少。费用的产生会使企业的资产以现金等方式流出企业，表现为资产的减少或负债的增加，或是两者兼而有之，从而导致所有者权益减少。

- 费用的减少与向所有者分配利润无关。企业经济利益流出的方式多种多样，向所有者分配利润也会使经济利益流出，但这种流出是对所有者投入资本的回报，不能确认为费用。

例 3-5

费用的判断

承接"例 3-4"，若 A 公司的机器卖价为 10 万元，其他条件不变，则其因出售机器发生净损失 20 万元，那么这笔净损失属于 A 公司的费用吗？

专家解答

本例中，A 公司出售净资产同样不满足"由企业日常活动中形成"这一条件，所以这笔净损失不属于 A 公司的费用，而应作为损失，即作为"营业外支出"处理。

> "营业外收入"不是收入，属于利得；"营业外支出"不是费用，属于损失。

根据用途的不同，费用可以分为生产费用和期间费用。生产费用是指企业在日常活动中发生的与生产经营活动直接相关的费用。根据经济用途的不同，生产费用分为直接材料、直接人工和制造费用。直接材料和直接人工应在发生时直接计入产品的生产成本，制造费用应在产品完工后进行归集。期间费用是指企业本期发生的，不能直接或间接归入营业成本，而是直接计入当期损益的各项费用，包括管理费用、销售费用和财务费用，它们合称为三大期间费用。期间费用的具体介绍如下。

- **管理费用**：管理费用是指企业为组织和管理企业生产经营发生的各种费用。它包括企业在筹建期间内发生的开办费、董事会和行政管理部门在企业的经营管理中发生的或应由企业统一负担的公司经费、行政管理部门负担的工会经费和董事会费、聘请中介机构费、咨询费、业务招待费、房产税、车船税、矿产资源补偿费、研究费用等，以及企业生产车间（部门）和行政管理部门发生的固定资产修理费用等后续支出。

- **销售费用**：销售费用是指企业销售商品和材料、提供劳务的过程中发生的各种费用。它包括保险费、包装费、广告费、租赁费、运输费、装卸费等以及为销售本企业产品而专设的销售机构的各项费用。

- **财务费用**：财务费用是指企业为筹集生产经营所需资金等而发生的筹资费用。它包括利息支出（减利息收入）、汇兑损益及相关的手续费、企业发生的现金折扣等。

6 ｜利润

利润是指企业在一定会计期间的经营成果。它表现为收入与费用的差额以及直接计入损益的利得和损失。

根据在利润表中的不同表现，利润可以分为营业利润、利润总额和净利润。

- **营业利润**：营业利润是指企业日常活动产生的结果，也是企业利润的主要来源，其等于营业收入减去营业成本、税金及附加、期间费用、资产减值损失，再加上公允价值变动收益（或减去公允价值变动损失）、投资收益（或减去投资损失）。
- **利润总额**：利润总额是指企业在生产经营过程中各种收入扣除各种耗费后的盈余。它在营业利润的基础上考虑了营业外收支的影响，在数值上等于营业利润加上营业外收入，减去营业外支出。
- **净利润**：净利润是指利润总额减去企业所得税后的利润留存。

3.3 会计科目与账户

对会计对象进行会计要素的分类后，在处理具体业务时，由于各类会计要素所包括的内容十分广泛，为了在会计上清晰地反映经济业务或事项的具体内容，还需要进一步划分会计对象。

动画演示
会计科目与
账户

3.3.1 "穿了马甲"的会计要素——会计科目

会计要素将会计对象分为六项，但这种划分比较抽象。在实际工作中，为了提供更具体、更详尽的资料，有必要对会计要素的内容进行再分类。这种对会计要素的具体内容进行分类核算的项目，即会计科目，简称科目。

会计科目是指按照经济业务的内容和经济管理的要求，对会计要素的具体内容进行分类核算的科目。前面讲到的资金运动、会计要素与会计科目，分别是对会计对象进行的不同层次的划分。通过不同层次的划分，实现了对会计对象的不断细化，三者的关系如图 3-2 所示。

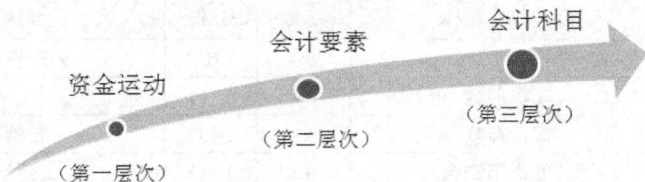

图3-2 对会计对象进行不同层次的划分

根据所反映的经济内容的不同，会计科目分为资产类科目、负债类科目、共同类科目、所有者权益类科目、成本类科目和损益类科目。由于会计科目和会计要素都核算企业的经济业务或事项，只是会计科目在会计要素的基础上进行了细分，因此可以将会计科目理解为"穿了马甲"的会计要素。会计科目与会计要素的对应关系如图 3-3所示。

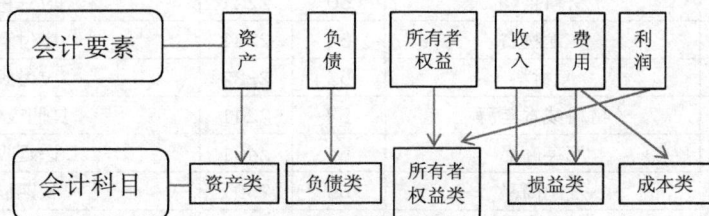

图 3-3 会计要素与会计科目的对应关系

另外，根据所提供信息的详细程度与统驭关系，会计科目分为总分类科目和明细分类科目。其中，总分类科目又称总账科目或一级科目，它是对会计要素的具体内容进行总括分类；明细分类科目又称明细科目（包括二级分类科目、三级分类科目等），它是对总分类科目所做的进一步分类，提供更为详细和具体的会计信息。总分类科目与明细分类科目的举例如图 3-4 所示。

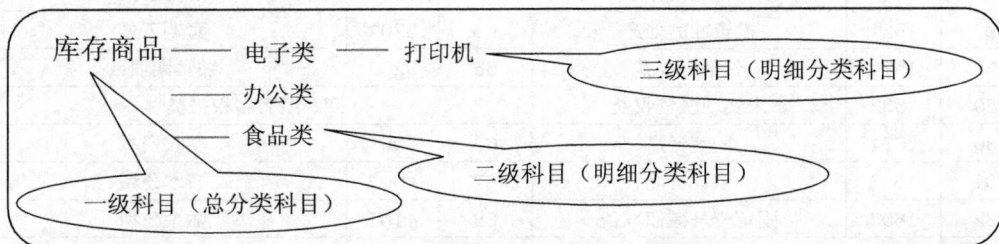

图 3-4 总分类科目与明细分类科目的举例

我国《企业会计准则》对会计科目进行了统一规定：总分类科目由财政部统一制定；除会计制度规定设置的以外，各单位可以根据实际情况和需要自行设置明细分类科目。一般企业常用的会计科目如表 3-3 所示。

表 3-3 企业常用会计科目

序号	编号	会计科目名称	序号	编号	会计科目名称
		一、资产类	39	1703	无形资产减值准备
1	1001	库存现金	40	1711	商誉
2	1002	银行存款	41	1801	长期待摊费用
3	1012	其他货币资金	42	1811	递延所得税资产
4	1101	交易性金融资产	43	1901	待处理财产损溢
5	1121	应收票据			二、负债类
6	1122	应收账款	44	2001	短期借款
7	1123	预付账款	45	2101	交易性金融负债
8	1131	应收股利	46	2201	应付票据
9	1132	应收利息	47	2202	应付账款
10	1221	其他应收款	48	2203	预收账款
11	1231	坏账准备	49	2211	应付职工薪酬
12	1401	材料采购	50	2221	应交税费
13	1402	在途物资	51	2231	应付利息
14	1403	原材料	52	2232	应付股利
15	1404	材料成本差异	53	2241	其他应付款
16	1405	库存商品	54	2401	递延收益
17	1406	发出商品	55	2501	长期借款
18	1407	商品进销差价	56	2502	应付债券
19	1408	委托加工物资	57	2701	长期应付款
20	1411	周转材料	58	2702	未确认融资费用
21	1471	存货跌价准备	59	2711	专项应付款
22	1501	持有至到期投资	60	2801	预计负债
23	1502	持有至到期投资减值准备	61	2901	递延所得税负债
24	1503	可供出售金融资产			三、共同类
25	1511	长期股权投资	62	3002	货币兑换
26	1512	长期股权投资减值准备	63	3101	衍生工具
27	1521	投资性房地产	64	3201	套期工具
28	1531	长期应收款	65	3202	被套期项目
29	1532	未实现融资收益			四、所有者权益类
30	1601	固定资产	66	4001	实收资本
31	1602	累计折旧	67	4002	资本公积
32	1603	固定资产减值准备	68	4101	盈余公积
33	1604	在建工程	69	4103	本年利润
34	1605	工程物资	70	4104	利润分配
35	1606	固定资产清理			五、成本类
36	1701	无形资产	71	5001	生产成本
37	1702	累计摊销	72	5101	制造费用
38	4201	库存股	73	5201	劳务成本

续表

序号	编号	会计科目名称	序号	编号	会计科目名称
74	5301	研发支出	84	6401	主营业务成本
75	5401	工程施工	85	6402	其他业务成本
76	5402	工程结算	86	6403	税金及附加
77	5403	机械作业	87	6601	销售费用
	六、损益类		88	6602	管理费用
78	6001	主营业务收入	89	6603	财务费用
79	6051	其他业务收入	90	6701	资产减值损失
80	6061	汇兑损益	91	6711	营业外支出
81	6101	公允价值变动损益	92	6801	所得税费用
82	6111	投资收益	93	6901	以前年度损益调整
83	6301	营业外收入			

经验之谈　　会计科目是会计中最基础的内容，它可以将企业的经济业务或事项串联起来。如果熟记会计科目，会计业务的处理也就信手拈来了。

3.3.2 "有了房间"的会计科目——账户

会计科目只是对会计要素进行概念上的分类，若要进行会计的实际核算，还需要一种具有特定格式和结构的载体运用会计科目，其称为账户。

1 | 账户的概念与分类

设置账户是一种会计核算的专门方法。账户是指根据会计科目设置的，具有一定格式和结构，用于分类反映会计要素增减变动情况及其结果的载体。通过账户可以明确经济业务引起的会计科目的变化以及资金的增减变动情况和结果。

由于账户是根据会计科目设置的，所以账户也可以根据其核算的内容分为资产类账户、负债类账户、共同类账户、所有者权益类账户、成本类账户和损益类账户六类；根据提供信息的详细程度及其统驭关系，账户可分为总分类账户和明细分类账户。

知识补充　　有些资产类、负债类账户和所有者权益类账户存在备抵账户，其用来抵减被调整账户余额，如"应收账款"账户的备抵账户为"坏账准备"，固定资产的备抵账户为"累计折旧"等。

2 | 账户的功能与结构

账户的功能在于连续、系统、完整地提供企业经济活动中各会计要素增减变动及其结果的具体信息。通过账户可以了解某一会计科目的本期发生额和余额。其中，本期发生额是指会计要素在特定会计期间增加和减少的金额，分别称为账户的"本期增加发生额"和"本期减少发生额"。余额是指会计要素在会计期末的增减变动结果,具体表现为期初余额和期末余额。账户上期的期末余额转入本期,即为本期的期初余额;账户本期的期末余额转入下期,即为下期的期初余额。

账户的期初余额、期末余额、本期增加发生额和本期减少发生额统称为账户的四个金额要素。它们之间的基本关系可用如下公式表示:

$$期末余额=期初余额+本期增加发生额-本期减少发生额$$

账户的基本结构在实务中被形象地称为"丁"字账户或"T"型账户,如图3-5所示。

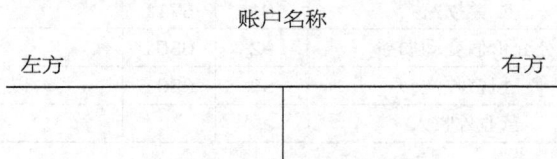

账户名称

左方	右方

图 3-5 "T"型账户的结构

"T"型账户的记录中,一方登记增加额,一方登记减少额,增加额和减少额相抵后的差额,形成了账户的余额。例如,资产类账户的结构如图 3-6 所示。

资产类账户

左方	右方
期初余额	
本期增加发生额	本期减少发生额
期末余额	

图3-6 资产类账户的结构

由于账户是根据会计科目的名称设置的,但其具有一定的格式和结构,因此可以将账户形象地理解为"有了房间"的会计科目。账户分为左右两方,就好比不同房间的划分。

3.4 基础练习

本章主要介绍了将会计对象进行不同层次的划分,即将会计对象划分为资金运动、会计要素及会计科目。有关会计要素、会计科目和账户的理解是会计的入门知识,是实务操作的理论基础,下面通过案例练习如何将这些知识运用在会计工作中。

3.4.1 判别会计要素

李权于 2016 年成立了一家食品厂,该食品厂的启动资金为 100 万元,已经存入银行,其中 70 万元属于李权的自有资金,30 万元是向银行借来的,借款期限为 3 年。

成立初期，李权将自家房屋作为厂房，又在二手车市场买了一辆价值10万元的汽车进行货物运输，同时雇佣了5个工人从事生产、2个工人跑业务，自己和老婆管理公司其他行政事务。经营一年后，随着企业的不断壮大，该食品厂又从A公司采用融资租赁方式租入一台机器设备生产食品。

要求：列出本例中涉及的会计要素，并指出各会计要素对应的会计科目。

💿 **答案参见随书光盘** ◂

本书配套\练习答案\第3章\基础练习\判别会计要素.docx

3.4.2 设置会计科目

甲公司有基本生产车间和辅助生产车间两个车间，辅助生产车间主要为产品生产供电和供水。甲公司生产A产品、B产品和C产品。为生产产品，甲公司购进D材料和E材料。甲公司根据车间性质对产品的成本进行结转。另外，甲公司销售产品时通常采用银行转账的方式，其分别在工商银行、建设银行、农业银行开立账户，均可以收取货款。甲公司的应收账款包括乙、丙、丁、戊公司所欠的账款，其中，乙、丙在省内，丁、戊在省外。

要求：根据上述资料为甲公司设置会计科目，并将表3-4中的空白单元格补充完整。

表 3-4 甲公司部分科目的设置

总分类科目（一级科目）	明细分类科目	
	二级明细科目	三级明细科目
库存商品		——
原材料		——
生产成本		A产品、B产品、C产品
	辅助生产成本	
	工商银行、建设银行、农业银行	——
		丁公司、戊公司

💿 **答案参见随书光盘** ◂

本书配套\练习答案\第3章\基础练习\设置会计科目.docx

3.4.3 判定账户的四个核算指标

甲公司有"库存现金"和"应收账款"两个账户，已知这两个账户均为左边登记增加，右边登记减少。甲公司2月的部分经济业务如下。

（1）2月1日，出纳清点后，发现公司保险柜中共有现金5 000元。

（2）2月1日，会计人员通过查看公司账簿得知，本月初公司共有应收账款12 000元。

（3）2月5日，用现金500元购买办公用品。

（4）2月13日，以现金的形式收到应收账款3 000元。

（5）2月18日，销售商品确认应收账款1 500元。

要求：根据上述资料，判定"库存现金"和"应收账款"账户的期初余额、期末余额、本期增加发生额、本期减少发生额分别为多少。

> **答案参见随书光盘** ◂
>
> 本书配套\练习答案\第3章\基础练习\判定账户的四个核算指标.docx

疑难问答 Difficult Questions

❶ 如何有效记忆会计科目的名称

Q1 会计科目表中列出了很多会计科目，会计初学者应怎样有效记忆呢？

A1 会计初学者，在熟悉会计科目时，应按照所属的会计要素类别进行记忆，还可根据需要对各类会计科目包括的内容进行比较记忆。具体可以按照以下方法进行记忆。

①资产类科目："库存现金"表示放在企业保险柜中的"钱"；"银行存款"表示放在银行的"钱"；"应收账款"表示在客户那儿还没收回来的"钱"；"其他应收款"表示在员工那儿还没收回来的"钱"；"交易性金融资产"表示用于购买股票的"钱"；"库存商品""原材料"表示在产品或商品中的"钱"；"固定资产"表示在机器设备、厂房等中的"钱"。

②负债类会计科目："短期借款"表示向银行借的需要在短期内（通常是1年内）归还的"钱"；"应付账款"表示买东西赊账的"钱"；"应付职工薪酬"表示应该发放给职工的"钱"；"应付债券"表示发行债券筹资，到期应归还给购买者的"钱"。

③所有者权益类科目："实收资本"表示股东投入的"钱"；"资本公积"表示股东多投入的"钱"；"盈余公积"表示根据规定必须留在企业的"钱"；"未分配利润"表示企业净赚的"钱"；"本年利润"表示企业当期赚的"钱"。

④成本类科目："生产成本"表示用于生产产品而花的"钱"；"制造费用"表示为了生产产品提供服务而花的"钱"。

⑤损益类科目："主营业务收入"表示销售商品赚的"钱"；"其他业务收入"表示销售材料、出租住房等赚的"钱"；"税金及附加"表示缴纳税金及其附加税金而花的"钱"；"销售费用"表示为了销售产品提供服务而花的"钱"；"管理费用"表示为了管理企业正常运行而花的"钱"；"财务费用"表示企业在生产经营过程中为筹集资金而花的"钱"；"投资收益"表示投资金融产品赚的"钱"。

❷ 会计计量属性的选择

Q2 记忆了会计科目，在衡量具体经济业务或事项的金额时，应以什么为依据呢？

A2 这个问题其实是会计要素的计量属性的选择。通常而言，做账都是按照取得的发票上的金额入账，这其实是按照历史成本进行计量的。下面补充介绍会计计量属性。

会计计量属性是指会计要素的数量特征或外在表现形式，主要包括以下几项：

①历史成本，又称为实际成本，是指为取得或制造某项财产物资实际支付的现金或其他等价物。历史成本可以理解为购买某项物资时获得发票上标注的价格。

②重置成本，又称为现行成本，是指按照当前市场条件，重新取得同样一项资产所需要支付的现金或者现金等价物的金额。重置成本就是对于一项物资，如果现在要购买与其条件一样的物资，所需要支付的价钱。

③可变现净值是指在正常的生产经营过程中，以预计售价减去进一步加工成本和预计销售费用以及相关税费后的净值。

④现值是指对未来现金流量以恰当的折现率进行折现后的价值。

⑤公允价值是指市场参与者在计量日发生的有序交易中，出售一项资产能收到或者转移一项负债所需支付的价格。

根据《企业会计准则》的规定，企业在对会计要素进行计量时，一般应当采用历史成本，采用重置成本、可变现净值、现值、公允价值计量的，应当保证所确定的会计要素金额能够取得并可靠计量。所以，在实际的会计工作中，对于某项交易或事项进行做账时，一般使用历史成本，即所取得的发票上记载的金额。

第 4 章

工欲善其事，必先利其器
——会计核算的工具

会计核算就是将企业经济活动转换为会计语言。前面所学习的知识，如会计的基本假设、会计基础、会计要素、会计科目、账户等，都是比较独立的内容，虽说它们之间也有一定的联系，但如果没有一个"工具"将其连接起来，会计学习是"只见树木不见森林"。因此，为了系统地掌握会计核算的方法，还应该有效利用会计核算的工具。

本章内容主要包括会计核算所必需的两项工具——会计等式的运用和复式记账法。首先介绍了两个会计等式，列举了不同经济业务或事项对会计等式的影响；其次介绍了复式记账法，其中重点介绍了借贷记账法；最后在复式记账法的基础上，介绍了会计分录及其编制方法。学习完本章后，读者就可以理解"做账"是怎么一回事了。

精彩内容

▶ **会计等式及其意义**：资产＝负债＋所有者权益，利润＝收入－费用，经济业务发生对会计等式平衡的影响。

▶ **记账方法及编制分录**：可供选择的记账方法、借贷记账法、编制会计分录。

4.1 会计等式及其意义

会计等式是对会计要素内在经济关系的数学式表达。它反映了会计要素间的数量恒等关系，是复式记账、试算平衡和编制会计报表的理论依据。

4.1.1 资产＝负债＋所有者权益

资产与权益本质上只是同一资源的两个方面。企业获得多少资产，相应的所有者就享有多少权益，两者在总额上保持一致，这种关系用公式表示为：

$$资产 = 权益$$

在会计核算中，由投资人投入的资产称为所有者权益，举债形成的资产称为负债，即为债权人权益。因此，上述等式也可表示为：

$$资产 = 负债 + 所有者权益$$

这一会计等式反映了资产、负债和所有者权益三个会计要素间的数量关系，其包含的内容不仅是编制资产负债表的依据，还是会计等式中最基本、最通用的表达，所以又称为会计基本等式。同时，该等式反映的是某一时点三大会计要素间的平衡关系，所以又称为财务状况等式或静态会计等式。

4.1.2 利润＝收入－费用

企业经营的目的在于获取利润，而利润的形成在于收入的取得能够抵减费用的消耗。在不考虑利得与损失的情况下，企业的收入扣除为获取收入而产生的费用得到的余额，即形成了利润，它们之间的关系可用如下公式表示：

$$收入 - 费用 = 利润$$

收入、费用和利润三个要素是企业经营成果的反映，体现了在某一会计期间企业资金的运动情况，因此该会计等式又称为经营成果等式或动态会计等式。

4.1.3 经济业务发生对会计等式平衡的影响

在企业的经营活动中，经济业务的发生十分频繁，如资产的购建、材料的采购、收入的获取、工资的发放等，这必然会引起各会计要素的增减变化，会计基本等式的平衡关系却不会因此被破坏。经济业务对会计等式的影响可分为两种情况，即等式两边同向变化或等式一边有增有减。

1 ｜ 等式两边同向变化

同向变化是指资产、负债或资产、所有者权益同时增加或者减少，具体包括以下四种情况。

- 资产与所有者权益同时等额增加。
- 资产与负债同时等额增加。
- 资产与所有者权益同时等额减少。
- 资产与负债同时等额减少。

如图 4-1 所示，天平的左边代表资产数，天平的右边代表负债与所有者权益的合计数，两边同增同减都可使天平保持平衡。

图 4-1　等式两边同时同向变化示意图

例 4-1　经济业务影响等式两边同时变化

2016 年 3 月，A 公司发生了以下四项经济业务。

（1）将投资者投入的 100 万元存入银行。

（2）为了资金周转的需要，向银行借入 6 个月的短期借款 50 万元，存入银行。

（3）由于 A 公司经营成果显著，实现了预期目标，A 公司决定用银行存款 20 万元支付给投资者作为回报。

（4）2015 年借入的短期借款 30 万元到期，决定用银行存款归还。

A 公司上述经济业务将对会计等式产生什么影响？

专家解答

上述业务中，业务（1）使银行存款增加 100 万元，同时使实收资本增加 100 万元，即资产和所有者权益同时增加 100 万元；业务（2）使银行存款增加 50 万元，同时使短期借款增加 50 万元，即资产和负债同时增加 50 万元；业务（3）使得银行存款减少 20 万元，同时使得利润分配减少 20 万元，即资产与所有者权益同时减少 20 万元；业务（4）使银行存款减少 30 万元，同时使短期借款减少 30 万元，即资产与负债同时减少 30 万元。由于上述业务均使等式两边同时减少相同金额，所以，会计等式依然保持平衡。表 4-1 所示为上述业务对会计等式的影响。

<table>
<tr><td colspan="6">表 4-1 业务对会计等式的影响</td></tr>
</table>

业务编号	资产	=	负债	+	所有者权益
（1）	（银行存款↑100）				（实收资本↑100）
（2）	（银行存款↑50）		（短期借款↑50）		
（3）	（银行存款↓20）				（利润分配↓20）
（4）	（银行存款↓30）		（短期借款↓30）		

2 │ 等式一边有增有减

等式一边有增有减的情况有三种：一项资产增加，另一项资产减少；负债与所有者权益一项增加，另一项减少；负债或所有者权益一项增加，一项减少。具体包括以下五种情况。

- 一项资产增加，另一项资产等额减少。
- 一项负债增加，另一项负债等额减少。
- 一项所有者权益增加，另一项所有者权益等额减少。
- 一项负债增加，另一项所有者权益等额减少。
- 一项所有者权益增加，另一项负债等额减少。

等式一边有增有减的示意图如图 4-2 所示。

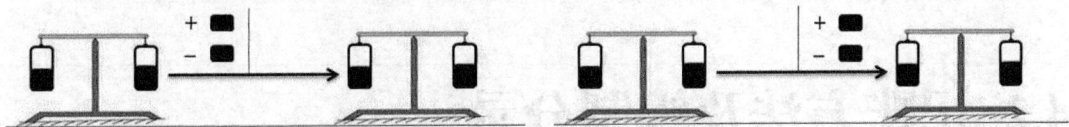

图 4-2 等式一边有增有减示意图

例 4-2 经济业务影响等式一边变化

2016 年 4 月，A 公司发生了如下五项经济业务。

（1）用现金购买一台价值 3 000 元的笔记本电脑。

（2）从银行取得短期借款 12 万元，归还前欠某公司的货款。

（3）将盈余公积 3 万元转增资本。

（4）A 公司实现利润 20 万元，经研究决定向投资者分配 4 万元。

（5）债权人 B 公司将 A 公司前欠的货款 6 万元转作对 A 公司的投资。

专家解答

上述经济业务中，业务（1）使固定资产增加 3 000 元，同时使库存现金减少

3 000 元，即一项资产增加，另一项资产等额减少；业务（2）使短期借款增加
12 万元，同时使应付账款减少 12 万元，即一项负债增加，另一项负债等额减少；
业务（3）使实收资本增加 3 万元，同时使盈余公积减少 3 万元，即一项所有者
权益增加，另一项所有者权益等额减少；业务（4）使应付股利增加 4 万元，同
时使未分配利润减少 4 万元，即一项负债增加，一项所有者权益等额减少；业
务（5）使实收资本增加 6 万元，同时使应付账款减少 6 万元，即一项负债减少，
一项所有者权益增加。由于上述业务均使等式的一边增加和减少的金额相等，
而另一边没有变动，所以，会计等式依然保持平衡。表 4-2 所示为上述业务对会
计等式的影响。

表 4-2 业务对会计等式一边变化的影响

业务	资产	=	负债	+	所有者权益
（1）	（库存现金↓3 000; 固定资产↑3 000）				
（2）			（短期借款↑120 000; 应付账款↓120 000）		
（3）					（实收资本↑30 000; 盈余公积↓30 000）
（4）			（应付股利↑40 000）		（未分配利润↓40 000）
（5）			（应付账款↓60 000）		（实收资本↑60 000）

4.2 记账方法及编制分录

会计记账方法是指在账簿中登记经济业务的方法，即根据一定的原理、记账符号，
采用一定的计量单位，利用文字和数字将由于经济业务发生所引起的各个会计要素的增
减变动在有关账户中进行记录的方法。记账方法是掌握会计核算技能的重要工具。

4.2.1 可供选择的记账方法

根据记录经济业务方式的不同，记账方法可以分为单式记账法和复式记账法。现代
会计中一般采用复式记账法。

1 | 单式记账法

单式记账法是一种比较简单、不完整的、对于部分经济业务只在一个账户中进行记
录的记账方法。其特点是平时只登记现金、银行存款的收付业务和各种往来账项，因此
该种记账方法只能反映一部分经济业务的一个方面，适用于业务简单或很单一的经济个
体和家庭。

2 ｜复式记账法

复式记账法是指以资产与权益平衡关系作为记账基础，对发生的每一笔经济业务，都要在两个或两个以上相互联系的账户中进行登记，系统地反映资金运动变化结果的一种记账方法。简而言之，在复式记账法下，每一笔经济业务的发生，都至少引起两个或两个以上账户发生变化，且变动金额是相等的。

例 4-3

▲ 单式记账法与复式记账法下业务的核算

2016 年 2 月 18 日，某公司用保险柜中的现金 2 500 元购买甲材料。请分别说明在单式记账法下和复式记账法下应怎样对该笔业务进行处理？

┃ **专家解答** ┃

在单式记账法下，该笔业务的处理与个人流水账的记法很相似，即直接记录"购买甲材料花费现金 2 500 元"。在复式记账法下，对于该公司发生的该笔经济业务，既要在"库存现金"账户中登记减少 2 500 元，又要在"原材料"账户中登记增加 2 500 元。这样，便可以全面反映该笔经济业务引起资金变化的来龙去脉——减少的库存现金是用于购买原材料，购买原材料的资金来源于库存现金。因此通过本例可以发现，采用复式记账法可以保证记账的准确性。

4.2.2 借贷那些事——借贷记账法

根据记账符号、账户分类、记账规则和试算平衡方法的不同，复式记账法可分为借贷记账法、增减记账法和收付记账法等。我国《企业会计准则》规定，企业应当采用借贷记账法记账。

动画演示
借贷记账法

借贷记账法是指以"借"和"贷"为记账符号的一种复式记账方法。借贷记账法是以"资产=负债＋所有者权益"为依据，以"借"和"贷"作为记账符号，以"有借必有贷，借贷必相等"作为记账规则，反映会计要素增减变动情况的一种复式记账方法。借贷记账法的含义可参照表4-3的内容进行理解。

表4-3 借贷记账法的含义

项目	借贷记账法
建立基础	"资产=负债+所有者权益"会计等式
记账规则	有借必有贷，借贷必相等
反映内容	会计要素的增减变动

1 | 借贷记账法下的账户结构

在借贷记账法下，账户的左方称为借方，右方称为贷方。所有账户的借方和贷方按相反方向记录增加数和减少数，即一方登记增加数，另一方登记减少数。至于"借"表示增加还是"贷"表示增加，则由账户性质与反映的经济内容的性质所决定。

> "借""贷"没有实际意义，只是反映会计要素增减变动的记账符号。

在一般情况下，资产类、成本类和费用类账户中，"借"表示增加，"贷"表示减少；负债类、所有者权益类和收入类账户则刚好相反，"贷"表示增加，"借"表示减少。另外，若某账户存在备抵账户，则该备抵账户的结构与其所调整账户的结构相反。

（1）资产类、成本类、费用类账户的结构

资产类、成本类、费用类账户的借方登记资产、成本、费用的增加额，贷方登记资产、成本、费用的减少额。若期末有余额，则在借方。资产类、成本类与费用类账户的结构如图4-3所示。

资产类、成本类与费用类账户

借方	贷方
期初余额	
本期增加额	本期减少额
本期借方发生额合计	本期贷方发生额合计
期末余额	

图4-3 资产类、成本类与费用类账户的结构

资产类和成本类账户的余额计算公式如下：

$$期末借方余额 = 期初借方余额 + 本期借方发生额 - 本期贷方发生额$$

由于本期费用净额在期末应转入"本年利润"账户，用以计算当期损益，所以结转后费用类账户的期末余额为零。

（2）负债类、所有者权益类、收入类账户的结构

负债类、所有者权益类、收入类账户的借方登记负债、所有者权益、收入的减少额，贷方登记负债、所有者权益、收入的增加额。若期末有余额，则在贷方。负债类、所有者权益类与收入类账户的结构如图4-4所示。

负债类、所有者权益类与收入类账户

借方	贷方
	期初余额
本期减少额	本期增加额
本期借方发生额合计	本期贷方发生额合计
	期末余额

图4-4 负债类、所有者权益类与收入类账户的结构

负债类和所有者权益类账户的余额计算公式如下：

期末贷方余额 = 期初贷方余额 + 本期贷方发生额 - 本期借方发生额

由于本期收入净额在期末转入"本年利润"账户，用以计算当期损益，所以结转后收入类账户的期末余额为零。

借贷记账法下，各类账户的基本结构可概括如表 4-4 所示。

表 4-4　借贷记账法下各账户的结构

账户	借方登记	贷方登记	余额方向
资产类	增加	减少	借方
负债类	减少	增加	贷方
所有者权益类	减少	增加	贷方
收入类	减少或转销	增加	一般无余额
费用类	增加	减少或转销	一般无余额
成本类	增加	减少或转销	借方

经验之谈　各类账户中借方与贷方分别登记增加额还是减少额，可以根据会计等式"资产+费用=负债+所有者权益+收入"进行登记。等式左边会计要素的相关账户中，借方登记增加额，贷方登记减少额，若期末有余额，一般在借方；等式右边会计要素的相关账户中，贷方登记增加额，借方登记减少额，若期末有余额，一般在贷方。

2 │ 借贷记账法的记账规则

记账规则是指在账户中记录经济业务时所应遵循的规则。借贷记账法的记账规则为"有借必有贷，借贷必相等"，即对于每一笔经济业务，都要在两个或两个以上相互联系的会计科目中以借方和贷方的金额进行登记。

由于任何经济业务引起的会计要素变化可概括为资产和权益要素的变化，所以根据借贷记账法的记账规则，可以总结出经济业务引起的会计要素增减变化在账户中的表现主要包括以下四种情况。

- 资产类账户的借方和权益类账户的贷方同时等额增加或减少。
- 资产类账户的贷方和权益类账户的借方同时等额增加或减少。
- 资产类账户的借方和贷方同时反向等额增加或减少。
- 权益类账户的借方和贷方同时反向等额增加或减少。

例 4-4　"T"型账户登记举例

2016 年 2 月，B 公司发生了以下业务。

（1）收到投资款 500 000 元，存入银行。

（2）用价值 350 000 元的库存商品抵顶所欠 B 公司的货款。

（3）从银行提取现金 300 000 元，准备发放工资。

（4）向银行借入短期借款 100 000 元，偿还所欠 C 公司的货款。

上述业务在账户中应怎样记录？

▌专家解答 ▌

业务（1）中，"银行存款"属于资产类账户，增加计入借方，"实收资本"属于所有者权益类账户，增加计入贷方；业务（2）中，"库存商品"属于资产类账户，减少计入贷方，"应付账款"属于权益类账户，减少计入借方；业务（3）中，"银行存款"和"库存现金"均属于资产类账户，增加计入借方，减少计入贷方；业务（4）中，"短期借款"和"应付账款"均属于权益类账户，增加计入贷方，减少计入借方。上述业务在"T"型账户中的登记结果如图 4-5~图 4-8 所示。

实收资本		银行存款	
借方	贷方	借方	贷方
	500 000	500 000	

图 4-5 业务（1）"T"型账户登记结果

库存商品		应付账款	
借方	贷方	借方	贷方
	350 000	350 000	

图 4-6 业务（2）"T"型账户登记结果

银行存款		库存现金	
借方	贷方	借方	贷方
	300 000	300 000	

图 4-7 业务（3）"T"型账户登记结果

短期借款		应付账款	
借方	贷方	借方	贷方
	100 000	100 000	

图 4-8 业务（4）"T"型账户登记结果

在上述案例中，所涉及的账户都只有一个借方和一个贷方，但实际发生的经济业务要复杂得多，有可能会出现一个借方对应多个贷方、一个贷方对应多个借方或多个借方对应多个贷方的情况。但无论出现哪种情况都必须满足"有借必有贷，借贷必相等"的记账规则。

**例
4-5**

涉及多个科目时"T"型账户的登记

2016 年 1 月 31 日，B 公司用现金 15 500 元购买一批物资，其中打印机 2 500 元，办公桌 5 000 元，笔记本电脑 8 000 元。这笔业务在账户中应如何记录？

｜专家解答｜

该项业务属于涉及多个账户的情况。用现金购买物资，"库存现金"账户减少，计入贷方；打印机、办公桌、笔记本电脑都属于固定资产，"固定资产"账户增加，计入借方。"T"型账户的登记结果如图4-9所示。

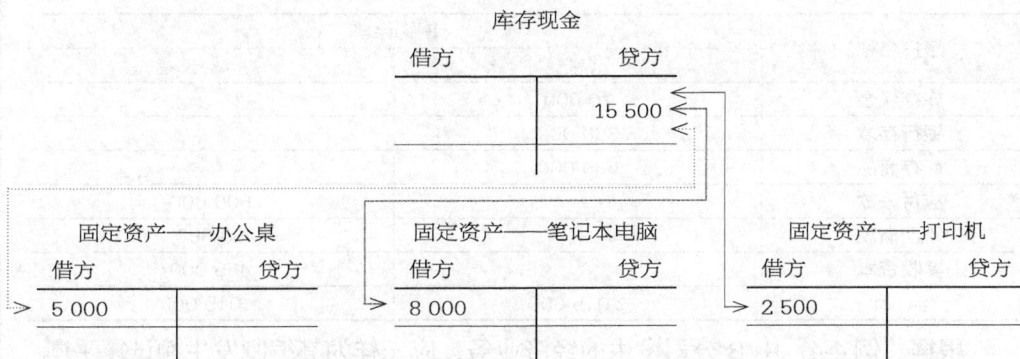

库存现金

借方	贷方
	15 500

固定资产——办公桌		固定资产——笔记本电脑		固定资产——打印机	
借方	贷方	借方	贷方	借方	贷方
5 000		8 000		2 500	

图4-9 一个贷方账户对应多个借方账户的"T"型账户的登记结果

3 ｜借贷记账法下的试算平衡

试算平衡是指根据会计恒等式"资产 = 负债 + 所有者权益"以及借贷记账法的记账规则，通过对所有账户的发生额和余额进行汇总计算与比较，以此来检查记录是否正确的一种方法。试算平衡可以分为发生额试算平衡和余额试算平衡两种。

（1）发生额试算平衡

在借贷记账法下，对于每笔经济业务都是按照"有借必有贷，借贷必相等"的记账规则加以记录的，因此每笔经济业务都会以相等的金额分别在不同账户的借方和贷方加以记载。由于一定会计期间的经济业务都是按照此方法登记的，所以所有涉及账户的借方发

> 发生额试算平衡的直接依据是借贷记账法的记账规则。

生额合计数与贷方发生额合计数必定相等。发生额试算平衡的公式如下：

$$全部账户本期借方发生额合计＝全部账户本期贷方发生额合计$$

（2）余额试算平衡

余额试算平衡是指利用全部账户借方期末（初）余额合计与全部账户贷方期末（初）余额合计的恒等关系，来检验本期账户记录是否正确的一种方法。余额试算平衡的公式如下：

> 余额试算平衡的直接依据是财务状况等式，即"资产=负债+所有者权益"。

$$全部账户的借方期初余额合计＝全部账户的贷方期初余额合计$$

$$全部账户的借方期末余额合计＝全部账户的贷方期末余额合计$$

例 4-6

试算平衡表编制举例

已知 B 公司 2016 年 1 月有关账户的期初余额如表 4-5 所示。

表 4-5 期初余额表

制表单位：B公司　　　　　　　　2016年1月1日　　　　　　　　单位：元

账户名称	期初余额	
	借方	贷方
库存现金	70 000	
银行存款	360 000	
库存商品	585 000	
应付账款		500 000
短期借款		60 000
实收资本		455 000
合　计	1 015 000	1 015 000

根据"例 4-4"中 B 公司发生的经济业务，应怎样为其编制发生额试算平衡表与余额试算平衡表？

┃ 专家解答 ┃

根据"例 4-4"中涉及的相关账户及金额，B 公司的发生额试算平衡表如表 4-6 所示。其中，业务（1）~（4）分别用①~④表示。

表 4-6 发生额试算平衡表

制表单位：B公司　　　　　　　　2016年1月　　　　　　　　单位：元

账户名称	本期发生额	
	借方	贷方
库存现金	③300 000	
银行存款	①500 000	③300 000

续表

账户名称	本期发生额	
	借方	贷方
库存商品		②350 000
应付账款	②350 000；④100 000	
短期借款		④100 000
实收资本		①500 000
合　计	1 250 000	1 250 000

根据表 4-5 和表 4-6，可编制 B 公司的余额试算平衡表，如表 4-7 所示。

表 4-7　余额试算平衡表

制表单位：B公司　　　　　　　　2016年1月31日　　　　　　　　单位：元

账户名称	期初余额		本期发生额		期末余额	
	借方	贷方	借方	贷方	借方	贷方
库存现金	70 000		300 000		370 000	
银行存款	360 000		500 000	300 000	560 000	
库存商品	585 000			350 000	235 000	
应付账款		500 000	450 000			50 000
短期借款		60 000		100 000		160 000
实收资本		455 000		500 000		955 000
合　计	1 015 000	1 015 000	1 250 000	1 250 000	1 165 000	1 165 000

虽然试算平衡表都是按照借贷双方或会计等式的平衡关系编制的，但也存在一些缺陷。因为发生以下错误时，并不影响借贷平衡。

- **漏记**：漏记经济业务时，借贷双方都会等额减少，借贷仍然平衡。
- **重记**：重记经济业务时，借贷双方都会等额增加，借贷仍然平衡。
- **借贷方向颠倒**：在某项经济业务的记录中，将应借记和贷记的方向颠倒，借贷双方的发生额在数量上保持不变，借贷仍然平衡。
- **记错账户**：某项经济业务中，将涉及的会计账户登记错误，但借方和贷方的发生额保持不变，借贷双方仍然平衡。
- **多记与少记相互抵销**：某会计期间，错误登记的账户中，多记与少记的发生额偶然抵销，借贷双方仍然平衡。

经验之谈　　为了尽量避免试算平衡表出现以上问题，在编制试算平衡表时应注意：将所有账户的期初余额填入试算表，若发现试算平衡表借贷不相等时，应及时、认真地查找错误，直到实现平衡为止。

4.2.3 编制会计分录

在会计工作中，如果对于每一笔经济业务或事项都在"T"型账户中进行登记，这不仅不便于操作，还不利于对各类经济业务进行统计、汇总、比较等处理。因此，为了会计核算工作的有效进行，在借贷记账法下产生了会计分录。

1 | 会计分录的含义及其分类

会计分录简称分录，是指对每项经济业务事项标明其应借、应贷的账户名称及其金额的记录。会计分录的构成包括三要素——应借应贷方向、对应账户（科目）名称、应记金额。

根据涉及账户的多少，会计分录可以分为简单分录和复合分录。简单分录是指只涉及两个账户的会计分录，即一借一贷的会计分录；复合分录是指涉及两个（不包括两个）以上账户的会计分录，包括一借多贷、多借一贷、多借多贷三种类型。

2 | 会计分录的编制

在借贷记账法下，会计分录的格式如下。

- **先借后贷，分行列示**：先写借方，后写贷方，借、贷双方分别位于两行。
- **借贷错开，金额相等**："贷"字对齐借方科目的第一个字，借方科目合计数等于贷方科目合计数。
- **若有子目，符号相隔**：若分录中有需要列示的明细科目，应按科目级次高低从左向右列示，二级科目前加破折号，三级科目放在二级科目后的一对小圆括号中。

会计分录的格式如图4-10所示。

```
借：一级科目                          50 000
    一级科目——二级科目               350
        ——二级科目                 1 500
  贷：一级科目——二级科目            4 000
        ——二级科目                  550
    一级科目——二级科目（三级科目）  47 300
```

图4-10 会计分录的格式

例 4-7

▶ 为企业经济业务编制会计分录

B公司2016年3月2日销售一批商品给明兴公司，价款为500 000元，增值税销项税额为85 000元，款项未收到。3月18日，明兴公司用银行存款支付了上述欠款585 000元。B公司对于上述经济业务应如何编制会计分录？

┃ 专家解答 ┃

　　根据资料可知，上述业务涉及两笔分录：一笔是销售商品的分录；另一笔是收取货款的分录。所以 B 公司应分别对 3 月 2 日、3 月 18 日的业务编制如下会计分录。

> 第一个分录属于复合分录，第二个分录属于简单分录。

　　3 月 2 日销售商品时，

　　借：应收账款——明兴公司　　　　　　　585 000

　　　　贷：主营业务收入　　　　　　　　　　500 000

　　　　　　应交税费——应交增值税（销项税额）85 000

　　3 月 18 日收到货款时，

　　借：银行存款　　　　　　　　　　　　　585 000

　　　　贷：应付账款——明兴公司　　　　　　585 000

4.3　基础练习

　　本章主要介绍了会计核算的两项基本工具，即会计等式和复式记账法（借贷记账法）。其中，借贷记账法中有关会计分录的编制是非常重要的内容，它是会计核算的理论基础。另外，本章中试算平衡表的编制也是比较重要的内容，其在实务中运用较多。下面练习编制试算平衡表。

4.3.1　编制发生额和余额试算平衡表

　　已知深圳星辉有限公司 2016 年 3 月有关账户的期初余额如下。

　　库存现金：1 000 元；短期借款：30 000 元；银行存款：10 000 元；应付账款：10 000 元；应收账款：8 000 元；实收资本：21 000 元；固定资产：80 000 元；资本公积：38 000 元。

　　本月发生的经济业务如下。

　　（1）向银行借入短期借款 60 000 元存入银行。

　　（2）以银行存款支付前欠 A 工厂货款 6 000 元。

　　（3）以公司的机器设备 50 000 元，对外进行长期投资。

　　（4）以公司的资本公积转增资本 20 000 元。

　　发生额和余额试算平衡表格式如表4-8所示。

表 4-8 发生额和余额试算平衡表

会计科目	期初余额		本期发生额		期末余额	
	借方	贷方	借方	贷方	借方	贷方

要求: 根据以上业务编制会计分录, 并根据期初余额编制发生额和余额试算平衡表。

答案参见随书光盘 ◂

本书配套\练习答案\第4章\基础练习\编制发生额和余额试算平衡表.docx

4.3.2 编制会计分录

深圳星辉有限公司 2016 年 1 月发生了以下经济业务。

（1）用现金 300 元购入办公用品。

（2）收到应收账款 50 000 元, 存入银行。

（3）用银行存款支付管理部门车辆修理费 400 元, 生产部门修理费 600 元。

（4）向 B 公司购货一批, 货款预计 35 000 元, 按合同规定用银行存款向供货单位预付全部货款。

（5）以银行存款归还到期的短期借款 30 000 元。

（6）收到李强的投资款 100 000 元存入银行。

要求: 根据上述资料, 分别为每项业务编制会计分录。

答案参见随书光盘 ◂

本书配套\练习答案\第4章\基础练习\编制会计分录.docx

疑难问答 Difficult Questions

❶ 会计等式在编制会计分录时的意义

Q1 会计等式只在理论学习上会用到, 但在编制会计分录时具有实际意义吗?

A1 在编制会计分录时, 看似只强调了 "有借必有贷, 借贷必相等" 这一规则, 但实际也体现了会计等式的平衡关系, 其中 "必相等" 说的就是等式两边的平衡。对于一笔经济业务, 如果只能判断其涉及的一个科目, 而无法确定其他科目时, 这时可以利用会计等式两边平衡的观点，分析涉及的其他科目。例如，出纳用现金支付职工预支的差旅费 2 000 元的业务，由于将现金预支给职工了，所以比较容易判断库存现金会减少 2 000 元，因此会计分录中应贷记"库存现金"，金额为 2 000 元；但是，对于应借记的科目，有的读者可能无法确认。这时可以运用会计等式的知识，即企业发生的经济业务不会破坏会计等式的平衡关系。现已确定库存现金减少了 2 000 元，即资产减少了 2 000 元，那么为了使得"资产＝负债＋所有者权益"等式保持平衡，这笔业务中要么是另一资产同时增加 2 000 元，要么是负债或所有者权益增加 2 000 元。经过分析可知，预支差旅费的业务中，不会涉及所有者权益项目，也没有产生"应付"项目，所以可以判定是另一项资产增加了 2 000 元。这时就可以在资产中寻找适合的会计科目。由于职工是预支差旅费，那么意味着这笔费用以后会还给公司，所以这笔费用属于"应收项目"，体现的是公司与员工间的债权关系，则应确认"其他应收款"科目。因此，该笔业务的会计分录如下。

借：其他应收款　　　　　　　　2 000

　　贷：库存现金　　　　　　　　2 000

通过上例可以发现，利用"资产＝负债＋所有者权益"等式的理论知识，可以帮助会计人员正确编制会计分录。

❷ 编制会计分录的步骤

Q2 通过正文的讲解基本了解了会计分录的编制，那么，在实际工作中有什么方法可以正确、快速地编制会计分录呢？

A2 在实际工作中，无论处理多么复杂的经济业务，在编制会计分录时，一般都应按照以下步骤。

①分析经济业务或事项，确定涉及的会计科目。

②分析涉及的会计科目的金额是增加还是减少。

③根据会计科目的性质，确定其增加或减少应记在借方还是贷方。

④编制会计分录。

⑤根据借贷记账法的记账规则，确定应借、应贷的会计科目是否正确，借方金额合计与贷方金额合计是否相等。

第 5 章

开始"做账"第一步——会计凭证

本 章 导 读

企业无论发生什么样的经济业务，都需要留下"证据"，而这个"证据"就是会计凭证。填制会计凭证是规范会计流程的第一步，会计凭证也是企业的第一手会计资料，因此会计凭证对于会计核算而言尤为重要。

本章首先介绍会计凭证的概念与种类，然后分别介绍原始凭证和记账凭证。在原始凭证中，主要介绍了各类原始凭证的样式及具体的填制方法、审核原始凭证的要点以及填制原始凭证的注意事项；在记账凭证中，主要介绍了通用记账凭证与专用记账凭证的样式。应重点关注通用记账凭证的填制方法，即根据提供的原始凭证填制记账凭证。

● 精彩内容

▶ **原始凭证：**原始凭证的分类、原始凭证的填制、原始凭证的审核。

▶ **记账凭证：**记账凭证的分类、记账凭证的填制、记账凭证的审核。

▶ **会计凭证的传递与保管：**会计凭证的传递、会计凭证的保管。

会计凭证是记录经济业务发生或完成情况的书面证明，是登记账簿的依据。任何单位对于发生的每一项经济业务或事项都必须按照规定的程序和要求，取得或填制有关凭证。根据填制程序和用途的不同，会计凭证可以分为原始凭证和记账凭证。

原始凭证又称单据，是指在经济业务发生或完成时取得或填制的，用以记录或证明经济业务的发生或完成情况，明确有关经济责任的一种凭证。原始凭证是进行会计核算的原始资料和重要依据，其作用是记载经济业务的发生过程和具体内容。

记账凭证又称记账凭单，是指会计人员根据审核无误的原始凭证或汇总原始凭证，按照经济业务事项的内容加以归类，并据以确定会计分录后所填制的会计凭证。它是登记账簿的直接依据。

会计凭证的分类如图 5-1 所示。

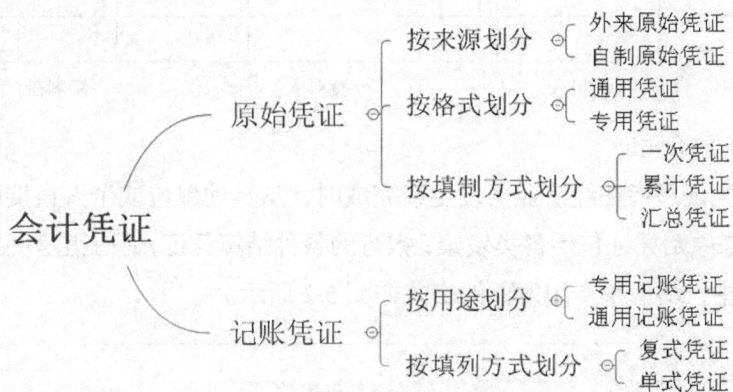

图 5-1 会计凭证的分类

5.1 原始凭证

原始凭证是证明企业经济业务发生的“第一手”资料，是“做账”的最初依据。通过原始凭证记载的内容，不仅能够了解具体的经济业务或事项，还能够明确相关人员的经济责任。

5.1.1 原始凭证的分类

原始凭证的形式多种多样。在会计中，原始凭证一般按照来源、格式或填制方式进行分类。

1 ｜ 自制原始凭证与外来原始凭证

根据取得的来源不同，原始凭证可分为自制原始凭证和外来原始凭证。

（1）自制原始凭证

自制原始凭证是指由本单位内部经办业务的部门或人员，在执行或完成某项经济业务时自行填制的，仅供本单位内部使用的原始凭证。常见的自制原始凭证有领料单、收料单、产品出库单、产品入库单、工资结算单、借支单等。其中，领料单的格式如表5-1所示。

表 5-1 领料单

领料部门：　　　　　　　　年　月　日　　　　　　　　领料编号：
领料用途：　　　　　　　　　　　　　　　　　　　　　发料仓库：

材料编号	材料名称	型号	计量单位	申领数量	实发数量	单价	金额	备注

审批人：　　　　领料人：　　　　发料人：　　　　领料部门负责人：

（2）外来原始凭证

外来原始凭证是指在经济业务发生或完成时，从其他单位或个人直接取得的原始凭证。常见的外来原始凭证包括各类发票，银行的各种结算凭证，职工出差取得的火车票、飞机票等。其中，增值税专用发票的格式如图 5-2 所示。

××增值税专用发票　　　　№.

开票日期：　年　月　日

购货单位	名　　称： 纳税人识别号： 地 址、电 话： 开户行及账号：					密码区		
货物或应税劳务名称	规格型号	单位	数量	单　价	金　额	税率	税　额	
合　　计								
价税合计（大写）	⊗叁拾柒万肆仟佰圆整					（小写）		
销货单位	名　　称： 纳税人识别号： 地 址、电 话： 开户行及账号：					备注		

收款人：　　　　复核：　　　　开票人：　　　　销货单位：（章）

图5-2 增值税专用发票的一般格式

2 │ 通用凭证与专用凭证

根据格式的不同，原始凭证可以分为通用凭证和专用凭证。

通用凭证是指由有关部门统一印制，在一定范围内使用的具有统一格式和使用方法的原始凭证。通用凭证的制作部门不同，其使用范围也存在差异。通用凭证既可以在某一地区、某一行业使用，也可以在全国通用。如全国统一的异地结算银行凭证，部门统一规定的限额领料单、借款单，以及地区统一规定的发货单等。专用凭证是指由单位自行印制，仅在本单位内部使用的原始凭证，如差旅费报销单、折旧计算表和工资费用分配表等。

3 │ 一次凭证、累计凭证与汇总凭证

根据填制方式的不同，原始凭证可分为一次凭证、累计凭证和汇总凭证。

一次凭证是指一次填制完成，只记录一笔经济业务且仅一次有效的原始凭证。常见的一次凭证包括收据、出库单和发票等。累计凭证是指在一定时期内多次记录发生的同类经济业务且多次有效的原始凭证。常见的累计凭证包括限额领料单、费用登记表等。汇总凭证也称原始凭证汇总表，是指根据一定时期内反映经济业务内容相同的多张原始凭证，按照一定标准综合填制的原始凭证，如发出材料汇总表、材料耗用汇总表和工资汇总表等。限额领料单如表 5-2 所示，发出材料汇总表如表 5-3 所示。

> 同一种原始凭证可以属于不同的分类，如限额领料单，其既属于自制凭证，又属于累计凭证。

表 5-2 限额领料单

领料部门：　　　　　　　　　　　　　　　　编号：
用途：　　　　　　　　　　　　　　　　　　材料单价
计划产量：　　　　　　　　　　　　　　　　单位消耗定额：

材料名称及规格			计量单位	全月领用限额	全月实额	
					数量	金额
领用日期	请领数量	实发数量	结余数	领料人	领料单位	发料人

供应部负责人：　　　　　　　　领料部门负责人：　　　　　　　　仓库负责人：

表 5-3 发出材料汇总表

日期：

用途	材料A		材料B		材料C		合计
	数量	金额	数量	金额	数量	金额	
合计							

5.1.2 原始凭证的填制

企业需要填制的原始凭证可分为两类：一类是交予外单位的，一般以发票的形式开具；另一类是企业内部使用的单据。向外单位开具的发票通常有专门的规定和要求，企业只需向税务局申领即可；企业内部使用的原始凭证可根据企业自身的实际情况，在满足管理需要的前提下进行设计。

1 ｜ 自制原始凭证的设计要求

企业自行设计原始凭证时，应遵循实用、清晰、统一、经济的原则，一份完整的原始凭证至少应包括以下项目。

- 凭证的名称。
- 填制凭证的日期。
- 填制凭证的单位名称或者填制人姓名。
- 经办人员的签名或者盖章。
- 接受凭证的单位名称。
- 经济业务内容。
- 数量、单价和金额。

2 ｜ 原始凭证填制的基本要求

原始凭证的填制必须符合以下基本要求。

（1）记录要真实

原始凭证中填制的日期、业务内容、数量、金额等内容必须真实可靠，符合实际情况。

（2）内容要完整

原始凭证中要求填写的项目要逐项填写齐全，不得遗漏或省略；年、月、日要按照填制原始凭证的实际日期进行填写，有关部门和人员的签名或盖章必须齐全。

（3）手续要完备

单位自制的原始凭证必须有经办业务部门和其他指定人员的签名或盖章；对外开出的原始凭证必须加盖本单位的公章；从外部取得的原始凭证，必须有填制单位公章；从个人取得的原始凭证，必须有填制人员的签名或盖章。

知识补充

上述所称“对外开出的原始凭证”是指除发票以外的原始凭证。根据《中华人民共和国发票管理办法实施细则》第二十八条规定，单位和个人在开具发票时，应在发票联和抵扣联加盖发票专用章。

例 5-1

检查原始凭证的填制

成都长舟商贸有限公司 2016 年 2 月 18 日向上海长宏电子有限公司销售电子器材一批，单价为 120 元 / 套，数量为 100 套，合计 12 000 元，其开出的发票如图 5-3 所示。请问，这张原始凭证的开具符合要求吗？

四川省成都市国家税务局通用机打发票

发票联

发票号码：00059806

发票号码：00059806

开票日期：2016-02-18　　行业分类：商业

付款方名称：　上海长宏电子有限公司

项目	规格	数量	单位	单价	金额
电子器材	GQ01-453	100	套	120.00	12 000.00

合计金额（大写）：壹万贰仟元整　　合计：¥12 000.00

收款方名称：成都长舟商贸有限公司　　收款方识别号：156298741256321

收款日期：2016-02-18　　收款人：宋湘　　流水号：218　　机器编号：135

第二联 发票联（购货单位付款凭证）

图 5-3 成都长舟商贸有限公司开出的销售发票

专家解答

根据原始凭证的填制要求，对外开出的原始凭证必须加盖本单位的公章，但这特指“除发票以外的原始凭证”。本例中企业销售产品填制的票据为发票，其应加盖发票专用章，而非公章。因此这张原始凭证的开具不符合要求。

（4）书写要清楚、规范：原始凭证要按规定填写，文字、数字的书写都要清晰、工整和规范，做到字迹清楚、易于辨认，不得使用未经国务院公布的简化文字。有关原始凭证书写的具体要求如下。

①大小写金额必须相等且填写规范，小写金额用阿拉伯数字逐个书写，不得写连笔

字。大写金额前未印有"人民币"字样的，应加写"人民币"三个字，"人民币"字样和大写金额之间不得留有空白。

②大写金额用汉字零、壹、贰、叁、肆、伍、陆、柒、捌、玖、拾、佰、仟、万、亿、元、角、分、整等，一律用正楷或行书字书写。

③大写金额数字到元或角为止的，在"元"或"角"之后应当写"整"或"正"字，如小写金额为"1 906.00"，则大写金额就应该写成"壹仟玖佰零陆元整"。

④在金额前应该填写币种符号，如人民币符号"￥"。币种符号与阿拉伯数字之间不得留有空白，金额数字一律填写到角分；无角分的，写"00"或者符号"-"；有角无分的，分位写"0"，不得用符号"-"代替。

- **编号要连续**：原始凭证应连续编号，以便查找。如果原始凭证已预先印定编号，如发票、收据、支票等都有连续编号，那么在写坏作废时要加盖"作废"戳记，连同存根一起保管，不得撕毁。

- **不得涂改、刮擦、挖补**：原始凭证有错误的，应当由出具单位重开或更正，更正处应该加盖出具单位的印章。原始凭证金额有误的，不得在原始凭证上进行更正，只能由原始凭证出具单位重开。

- **填制要及时**：各种原始凭证必须及时填写，做到不拖延、不积压，不事后补填，并按规定的程序及时送交会计机构、会计人员进行审核。

企业向外单位提供的原始凭证一般都是发票。发票通常都是由税务部门统一印制的，所以只要会计人员按照规定将发票项目填写齐全，不随意留有空白项目，并在指定的位置盖上发票专用章就不会出现错误。企业内部各部门流转使用的原始凭证，一般不需要加盖发票专用章或公章等，只要经手人员签名为证，就可以明确责任。

例 5-2 ▲ 填制原始凭证

2016 年 3 月 11 日，成都长舟商贸有限公司采购部员工李明因采购材料需要向财务部门预支现金 5 000 元，已知采购部主管为张彬，财务部出纳为王莹。关于该项经济业务应填列什么原始凭证呢？

┃ **专家解答** ┃

在该项业务中，采购人员因采购材料向公司预支现金，所以应填列"借支单"，由于借款人为李明，所以借支单应由李明填写。借支单各项目的填列说明如下：日期应填列具体预支现金的日期，即"2016 年 3 月 11 日"；用途为"采购材料";借款金额（大写）为"伍仟元整";部门主管应该是借款人所在部门的主管人员签字，所以采购部主管张彬应在"部门主管"处签上名字，并在后面"日期"栏中填明填写当日的日期;由于财务部出纳为王莹，所以王莹应在"出纳"处签上名字;填好上列项目后，借款人李明应在"借款人签章"处签上自己的名字。填列完成后的借支单如表5-4所示。

表 5-4 借支单

2016 年 3 月 11 日

> 为防止修改，此处切记应顶格填写，前面不留空白。

借款人	李明		
用途	采购材料		
借款金额（大写）	伍仟元整		
部门主管	张彬	日期	2016 年 3 月 11 日
出纳	王莹	借款人签章	李明

5.1.3 原始凭证的审核

企业取得的原始凭证是填制记账凭证的依据，为了防止发生错误，在将原始凭证登记入账前，应对取得的合理合法原始凭证进行审核。只有经过审查无误的凭证，才能作为填制记账凭证和登记账簿的依据。

1 │ 审核的内容

审核原始凭证时应主要审核以下内容。

- **真实性**：主要是对凭证日期、业务情况和金额等的审核。
- **合法性**：主要是对凭证所反映的经济业务是否合法或是否违反经济制度等的审核。
- **合理性**：主要是对原始凭证所记载的经济业务是否符合企业的计划、预算等的审核。
- **完整性**：主要是对凭证的填制内容和填制手续是否完整的审核，包括相关当事人的名称，所记载的经济业务的情况，相关人员或单位的签字或者盖章等是否完整。
- **正确性**：主要是对凭证所反映的有关数量、金额等是否正确无误的审核。
- **及时性**：主要是对凭证所反映的填制日期与经济业务发生日期是否满足及时性要求的审核。特别是有关支票、银行汇票和银行本票等具有时效性的原始凭证的审核。

会计人员在审核原始凭证时，应注意审核收据能否入账。收据与我们日常所说的"白条"不能划等号。所谓"白条"，是指行为人开具或索取不符合正规凭证要求的发货票和收付款项证据。收据能否入账，应该根据收据的种类和使用范围进行判断。收据能否入账的判断如图5-4所示。

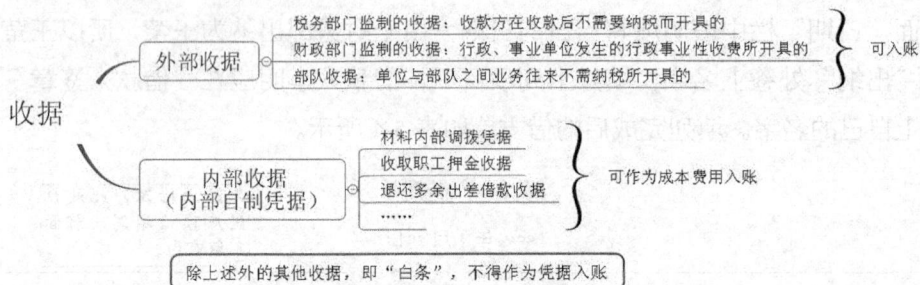

图5-4 收据能否入账的判断

2 │ 审核结果的处理

原始凭证经过审核后，根据不同的审核结果进行区别处理，主要包括以下三种情况。

- **完全符合要求的原始凭证**：此类凭证应及时据以填制记账凭证入账。
- **真实、合法、合理，但内容不够完整、填写有错误的原始凭证**：此类凭证应退回给有关业务单位或个人，由其负责将相关凭证补充完整、更正错误或重开后，再填制记账凭证入账。
- **不真实、不合法的原始凭证**：对于此类凭证，会计机构、会计人员有权不予接受，并向单位负责人报告。

例 5-3 审核原始凭证

承接"例5-2"，2016年3月15日，李明采购材料共花费4 500元，将剩余现金500元退还财务部。出纳王莹让李明填写一张费用报销单，如表5-5所示。

表5-5 费用报销单

报销部门	采购部	报销人	李明
用途	金额（元）	备注	
购买原材料	4 500		
		部门领导审批	张彬
合计	4 500		
合计（大写）：肆仟伍佰元整		原借款：5 000 元	应退余款：500 元

审核用途 → 审核填制日期 → 2016年3月15日　核对附件张数与内容 → 附件：1张

审核金额 → 4 500

审核大、小写

会计主管：赵慧　　复核：宋湘　　出纳：王莹　　报销人：李明　　领款人：李明

已知成都长舟商贸有限公司的财务部门主管为赵慧、会计人员为宋湘。对于这张费用报销单应怎样审核呢?

┃ 专家解答 ┃

对于李明填制的这张费用报销单,在审核时可分为以下几个步骤。

①审核"内容",查看报销人报销的金额是否符合公司财务制度以及费用的开支标准。本例中,应检查李明报销的 4 500 元是否超过其可报销金额的上限。

②审核"填制日期",查看报销日期与借支日期是否相隔较近。从"例 5-2"中可知借支日期为 3 月 11 日,费用报销日期为 3 月 15 日,两者相隔 4 天,比较接近,符合规定。

③审核"用途",查看报销的费用用途是否与借支单中的用途一致。报销单与预支单中的用途都为购买材料,所以符合规定。

④审核"金额",查看报销的费用与其所附单据中列明的费用是否一致。实际工作中,购买材料时会收到出售方开具的发票,因此将费用报销单中的报销金额与发票中的购买金额进行对比,就可以检查出金额是否正确。

⑤审核"大、小写",查看报销金额的大写与小写是否一致。本例中两者是一致的,符合要求。

⑥审核"脸面",查看报销单与所附凭证是否有涂改、刮擦或纸贴的现象。在实际工作中,这一步骤既可以首先进行,也可在检查完其他项目后进行。对于存在上述现象的,按照上文中介绍的"审核结果的处理"执行。

5.2 记账凭证

记账凭证的主要作用是确定会计分录,进行账簿登记。记账凭证能反映经济业务的发生或完成情况,监督企业的经济活动,明确相关人员的责任。记账凭证也是登记总分类账和明细分类账的依据。

动画演示
记账凭证

5.2.1 记账凭证的分类

记账凭证可按不同的标准进行分类。通常,记账凭证可以根据用途以及填列凭证的方式进行分类。

1 │ 专用记账凭证与通用记账凭证

根据凭证的用途不同，记账凭证可分为专用记账凭证和通用记账凭证。

（1）专用记账凭证

专用记账凭证是指分类反映经济业务的记账凭证。按反映的经济业务内容，专用记账凭证可以进一步细分为收款凭证、付款凭证和转账凭证。

- **收款凭证**：收款凭证是指用于记录库存现金和银行存款收款业务的会计凭证。收款凭证又可分为库存现金收款凭证和银行存款收款凭证，分别根据库存现金和银行存款收款业务的原始凭证填制，作为登记库存现金日记账、银行存款日记账以及相关明细账和总账等账簿的依据。收款凭证的一般格式如表 5-6 所示。

表 5-6 收款凭证

借方科目：　　　　　　　　　　年　月　日　　　　　　　　　现（银）收字第　号

摘要	贷方总账科目	明细科目	记账	金额										
				千	百	十	万	千	百	十	元	角	分	附件
														张
合计金额														

会计主管：　　　　记账：　　　　出纳：　　　　审核：　　　　制单：

- **付款凭证**：付款凭证是指用于记录库存现金和银行存款付款业务的会计凭证。付款凭证又可分为库存现金付款凭证和银行存款付款凭证，分别根据库存现金和银行存款付款业务的原始凭证填制，作为登记库存现金日记账、银行存款日记账以及相关明细账和总账等账簿的依据。付款凭证的一般格式如表 5-7 所示。

表 5-7 付款凭证

贷方科目：　　　　　　　　　　年　月　日　　　　　　　　　现（银）付字第　号

摘要	借方总账科目	明细科目	记账	金额										
				千	百	十	万	千	百	十	元	角	分	附件
														张
合计金额														

会计主管：　　　　记账：　　　　出纳：　　　　审核：　　　　制单：

- **转账凭证**：转账凭证是指用于记录不涉及库存现金和银行存款业务的会计凭证。转账凭证是根据不涉及库存现金和银行存款业务的原始凭证填制的，是登记有关明细账和总账等账簿的依据。转账凭证的一般格式如表 5-8 所示。

表 5-8 转账凭证

年　月　日　　　　　　　　　转字第　　号

摘要	总账科目	明细科目	记账	借方金额										贷方金额										附件
				千	百	十	万	千	百	十	元	角	分	千	百	十	万	千	百	十	元	角	分	张
合计金额																								

会计主管：　　　　记账：　　　　出纳：　　　　审核：　　　　制单：

（2）通用记账凭证

通用记账凭证是指用来反映所有经济业务的记账凭证，为各类经济业务所共同使用。通用记账凭证的格式与转账凭证的格式基本相同。通用记账凭证与转账凭证的区别主要是标题名称与右上角中的"转"字换成了"记"字。

> 专用记账凭证与通用记账凭证是常见的记账凭证分类，其他分类只从理论上了解即可，其在实际中并不常用。

经验之谈　在会计实际工作中，通用记账凭证的使用十分广泛；对于专用记账凭证，用得较多的是国有企业或大型企业。本书中除了第1篇，在其他篇中主要以通用记账凭证为主。

2 ｜单式记账凭证与复式记账凭证

根据凭证的填列方式不同，记账凭证可分为单式记账凭证和复式记账凭证。

（1）单式记账凭证

单式记账凭证是指在每一张凭证上只填列经济业务事项所涉及的一个会计科目及其金额的记账凭证。若某一项经济业务涉及几个会计科目，就需要填制几张单式记账凭证，通过将其连续编号使之产生联系。填列借方科目的称为借项记账凭证，填列贷方科目的称为贷项记账凭证。

（2）复式记账凭证

复式记账凭证是指将每一笔经济业务事项所涉及的全部会计科目及其发生额均在同一张凭证中反映的记账凭证。复式记账凭证是实际工作中普遍采用的记账凭证，上面介绍的收款凭证、付款凭证、转账凭证和通用记账凭证均属于复式记账凭证。

5.2.2　记账凭证的填制

企业取得的原始凭证经审核无误后，应作为填制记账凭证的依据。会计人员并不能直接根据原始凭证上记载的内容填制记账凭证，而是要通过一个"中介"——会计分录。简而言之，会计人员要先将原始凭证上反映的内容转换为会计分录后，再填制记账凭证。

会计人员填制记账凭证时，应遵循以下基本要求。

（1）内容完整：记账凭证必须完整地反映原始凭证所反映的经济内容。

（2）摘要简明扼要：记账凭证的"摘要"栏应简明扼要地反映经济业务的主要内容。

（3）书写清楚、规范：记账凭证上的书写内容应清晰明了，并满足相关填写要求。

视频演示
填制记账
凭证

（4）连续编号：在一般情况下，记账凭证应采用顺序编号法，就是将记账凭证按照填制日期先后编号，也可按照收、付、转等凭证类型分别进行顺序编号。如果在连续编号中，有一笔业务涉及的会计科目较多，需要多张记账凭证时，则可采用分数编号法。

经验之谈　某公司的记账凭证采用统一的顺序编号法，即所有的记账凭证按照编制时间的先后进行编号。2015年3月2日，凭证已编到第11号，即该公司本月已发生了11笔业务，若第12笔业务比较复杂，涉及的会计科目较多，需要3张记账凭证才能编制完，则第12笔经济业务涉及的记账凭证可以按照"第12（1/3）号""第12（2/3）号""第12（3/3）号"进行编号。

（5）附原始凭证：除结账和更正错误的记账凭证可以不附原始凭证外，其他记账凭证必须附有原始凭证。记账凭证上应注明所附原始凭证的张数，以便核查。

（6）记账凭证出现空行的处理：记账凭证填制完成后，如有空行，应当自金额栏最后一笔金额数字下的空行至合计数上的空行画线注销。

例 5-4　填制记账凭证

承接"例5-2"，2016年3月12日，出纳将表5-4所示的借支单交给会计宋湘时，宋湘应怎样填制记账凭证呢？

专家解答

在填制该笔业务记账凭证时，会计人员首先应确定涉及的会计分录。该笔业务的会计分录如下。

借：其他应收款——李明　　5 000
　　贷：库存现金　　　　　　　　5 000

填制记账凭证的步骤如下。

①日期：出纳于 2016 年 3 月 12 日将预支单交与会计，若会计人员当天入账，则日期为"2016 年 3 月 12 日"，若出纳于采购人员退回采购款时一同入账或月底入账，则日期为会计人员实际填写记账凭证的当天。此处假设会计人员在收到预支单的当天入账。

②凭证编号：根据前面已填列的记账凭证张数，按顺序编号。此处假设前面已填写了 11 张记账凭证，故本章凭证的编号为 12 号。

③摘要：简明叙述业务——采购部李明预支材料采购款。

④填写借方内容："总账科目"为"其他应收款"，"明细科目"为"李明"，"借方金额"为"5 000.00"。

⑤填写贷方内容："总账科目"为"库存现金"，由于没有明细科目，因此"明细科目"栏空白，"贷方金额"为"5 000.00"。

⑥填写合计金额：在"借方金额"与"贷方金额"的"合计金额"栏内分别计算出合计数填列，本例中双方合计数均为"5 000.00"；同时，在金额的第一个数字前填上人民币符号"¥"。

⑦填写附件张数："1"张预支单。

⑧相关人员签字：制单人员宋湘、出纳王莹分别在相应位置签上名字。

⑨最后，由于涉及科目较少，记账凭证下方有空行，因此应将其画线注销。

填制后的记账凭证如表 5-9 所示。

表 5-9 记账凭证

2016 年 3 月 12 日　　　　　　　　　　　　　　第 12 号

摘要	总账科目	明细科目	记账	借方金额 千 百 十 万 千 百 十 元 角 分	贷方金额 千 百 十 万 千 百 十 元 角 分	附件
采购部李明预支材料采购款	其他应收款	李明		5 0 0 0 0 0		1 张
采购部李明预支材料采购款	库存现金				5 0 0 0 0 0	
合计金额				¥ 5 0 0 0 0 0	¥ 5 0 0 0 0 0	

会计主管：　　　　记账：　　　　出纳：王莹　　　　审核：　　　　制单：宋湘

5.2.3　记账凭证的审核

记账凭证填制完成，必须经过审核无误后，才能据此登记账簿。记账凭证主要应审核以下内容。

- **形式是否齐全**：记账凭证各项目的填写是否齐全，如日期、凭证编号、摘要、金额和所附原始凭证张数，以及有关人员签章等。
- **内容是否真实、合法**：记账凭证上记载的内容是否合法，是否符合公司的实际情况，应借、应贷的科目是否正确，相应金额是否无误。
- **附件是否有效**：记账凭证是否附有原始凭证，所附的原始凭证是否齐全，记账凭证与原始凭证记载的内容是否一致等。

在审核过程中，如果发现有错误或不符合要求的记账凭证，应将其作废或撕毁，然后重新填制正确的记账凭证。（错账更正参见第 7 章内容）

5.3 会计凭证的传递与保管

会计凭证的传递与保管是一个连续的过程，填制的记账凭证经过审核、记账后，还须采用统一的规定进行装订，然后作为完整的会计资料进行传递与保管。

5.3.1 会计凭证的传递

会计凭证的传递是指从取得原始凭证到填制记账凭证，然后将装订好的原始凭证与记账凭证在企业内部相关的人员和部门之间进行传递、交接的过程。

会计工作的一大特点就是分工负责、互相牵制，一项经济业务的全过程需要经过若干责任人共同分工完成。作为记录经济业务、明确经济责任的书面证据，会计凭证应根据企业的财务流程进行传递。

1 | 原始凭证的粘贴

在实际工作中，会计人员可能不定期地获取原始凭证，也可能从各经办人员处汇总获取原始凭证。在填制记账凭证前，会计人员应先对原始凭证进行分类，然后根据整理好的原始凭证填制记账凭证。

在粘贴原始凭证时，应注意以下要点。

（1）原始凭证在粘贴前应先进行分类、整理。

（2）粘贴时，应注意从上至下、从右至左，呈阶梯状依次粘贴。

（3）将原始凭证粘贴到"原始凭证粘贴单"上时，应注意在左边留一定的间距，以方便以后装订。

例 5-5 粘贴原始凭证

2016 年 3 月 25 日，成都长舟商贸有限公司采购部门负责人将部分票据交于财务部门，相关票据资料如下。

①南京市餐饮发票 3 张，金额分别为 60 元、50 元、80 元。

②从成都到南京、从南京到成都的飞机票各 1 张，金额分别为 1 580 元、1 670 元。

③从南京到成都的货物运输发票 1 张，金额为 500 元。

④南京市出租车发票 3 张，金额分别为 26 元、32 元、27 元。

对于这些原始凭证，会计人员在填制记账凭证前，应怎样进行处理呢？

│ 专家解答 │

成都长舟商贸有限公司的地址位于成都，但从本例中的票据来看，有南京与成都间的往返飞机票，以及南京的餐饮发票以及出租车发票等，因此可以推测出，除运输发票外，其他均为采购部门员工到南京出差需报销的差旅费。此时，会计人员可进一步向采购部门相关人员确认。假设这些票据确实属于采购部员工在南京出差期间的差旅费，那么对于除货物运输发票外的其他原始凭证，可以统一粘贴到一张原始凭证粘贴单上，作为一笔业务处理。在具体粘贴原始凭证时，可先将餐饮发票、机票、出租车发票分别粘贴到一起，然后再将这三部分一起粘贴到原始凭证粘贴单上。货物运输发票应作为所采购货物的成本，不得作为差旅费入账。待收到采购发票时，应将采购发票与货物运输发票粘贴到一起，作为所采购货物的原始凭证。汇总粘贴原始凭证的示意图如图 5-5 所示。

视频演示
粘贴原始
凭证

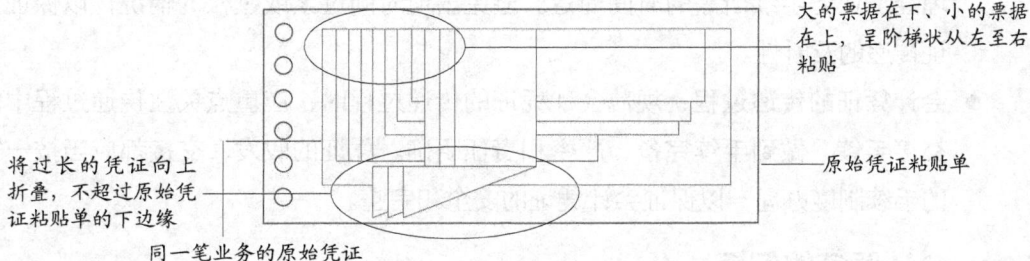

大的票据在下、小的票据在上，呈阶梯状从左至右粘贴

将过长的凭证向上折叠，不超过原始凭证粘贴单的下边缘

原始凭证粘贴单

同一笔业务的原始凭证

图5-5 原始凭证粘贴示意图

2 │ 会计凭证的装订

会计人员根据粘贴好的原始凭证填制记账凭证后，应将每张记账凭证所附的原始凭证粘贴到其后面，然后分月将会计凭证装订成册。

会计凭证的装订步骤可概括为以下几点。

- **添加封面、封底和护角**：将凭证封面和封底裁开，分别附在凭证前面和后面，再拿一张质地相同的纸（可以再找一张凭证封皮，将其裁为两部分，取其中一部分使用，另一部分为订下一本凭证备用）放在封面上角，做护角线。
- **装订凭证**：利用装订机和装订线将凭证各部分装订起来。
- **加贴封签并签名或盖章**：装订人在凭证的封签上写上"×年×月 第×册 共×册"的字样，并在装订线封签处签名或盖章。

会计凭证装订后的示意图如图5-6所示。

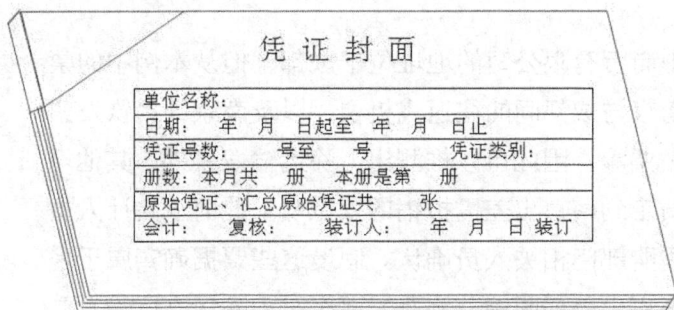

图5-6 原始凭证装订后示意图

3 │ 会计凭证的传递

- **会计凭证的传递程序**：制定会计凭证的传递程序时，应根据经济业务的特点、机构设置和人员分工情况而定。既要使各有关部门和人员了解经济活动情况，及时办理手续，又要避免不必要的环节，达到加快传递速度的目的。
- **会计凭证的传递时间**：确定会计凭证的传递时间时，应按照正常情况下完成办理经济业务手续所需的时间而定。避免出现时间过紧或过松的情况，以保证凭证传递的及时性。
- **会计凭证的传递过程**：规范会计凭证的传递过程时，应重点关注传递过程中的交接手续，做到手续完备、严密和责任明确。凭证的收发、交接都应当按一定的手续制度办理，以保证会计凭证的安全和完整。

5.3.2 会计凭证的保管

根据《会计基础工作规范》的要求，企业保管会计凭证应遵循以下要求。

- 会计凭证应及时传递、定期装订成册，防止散失。
- 原始凭证不得外借。其他单位如因特殊原因需要使用原始凭证时，经本单位会计机构负责人、会计主管人员批准，可以复制。
- 从外单位取得的原始凭证如有遗失，应当取得原单位开出盖有原单位公章的证明，并注明原来凭证的号码、金额和内容等，由本单位会计机构负责人、会计主管人员和单位领导人批准后，才能代作原始凭证。如果确实无法取得证明的，如火车票、轮船票、飞机票等凭证，由当事人写明详细情况，由本单位会计机构负责人、会计主管人员或单位领导人批准后，代作原始凭证。
- 严格遵守会计凭证的保管期限要求，期满前不得任意销毁。每年装订成册的会计凭证，在年终时可暂由单位会计机构保管 1 年，期满后应当移交本单位档案机构统一保管；未设置档案机构的单位，应当在会计机构内部指定专人保管。出纳人员不得兼管会计档案。

5.4 基础练习

本章主要是对会计凭证相关内容的介绍，具有很强的操作性。为了加强读者的动手能力，本部分将以前面的理论讲解为基础，让读者练习会计日常业务处理中常见的原始凭证——费用报销单的填制。另外，为了解专用记账凭证的填制要求，本章基础练习中将采取专用记账凭证进行记账凭证的填制。通过此部分练习，读者可以进一步理解会计凭证，增加实战经验。

5.4.1 填制费用报销单

王浩是深圳星辉有限公司的一名销售人员。2016 年 2 月 22 日，王浩经公司安排到北京出差，经批准，从财务部门领取现金 3 000 元作为差旅费。2016 年 2 月 26 日，王浩出差归来，到财务部门进行费用结算。出差期间王浩发生的有关费用以及涉及的票据如下。

①酒店 A 发票 300 元（1 张），酒店 B 发票 500 元（2 张）；②机票费用 3 100 元（2 张）；③通信费用 50 元（1 张）；④饭店 C 发票 100 元（1 张），饭店 D 发票 150 元（2 张），饭店 E 发票 150 元（1 张）；⑤出租车发票 50 元（4 张），长途汽车发票 200 元（2 张），公交车发票 20 元（1 张）。已知该公司的会计主管为李琦，会计为王山，出纳为孙伊，销售部经理为韩博，库管员为施诗。

要求：根据上述资料，为王浩填制费用报销单。

答案参见随书光盘 ◄
本书配套\单据资料\第5章\基础练习\费用报销单模板.docx
本书配套\练习答案\第5章\基础练习\填制费用报销单.docx

5.4.2 填制记账凭证

已知深圳星辉有限公司 2016 年 2 月取得如下原始凭证。

（1）2 日，填开现金支票提取现金 4 000 元，现金支票存根联注明用途为备用金。

（2）8 日，通过网银转账收到上月销售给乙公司的货款 50 000 元。

（3）15 日，收到丙公司开具的收据，收据上注明丙公司已收到该公司作为抵债用的 A 材料 500kg，共计 18 000 元。

要求：假设深圳星辉有限公司采用的是专用记账凭证，根据上述资料，分别于月末为其填制记账凭证。

答案参见随书光盘 ◄
本书配套\单据资料\第5章\基础练习\原始凭证.doc
本书配套\练习答案\第5章\基础练习\编制记账凭证.doc

疑难问答 Difficult Questions

❶ 原始凭证的常见错误

Q1 会计人员要想准确审核原始凭证需要经验的积累，那么，审核原始凭证时，有哪些常见错误呢？

A1 会计人员很少涉及原始凭证的填制，原始凭证一般由经办人员填制。因此，会计人员对原始凭证的处理通常是指审核处理。了解原始凭证的常见错误，将有助于会计人员快速、准确地发现错误，一般而言，原始凭证的常见错误有以下四项。

①原始凭证的抬头错误：若原始凭证为内部传递的，则抬头应为本单位的各部门或部门内的相关人员的名称；若原始凭证为开具给外单位的，则抬头为外单位的全称。其中常见的错误为将相关人员、部门或公司的名称写成了简称。

②原始凭证的日期错误：原始凭证的日期应为业务实际发生的日期，日期的常见错误是将业务发生日期写成了报账日期。

③原始凭证的数量或金额错误：对于此类错误的检查，应注意将实物与凭证上记载的内容相对比，然后再次计算相关金额是否正确。

④原始凭证书写错误：此类错误的常见情况为：项目错误、金额的大写书写错误、某些文字不清楚或有挖、补、刮、擦等痕迹。

❷ 记账凭证的常见错误

Q2 会计人员"记账"第一步就是填制会计凭证，那么在填制的过程中会出现哪些常见错误呢？

A2 记账凭证是由会计人员填制的，了解记账凭证的常见错误可以使会计人员在填制记账凭证时避免这些问题。记账凭证的常见错误主要包括以下几项。

①基本要素不全或填写不完整：此类错误主要表现为日期不写或写错、摘要过于简单或用语不准确。

②科目运用错误：造成此类错误的原因是会计基础知识掌握不牢，鉴于此种情况，读者可以通过多做练习，积累不同会计科目的具体用法。

③附件数量和金额标记错误：此类错误通常表现为原始凭证张数或内容与记账凭证不符；或者原始凭证所记金额的合计数与记账凭证记录金额不符。

④记账凭证无编号或者编号错误：记账凭证无编号大多是由于粗心造成，对于编号错误常见于某笔业务涉及多张记账凭证的情况，此时应采用分数编号法。

⑤签名不符合规范：造成此类错误的原因可能是企业内部管理制度不规范，记账凭证下的相关人员签名不符合内部牵制制度，如制单人员与审核人员不能为同一人等。

第 6 章

发生业务的汇总——会计账簿

| 本 章 导 读 |

填制记账凭证是会计日常工作的第一个阶段，为了使企业会计信息得到分类、全面地反映，还需要将会计凭证上的信息"搬运"到会计账簿上，即进入会计日常工作的下一个阶段——登记账簿。

本章首先介绍了账簿的作用与基本内容。其次，对会计账簿的登记要求、分类等基础知识进行了简单介绍，并且着重讲解了各类账簿的登记方法，包括日记账、总分类账、明细分类账的登记等。在具体介绍各类账簿的登记方法前，穿插介绍了账务处理程序，其是确定登记总账的依据。最后，还介绍了会计账簿的保管与更换要求。总体而言，本章内容具有较强的操作性，与实际的会计工作有较强的关联性。

• 精彩内容

▶ **会计账簿的作用与基本内容**：会计账簿的作用、会计账簿的基本内容。

▶ **会计账簿的分类**：按用途分类、按账页格式分类、按外形特征分类。

▶ **启用与登记会计账簿**：启用会计账簿、登记会计账簿。

▶ **会计账簿的更换与保管**：会计账簿的更换、会计账簿的保管。

6.1 会计账簿的作用与基本内容

　　会计账簿是指由一定格式账页组成的，以经过审核的会计凭证为依据，全面、系统、连续地记录各项经济业务的簿籍。从外表形式看，账簿是由具有一定格式的账页联结而成的簿籍；从记账内容看，账簿是对各项经济业务进行分类和序时记录的簿籍。

6.1.1 会计账簿的作用

　　企业日常的经济活动复杂且分散，这些经济业务通过填制和审核会计凭证进行会计核算，虽然可以反映和监督每项经济业务的发生和完成情况，但是由于每张会计凭证的记录只能反映单一的业务内容，而且一套账里面会计凭证的数量也相对较多，它们提供的信息都是零散的。因此，通过设置账簿这一会计核算的专门方法，就可以将会计凭证上单一、分散的核算资料进行集中和归类，进而提供系统、完整的核算资料。会计账簿的作用主要体现在以下几个方面。

- **记载和存储会计信息**：将会计凭证记录的经济业务在账簿中进行登记，保存好的账簿记录可以为会计分析和会计检查提供依据，以便随时查阅。
- **分类和汇总会计信息**：将会计凭证中零散的核算资料进行分类、汇总、整理，然后登记到账簿中，可以得到更为全面、系统的数据。
- **检查和校正会计信息**：通过设置和登记账簿，可以使会计凭证的信息得到进一步整理，利用账簿上已有的数据与实存数据进行核对，可以检查财产物资是否妥善保管、账面数据与实物数据是否相符。
- **编报和输出会计信息**：为及时反映企业财务状况、经营成果和现金流量，应定期进行结账工作，并对相关账簿进行核对，为会计报表的编制提供系统的数据来源。

6.1.2 会计账簿的基本内容

　　在会计实务中，不同会计账簿所记录的经济业务不同，账簿格式也是多种多样，但各种账簿都应具有封面、扉页和账页三个基本要素。

1 ｜ 封面

　　封面主要用来标明账簿的名称，如总分类账、各种明细分类账、库存现金日记账和银行存款日记账等。

2 ｜ 扉页

　　扉页主要起到目录的作用，扉页中通常会列明账簿的使用情况，因此扉页又称为使用登记表，扉页中"账簿启用一览表"的一般格式如表 6-1 所示。

表 6-1 账簿启用一览表

单位名称	（加盖单位公章）							
账簿名称	账簿第　　册							
账簿编号	第　　号							
启用日期	年　月　日							（贴印花处）
账簿页数	本账簿共　页							
经管人员	会计主管							
	记账人员							
交接记录	日期			移交		接管		监交
	年	月	日	职务	姓名	职务	姓名	职务	姓名
备注								

3 ｜ 账页

账页是账簿用来记录经济业务事项的载体，包括账户的名称、登记账户的日期栏、凭证种类和号数栏、摘要栏、金额栏、总页次和分页次等基本内容。

6.2 会计账簿的分类

会计账簿可根据用途、外形特征、账页格式等进行不同的分类。会计账簿分类的具体内容如图 6-1 所示。

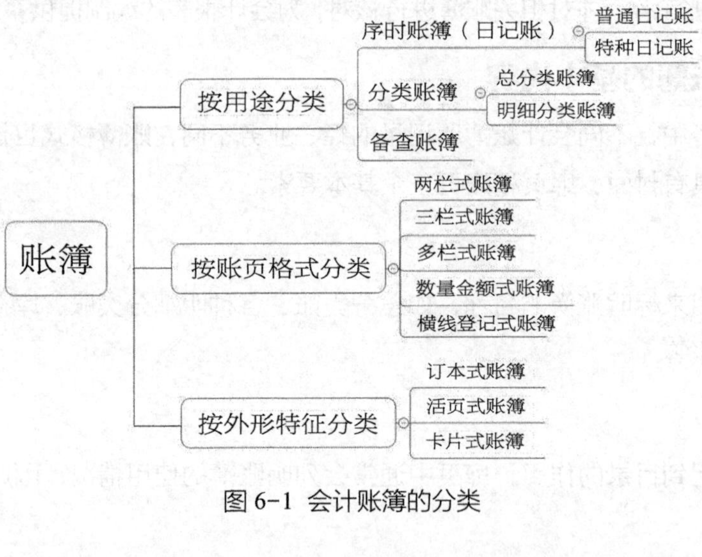

图 6-1 会计账簿的分类

6.2.1 按用途分类

根据用途的不同,会计账簿可以分为序时账簿、分类账簿和备查账簿。

1 │ 序时账簿

序时账簿又称日记账,是指按照经济业务发生或完成时间的先后顺序逐日、逐笔进行登记的账簿。根据登记对象的不同,序时账簿可分为普通日记账和特种日记账。

- **普通日记账**:普通日记账是指对全部经济业务的发生情况按发生时间的先后顺序逐日、逐笔登记的账簿,如日记总账。
- **特种日记账**:特种日记账是指对某一类经济业务的发生情况按发生时间的先后顺序逐日、逐笔登记的账簿。企业通常将某一类比较重要、重复大量发生的经济业务设置特种日记账,如库存现金日记账和银行存款日记账。各单位还可根据自身的经营特点来确定是否需要设置其他特种日记账,如购货日记账、销货日记账等。

由于普通日记账的登记工作量大,不便于登记分类账而且并不是分类记录经济业务,所以,不利于日后查阅以及对重要经济业务进行监管,因此目前使用得较少。我国企业通常采用的是特种日记账。其中,现金日记账的一般格式如表6-2所示。

> 实务中,"库存现金日记账"通常称作"现金日记账"。因此本书将其统称为"现金日记账"。

表 6-2 现金日记账的一般格式

年		凭证字号	摘要	对应科目	借方金额	贷方金额	余额
月	日						

2 │ 分类账簿

分类账簿是指对全部经济业务或事项按照会计要素的具体类别而设置的分类账户进行登记的账簿。根据反映经济业务的详略程度不同,分类账簿可分为总分类账簿和明细分类账簿。

- **总分类账簿**:总分类账簿简称总账,是指根据总分类账户开设的,能够全面反映企业的经营活动的账簿。
- **明细分类账簿**:明细分类账簿简称明细账,是指根据明细分类账户开设的,用来提供明细核算资料的账簿。

总账对所属明细账起统驭作用,明细账对总账进行补充和具体说明。分类账簿提供的核算信息是编制会计报表的主要依据。

3 | 备查账簿

备查账簿又称辅助登记簿或补充登记簿，是指对某些在序时账簿和分类账簿等主要账簿中都不予登记或登记不够详细的经济业务事项进行补充登记时使用的账簿。如租入固定资产登记簿、受托加工材料登记簿、代销商品登记簿和应收（付）票据备查簿等。

备查账簿没有固定的格式要求，可以由各单位根据需要进行设置。此外，备查账簿不是对其他账簿记录的一种补充，与其他账簿之间不存在严密的依存和勾稽关系。

备查账簿与序时账簿、分类账簿相比，主要有以下两点不同之处。

● **登记依据可能不需要记账凭证**：备查账簿在登记时，其数据来源可能不需要记账凭证，甚至不需要一般意义上的原始凭证。

● **账簿的格式和登记方法不同**：备查账簿的主要栏目不记录金额，它更注重用文字来表述某项经济业务的发生情况。

6.2.2 按账页格式分类

根据账页格式的不同，会计账簿可以分为两栏式账簿、三栏式账簿、多栏式账簿、数量金额式账簿和横线登记式账簿。

1 | 两栏式账簿

两栏式账簿是指只有借方和贷方两个基本金额栏目的账簿。普通日记账和转账日记账一般采用两栏式账簿。

2 | 三栏式账簿

三栏式账簿是指设有借方、贷方和余额三个基本栏目的账簿。特种日记账、总分类账及资本、债权和债务明细账一般采用三栏式账簿。根据是否设有对方科目，三栏式账簿又可分为设对方科目的三栏式账簿和不设对方科目的三栏式账簿。这两种账簿的区别在于"摘要"栏和"借方科目"栏之间是否存在一栏"对方科目"。三栏式库存现金日记账的一般格式如表6-3所示。

表6-3 三栏式库存现金日记账的一般格式

年		凭证字号	摘要	对方科目	借方	贷方	借或贷	余额
月	日							

3 | 多栏式账簿

多栏式账簿是指在账簿的两个金额栏（借方和贷方）按需要分设若干专栏的账簿。

收入、成本、费用、利润等明细账一般采用这种格式的账簿。

多栏式账簿的专栏设置在"借方"还是在"贷方",或是两方同时设置专栏,以及专栏的数量等,均应根据需要确定。假设某公司"应付账款"账户下设置了"A公司""B公司""C公司""D公司"等明细账户,则该公司"应付账款"多栏式明细分类账如表6-4所示。

图6-4 "应付账款"多栏式明细分类账户的一般格式

年		凭证字号	摘要	借方	贷方	方向	余额	贷方			
月	日							A公司	B公司	C公司	D公司

4 | 数量金额式账簿

数量金额式账簿是指在借方、贷方和余额三个栏目内,都分设数量、单价和金额三个小栏,借以反映财产物资的实物数量和价值量的账簿。如原材料、库存商品等存货明细账一般都采用数量金额式账簿。数量金额式账簿的格式如表6-5所示。

表6-5 数量金额式账簿的一般格式

类别: 　　　　　　　　　　　　　　　　　　　　计量单位:
名称: 　　　　　　　　　　　　　　　　　　　　存放地点:
编号: 　　　　　　　　　　　　　　　　　　　　储备定额:

年		凭证字号	摘要	收入			支出			结存		
月	日			数量	单价	金额	数量	单价	金额	数量	单价	金额

5 | 横线登记式账簿

横线登记式账簿又称平行式账簿,是指将前后密切相关的经济业务登记在同一行上,以便检查每笔业务的发生和完成情况的账簿。

6.2.3 按外形特征分类

根据外形特征的不同,会计账簿可分为订本式账簿、活页式账簿和卡片式账簿。

1 | 订本式账簿

订本式账簿简称订本账,是指启用之前就已将账页装订在一起,并对账页进行了连续编号的账簿。订本式账簿的优点是能避免账页散失和防止抽换账页,从而保证账簿信息的安全和完整;缺点是不能准确地为各账户预留账页,且同一账簿在同一时间只能由一人进行登记，不便于记账人员分工记账。

订本式账簿一般适用于比较重要的、具有统驭性的账簿，如总分类账、现金日记账和银行存款日记账等。

2 │ 活页式账簿

活页式账簿简称活页账，是指在登记完毕之前不固定装订在一起，而是将一定数量的账页装在活页账夹中的账簿。当账簿登记完后（通常是一个会计年度结束之后），才将账页予以装订，加具封面，并给各账页连续编号。

活页账的优点是记账时可以根据实际需要，随时将空白账页装入账簿，或抽取不需要的账页，既不浪费账页，也便于分工记账；缺点是如果监管不严，可能会造成账页散失或故意抽换账页的舞弊行为发生。因此，空白账页在使用时必须连续编号，装在账夹中或临时装订成册，并由有关人员盖章。活页账通常适用于各种明细分类账。

3 │ 卡片式账簿

卡片式账簿简称卡片账，是指将一定数量的卡片式账页存放在卡片箱内，可根据需要随时增添账页的账簿。严格说来，卡片账也是一种活页账，其优缺点与活页账相同。在我国，企业一般只对固定资产明细账的核算采用卡片账簿，也有少数企业在材料核算中使用材料卡片账。

视频演示
会计账簿的
分类

6.3 启用与登记会计账簿

根据《会计基础工作规范》的规定，各单位应当根据国家统一的会计规则和经济业务事项建立会计账簿。

6.3.1 启用会计账簿

企业在使用账簿前，应先启用账簿。启用账簿主要包括四步，具体内容如图6-2所示。

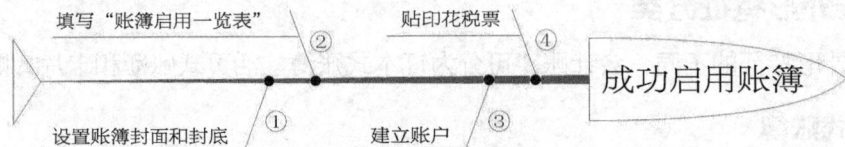

图 6-2 启用会计账簿的流程

启用账簿涉及的各步骤说明如下。

● **设置账簿封面和封底**：由于订本式账簿的封皮都是印好的，所以其不需要进行此步骤。活页账的封面和封底的格式一般为通用的，所以该步骤只需在封面写明账簿的名称即可。

- **填写"账簿启用一览表"**：此步骤是指将账簿扉页中"账簿启用一览表"的各项目填写完善，该表列明了账簿的相关信息。
- **建立账户**：此步骤是指根据企业所需的会计科目设置账户，即将总账按照所需的会计科目的编号顺序填写科目名称及启用页码，以便于查找相关科目。
- **贴印花税票**：由于会计账簿属于营业账簿，所以应缴纳印花税。印花税票应粘贴在账簿的右上角，完税后应画线注销。

6.3.2 登记会计账簿

在登记会计账簿前，还需要了解一个概念——账务处理程序。

账务处理程序又称会计核算组织程序或会计核算形式，是指会计凭证、会计账簿、财务报表相结合的方式，包括账簿组织和记账程序。其中，账簿组织是指会计凭证和会计账簿的种类、格式以及会计凭证与账簿之间的联系方法；记账程序是指从填制、审核原始凭证到填制、审核记账凭证，再到登记日记账、明细分类账和总分类账，最后编制财务报表的工作程序和方法等。

企业常用的账务处理程序主要包括记账凭证账务处理程序、汇总记账凭证账务处理程序和科目汇总表账务处理程序。它们的主要区别是登记总分类账的依据和方法不同。

各类账务处理程序特点及其适用范围如表 6-6 所示。

表 6-6 各类账务处理程序的特点及其适用范围

类别	特点	适用范围
记账凭证账务处理程序	对发生的经济业务，先根据原始凭证或汇总原始凭证填制记账凭证，再直接根据记账凭证登记总分类账	规模较小、经济业务量较少的单位
汇总记账凭证账务处理程序	先根据原始凭证或汇总原始凭证填制记账凭证，定期根据记账凭证分类填制汇总收款凭证、汇总付款凭证和汇总转账凭证，再根据汇总记账凭证登记总分类账	规模较大、经济业务较多的单位
科目汇总表账务处理程序	又称记账凭证汇总表账务处理程序，先根据记账凭证定期编制科目汇总表，再根据科目汇总表登记总分类账	经济业务较多的单位

1 | 会计账簿的登记要求

为了保证账簿记录的正确性，会计人员在登记账簿时，必须遵守以下规则。

- **准确完整**：登记会计账簿时，应当将会计凭证日期、编号、业务内容摘要、金额和其他有关资料逐项记入账内，做到数字准确、摘要清楚、登记及时和字迹工整。
- **注明记账符号**：账簿登记完毕后，要在记账凭证上签名或盖章，并在记账凭证的"过账"栏内注明已经登账的符号，如"√"，表示已经记账完毕，避免重记、漏记。

- **书写留空**：账簿中书写的文字和数字上面要留有适当的空隙，不要写满格，一般应占格距的1/2。

- **正常记账使用蓝黑墨水或碳素墨水**：为了保持账簿记录的持久性，防止涂改，登记账簿必须用蓝黑墨水笔或碳素墨水笔书写，不得用圆珠笔（银行的复写账簿除外）或铅笔书写。

- **特殊记账使用红墨水**：在会计工作中，红色数字一般表示负数，下列情况可以使用红色墨水笔记账。

①按红字冲账的记账凭证，冲销错误记录。

②在不设借、贷等栏的多栏式账页中，登记减少数。

③在三栏式账户的余额栏前，如未印明余额方向的，在余额栏内登记负数余额。

④根据国家统一会计制度的规定可以用红字登记的其他会计记录。

- **顺序连续登记**：在登记各种会计账簿时，应按页码顺序连续登记，不得隔页、跳行。若发生隔页、跳行现象，则应在空页、空行处用红色墨水画对角线注销，或注明"此页空白"或"此行空白"字样，并由记账人员签名或盖章确认。账簿空行、空页的处理分别如表6-7、表6-8所示。

表6-7 账簿空行的处理（应收账款）

明细科目：××公司

2015年		凭证字号	摘要	对应科目	借方金额									√	贷方金额									√	借或贷	余额								
月	日				千	百	十	万	千	百	十	元	角	分		千	百	十	万	千	百	十	元	角	分			千	百	十	万	千	百	十	元	角	分
									此行空白																											
4	1		期初余额			宋湘																				借		1	6	5	7	5	0	0	0

表6-8 账簿空页的处理（应付账款）

明细科目：××公司

2015年		凭证字号	摘要	对应科目	借方金额									√	贷方金额									√	借或贷	余额								
月	日				千	百	十	万	千	百	十	元	角	分		千	百	十	万	千	百	十	元	角	分			千	百	十	万	千	百	十	元	角	分
						此																														
										页																										
						宋湘									空																					
																白																				

- **结出余额**：凡需要结出余额的账户，结出余额后，应当在"借或贷"栏目内注明"借"或"贷"字样，以示余额的方向。对于没有余额的账户，应在"借或贷"栏内写"平"字，并在"余额"栏用"θ"表示。现金日记账和银行存款日记

账必须逐日结出余额。

- **过次承前**：每一账页登记完毕结转下页时，应当结出本页合计数及余额，并写在本页最后一行和下页第一行有关栏内，同时要在摘要栏内注明"过次页"和"承前页"字样。另外，也可以将本页合计数及余额只写在下页第一行有关栏内，并在摘要栏内注明"承前页"字样，以保持账簿记录的连续性，便于对账和结账。"过次页""承前页"的处理分别如表 6-9、表 6-10 所示。

> "过次页"与"承前页"只是账页之间承前启后的标记，以保持账簿记录的连续性，便于对账和结账。

表 6-9 "过次页"的处理（应付账款）

| 4 | 30 | 收25 | 支付前欠货款 | 银行存款 | 2 | 0 | 0 | 0 | 0 | 0 | 0 | 0 | √ | | | | | | | | √ | 贷 | | 3 | 5 | 2 | 8 | 0 | 0 | 0 | 0 |
| | | | **过次页** | | 1 | 4 | 7 | 0 | 0 | 0 | 0 | 0 | | | 1 | 5 | 0 | 0 | 0 | 0 | 0 | 贷 | | 3 | 5 | 2 | 8 | 0 | 0 | 0 | 0 |

表 6-10 "承前页"的处理（应付账款）

明细科目：×× 公司

2015 年		凭证字号	摘要	对应科目	借方金额									√	贷方金额								√	借或贷	余额								
月	日				千	百	十	万	千	百	十	元	角	分	千	百	十	万	千	百	十	元	角	分		千	百	十	万	千	百	十	元	角	分
			承前页			1	4	7	0	0	0	0	0				1	5	0	0	0	0	0	贷			3	5	2	8	0	0	0	0

- **不得涂改、刮擦、挖补**：如发生账簿记录错误，不得刮擦、挖补或用褪色药水更正字迹，而应采用规定的方法进行更正。

2 | 登记日记账

日记账是按照经济业务发生或完成的时间先后顺序逐笔进行登记的账簿。在会计实务中，各单位一般只设置现金日记账和银行存款日记账。

（1）登记现金日记账

现金日记账是用来核算和监督库存现金每天的收入、支出和结存情况的序时账簿，其格式主要有三栏式和多栏式两种。无论采用三栏式现金日记账还是多栏式现金日记账，都必须使用订本账。

视频演示
登记日记账

1）三栏式现金日记账

三栏式现金日记账设借方、贷方、余额三个金额栏目，一般将其分别称为收入、支出、结余三个基本栏目。同时，为了清晰地反映与现金业务相关的账户对应关系，还应在"摘要"栏后设置"对方科目"栏。

三栏式现金日记账是由出纳人员按照"上日余额＋本日收入－本日支出＝本日余额"的计算公式，根据库存现金收款凭证、库存现金付款凭证以及银行存款付款凭证，时间的先后顺序逐日、逐笔登记的。三栏式现金日记账的一般格式如表 6-11 所示。

表 6-11 三栏式现金日记账的一般格式

年		凭证字号	摘要	对方科目	借方	贷方	借或贷	余额
月	日							

例 6-1 登记现金日记账

长舟公司 2016 年 2 月的银行存款收款、付款凭证，库存现金收款、付款凭证如表 6-12 所示。

表 6-12 长舟公司 2016 年 2 月的收款凭证和付款凭证

付款凭证

贷方科目：库存现金　　　　　　　2016 年 2 月 05 日　　　　　　　　现付字第 001 号

摘要	借方总账科目	明细科目	记账	金额										附件 2 张
				千	百	十	万	千	百	十	元	角	分	
购买办公用品	管理费用	办公费							2	0	0	0	0	
合计金额								¥	2	0	0	0	0	

会计主管：　　　　记账：　　　　出纳：王莹　　　　审核：　　　　制单：宋湘

付款凭证

贷方科目：库存现金　　　　　　　2016 年 2 月 12 日　　　　　　　　现付字第 002 号

摘要	借方总账科目	明细科目	记账	金额										附件 1 张
				千	百	十	万	千	百	十	元	角	分	
销售部王凯预支差旅费	其他应收款	王凯						3	0	0	0	0	0	
合计金额								¥	3	0	0	0	0	0

会计主管：　　　　记账：　　　　出纳：王莹　　　　审核：　　　　制单：宋湘

付款凭证

贷方科目：银行存款　　　　　　　2016 年 2 月 15 日　　　　　　　　银付字第 001 号

摘要	借方总账科目	明细科目	记账	金额										附件 1 张
				千	百	十	万	千	百	十	元	角	分	
购入原材料	原材料	甲材料						3	0	0	0	0	0	
	应交税费	应交增值税（进项税额）							5	1	0	0	0	
合计金额								¥	3	5	1	0	0	0

会计主管：　　　　记账：　　　　出纳：王莹　　　　审核：　　　　制单：宋湘

付款凭证

贷方科目：银行存款				2016年2月17日								银付字第002号	

摘要	借方总账科目	明细科目	记账	金额									
				千	百	十	万	千	百	十	元	角	分
预付所得税	应交税费	应交所得税							1	5	2	8	0
合计金额								¥	1	5	2	8	0

附件2张

会计主管：　　　记账：　　　出纳：王莹　　　审核：　　　制单：宋湘

付款凭证

贷方科目：银行存款				2016年2月18日								银付字第003号	

摘要	借方总账科目	明细科目	记账	金额									
				千	百	十	万	千	百	十	元	角	分
提取备用金	库存现金							2	0	0	0	0	0
合计金额							¥	2	0	0	0	0	0

附件3张

会计主管：　　　记账：　　　出纳：王莹　　　审核：　　　制单：宋湘

收款凭证

借方科目：银行存款				2016年2月22日								银收字第001号	

摘要	贷方总账科目	明细科目	记账	金额									
				千	百	十	万	千	百	十	元	角	分
预收销售货款	预收账款	王影建筑					8	7	0	0	0	0	0
合计金额						¥	8	7	0	0	0	0	0

附件1张

会计主管：　　　记账：　　　出纳：王莹　　　审核：　　　制单：宋湘

收款凭证

借方科目：库存现金				2016年2月25日								现收字第001号	

摘要	贷方总账科目	明细科目	记账	金额									
				千	百	十	万	千	百	十	元	角	分
收回差旅费余款	其他应收款	王凯						1	0	0	0	0	0
合计金额							¥	1	0	0	0	0	0

附件1张

会计主管：　　　记账：　　　出纳：王莹　　　审核：　　　制单：宋湘

　　已知长舟公司2016年1月31日"库存现金"账户的余额为5 000元。根据上述资料，出纳应怎样登记现金日记账呢？

┃ 专家解答 ┃

　　由于现金日记账登记的是现金的收入、支出和结存情况，所以现金日记账应根据库存现金收款、付款凭证以及银行存款付款凭证中涉及库存现金科目的相关凭证登记。本例中登记库存现金日记账所依据的凭证为"现付字第 001号""现付字第 002 号""银付字第 003 号""现收字第 001 号"，因此长舟公司出纳登记 2016 年 2 月现金日记账的步骤如下。

①根据 2016 年 1 月末"库存现金"账户余额，填列 2016 年 2 月初的期初余额。在新的一月的账页第一行中日期填写为"2 月 1 日"，摘要栏填写"期初余额"，余额栏填写"5 000.00"；由于该行是标明期初余额，所以"对应科目"与"借方金额"或"贷方金额"栏可留空白。

②根据记账凭证上标明的日期的先后顺序，逐笔将库存现金付款、收款凭证以及银行存款付款凭证中涉及库存现金科目的相关凭证上的内容，登记到库存现金日记账中。

③根据"现付字第 001 号"凭证，在账页的第二行中分别填写日期为"2 月5 日"，凭证字号为"现付字第 001"，摘要为"购买办公用品"，对应科目为"管理费用"，贷方金额为"200.00"；根据前一行的余额及其方向，结算出本行对应的余额为"4 800.00"，借贷方向为"借"。

④根据"现付字第 002 号""银付字第 003 号"以及"现收字第 001 号"凭证，参照第③步骤填写相应栏目。

⑤将登记现金日记账涉及的所有凭证录入后，结算出本月的合计数。即在紧接着上述业务的后一行中，将日期填写为"2 月 29 日"，借方金额为"3 000.00"，贷方金额为"3 200.00"，根据前一行的余额及其方向，结算出本行对应的余额为"4 800.00"，借贷方向为"借"。

⑥由于"库存现金"账户借方登记增加，贷方登记减少，最后根据"本月合计"栏的数据，检查相关数字是否满足"期末余额＝期初余额＋借方金额合计数－贷方金额合计数"。登记完成后的库存现金日记账如表 6-13 所示。

表 6-13 现金日记账

2016年		凭证字号	摘要	对应科目	借方金额									√	贷方金额									√	借或贷	余额								
月	日				千	百	十	万	千	百	十	元	角	分		千	百	十	万	千	百	十	元	角	分			千	百	十	万	千	百	十	元	角	分
2	1		期初余额																							借					5	0	0	0	0	0
	5	现付字第 001	购买办公用品	管理费用																	2	0	0	0	0	借					4	8	0	0	0	0
	12	现付字第 002	销售部王凯预支差旅费	其他应收款																3	0	0	0	0	0	借					1	8	0	0	0	0
	18	银付字第 003	提取备用金	银行存款					2	0	0	0	0	0												借					3	8	0	0	0	0
	25	现收字第 001	收回差旅费余款	其他应收款					1	0	0	0	0	0												借					4	8	0	0	0	0
2	29		本月合计						3	0	0	0	0	0						3	2	0	0	0	0	借					4	8	0	0	0	0

2）多栏式现金日记账

多栏式现金日记账是在三栏式库存现金日记账基础上演变而来的。这种日记账的借方（收入）和贷方（支出）金额栏都按对方科目设置若干专栏。在月末结账时，可以结出各收入来源专栏和支出用途专栏的合计数，便于对现金收支的合理性、合法性进行审核分析。多栏式库存现金日记账的格式如表 6-14 所示。

表 6-14 多栏式现金日记账的格式

年		凭证字号	摘要	借方					贷方					余额
月	日			应贷科目				合计	应借科目				合计	
				银行存款	主营业务收入	其他业务收入	…		管理费用	销售费用	其他业务支出	…		

在实际的会计工作中，一般小型企业大多采用三栏式现金日记账。

（2）登记银行存款日记账

银行存款日记账是指用来核算和监督银行存款每日的收入、支出和结余情况的账簿。它应按企业在银行开立的账户和币种分别设置，每个银行账户设置一本日记账。

银行存款日记账的格式与现金日记账的格式类似，既可以采用三栏式，也可以采用多栏式。在实际工作中，小型企业大多采用三栏式银行存款日记账。三栏式银行存款日记账的一般格式如表 6-15 所示。

表 6-15 三栏式银行存款日记账的一般格式

年		凭证字号	摘要	对方科目	借方	贷方	借或贷	余额
月	日							

例 6-2

登记银行存款日记账

已知长舟公司 2016 年 1 月 31 日"银行存款"账户的余额为 95 500 元，承接"例 6-1"中的凭证资料，出纳应怎样登记银行存款日记账呢？

▌专家解答▐

由于银行存款日记账登记的是银行存款的收入、支出和结存情况，所以银行存款日记账应根据银行存款收款、付款凭证以及库存现金付款凭证中涉及银行存款科目的相关凭证登记。本例中登记银行存款日记账所依据的凭证为"银付字第 001 号""银付字第 002 号""银付字第 003 号""银收字第 001 号",因此长舟公司 2016 年 2 月银行存款日记账的登记步骤如下。

①根据 2016 年 1 月末"银行存款"账户余额，填列 2016 年 2 月初的期初余额。

②根据记账凭证上标明的日期的先后顺序，逐笔将银行存款付款凭证、银行存款收款凭证、库存现金收款凭证中涉及银行存款科目的相关凭证上的内容，登记到银行存款日记账中，即分别将"银付字第 001 号""银付字第 002 号""银付字第 003 号""银收字第 001 号"凭证所记录的经济业务登记到银行存款日记账中。

③将登记银行存款日记账涉及的所有凭证录入后，结算出本月的合计数。

④由于"银行存款"账户借方登记增加，贷方登记减少，最后根据"本月合计"栏的数据，检查相关数字是否满足"期末余额 = 期初余额 + 借方金额合计数 − 贷方金额合计数"。登记完成后的银行存款日记账如表 6-16 所示。

表 6-16 银行存款日记账

2016年月	日	凭证字号	摘要	对应科目	借方金额 千	百	十	万	千	百	十	元	角	分	√	贷方金额 千	百	十	万	千	百	十	元	角	分	√	借或贷	余额 千	百	十	万	千	百	十	元	角	分
2	1		期初余额																								借				9	5	5	0	0	0	0
	15	银付字第001	购入原材料	原材料															3	0	0	0	0	0		借				9	2	5	0	0	0	0
	15	银付字第001	购入原材料	应交税费																5	1	0	0	0		借				9	1	9	9	0	0	0
	17	银付字第002	预付所得税	应交税费																1	5	2	8	0		借				9	1	8	3	7	2	0
	18	银付字第003	提取备用金	库存现金															2	0	0	0	0	0		借				8	9	8	3	7	2	0
	22	银收字第001	预收销售货款	预收账款				8	7	0	0	0	0	0												借			1	7	6	8	3	7	2	0
2	29		本月合计					8	7	0	0	0	0	0						5	6	6	2	8	0	借			1	7	6	8	3	7	2	0

3 | 登记总分类账

总分类账是指按照总分类账户分类登记以提供总括会计信息的账簿。总分类账中的账页是按照总账科目开设的总分类账户，其一般要求采用订本式账簿。总分类账的常用格式为三栏式，设置有借方、贷方和余额三个基本金额栏目。三栏式总分类账的一般格式如表6-17所示。

视频演示
登记总分类账

表 6-17 三栏式总分类账的一般格式

账户名称：　　　　　　　　　　　　　　　　　　　　　　　　　　　　单位：

年		凭证字号	摘要	借方	贷方	借或贷	余额
月	日						

　　总分类账的登记方法因登记依据不同而有所差别。经济业务少的单位的总分类账可以根据记账凭证逐笔登记；经济业务多的大中型单位的总分类账可以根据记账凭证汇总表（又称科目汇总表）或汇总记账凭证等定期登记。

　　在实际工作中，在登记总分类账前，一般会根据本月的记账凭证先登记"T"型账户，就是经本月记账凭证中涉及的会计科目分别设置"T"型账户进行登记，然后依据"T"型账户中各会计科目的本期发生额合计和期末余额等登记总分类账。

例
6-3

登记总分类账

　　长舟公司 2016 年 2 月与原材料相关的记账凭证如表 6-18 所示。

表 6-18 长舟公司 2016 年 2 月与原材料相关的记账凭证

转账凭证

2016 年 2 月 03 日　　　　　　　　　　　　　转字第 002 号

摘要	总账科目	明细科目	记账	借方金额										贷方金额										
				千	百	十	万	千	百	十	元	角	分	千	百	十	万	千	百	十	元	角	分
生产焊接件领用原材料	生产成本	焊接件					2	6	5	0	0	0												
	原材料	甲材料																8	0	0	0	0	
	原材料	乙材料															1	2	0	0	0	0	
	原材料	丙材料																6	5	0	0	0	
合计金额						¥	2	6	5	0	0	0				¥	2	6	5	0	0	0	

附件 3 张

会计主管：　　　　记账：　　　　出纳：　　　　审核：　　　　制单：宋湘

付款凭证

贷方科目：银行存款　　　　2016 年 2 月 15 日　　　　　　银付字第 003 号

摘要	借方总账科目	明细科目	记账	金额									
				千	百	十	万	千	百	十	元	角	分
购入原材料	原材料	甲材料					3	0	0	0	0	0
	应交税费	应交增值税（进项税额）						5	1	0	0	0
合计金额						¥	3	5	1	0	0	0

附件 2 张

会计主管：　　　　记账：　　　　出纳：　　　　审核：　　　　制单：宋湘

转账凭证

2016 年 2 月 19 日 　　　　　　转字第 008 号

摘要	总账科目	明细科目	记账	借方金额	贷方金额
其他部门领用原材料	管理费用			2 1 0 0 0	
	销售费用			1 8 0 0 0	
	原材料	乙材料			1 1 0 0 0
		丙材料			2 8 0 0 0
合计金额				¥ 3 9 0 0 0	¥ 3 9 0 0 0

会计主管：　　记账：　　出纳：　　审核：　　制单：宗湘

附件 2 张

转账凭证

2016 年 2 月 23 日 　　　　　　转字第 010 号

摘要	总账科目	明细科目	记账	借方金额	贷方金额
生产焊接件领用原材料	生产成本	焊接件		4 5 5 0 0 0	
	原材料	甲材料			3 3 0 0 0 0
	原材料	丙材料			1 2 5 0 0 0
合计金额				¥ 4 5 5 0 0 0	¥ 4 5 5 0 0 0

会计主管：　　记账：　　出纳：　　审核：　　制单：宗湘

附件 1 张

　　已知长舟公司 2016 年 1 月 31 日"原材料"各明细科目的余额分别是，甲材料 1 200 元，乙材料：4 800 元，丙材料：3 500 元。根据上述资料，会计人员应怎样登记原材料总账？

专家解答

　　登记总分类账通常应采用三栏式账页。根据长舟公司上述资料，会计人员应按照以下步骤登记总分类账。

　　①登记"原材料"账户的"T"型账户。根据本月涉及的"原材料"科目的记账凭证，将相关金额登记到"T"型账户中，如图 6-3 所示。

原材料

借方	贷方
期初余额：9 500	
本期发生额：③3 000	本期发生额：②2 650
	⑧390
	⑩4 550
本期发生额合计：3 000	本期发生额合计：7 590
期末余额：4 910	

图 6-3 原材料"T"型账户

"T"型账户只需根据总账科目设置，涉及的明细科目金额均登记于此。

②登记期初余额。将原材料的期初余额登记到本月第一行，日期为"2 月 1 日"，摘要为"期初余额"，余额为原材料各明细科目的合计数"9 500"元，登记的方向为"借"。

③登记本月发生额合计数。根据登记的"T"型账户，将本月发生额合计数登记到账页中，日期为"2 月 29 日"，摘要为"本月发生额合计"，"借方金额"为"3 000"元，"贷方金额"为"7 590"元。

④结出余额。根据"原材料"账户的期初余额及本期发生额，计算出期末余额，即"4 910"元，登记的方向为"借"。登记完成后的原材料总账如表 6-19 所示。

表 6-19 总账

账户名称：原材料   单位：元

2016年		凭证字号	摘要	借方金额										√	贷方金额										√	借或贷	余额									
月	日			千	百	十	万	千	百	十	元	角	分		千	百	十	万	千	百	十	元	角	分			千	百	十	万	千	百	十	元	角	分
2	1		期初余额																							借					9	5	0	0	0	0
2	29		本月发生额合计					3	0	0	0	0	0						7	5	9	0	0	0	借					4	9	1	0	0	0

经验之谈

在实际的手工账中，一般应先登记各账户的"T"型账户，然后再统一登记各项总分类账。上例中的专家解答主要是为了介绍操作方法，才单独将"原材料"进行"T"型账户登记和登记总分类账。

4 | 登记明细分类账

明细分类账是指根据有关明细分类账户设置并登记的账簿。明细分类账一般采用活页式账簿和卡片式账簿。根据所记录经济业务的特点，明细分类账主要分为三栏式、多栏式、数量金额式和横线登记式四种。

视频演示
登记明细分类账

（1）三栏式明细分类账

三栏式明细分类账设有借方、贷方和余额三个栏目，用以分类核算各项经济业务，提供详细核算资料，具体格式与三栏式总账相同。三栏式明细分类账适用于只进行金额核算的资本、债权和债务类账户，如"应收账款""应付账款"和"应交税费"等往来结算账户。

（2）多栏式明细分类账

多栏式明细分类账将属于同一总账科目的各个明细科目合并在一张账页上进行登记，即在账页的借方或贷方金额栏内按照明细项目设置若干专栏。以管理费用明细账为例，多栏式明细分类账的一般格式如表 6-20 所示。

表 6-20 多栏式管理费用明细账的一般格式

会计科目：管理费用

年		凭证字号	摘要	借方				贷方	借或贷	余额
月	日			办公费	折旧费	交通费	……			

多栏式明细分类账适用于收入、成本、费用、利润和利润分配明细账的核算，如"生产成本"和"管理费用"等账户。

（3）数量金额式明细分类账

数量金额式明细分类账提供了企业有关财产物资数量和金额的收、发、存的详细信息。其账页的借方（收入）、贷方（发出）和余额（结存）都分别设有数量、单价和金额三个专栏，既要进行金额核算，又要进行数量核算，因此可以加强财产物资的实物管理和使用监督。数量金额式明细分类账的格式如表6-21所示。

表 6-21 数量金额式明细分类账的格式

明细科目： 第 页

类别： 品名及规格： 计量单位： 存放地点：

年		凭证字号	摘要	借方			贷方			余额		
月	日			数量	单价	金额	数量	单价	金额	数量	单价	金额

数量金额式明细分类账适用于既要进行金额核算，又要进行数量核算的存货类账户，如"原材料""周转材料""库存商品"等账户。

（4）横线登记式明细分类账

横线登记式账页采用横线登记，即将每一笔相关的业务登记在同一行，从而可依据每一行各个栏目的登记是否齐全来判断该项业务的进展情况。这种明细账实际上也是一种多栏式明细账，适用于登记材料采购业务、应收票据和一次性备用金业务等。

例 6-4 登记明细分类账

已知长舟公司采购的原材料中甲材料的单价为 50 元 /kg，乙材料的单价为 25 元 /kg，丙材料的单价为 20 元 /kg。承接"例 6-3"资料，会计人员应怎样登记甲材料的明细分类账？

┃ 专家解答 ┃

本例中已知原材料购买、耗用以及结存的金额，所以根据题干中各类原材料的单价，可以计算出各类原材料的具体数量。由于"原材料"账户属于既要进行金额核算，又要进行数量核算的存货类账户，所以原材料的明细分类账应采用数量金额式账簿。会计人员登记甲原材料明细分类账的步骤如下。

①根据提供的原材料相关记账凭证，筛选出涉及甲材料的记账凭证。本例中与甲材料相关的记账凭证有"转字第 002 号""银付字第 003 号""转字第 010 号"，因此可根据这三张凭证登记甲材料的明细分类账。

②在账页的第一栏中填明登记日期为"2 月 1 日"、甲材料的期初余额，即甲材料的单价为 50 元 /kg，期初余额为 1 200 元，因此甲材料月初数量为 24kg。

③依次根据"转字第 002 号""银付字第 003 号""转字第 010 号"凭证，将甲材料的单价、金额、数量分别填入"借方"或"贷方"的单价、金额、数量栏下，并在每一笔业务后结出余额。甲材料的购入及耗用情况如下：

"转字第 002 号"凭证：2 月 3 日耗用甲材料 16kg，单价为 50 元 /kg，金额为 800 元；

"银付字第 003 号"凭证：2 月 15 日购入甲材料 60kg，单价为 50 元 /kg，金额为 3 000 元；

"转字第 010 号"凭证：2 月 23 日耗用甲材料 66kg，单价为 50 元 /kg，金额为 3 300 元。

④根据已登记的数据计算出甲材料本月的发生额及余额。

⑤检查相关数字是否满足"期末余额 = 期初余额 + 借方金额合计数 - 贷方金额合计数"。最终，登记完成后的"原材料——甲材料"明细分类账如表6-22所示。

表6-22 登记后的"原材料——甲材料"明细分类账

明细科目：甲材料

2016年		凭证字号	摘要	借方			贷方			余额		
月	日			数量	单价	金额	数量	单价	金额	数量	单价	金额
2	1		期初余额							24	50	1 200
	3	转字002号	生产焊接件领用原材料				16	50	800	8	50	400
	15	银付字003号	购入原材料	60	50	3 000				68	50	3 400
	23	转字010号	生产焊接件领用原材料				66	50	3 300	2	50	100
2	29		本月合计	60	50	3 000	82	50	4 100	2	50	100

5 │ 总分类账与明细分类账的平行登记

总分类账户与明细分类账户既有内部联系，又存在区别。其中，总分类账户与明细分类账户的关系主要表现为以下两点。

- **统驭与辅助的关系**：总分类账户是所属明细分类账户的统驭账户，能对明细分类账户起到控制的作用；明细分类账户是总分类账户的从属账户，能对总分类账户起到辅助作用。因此两者在会计核算中发挥的作用不同。

- **提供资料的相互补充**：总分类账户与明细分类账户核算的对象和反映的内容是相同的，只是总分类账户提供的资料具有总括性，而明细分类账户提供的资料更加详细。

平行登记是指对所发生的每一项经济业务都要以会计凭证为依据，一方面要记入有关总分类账户，另一方面也要记入有关总分类账户所属明细分类账户的方法。

进行平行登记时，应注意以下要点。

- **依据相同**：将企业发生的交易或事项在总分类账户与明细分类账户间进行平行登记时，所依据的会计凭证相同。虽然登记总分类账户与明细分类账户的直接依据可能不同，但其依据的原始凭证是相同的。

- **方向相同**：对发生的每一项经济业务，记入总分类账户和其所属的明细分类账户的方向必须相同，即总分类账户记入借方，其所属明细分类账户也应记入借方；总分类账户记入贷方，其所属明细分类账户也应记入贷方。

- **期间一致**：对发生的每一项经济业务，在记入总分类账户和所属明细分类账户过程中，可以有先后，但应在同一会计期间登记入账。

- **金额相等**：记入总分类账户的金额与记入其所属明细分类账户的合计金额相等，即总分类账户与明细分类账户在平行登记时应满足以下等式：

总分类账户期初余额＝所属各明细分类账户期初余额合计
总分类账户期末余额＝所属各明细分类账户期末余额合计
总分类账户借方发生额＝所属各明细分类账户借方发生额合计
总分类账户贷方发生额＝所属各明细分类账户贷方发生额合计

例 6-5

▲ 平行登记总分类账与明细分类账

承接"例 6-3""例 6-4"的资料，为长舟公司登记乙材料与丙材料的明细分类账，并根据总分类账与明细分类账平行登记的内容检查账簿登记是否正确。

┃专家解答┃

按照登记甲材料明细分类账的方法，登记乙材料与丙材料明细分类账后的结果分别如表6-23、表6-24所示。

表6-23 登记后的"原材料——乙材料"明细分类账

明细科目：乙材料

2016年		凭证字号	摘要	借方			贷方			余额		
月	日			数量	单价	金额	数量	单价	金额	数量	单价	金额
2	1		期初余额							192	25	4 800
	3	转字002号	生产焊接件领用原材料				48	25	1 200	144	25	3 600
	19	转字008号	其他部门领用原材料				4.4	25	110	139.6	25	3 490
2	29		本月合计				52.4	25	1 310	139.6	25	3 490

表6-24 登记后的"原材料——丙材料"明细分类账

明细科目：丙材料

2016年		凭证字号	摘要	借方			贷方			余额		
月	日			数量	单价	金额	数量	单价	金额	数量	单价	金额
2	1		期初余额							175	20	3 500
	3	转字002号	生产焊接件领用原材料				32.5	20	650	142.5	20	2 850
	19	转字008号	其他部门领用原材料				14	20	280	128.5	20	2 570
	23	转字010号	生产焊接件领用原材料				62.5	20	1 250	66	20	1 320
2	29		本月合计				109	20	2 180	66	20	1 320

在将原材料总账与甲材料、乙材料、丙材料明细账进行平行登记后，为了检查登记结果是否正确，可通过编制"总账与明细账发生额和余额对照表"进行核对，对照表的格式和内容如表6-25所示。

表6-25 原材料总账与明细账发生额和余额对照表

单位：元

总账账户	明细账户	期初余额			本期发生额						期末余额		
					借方			贷方					
		数量	单价	金额	数量	单价	金额	数量	单价	金额	数量	单价	金额
原材料	甲材料	24	50	1 200	60	50	3 000	82	50	4 100	2	50	100
	乙材料	192	25	4 800				52.4	25	1 310	139.6	25	3 490
	丙材料	175	20	3 500				109	20	2 180	66	20	1 320
	合计			9 500			3 000			7 590			4 910

表6-25是对表6-22、表6-23与表6-24所登记内容的汇总，将表6-25中的合计数与表6-19中的数据进行核对，就可以检查出总分类账与明细分类账的登记是否一致。

6.4 会计账簿的更换与保管

会计账簿是企业的重要档案，在新的年度开始时企业应更换新的账簿，并妥善保管旧的账簿。

6.4.1 会计账簿的更换

会计账簿的更换是指会计年度终了时，将上年旧账更换为次年新账。一般来讲，总账、日记账和多数明细账应每年更换一次。但是，有些财产物资明细账和债权、债务明细账，由于材料品种、规格和往来单位较多，更换新账时重抄的工作量较大，因此可以跨年度继续使用。另外，各种备查账簿也可以跨年度连续使用，不必每年更换新账。

企业更换会计账簿时可以按照以下程序进行。

- **结转旧账**：年度终了，在本年有余额的账户"摘要"栏内注明"结转下年"字样。
- **启用新账**：在更换新账时，注明各账户的启用年份，在第一行"日期"栏内写明1月1日；"凭证"栏空置不填。
- **结转余额**：将各账户的年末余额直接抄入新账余额栏内，并注明余额的借贷方向。过入新账的有关账簿余额的转移事项，不需要填制记账凭证。

更换账簿涉及的"结转下年"与"上年结转"如表6-26、表6-27所示。

表6-26 银行存款日记账

年 月	日	凭证字号	摘要	对应科目	借方金额 千百十万千百十元角分	√	贷方金额 千百十万千百十元角分	√	借或贷	余额 千百十万千百十元角分
			承前页						贷	2 5 9 4 7 1 8 0
12	31	银付022	预付所得税费				8 2 3 6 0		贷	2 5 8 6 4 8 2 0
			本月合计		9 5 5 2 1 0 0		5 6 4 5 1 2 0		贷	2 5 8 6 4 8 2 0
			本年累计		2 6 5 6 7 0 2 0 0		1 8 9 1 2 3 0 1 0		贷	2 5 8 6 4 8 2 0
			结转下年		2 5 8 6 4 8 2 0					

表6-27 银行存款日记账

2017年 月	日	凭证字号	摘要	对应科目	借方金额 千百十万千百十元角分	√	贷方金额 千百十万千百十元角分	√	借或贷	余额 千百十万千百十元角分
1	1		上年结转						贷	2 5 8 6 4 8 2 0

6.4.2 会计账簿的保管

企业更换新账后，应对旧账进行整理、装订并归档。会计账簿装订完成后可暂由本单位财务会计部门保管1年，期满之后，由财务会计部门编造清册移交本单位的档案部门保管。各种账簿应当按年度分类归档，编造目录，妥善保管。

知识补充　《会计档案管理办法》的最新规定对各类会计资料的保管期限做了更改，具体保管期限如表6-28所示。

表 6-28　各类账簿的保管期限要求

类型		保管期限
会计凭证	原始凭证、记账凭证	30年
会计账簿	总账、明细账、日记账、其他辅助性账簿	30年
	固定资产卡片（固定资产报废清理后的保管期限）	5年
财务会计报告	月度、季度、半年度财务会计报告	10年
	年度财务会计报告	永久
其他会计资料	银行存款余额调节表、银行对账单、纳税申报表	10年
	会计档案移交清册	30年
	会计档案保管清册、会计档案销毁清册、会计档案鉴定意见书	永久

6.5　基础练习

本章主要是对会计账簿相关内容的介绍，包括会计账簿的作用、分类、登记要求等，这些都属于登记会计账簿前必须掌握的理论知识。下面将结合实际经济业务来练习会计账簿的登记操作。

6.5.1 登记日记账

深圳星辉有限公司3月初"库存现金"账户余额为50 000元，"银行存款"账户余额为100 000元。已知深圳星辉有限公司采用通用记账凭证进行会计核算，以下是按照3月发生的经济业务填制的记账凭证。（括号内为记账凭证号）

（1）3月1日，从银行提取现金4 800元。（记001号）

（2）3月6日，以库存现金购入办公用品300元。（记003号）

（3）3月12日，产品生产完成，验收入库，结转相关成本50 000元。（记005号）

（4）3月18日，收到加州公司的前欠货款20 000元，存入银行。（记006号）

（5）3月20日，以银行存款6 000元购买原材料。（记008号）

（6）3月22日，销售员小李出差预支差旅费3 000元，以现金支付。（记011号）

（7）3月31日，小李出差归来，退还未用完的差旅费，收到现金500元。（记013号）

要求：根据上述资料，为深圳星辉有限公司登记日记账。

答案参见随书光盘 ◀
本书配套\单据资料\第6章\基础练习\6.5.1记账凭证.xlsx
本书配套\练习答案\第6章\基础练习\登记日记账.docx

6.5.2 登记总账与明细账

深圳星辉有限公司2016年2月底"应收账款"总账账户余额为180 000元，其所属明细账户的余额分别是，甲公司：62 000元，乙公司：75 000元，丙公司：43 000元。深圳星辉有限公司3月根据相关业务填制了以下与应收账款相关的记账凭证。

（1）记002号：3月5日，销售商品给丙公司，收到款项12 000元。

（2）记005号：3月9日，收到乙公司前欠货款40 000元，存入银行。

（3）记008号：3月16日，收到甲公司前欠货款50 000元，存入银行。

（4）记013号：3月21日，销售商品给甲公司，收到款项32 000元。

（5）记018号：3月24日，收到丙公司前欠货款36 500元，存入银行。

要求：根据上述对记账凭证的描述，对深圳星辉有限公司应收账款总账及其所属的明细账进行平行登记。

答案参见随书光盘 ◀
本书配套\单据资料\第6章\基础练习\6.5.2记账凭证.xlsx
本书配套\练习答案\第6章\基础练习\登记总账与明细账.docx

疑难问答 ▶Difficult Questions

❶ 如何建账

Q1 什么叫依法建账？其具体操作是怎样的呢？

A1 依法建账是指根据会计法律法规把科目落实到账目上。企业涉及什么业务就应该建立什么科目，有什么科目就应该建什么账。企业建账应分两种情况：一种是建立新账；另一种是新年度开始更换新账。建立新账时，只需启用账簿就行；新年度开始更换新账时，应分为以下四个步骤进行。

①启用账簿。启用账簿是指将新买的会计账簿封面填写完整，根据实际情况将"账簿启用一览表"上的项目填写完整。

②过余额。过余额是指按照去年结转的余额做"上年结转"，即是在账页的第一行盖上印有"上年结转"的章，并在余额栏填上上年的余额。

③建总账。总账其实就是会计科目的大集合，企业设置的每一个账户都要在总账上体现。对于新年度开始更换新账的，按照上年度涉及的会计科目，在新的总账账页中填上会计科目名称；对于新成立的企业，按照会计科目名称及编号的顺序在新的账页中填写总分类科目名称即可。

④建明细账。企业可以在建立总账的同时建立明细账，也可在开展具体业务时，根据实际情况建立明细账。建立明细账的方法与建立总账的方法类似。

❷ 新公司所需的手工账账本

Q2 **新成立公司的业务收支比较少，若采用手工账，应购买哪些账本呢？**

A2 一般的小企业一般购买 8 本账簿就可以了，具体包括一本总账、两本日记账、一本多栏式明细账、一本数量金额式明细账、三本三栏式明细账。

上述账本中，各账本的具体用途可概括如下。

①总账账本用于登记企业所有会计科目的总分类账。

②日记账账本中，一本用于登记库存现金日记账，另一本用于登记银行存款日记账。

③数量金额式账本用于登记库存商品、原材料、低值易耗品等明细账。

④多栏式明细账账本中，商业企业可以把销售费用和管理费用记在一本账中，工业企业的制造费用、生产成本也可以记在一本账中，但应注意分页，即各自划出页数。对于财务费用，如果企业不贷款，也可以将其合并在管理费用中。

⑤三栏式明细账账本：一本用于登记固定资产明细账，该本账簿最好使用可以登记和计算折旧的账页；一本用于登记应交税费明细账；一本用于登记上述账户之外的其他账户。如企业的往来账户较多，则可以单独购买一本账本用于登记往来账户的明细账。

第 7 章

必不可少的检查工作——对账与结账

本 章 导 读

登记完会计账簿后还需要检查，即进行对账与结账工作。检查工作主要是指检查账簿的记录与实物、凭证记录是否一致；若存在不一致，还应采用专门的方法进行错误更正。账簿记录经检查确认无误后，还需要完成最后一项工作——结账。完成上述工作后，才算实现了一次会计循环。

本章首先介绍了对账的三种类型，这属于检查账簿记录是否存在错误的方法；其次介绍了错账查找方法与错账更正方法，这属于查找错账产生的原因并对错误进行更正；最后介绍了结账的相关内容。

● 精彩内容

▶ **对账**：账证核对、账账核对、账实核对。
▶ **错账查找与更正的方法**：错账查找方法、错账更正方法。
▶ **结账**：结账的程序、结账的方法。

7.1 对账

对账是指对账簿、账户记录所进行的核对工作。在实际工作中，会计核算工作难免会发生差错，出现账簿记录与实际不符的情况。因此，为了保证账簿记录的真实、完整和准确，在记账以后、结账之前，必须对账簿记录进行核对，以便为编制会计报表提供真实、可靠的数据资料。对账的内容主要包括账证核对、账账核对和账实核对。

7.1.1 账证核对

账证核对是指将账簿记录与原始凭证、记账凭证的核对。核对的内容包括会计账簿记录与各类凭证的时间、凭证字号、内容和金额是否一致，记账方向是否相符等。账证核对一般在日常编制凭证和记账过程中进行。通常，日记账应与收款、付款凭证相核对，总账应与记账凭证相核对，明细账应与记账凭证或原始凭证相核对。

7.1.2 账账核对

账账核对是指对不同会计账簿之间的账簿记录是否相符的核对。具体核对内容主要包括以下四个方面。

- **总分类账簿之间的核对**：将全部总分类账簿的本期借方发生额合计数、期末借方余额合计数分别与全部总分类账簿的本期贷方发生额合计数、期末贷方余额合计数进行核对，检查总分类账簿的登记是否正确。
- **总分类账簿与所属明细分类账簿的核对**：核对总分类账簿的期末余额与其所属明细分类账簿期末余额之和是否相符，检查两者的登记是否一致。
- **总分类账簿与序时账簿的核对**：核对库存现金日记账、银行存款日记账期末余额是否分别与库存现金总分类账、银行存款总分类账相符。
- **明细分类账簿之间的核对**：核对会计部门各种财产物资明细分类账的期末余额与财产物资保管或使用部门有关明细账的期末余额是否相符。

由于企业会计核算不仅发生在财务部门，在各业务部门内部也存在相关事项的记录，因此除了上述会计意义上的账簿之间的核对外，账账核对还包括会计账簿与其他部门业务账簿的核对。

7.1.3 账实核对

账实核对是指各项财产物资、债权、债务等账面余额与实有数额之间的核对，主要包括以下四个方面。

- **核对库存现金日记账账面余额与库存现金数额是否相符**：每天将库存现金日记账

的账面余额与库存现金数额进行核对，不得白条抵库，做到现金的日清月结。

● **核对银行存款日记账账面余额与银行对账单的余额是否相符**：将银行存款日记账的账面余额与银行对账单进行核对，一般至少应一个月核对一次。

● **核对各项财产物资明细账账面余额与财产物资的实有数额是否相符**：将各项财产物资，如原材料、库存商品、固定资产等明细分类账的账面余额与其实有数进行核对，保证各项财产物资的监管。

● **核对有关债权、债务明细账账面余额与对方单位的账面记录是否相符**：企业应定期向有关单位寄送应收款、应付款等结算款项及税费的缴纳记录，核对账实是否相符。

7.2 错账查找与更正的方法

会计人员在工作中难免会产生错误，若在对账过程中发现错误，应该采取相应的方法进行更正。在会计工作中，针对某些差错，可通过以下方法进行查找与更正。

7.2.1 错账查找方法

在会计核算中，产生错误的原因有很多，如重记、漏记、数字颠倒、数字错位、科目记错、借贷方向记反、计算错误等，都会影响会计信息的正确性。为了弥补此类错误，会计人员应采取专用的方法，找出错误的原因，并及时对错误予以更正。常见的错账查找方法包括以下四种。

1 │ 差数法

差数法是指按照错账的差数查找错账的方法。这种差错形成的原因主要是漏记或重记了借方或贷方的数字。

例 **7-1**

▶ **差数法的运用**

长舟公司有应收账款和应付账款两个账户，2016 年 1 月有一张记账凭证的记录为借记"应收账款"3 000 元，但会计人员在登记明细账时误将该笔款项记入了"应付账款"。在期末查账时，会计人员发现资产负债表的两边是平的。那么这笔错误应该怎样查找呢？

┃专家解答┃

　　资产负债表的两边虽然是平的，并不能判断账簿记录没有错误。科目记错的错误并不影响借贷平衡。本例中，由于将"应收账款"明细账金额登入了"应付账款"明细账的金额中，而"应收账款"总账与"应付账款"总账的登记并没有错误，所以，通过将"应收账款"或"应付账款"的总账与其所属的明细账进行核对就可发现两者并不一致，而这个差额就是登记错误的账簿记录。

2 ┃ 尾数法

　　尾数法是指对于发生的差错只查找末位数，以提高查错效率的方法。这种方法适合于借贷方金额其他位数都一致，而只有末位数出现差错的情况。如试算平衡时，发现贷方合计数比借方多了 0.8 元，则可查找尾数为 0.8 元的经济业务是否有误。

3 ┃ 除 2 法

　　除 2 法是指以差数除以 2 来查找错账的方法。当某个借方金额错记入贷方（或贷方金额错记入借方）时，出现错账的差数表现为错误的 2 倍，将此差数用 2 去除，得出的商即是反向的金额。除 2 法适用于重记或记账方向错误等情况。

例 7-2

▲ 除 2 法的运用

　　长舟公司会计人员在核对 2016 年 1 月资产负债表时发现借贷双方余额不平衡，其错账差数为 1 008.56。对于此类错误，会计人员应怎样进行错误查找呢？

┃专家解答┃

　　本例中的错账差数为偶数，会计人员在查账时可考虑该错误是由于记账"反向"引起的，此时就可以将 1 008.56 元除以 2，得到 504.28 元，这样就可以去查找是否存在一笔涉及 504.28 金额的业务。如果本月企业没有一笔涉及金额为 504.28 元的业务，那么除 2 法可能就不适用，此时会计人员可考虑采用其他的错账查找方法。另外，如果错误的差数是奇数，那么就没有记账"反向"的可能，就不适用于"除 2 法"。

4 ┃ 除 9 法

　　除 9 法是指以差数除以 9 来查找错账的方法，适用于以下三种情况。

- **将数字写小**：如错将 300 写成 30，此时错误数字比正确数字小 9 倍，将差数 270（300 - 30）除以 9，商 30 即为错误数字，将其扩大 10 倍后便可得到正确 数字 300。

- **将数字写大**：如错将 50 写成 500，错误数字比正确数字大 9 倍，将差数 450（500 - 50）除以 9，商 50 即为正确数字。

- **数字颠倒**：数字颠倒是指两个相邻的数字前后颠倒，所造成的差额是 9 的倍数。 如将 38 写成 83，它们的差值为 45，可以被 9 整除，然后据此找出错误所在。

7.2.2 错账更正方法

在记账过程中，对于发现的账簿记录错误要采用正确、规范的方 法予以更正，不得涂改、挖补、使用药水消除字迹等。错账更正方法 主要包括划线更正法、红字更正法和补充登记法三种。

视频演示
错账更正
方法

1 │ 划线更正法

划线更正法又称红线更正法，适用于结账前发现账簿记录有文字或数字错误，而记 账凭证没有错误的情况。

采用划线更正法的具体操作为：在错误的文字或数字上画一条红线，在红线的上方 填写正确的文字或数字，并由记账及相关人员在更正处盖章。对于错误的数字，应全部 画红线更正，不得只更正其中的错误数字；对于文字错误，可只画去错误的部分。

例
7-3

划线更正法的运用

长舟公司会计人员在登记入账一笔从银行提取现金 30 000 元的记账凭证时， 由于疏忽将"提现"写成了"提砚"，将"30 000"写成了"50 000"。该笔错 误应采用什么方法进行更正？

▎**专家解答**▎

本例中的错误属于记账凭证正确，但账簿记录有错误的情况，所以应采用 划线更正法进行错账更正，更正前与更正后的示意图如图 7-1 所示。

更正前：		更正后：	
提砚	50 000	提现	30 000
		~~提砚~~ **宋湘**	~~50 000~~

图 7-1 划线更正法

2 | 红字更正法

红字更正法是指用红字冲销原有错误的账户记录或凭证记录，以更正或调整账簿记录的一种方法。此种方法适用于以下两种错误的更正。

（1）记账后在当年内发现记账凭证所记的会计科目错误：记账后在当年内发现记账凭证所记的会计科目错误，导致账簿记录错误，可以采用红字更正法。具体更正方法为：记账凭证会计科目错误时，用红字填写一张与原记账凭证完全相同的记账凭证，并在摘要栏注明"冲销第 × 号凭证"，以示注销原记账凭证，然后用蓝字填写一张正确的记账凭证，并据以记账。

例 7-4

红字更正法的运用（1）

长舟公司于 2016 年 1 月购买 10 000 元原材料一批，以银行存款支付，但会计人员编制记账凭证时，误认为该笔款项以库存现金支付，会计分录如下。

借：原材料　　　10 000

　　贷：库存现金　10 000

假设该记账凭证的凭证号为"第 003 号"，该笔错误应采用什么方法进行更正？

专家解答

本例中的错误属于记账凭证所记的会计科目错误的情况，所以应采用红字更正法进行错账更正，具体步骤如下。

①用红字重新填制一张与原错误记账凭证内容相同的记账凭证，在"摘要"栏注明为"冲销本月第 003 号记账凭证"，相关会计分录如下。

借：原材料　　　10 000

　　贷：库存现金　10 000

②用篮字填制一张正确的记账凭证。相关会计分录如下。

借：原材料　　　10 000

　　贷：银行存款　10 000

> 用黑框围住的金额表示用红字填写，下同。

（2）会计科目无误而所记金额大于应记金额：记账凭证中的会计科目无误而所记金额大于应记金额，从而引起记账错误，可以采用红字更正法。具体更正方法为：按多记的金额（即差额），用红字编制一张与原记账凭证应借、应贷科目完全相同的记账凭证，在摘要栏内写明"冲销第 × 号记账凭证多记金额"，以冲销多记的金额，并据以记账。

例 7-5

红字更正法的运用（2）

长舟公司于 2016 年 1 月发生了一笔 58 000 元的取现业务，由于会计人员的疏忽，编制记账凭证时将金额"58 000"写成了"85 000"，作会计分录如下。

借：库存现金　　85 000

　　贷：银行存款　　85 000

假设该记账凭证的凭证号为"第 005 号"，该笔错误应采用什么方法进行更正？

专家解答

本例中的错误属于记账凭证中的会计科目正确，但实际金额比应记金额大的情况，所以应采用红字更正法进行更正，即将多记的金额用红字冲销。具体更正方法为：用红字填制一张新的记账凭证，在"摘要"栏注明"冲销本月第005 号记账凭证多记金额"，会计科目与原记账凭证一样，金额为多记的差额"27 000"。进行更正的记账凭证中的会计分录如下。

借：库存现金　　27 000

　　贷：银行存款　　27 000

3 | 补充登记法

补充登记法是指在记账后发现记账凭证填写的会计科目无误，只是所记金额小于应记金额时所采用的一种更正方法。具体更正方法为：按少记的金额（即差额）用蓝字编制一张与原记账凭证应借、应贷科目完全相同的记账凭证，在摘要栏内写明"补记第 × 号记账凭证少记金额"，以补充少记的金额，并据以记账。

例 7-6

补充登记法的运用

承接"例 7-5"的资料，若会计人员在编制记账凭证时将金额"58 000"写成了"48 000",作会计分录如下。

借：库存现金　　　　48 000

　　贷：银行存款　　　　48 000

假设该记账凭证的凭证号为"第 008 号",该笔错误应采用什么方法进行更正?

专家解答

本例中的错误属于记账凭证上的会计科目无误,但实际金额比应记金额小的情况,所以应采用补充登记法进行错账更正。具体更正方法为：编制一张新的会计凭证,在"摘要"栏注明"补记第 008 号记账凭证少记金额",其会计科目与原会计科目一致,金额为少记的差额"10 000",进行更正的记账凭证中的会计分录如下。

借：库存现金　　10 000

　　贷：银行存款　　10 000

7.3　结账

结账是一项将账簿记录定期结算清楚的账务工作,即在会计期末(月末、季末或年末)将本期内所有发生的经济业务全部登记入账后,计算出本期发生额和期末余额的过程。

视频演示
结账操作

7.3.1　结账的程序

结账工作的开展可分为四个步骤,具体如下。

- **结账前**：保证本期发生的经济业务事项全部登记入账,并确保其正确性。不得为赶制会计报表而提前结账,或把本期发生的经济业务事项延至下期登账,也不得先编制会计报表后结账。对于发现的错误,应采用适当的方法进行更正。
- **结平所有损益类账户**：调整相关账项后,将损益类科目余额转入"本年利润"科目,结平所有损益类科目。在本期全部业务登记入账的基础上,结清各项收入和费用账户,计算确定本期的成本、利润或亏损,并反映在账上。
- **计算资产、负债、所有者权益账户的本期发生额和余额**：上述工作完成后,结算出资产、负债和所有者权益科目的本期发生额和余额,并结转至下期。

- **试算平衡**：以上步骤完成后，就可以根据总分类账和明细分类账的本期发生额和期末余额，分别进行试算平衡。

7.3.2 结账的方法

结账的方法就是使用划线法结出各分类账户和明细分类账户的本期发生额与余额。由于企业各类账户的性质以及作用不同，其结账的方法也存在区别，具体区别如下。

> 结账时，除了反映全年合计金额的情况需要画通栏双红线外，一般结账只需画通栏单红线。

- **不需要按月结计本期发生额的账户**：不需要按月结计本期发生额的账户，每次记账以后都要随时结出余额，每月最后一笔余额即为月末余额。月末结账时，只需在最后一笔经济业务事项记录之下通栏画单红线，不需要再结计一次余额。应收账款明细账和各项财产物资明细账即属于此类账户，原材料明细账的月结如表 7-1 所示。

表 7-1 原材料明细账的月结

明细科目：原材料　　　　　　　一条单红线　　　　　　　　　　　　　第 1 页

2016年		凭证字号	摘要	借方			贷方			余额		
月	日			数量	单价	金额	数量	单价	金额	数量	单价	金额
2	1		月初余额							175	20	3 500
2	3	转字002号	生产焊接件领用原材料				32.5	20	650	142.5	20	2 850
2	19	转字008号	其他部门领用原材料				14	20	280	128.5	20	2 570
2	23	转字010号	生产焊接件领用原材料				62.5	20	1 250	66	20	1 320

- **需要按月结计本期发生额的账户**：现金日记账、银行存款日记账和需要按月结计发生额的收入、费用等明细账，每月结账时要结出本月发生额和余额，在摘要栏内注明"本月合计"字样，并在下面通栏画单红线。银行存款日记账的月结如表 7-2 所示。

两条单红线

表 7-2 银行存款日记账的月结

2016年		凭证字号	摘要	对应科目	借方金额									√	贷方金额									√	借或贷	余额								
月	日				千	百	十	万	千	百	十	元	角	分	千	百	十	万	千	百	十	元	角	分		千	百	十	万	千	百	十	元	角	分
2	1		期初余额																						借		9	5	5	0	0	0	0
	15	付字003	购入原材料	原材料、应交税费														3	5	1	0	0	0		借		9	1	9	9	0	0	0
	18	收字001	提取备用金	库存现金														2	0	0	0	0			借		8	9	9	9	0	0	0
	22	收字002	预收销售货款	预收账款			8	7	0	0	0	0													借		1	7	6	9	9	0	0	0
	25	收字003	收到前欠货款	应收账款		1	2	0	0	0	0	0													借		2	9	6	9	9	0	0	0
	28	付字004	预付所得税	应交税费															1	5	2	8	0		借		2	9	6	8	3	7	2	0
2	29		本月合计			2	0	7	0	0	0	0						5	6	6	2	8	0		借		2	9	6	8	3	7	2	0

- **总账账户**：总账账户平时只需结出月末余额。年终结账时，将所有总账账户结出全年发生额和年末余额，在摘要栏内注明"本年合计"字样，并在合计数下通栏画双红线。原材料总账账户的年结如表7-3所示。

一条双红线

表 7-3 原材料总账账户的年结

2015年		凭证字号	摘要	借方金额										√	贷方金额										√	借或贷	余额									
月	日			千	百	十	万	千	百	十	元	角	分		千	百	十	万	千	百	十	元	角	分			千	百	十	万	千	百	十	元	角	分
	1		上年结转																							借				4	0	0	0	0	0	0
1	15	转字001	购入				2	0	0	0	0	0	0													借				6	0	0	0	0	0	0
	26	转字002	领用																1	0	0	0	0	0	0	借				5	0	0	0	0	0	0
	31		本月合计				2	0	0	0	0	0	0						1	0	0	0	0	0	0	借				5	0	0	0	0	0	0
2	2	转字001	购入				1	0	0	0	0	0	0													借				6	0	0	0	0	0	0
	19	转字005	领用																4	0	0	0	0	0	0	借				2	0	0	0	0	0	0
	29		本月合计				1	0	0	0	0	0	0						4	0	0	0	0	0	0	借				4	0	0	0	0	0	0
			……																							借										
	5		购入				1	5	0	0	0	0	0													借				5	5	0	0	0	0	0
12	11		领用																3	0	0	0	0	0	0	借				2	5	0	0	0	0	0
	31		本月合计				1	5	0	0	0	0	0						3	0	0	0	0	0	0	借				2	5	0	0	0	0	0
12	31		本年累计			2	2	5	0	0	0	0	0				2	4	0	0	0	0	0	0	借				2	5	0	0	0	0	0
12	31		结转下年																2	5	0	0	0	0	0											
		总计				2	2	5	0	0	0	0	0				2	6	5	0	0	0	0	0	平										

在年度终了结账时，有余额的账户要将其余额结转至下年，并在摘要栏注明"结转下年"字样；在下一会计年度新建有关会计账户的第一行余额栏内填写上年结转的余额，并在摘要栏注明"上年结转"字样，使年末有余额账户如实地在账户中加以反映，此时不必编制会计凭证。

7.4 基础练习

本章所介绍的对账与结账内容可归纳为会计的检查与总结工作，是会计核算必不可少的环节。本章内容在会计工作中具有实际的操作意义，且需要不断地积累经验，下面将以工作中可能遇到的实际问题为基础，练习如何查找错账和更正错账。

7.4.1 更正错账

2016 年 1 月 31 日，深圳星辉有限公司会计人员进行对账时发现：本月 23 日业务人员报销差旅费的记账凭证中，将报销人员姓名"张华"记为"李凯"，且月末已经将该记账凭证登记到了现金日记账中，会计人员 1 月 23 日填制的记账凭证如表 7-4 所示，现金日记账如表 7-5 所示。

表 7-4 记账凭证

2016 年 1 月 23 日　　　　　　　　　　　　　　第 013 号

摘要	总账科目	明细科目	记账	借方金额									贷方金额								
				千	百	十	万	千	百	十	元	角	分	千	百	十	万	千	百	十	元	角	分
报销费用	库存现金							5	0	0	0	0											
	管理费用	差旅费						2	5	0	0	0											
	其他应收款	李凯																3	0	0	0	0	0
合计金额							¥	3	0	0	0	0					¥	3	0	0	0	0	0

会计主管：　　　　记账：　　　　　出纳：孙伊　　　　审核：　　　　制单：王山

表 7-5 现金日记账

2016年		凭证字号	摘要	对应科目	借方金额									√	贷方金额									√	借或贷	余额								
月	日				千	百	十	万	千	百	十	元	角	分		千	百	十	万	千	百	十	元	角	分			千	百	十	万	千	百	十	元	角	分
			承前页																							借					6	0	0	0	0	0
1	4	记001号	购买办公用品	管理费用																	3	0	0	0	0	借					5	7	0	0	0	0
1	6	记006号	报销复印费	管理费用																1	1	0	0	0	0	借					4	6	0	0	0	0
1	19	记009号	取现	银行存款					2	0	0	0	0	0												借					6	6	0	0	0	0
1	23	记011号	预支差旅费	其他应收款																	3	0	0	0	0	借					3	6	0	0	0	0
1	28	记013号	报销费用	其他应收款						5	0	0	0	0												借					4	1	0	0	0	0

要求：根据上述资料，为深圳星辉有限公司进行错账更正。

◎ **答案参见随书光盘** ◀

本书配套\练习答案\第7章\基础练习\为深圳星辉有限公司更正错账.docx

7.4.2 对现金日记账进行结账处理

沿用上述深圳星辉有限公司 2016 年 1 月的相关资料。

要求：对深圳星辉有限公司2016年1月现金日记账进行结账处理。

◎ **答案参见随书光盘** ◀

本书配套\练习答案\第7章\基础练习\为深圳星辉有限公司2016年1月现金日记账进行结账处理.docx

疑难问答 Difficult Questions

❶ 会计账簿中的常见错误

Q1 对账就是检查账簿登记的正确性，在实际操作时应该从哪些方面检查账簿记录的内容是否有误呢？

A1 会计账簿的错误可从两方面进行理解，一种是账簿本身的错误，主要包括以下三项内容。

①账簿的启用与交接有误。根据规定，启用账簿或对账簿进行交接时，经办人员应办理相关手续，并在"账簿启用一览表"中填写相关项目，如经办人员启用账簿或进行账簿交接时无相应记录，就会使记账工作不衔接。

②账户的设置。企业设置账户时应符合本企业内部会计制度的规定，应与本单位会计核算形式、记账方法相适应。若需设置的账户未设置或类似账户重复设置，则属于账户设置有误。

③账簿中账页的格式。企业为各类账户设置总账、明细账、日记账等时，应根据该账户所核算的内容的特点，选择适当的账页格式。如原材料明细账一般应采用数量金额式明细账账页等，若企业采用日记账账页格式登记原材料明细账，则属于账簿中的账页格式有误。

账簿错误的另一种是指账簿中账页记录有误，主要包括以下三项。

①记账错误。记账错误可理解为对账检查所发现的错误，主要包括错记（摘要错误、会计科目错误、借贷方向错误、数字金额错误等）、重记（重复记账，一账两记或多记）、漏记（遗漏某项或多项业务）、有关总账和明细账登记顺序和对应关系错误等。此类错误是账簿的致命错误，也是会计账簿检查的重点。

②更账错误。会计错账的更正应采用规定的方法，若对发现的错误未按规范的更正方法进行改正，而是采用非法形式，如涂、挖、刮、补、化学药剂褪色等方法，则属于更账错误。

③结账错误。企业结账一般分为月结和年结，若没有按照规定的结账期间结账，存在提前或者推迟结账，未将本期发生的所有业务登记入账，有关收益、费用和应摊销或预提的费用未按权责发生制原则按期计提或摊销后登记入账，各种收入成本费用账户未按规定在结转本年利润后登记入账等情况，就属于结账错误。

❷ 如何减少或避免错账的发生

Q2 登账是一项非常细致的工作，一不留神就可能产生错误，那么，在实际工作中，有什么减少或避免错账的经验吗？

A2 任何经验都是通过不断积累得来的，也是在不断犯错中累积出来的，即使是经验丰富的老会计，也经历过错账的过程。但是，若认真执行以下四点内容，就可以尽量减少或避免错账的发生。

①加强复核工作。加强复核即强化会计核算的监督与检查。具体而言，就是从编制记账凭证、记账凭证汇总、记账、结账、编制报表层层进行复核，这是预防错误发生的最基本方法。业务较多的单位可以配备专职人员进行复核，业务较少的单位可以相互复核或自我复核。

②规范书写。编制凭证和记账时要按照标准书写汉字或数字，不要写连笔字、畸形数字，这样容易使得记账人员误认、误记，从而造成"象形"的错误。

③专心做账。会计人员在制证、记账、算账、编制报表时应将思想高度集中，切不可一面记账一面闲谈，那样会容易发生错账。

④时刻提防常见错误。会计人员掌握常见的错账情况后，在实际做账时，应时刻警惕反向、移位、颠倒、错字、错格、串户等差错的发生，时刻给自己以暗示，可以有效避免错误的产生。

第8章

会计工作的成果提交——财务报表

| 本 章 导 读 |

会计核算的终极目标就是编制报表，会计上提及的报表通常为财务报表。企业常见的财务报表有资产负债表、利润表、现金流量表和所有者权益变动表。财务报表所反映的财务信息相较于其他会计资料更具有综合性、全面性，可以总括反映企业的财务状况、经营成果和现金流量等信息。

本章首先介绍财务报表的概念及其种类，然后详细分析企业最重要的两大财务报表——资产负债表和利润表，具体包括资产负债表与利润表的作用、格式以及编制方法。最后介绍如何编制报表，以及报表的报送和审核，即报表的报送对象和审核等内容。

● 精彩内容

▶ **资产负债表**：资产负债表的作用、资产负债表的列示要求、资产负债表的格式、资产负债表的编制方法。

▶ **利润表**：利润表的作用、利润表的列示要求、利润表的格式、利润表的编制方法。

▶ **财务报表的报送与审核**：财务报表的报送、财务报表的审核。

财务报表是各单位重要的会计资料，编制财务报表是会计核算中的最后一个环节，通过财务报表可以综合地了解各单位的财务状况、经营成果和现金流量等信息。一套完整的财务报表至少应当包括资产负债表、利润表、现金流量表、所有者权益（或股东权益）变动表和附注。

财务报表可以按照不同的标准进行分类。财务报表的分类依据主要有反映的经济内容、编报时间、编报单位的性质等，具体的财务报表分类如图 8-1 所示。

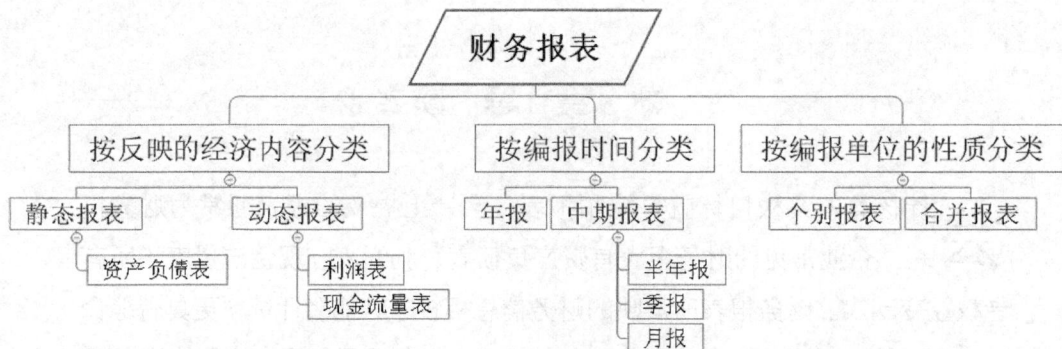

图 8-1 财务报表的分类

8.1 资产负债表

资产负债表是指反映企业某一特定日期财务状况的报表，属于静态会计报表。

具体而言，资产负债表反映的是编制日的资产、负债、所有者权益的状况。年度、季度、月度资产负债表分别简称年报、季报、月报，因此年报反映的是当年 12 月 31 日的财务状况，季报反映的是当年 3 月 31 日、6 月 30 日、9 月 30 日或 12 月 31 日的财务状况，月报则反映的是当月最后一天的财务状况。

8.1.1 资产负债表的作用

根据资产负债表的含义，可总结出其具有以下三个主要作用。

● 提供某一日期资产的总额及其结构，表明企业拥有或控制的资源及其分布情况。
● 提供某一日期的负债总额及其结构，表明企业未来需要用多少资产或劳务清偿债务以及清偿时间。
● 反映所有者拥有的权益，据以判断资本保值、增值的情况以及对负债的保障程度。

8.1.2 资产负债表的列示要求

企业编制的资产负债表都是按照一定的模式填列的，即在资产负债表模板中填列数字，但是资产负债表模板的格式也应满足一定的要求，即资产负债表有其列示要求，掌握这些要求，将有助于理解如何填列资产负债表。

资产负债表的列示要求可以概括为以下三点。

- 资产负债表应当按照资产、负债和所有者权益三大类别分类列报。
- 资产、负债应当按照流动性分为流动资产和非流动资产、流动负债和非流动负债列示。
- 资产负债表中的资产类至少应当列示流动资产和非流动资产的合计项目；负债类至少应当列示流动负债、非流动负债以及负债的合计项目；所有者权益类应当列示所有者权益的合计项目。资产负债表应当分别列示资产总计项目和负债与所有者权益之和的总计项目，且资产项目合计数与负债和所有者权益合计数应当相等。

8.1.3 资产负债表的格式

资产负债表的格式主要包括两种，即账户式和报告式。在我国，资产负债表采用账户式的格式。

1 | 账页格式

账户式资产负债表，即将资产负债表看作一个"T"型账户，左方排列资产要素、右方排列负债与所有者权益要素，形成左右对照排列的关系。

- **左方的资产项目**：资产项目按资产的流动性强弱进行排列。流动性强的资产，如"货币资金"和"以公允价值计量且其变动计入当期损益的金融资产"等排在前面；流动性弱的资产，如"长期股权投资"和"固定资产"等则排在后面。
- **右方的负债及所有者权益项目**：负债及所有者权益项目一般按求偿权先后顺序排列。负债在先，按到期日由近到远排列。"短期借款"和"应付票据"等需要在一年以内或者长于一年的一个营业周期内偿还的流动负债排在前面，"长期借款"等在一年以上或者长于一年的一个营业周期以上才需偿还的非流动负债排在后面。所有者权益在后，按留在企业的永久性程度由大到小排列。"实收资本（或股本）"在前，"未分配利润"在最后。

2 | 报表组成

账户式资产负债表由表头、表身和表尾等部分组成，表身是报表的主体和核心。

- **表头**：表头是资产负债表的基本信息，应列明报表名称、编表单位名称、编制日期和金额计量单位等信息。
- **表身**：表身是资产负债表的主要内容，其可以反映资产、负债和所有者权益的具体内容。

● **表尾**：表尾是资产负债表的备注，补充说明其他相关的资产、负债或注意事项。

账户式资产负债表的一般格式如表8-1所示。

表 8-1 资产负债表

编制单位：　　　　　　　　　　　　　　年　月　日　　　　　　　　　　　　单位：元

资产	期末余额	年初余额	负债和所有者权益	期末余额	年初余额
流动资产：			流动负债：		
货币资金			短期借款		
以公允价值计量且其变动计入当期损益的金融资产			以公允价值计量且其变动计入当期损益的金融负债		
应收票据			应付票据		
应收账款			应付账款		
预付款项			预收款项		
应收利息			应付职工薪酬		
应收股利			应交税费		
其他应收款			应付利息		
存货			应付股利		
一年内到期的非流动资产			其他应付款		
其他流动资产			一年内到期的非流动负债		
流动资产合计			其他流动负债		
非流动资产：			**流动负债合计**		
可供出售金融资产			非流动负债：		
持有至到期投资			长期借款		
长期应收款			应付债券		
长期股权投资			长期应付款		
投资性房地产			专项应付款		
固定资产			预计负债		
在建工程			递延收益		
工程物资			递延所得税负债		
固定资产清理			其他非流动负债		
生产性生物资产			**非流动负债合计**		
油气资产			**负债合计**		
无形资产			所有者权益（或股东权益）：		
开发支出			实收资本（或股本）		
商誉			资本公积		
长期待摊费用			减：库存股		
递延所得税资产			其他综合收益		
其他非流动资产			盈余公积		
非流动资产合计			未分配利润		
			所有者权益（或股东权益）合计		
资产总计			**负债和所有者权益（或股东权益）总计**		

8.1.4 资产负债表的编制方法

根据资产负债表的格式，编制资产负债表时主要填列各报表项目的"年初余额"栏和"期末余额"栏。下面将分别对这两栏金额的具体填列方法进行介绍。

1 | "期末余额"栏的填列方法

（1）根据一个或几个总账科目的期末余额填列

根据一个或几个总账科目的期末余额填列可分为以下两种填列方法。

- **根据某个总账账户的期末余额填列**：资产负债表中大部分项目的填列都是根据某个总账账户的期末余额直接填列，如"短期借款""应付票据""应付职工薪酬""预计负债""实收资本（股本）""资本公积""盈余公积"等项目。
- **根据多个总账账户的期末余额合计数填列**：资产负债表的一些项目需根据多个总账账户的余额，计算其合计数填列。例如，"货币资金"项目应根据"库存现金""银行存款""其他货币资金"三个总账账户的期末余额合计数填列。

经验之谈　填列资产负债表的"期末余额"时，某些项目可能会出现其余额的实际方向与该科目余额的一般方向相反的情况。此时，应在实际余额数前加上"－"号。如"固定资产清理"项目，如果其相应科目出现贷方余额，应在其期末余额前加上"－"号填列；又如"应交税费"项目，如果其相应科目出现借方余额，则需在其期末余额前加上"－"号填列。

（2）根据明细账科目的余额计算填列

资产负债表中的部分项目需根据相关明细账科目的期末余额计算填列。例如，"应付账款"项目应根据"应付账款"和"预付账款"两个科目所属的相关明细科目的期末贷方余额计算填列；又如，"应收账款"项目应根据"应收账款"和"预收账款"两个科目所属的相关明细科目的期末借方余额计算填列。"应收账款""预收款项""应付账款""预付款项"项目填列数字的计算公式如下。

"应收账款"项目＝"应收账款"明细账借方余额之和＋"预收账款"明细账借方余额之和

"预收款项"项目＝"预收账款"明细账贷方余额之和＋"应收账款"明细账贷方余额之和

"应付账款"项目＝"应付账款"明细账贷方余额之和＋"预付账款"明细账贷方余额之和

"预付款项"项目＝"预付账款"明细账借方余额之和＋"应付账款"明细账借方余额之和

（3）根据总账科目和明细账科目的余额分析计算填列

资产负债表的部分项目需同时根据总账科目和明细科目的期末余额分析计算填列。

如"长期借款"项目，应根据"长期借款"总账科目余额扣除"长期借款"科目所属明细科目中将在资产负债表日起一年内到期且企业不能自主将清偿义务展期的长期借款后的金额计算填列。

（4）根据有关科目余额减去其备抵科目余额后的净额填列

资产负债表的部分项目需根据有关科目余额减去其备抵科目余额后的净额填列。如"可供出售金融资产""持有至到期投资""长期股权投资"等项目，应根据"可供出售金融资产""持有至到期投资""长期股权投资"等科目的期末余额减去"可供出售金融资产减值准备""持有至到期投资减值准备""长期股权投资减值准备"等科目余额后的净额填列。

（5）综合运用上述填列方法分析填列

资产负债表的部分项目应综合运用前面介绍的各种填列方法，通过分析计算来填列。如"存货"项目，应根据"材料采购""原材料""发出商品""库存商品""周转材料""生产成本"等总账科目期末余额的分析汇总数，减去"存货跌价准备"等科目期末余额后的净额填列。

2 │ "年初余额"栏的填列方法

资产负债表的"年初余额"栏通常根据上年末对应项目的期末余额填列，且与上年末资产负债表"期末余额"栏一致。如果企业上年度资产负债表规定的项目名称和内容与本年度不一致，应当对上年年末资产负债表相关项目的名称和数字按照本年度的规定进行调整，填入"年初余额"栏。

例 8-1

编制资产负债表

长舟公司 2016 年 3 月 31 日与资产负债表项目有关的账户的期末余额如表 8-2 所示。

表 8-2 长舟公司 2016 年 3 月 31 日资产、负债、所有者权益类账户余额

单位：元

账户名称	借方余额	贷方余额	账户名称	借方余额	贷方余额
库存现金	13 600		短期借款		50 000
银行存款	275 300		应付账款——融创科技		13 500
其他货币资金	50 000		应付账款——名流养生	28 000	
应收账款——星海控股	32 000		应付账款——中凌科技		3 800
应收账款——上彩家电		11 000	应付职工薪酬		35 600

续表

账户名称	借方余额	贷方余额	账户名称	借方余额	贷方余额
应收账款——铭创科技	6 300		预收账款——好客食品		25 630
预付账款——汇众物流		18 000	预收账款——鑫源教育	17 650	
预付账款——易铭通讯	2 000		其他应付款		8 710
其他应收款	4 500		应交税费		1 350
材料采购	30 000		应付利息		4 690
原材料	63 600		长期借款		100 000
低值易耗品	5 150		实收资本		500 000
长期股权投资	127 500		资本公积		30 000
固定资产	200 000		盈余公积		20 000
累计折旧		15 320	利润分配		18 000
合计	809 950	44 320		45 650	811 280

根据表 8-2 所示资料，会计人员应怎样编制资产负债表？

▎专家解答 ▎

会计人员编制资产负债表时可以按照以下步骤进行。

第一步：检查本公司所设置的会计账户是否已结账。就本例而言，根据表 8-2 提供的资料可知，资产、负债、所有者权益类账户均为期末余额，可表明各类账户均已结账。

第二步：根据资产负债表项目，计算企业所涉及项目的具体金额。长舟公司资产负债表所涉及各项目金额的计算如下。

① 货币资金 = 库存现金 + 银行存款 + 其他货币资金 =13 600+275 300+50 000=338 900（元）。

② 应收账款 = 应收账款——星海控股 + 应收账款——铭创科技 + 预收账款——鑫源教育 =32 000+6 300+17 650=55 950（元）。

③ 预付款项 = 预付账款——易铭通讯 + 应付账款——名流养生 =2 000+28000=30 000（元）。

④ 其他应收款 =4 500（元）。

⑤ 存货 = 材料采购 + 原材料 + 低值易耗品 =30 000+63 600+5 150=98 750（元）。

⑥ 长期股权投资 =127 500（元）。

⑦ 固定资产 = 固定资产 - 累计折旧 =200 000-15 320=184 680（元）。

⑧ 短期借款 =50 000（元）。

⑨ 应付账款 = 应付账款——融创科技 + 应付账款——中凌科技 + 预付账款——汇众物流 =13 500+3 800+18 000=35 300（元）。

⑩ 预收款项 = 预收账款——好客食品 + 应收账款——上彩家电 =25 630+11 000=36 630（元）。

⑪ 应付职工薪酬 =35 600（元）。

⑫ 应交税费 =1 350（元）。

⑬ 应付利息 =4 690（元）。

⑭ 其他应付款 =8 710（元）。

⑮ 长期借款 =100 000（元）。

⑯ 实收资本 =500 000（元）。

⑰ 资本公积 =30 000（元）。

⑱ 盈余公积 =20 000（元）。

⑲ 利润分配 =18 000（元）。

第三步：将上述各项目的金额填入资产负债表中。

第四步：依次计算出表中涉及的合计数，并填列到相应位置。

第五步：检查资产合计数与负债和所有者权益合计数是否相等。

编制完成后的资产负债表如表 8-3 所示。

表 8-3 资产负债表

编制单位：长舟公司　　　　　　　　2016年3月31日　　　　　　　　单位：元

资产	期末余额	年初余额	负债和所有者权益	期末余额	年初余额
流动资产：			流动负债：		
货币资金	338 900		短期借款	50 000	
以公允价值计量且其变动计入当期损益的金融资产			以公允价值计量且其变动计入当期损益的金融负债		
应收票据			应付票据		
应收账款	55 950		应付账款	35 300	
预付款项	30 000		预收款项	36 630	
应收利息			应付职工薪酬	35 600	
应收股利			应交税费	1 350	
其他应收款	4 500		应付利息	4 690	
存货	98 750		应付股利		
一年内到期的非流动资产			其他应付款	8 710	
其他流动资产			一年内到期的非流动负债		
流动资产合计	528 100		其他流动负债		
非流动资产：			**流动负债合计**	172 280	
可供出售金融资产			非流动负债：		

续表

资产	期末余额	年初余额	负债和所有者权益	期末余额	年初余额
持有至到期投资			长期借款	100 000	
长期应收款			应付债券		
长期股权投资	127 500		长期应付款		
投资性房地产			专项应付款		
固定资产	184 680		预计负债		
在建工程			递延收益		
工程物资			递延所得税负债		
固定资产清理			其他非流动负债		
生产性生物资产			**非流动负债合计**	100 000	
油气资产			**负债合计**	272 280	
无形资产			所有者权益（或股东权益）：		
开发支出			实收资本（或股本）	500 000	
商誉			资本公积	30 000	
长期待摊费用			减：库存股		
递延所得税资产			其他综合收益		
其他非流动资产			盈余公积	20 000	
非流动资产合计	312 180		未分配利润	18 000	
			所有者权益（或股东权益）合计	568 000	
资产总计	840 280		**负债和所有者权益（或股东权益）总计**	840 280	

> **经验之谈**　　在实际工作中，若手工填写资产负债表都是在打印出的模板上填上金额，对于企业未涉及的项目可填写零也可空白，因此为了与实务操作相一致，例题中的专家解答并未将未涉及的资产负债表项目删除。

8.2 利润表

利润表是指反映企业在一定会计期间经营成果的报表，即反映企业某一会计期间有关收入、费用和利润的相关变动信息，因此其属于动态报表。该表依据"收入 − 费用 = 利润"这一等式，按一定的分类标准和顺序，将企业一定会计期间的各种收入、费用支出和直接计入当期利润的利得和损失进行分类排列。

8.2.1 利润表的作用

利润表是企业的基本会计报表之一，是企业经营成果的综合体现，其作用主要表现在以下三个方面。

- 反映一定会计期间收入的实现情况。
- 反映一定会计期间费用的耗费情况。
- 反映企业经济活动成果的实现情况，据以判断资本保值增值等情况。

8.2.2 利润表的列示要求

同资产负债表一样，企业利润表也是在利润表模板中填写的，因此，利润表模板中对企业经营成果的列示应该满足以下四个要求。

- **费用按功能分类列示**：企业在利润表中应当对费用按照功能分类，分为从事经营业务发生的成本、管理费用、销售费用和财务费用等。
- **至少应当单独列示的项目**：利润表至少应当单独列示反映下列信息的项目（其他会计准则另有规定的除外）：①营业收入；②营业成本；③税金及附加；④管理费用；⑤销售费用；⑥财务费用；⑦投资收益；⑧公允价值变动损益；⑨资产减值损失；⑩非流动资产处置损益；⑪所得税费用；⑫净利润；⑬其他综合收益各项目分别扣除所得税影响后的净额；⑭综合收益总额。另外，金融企业可以根据其特殊性列示利润表项目。
- **其他综合收益项目的列示**：其他综合收益项目应当根据其他相关会计准则的规定分为以后会计期间不能重分类进损益的其他综合收益项目和以后会计期间在满足规定条件时将重分类进损益的其他综合收益项目两类列报。
- **合并利润表的列示**：在合并利润表中，企业应当在净利润项目之下单独列示归属于母公司所有者的损益和归属于少数股东的损益，在综合收益总额项目之下单独列示归属于母公司所有者的综合收益总额和归属于少数股东的综合收益总额。

8.2.3 利润表的格式

利润表的格式主要有两种，即单步式和多步式，我国企业应当采用多步式利润表。

1 ｜账页格式

多步式利润表是通过对当期的收入和费用按性质加以归类，按利润形成的主要环节列示一些中间性利润指标，分步计算当期净利润。

2 ｜报表组成

与资产负债表类似，利润表也由表头、表身和表尾等部分组成。表身部分为利润表的主体和核心。多步式利润表的一般格式如表 8-4 所示。

表 8-4 利润表

编制单位：　　　　　　　　　　　　　　　　年　月　　　　　　　　　　　单位：元

项目	本期金额	上期金额
一、营业收入		
减：营业成本		
税金及附加		
销售费用		
管理费用		
财务费用		
资产减值损失		
加：公允价值变动收益（损失以"－"号填列）		
投资收益（损失以"－"号填列）		
其中：对联营企业和合营企业的投资收益		
二、营业利润（亏损以"－"号填列）		
加：营业外收入		
其中：非流动资产处置利得		
减：营业外支出		
其中：非流动资产处置损失		
三、利润总额（亏损总额以"－"号填列）		
减：所得税费用		
四、净利润（净亏损以"－"号填列）		
五、其他综合收益的税后净额		
（一）以后不能重分类进损益的其他综合收益		
1．重新计量设定受益计划净负债或净资产的变动		
2．权益法下在被投资单位不能重分类进损益的其他综合收益中享有的份额		
……		
（二）以后将重分类进损益的其他综合收益		
1．权益法下在被投资单位以后将重分类进损益的其他综合收益中享有的份额		
2．可供出售金融资产公允价值变动损益		
……		
六、综合收益		
七、每股收益总额		

8.2.4 利润表的编制方法

根据利润表的格式，编制利润表主要是填列各报表项目的"上期金额"栏和"本期金额"栏。下面将分别对这两栏金额的具体填列方法进行介绍。

1 ｜ "本期金额"栏的填列方法

利润表中"本期金额"栏主要依据损益类各科目的本期实际发生额填列。各项目的填列方法分别如下。

- "营业收入"项目："营业收入"项目反映企业日常经营活动所确认的收入总额，根据"主营业务收入"和"其他业务收入"科目的本期发生额计算填列。
- "营业成本"项目："营业成本"项目反映企业日常经营活动发生的与营业收

入直接配比的实际成本总额，根据"主营业务成本"和"其他业务成本"科目的本期发生额计算填列。

- **"税金及附加"项目**："税金及附加"项目反映企业日常经营活动应负担的消费税、城市维护建设税和教育费附加等税费，根据"税金及附加"科目的本期发生额分析填列。

- **"销售费用""管理费用"和"财务费用"项目**："销售费用""管理费用"和"财务费用"项目反映企业发生的各项期间费用，分别根据"销售费用""管理费用"和"财务费用"科目的本期发生额分析填列。

- **"资产减值损失"项目**："资产减值损失"项目反映企业各项资产发生的减值损失，根据"资产减值损失"科目的本期发生额分析填列。

- **"公允价值变动收益"项目**："公允价值变动收益"项目反映企业发生的应计入当期损益的资产或负债公允价值变动收益，根据"公允价值变动损益"科目的本期发生额分析填列。如为净损失，该项目应以"－"号填列。

- **"投资收益"项目**："投资收益"项目反映企业以各种方式对外投资所取得的收益，根据"投资收益"科目的本期发生额分析填列。如为投资损失，该项目应以"－"号填列。

- **"营业外收入"和"营业外支出"项目**："营业外收入"和"营业外支出"项目分别反映企业直接计入当期损益的利得和损失，分别根据"营业外收入"和"营业外支出"科目的本期发生额分析填列。

- **"所得税费用"项目**："所得税费用"项目反映企业应从当期利润总额中扣除的所得税费用，根据"所得税费用"科目的本期发生额分析填列。

- **"营业利润""利润总额"和"净利润"项目**："营业利润""利润总额"和"净利润"项目反映企业实现的各层次利润，根据利润表中相关项目计算填列。如为亏损，则应以"－"号填列。营业利润、利润总额、净利润的计算公式如下。

营业利润＝营业收入－营业成本－税金及附加－销售费用－管理费用－财务费用－
　　　　　资产减值损失＋公允价值变动收益（或－公允价值变动损失）＋投资收益
　　　　　（或－投资损失）

利润总额＝营业利润＋营业外收入－营业外支出

净利润＝利润总额－所得税费用

2 │ "上期金额"栏的填列方法

"上期金额"栏应根据上年该期利润表"本期金额"栏内所列数字填列。如果上年该期利润表规定的各个项目的名称和内容同本期不一致，应对上年该期利润表各项目的名称和数字按本期的规定进行调整，填入利润表"上期金额"栏内。

例
8-2

编制利润表

长舟公司 2016 年 4 月与利润表项目有关的账户的本期发生额如表 8-5 所示。

表 8-5　长舟公司 2016 年 4 月损益类账户本期发生额

单位：元

账户名称	借方发生额	贷方发生额
主营业务收入	320 000	320 000
主营业务成本	118 000	118 000
税金及附加	36 700	36 700
其他业务收入	29 800	29 800
其他业务成本	14 600	14 600
销售费用	21 000	21 000
管理费用	10 350	10 350
财务费用	4 700	4 700
投资收益（实际为投资损失）	3 000	3 000
营业外收入	2 300	2 300
营业外支出	870	870
所得税费用		

假设长舟公司适用的所得税税率为 25%，根据表 8-5 所示资料，会计人员应怎样编制利润表？

专家解答

会计人员编制利润表时可以按照以下步骤进行。

第一步：根据利润表项目，计算企业所涉及项目的具体金额。长舟公司利润表所涉及各项目金额的计算如下。

① 营业收入 = 主营业务收入 + 其他业务收入 = 320 000 + 29 800 = 349 800（元）。

② 营业成本 = 主营业务成本 + 其他业务成本 = 118 000 + 14 600 = 132 600（元）。

③ 税金及附加 = 36 700（元）。

④ 销售费用 = 21 000（元）。

⑤ 管理费用 = 10 350（元）。

⑥ 财务费用 = 4 700（元）。

⑦ 投资收益 = −3 000（元）。

⑧ 营业利润 = 主营业务收入 + 其他业务收入 − 主营业务成本 − 其他业务成本 − 税金及附加 − 销售费用 − 管理费用 − 财务费用 + 投资收益 = 320 000 + 29 800 − 118 000 − 14 600 − 36 700 − 21 000 − 10 350 − 4 700 − 3 000 = 141 450（元）。

⑨ 营业外收入 = 2 300（元）。

⑩ 营业外支出 = 870（元）。

⑪ 利润总额 = 营业利润 + 营业外收入 − 营业外支出 = 141 450 + 2 300 − 870 = 142 880（元）。

⑫ 所得税费用 = 利润总额 × 25% = 142 880 × 25% = 35 720（元）。

⑬ 净利润 = 利润总额 − 所得税费用 = 142 880 − 35 720 = 107 160（元）。

> **经验之谈**　由于损益类账户在期末都应将其余额转入"本年利润"账户，因此各损益类账户的借方发生额与贷方发生额相等。在进行相关计算时，只依据某一方发生额即可。

第二步：将上述各项目的金额填入利润表中。

第三步：核对本月利润表中"净利润"的"本期金额"与资产负债表中"未分配利润"的"本期金额"是否一致。若两者不一致，还应检查是否记账有误。

编制完成后的利润表如表 8-6 所示。

表 8-6 利润表

编制单位：长舟公司　　　　　　　　　　2016 年 4 月　　　　　　　　　　单位：元

项目	本期金额	上期金额
一、营业收入	349 800	
减：营业成本	132 600	
税金及附加	36 700	
销售费用	21 000	
管理费用	10 350	
财务费用	4 700	
资产减值损失		
加：公允价值变动收益（损失以"−"号填列）		
投资收益（损失以"−"号填列）	−3 000	
其中：对联营企业和合营企业的投资收益		
二、营业利润（亏损以"−"号填列）	141 450	
加：营业外收入	2 300	
其中：非流动资产处置利得		
减：营业外支出	870	
其中：非流动资产处置损失		
三、利润总额（亏损总额以"−"号填列）	142 880	

续表

项目	本期金额	上期金额
减：所得税费用	35 720	
四、净利润（净亏损以"－"号填列）	107 160	
五、其他综合收益的税后净额		
（一）以后不能重分类进损益的其他综合收益		
1. 重新计量设定受益计划净负债或净资产的变动		
2. 权益法下在被投资单位不能重分类进损益的其他综合收益中享有的份额		
（二）以后将重分类进损益的其他综合收益		
1. 权益法下在被投资单位以后将重分类进损益的其他综合收益中享有的份额		
2. 可供出售金融资产公允价值变动损益		
六、综合收益		
七、每股收益总额		

8.3 财务报表的报送与审核

企业编制完成财务报表后，应经由注册会计师审计并出具审计报告，然后将经审计的财务报表向有关机关和部门报送，有关机关和部门对企业会计报表进行审核。

8.3.1 财务报表的报送

企业编制的财务报表不仅属于企业自身的重要会计资料，其对于国家进行宏观调控也具有非常重要的意义。因此企业应根据规定，向税务部门，财政部门，银行、证券部门等报送审计后的财务报表。

一般而言，会计工作中所称的报送财务报表是指将企业的月度、季度或年度资产负债表和利润表向主管税务机关报送。报送财务报表主要有两种方式：一种是将已填写完成并加盖企业公章和法人章的财务报表报送给税务专管员；另一种是在税务部门指定的网站填写财务报表后报送。

> 财务报表的具体报送方法可参考第三篇中纳税申报的内容。

8.3.2 财务报表的审核

财务报表的审核包括两方面：一方面是内部审核，即企业内部对所编制的财务报表进行检查；另一方面是外部审核，即外部各相关部门或机关对财务报表的检查。

内部审核是指企业在将财务报表报送之前，单位会计主管人员和企业负责人对其进行复核，即检查财务报表的项目是否填列齐全、各数字之间的勾稽关系是否正确、补充资料是否齐全、相关位置是否加盖印章等。只有上述检查无误后，才能将财务报表向外部报送。外部审核主要是指税务部门，财政部门，银行、证券部门等对企业所报送财务报表的审核，即检查财务报表是否符合企业会计准则的规定，根据财务报表提供的资料进行财务分析等。外部审核时，若发现报表存在问题，相关部门可以要求企业查明原因，并及时纠正，对于存在违法、违规现象的，相关机关还可做出严肃处理。

8.4 基础练习

本章内容可概括为如何编制资产负债表和利润表。资产负债表与利润表的编制方法已在相关例题中给出了详细的专家解答。下面将再次通过练习来巩固两大财务报表编制的具体操作方法。

8.4.1 编制资产负债表

深圳星辉有限公司 2016 年 2 月末部分账户的余额如表 8-7 所示。

表 8-7 深圳星辉有限公司 2016 年 2 月部分账户余额

单位：元

账户名称	期末余额（方向）	账户名称	期末余额（方向）
库存现金	5 000（借）	应收账款（甲公司）	12 000（借）
银行存款	22 300（借）	应收账款（乙公司）	3 170（贷）
其他货币资金	11 300（借）	应付账款（丙公司）	23 250（贷）
原材料	5 800（借）	应付账款（丁公司）	11 100（借）
库存商品	3 820（借）	预收账款（A公司）	3 500（贷）
固定资产	332 000（借）	预收账款（B公司）	2 050（借）
累计折旧	80 325（贷）	预付账款（C公司）	4 355（贷）
固定资产减值准备	50 000（贷）	预付账款（D公司）	1 300（借）
长期股权投资	20 000（借）	交易性金融资产	1 500（借）
交易性金融负债	6 250（贷）	应交税费	1 550（贷）
短期借款	10 000（贷）	长期借款	30 000（贷） 其中10 000元将于5月到期
实收资本	200 000（贷）	盈余公积	15 770（贷）

要求：根据上述资料，编制深圳星辉有限公司 2016 年 2 月 29 日的月度资产负债表。

🔘 **答案参见随书光盘** ◄

本书配套\练习答案\第8章\基础练习\编制深圳星辉有限公司2016年2月29日月度资产负债表.docx

8.4.2 编制利润表

深圳星辉有限公司 2016 年 3 月各损益类账户的发生额（未结转前）统计如表 8-8

所示。

表 8-8 深圳星辉有限公司 2016 年 3 月损益类账户发生额

单位：元

账户名称	本期发生额（方向）	账户名称	本期发生额（方向）
主营业务收入	260 100（贷）	营业外收入	3 560（贷）
其他业务收入	90 000（贷）	营业外支出	1 060（借）
主营业务成本	198 500（借）	投资收益	1 500（贷）
其他业务成本	75 000（借）	资产减值损失	755（借）
公允价值变动损益	600（借）	税金及附加	7 950（借）
销售费用	5 300（借）	财务费用	1 020（借）
管理费用	4 340（借）		

要求：已知深圳星辉有限公司适用的所得税税率为 25%，根据上述资料为其编制 2016 年 3 月利润表。

答案参见随书光盘 ◀

本书配套\练习答案\第8章\基础练习\编制深圳星辉有限公司2016年3月利润表.docx

疑难问答 Difficult Questions

❶ 如何区分资产负债表项目和会计科目的名称

Q1 会计科目是编制资产负债表的基础，但资产负债表项目并不与资产、负债、所有者权益的科目一一对应，应如何区分资产负债表项目与会计科目呢？

A1 资产负债表项目比会计科目更加综合。会计新手在编制资产负债表时很容易直接根据某些总账科目的余额填列相关项目。此时就需要注意会计科目与资产负债表项目的对应关系。在不熟悉资产负债表的编制前，可按表 8-9 所示的对应关系，将容易混淆的资产负债表项目和会计科目进行对比。

表 8-9 资产负债表项目与会计科目的对应

资产负债表项目	会计科目
货币资金	库存现金、银行存款、其他货币资金
存货	原材料、产成品、生产成本等
应交税费	已设置的所有应交税费明细科目
固定资产	固定资产、累计折旧
应收账款	应收账款、预收账款
……	……

② 编制财务报表时的常见错误

Q2 对于会计新手，编制财务报表是一项比较困难的工作。为了尽量减少错误的发生，了解一些编制财务报表时常见的错误可以避免在实际工作中出现这些问题。那么编制财务报表时常见的错误有哪些呢？

A2 了解一些会计新手在实际工作中的经历后，总结出会计新手在编制财务报表时常见的错误有以下五个。

①表头部分的编制日期填错误。由于资产负债表反映的是某一点时间的财务状况，因此表头日期为具体的"×年×月×日"；利润表反映的是某一段时间的经营成果，因此表头日期为"×年×月"，而不能精确到日。

②"货币资金"的金额计算错误。由于一般企业的货币资金通常就是库存现金和银行存款，有些会计人员会误认为货币资金就只包括这两项，但是，若企业有异地购买物资的情况，则其很可能存在汇票存款，那么这个汇票存款就属于其他货币资金，在编制资产负债表时应将此部分金额计算在内。

③将"应收账款""预收账款"与"其他应收款""其他应付款"项目混淆。由于"应收账款"项目是根据"应收账款"和"预收账款"明细科目计算填列的，因此有的会计人员会认为"其他应收款"项目也应根据"其他应收款"和"其他应付款"等项目计算填列。对于这种情况，会计人员平时应多熟悉编制财务报表涉及的计算公式。

④计算错误。这种错误属于财务报表编制的致命错误。为了防止此类错误的发生，会计人员可对数据进行多次计算，这样可以有效减少错误的发生；另外，会计人员还应善于利用报表间的勾稽关系从中发现错误。这一方法的具体应用将在后面章节进行讲解。

⑤印章加盖错误。财务报表中涉及的印章主要有企业公章和法人章。由于会计新手不熟悉报表的细节，可能将印章应该加盖的位置弄错。对于此类错误，会计人员只要细心点就可以避免，因为财务报表若需要加盖印章，通常会在相应位置明确标明所应加盖印章的种类，只要按照标注加盖，就会减少错误的发生。

第 2 篇 ▶▶

业务核算

第 9 章

明确资金的来源与去向——货币资金的核算

本 章 导 读

第一篇主要根据会计工作流程介绍了实际工作中涉及的基础内容，其中对企业可能涉及的业务处理只做了简单讲解，第二篇将针对一般企业在日常活动中的具体事项，分类介绍各项业务的账务处理。

本章将具体介绍涉及货币资金业务的账务处理，具体可从两方面进行理解：一方面是根据资金的来源与去向，介绍取得货币资金与耗用货币资金的账务处理；另一方面是根据货币资金的类别，分别介绍库存现金、银行存款以及其他货币资金的账务处理。

通过本章内容，读者可以进一步了解企业可能涉及的不同业务，并根据取得的原始凭证，正确填制货币资金业务的记账凭证。

精彩内容

▶ **库存现金业务的核算**：现金的管理规定，现金收入与支出的账务处理，现金长款、短款的账务处理。

▶ **银行存款业务的核算**：银行存款账户的管理、银行存款收入与支出的账务处理、银行存款的对账。

▶ **其他货币资金业务的核算**：其他货币资金的内容、其他货币资金业务的账务处理、其他银行结算方式及其账务处理。

货币资金是指可以立即投入流通，用以购买商品或劳务，或用以偿还债务的交换媒介，其在资产负债表中表现为库存现金、银行存款和其他货币资金三者之和。货币资金是企业日常经营活动中经常涉及的资产类型，货币资金业务的处理复杂多样，掌握货币资金业务的账务处理对会计工作的正常开展十分重要。

9.1 库存现金业务的核算

库存现金是企业流动性最强的资产，企业经营中有"现金为王"的说法，但此处的"现金"不仅仅指库存现金，还包括银行存款和其他货币资金。由于在实际的工作中，会计人员在提及库存现金时均使用的是"现金"，因此本章中若无特别说明，"现金"均是指"库存现金"。

9.1.1 现金的管理规定

库存现金是企业为满足经营过程中零星支出的需要而留在企业内部的现金，具体表现为财务部门保险柜中的现金，由出纳负责保管和收支管理。《现金管理暂行条例》对企业库存现金的保管做了明确规定，企业应按该规定执行。

1 | 现金的使用范围

根据《银行结算制度》与《现金管理暂行条例》的有关规定，企业发生结算起点超过1 000 元的结算款项，应通过银行统一办理，不得使用现金结算。企业可以在下列范围内使用现金。

- 职工工资、津贴。
- 个人劳务报酬。
- 根据国家规定颁发给个人的科学技术、文化艺术、体育等各种奖金。
- 各种劳保、福利费用以及国家规定的对个人的其他支出。
- 向个人收购农副产品和其他物资的价款。
- 出差人员必须随身携带的差旅费。
- 结算起点（1 000 元）以下的零星支出。
- 中国人民银行确定需要支付现金的其他支出。

> **经验之谈**　在实际处理中，工资和劳务报酬的区别可进行如下理解：若企业与员工签订了劳动合同，则支付的报酬属于工资；若签订的是劳务合同，则支付的报酬属于劳务报酬。也即是说，若员工属于正式员工，企业支付的报酬属于工资；若员工不是企业的正式员工，企业支付的报酬则属于劳务报酬。

2 │ 现金的管理规定

企业库存现金的管理应满足以下规定。

- **限额管理**：中国人民银行对企业库存现金有最高限额的规定，企业持有的库存现金不得超过银行规定的最高限额。现金使用的限额由开户银行根据企业的实际需要核定，一般按照企业 3~5 天日常零星开支所需确定。边远地区和交通不便地区的企业，其库存现金限额可多于 5 天，但不得超过 15 天的日常零星开支所需。

> 商业和服务行业的找零备用现金也要根据营业额核定定额，但该定额不包括在库存现金限额内。

- **不得坐支现金**：根据中国人民银行的规定，企业现金实行"收支两条线"管理，即企业收到的现金应及时存入银行，企业支出的现金应从本单位库存现金限额中支付或者从开户银行提取，不得从本单位的现金收入中直接支付（即坐支）。因特殊情况需要坐支现金的，应当事先报经开户银行审查批准，由开户银行核定坐支范围和限额。坐支单位应当定期向开户银行报送坐支金额和使用情况。

- **不得白条抵库**：企业现金支出应当取得相关凭证，包括发票、收据或正规的付款凭证等，不得通过欠条或者白纸冲抵库存现金的数量，即白条抵库。

9.1.2 现金收入与支出的账务处理

企业应设置"库存现金"科目对现金进行核算，现金增加时借记"库存现金"科目，现金减少时贷记该科目。

1 │ 现金收入的账务处理

企业日常经营中涉及的现金收入业务，可以概括为两种情况：一种是收取的小额贷款，这种情况一般以企业名义开具增值税发票；另一种是企业内部管理收取的现金，如出差人员退回未用完的预支现金、从银行提取现金等。

（1）取得销售收入的账务处理

由于出纳主要负责现金与银行存款日记账的登记，因此完成产品销售业务后的相关单据，应先经由出纳办理相应手续后，再交由会计人员进行账务处理。企业销售商品取得现金收入的过程如下。

①开出销售清单：销售人员与客户达成销售协议后，在确认将产品销售给客户后，开具产品销售清单。

②复核销售清单：销售人员将开具的产品销售清单交予出纳，出纳根据本企业的相关规定，复核销售单的填写是否完整、单价是否符合价格政策、计算是否正确等。

③收取现金：销售人员将收到的现金交予出纳，出纳在收到现金后应当面点清，并

辨别钞票的真伪；清点完成后，向客户报出金额。

④开具销售发票：报出金额经客户确认无误后，可向客户开具销售发票。出纳开具的销售发票应交由会计人员复核，会计人员复核无误后，在发票上加盖发票专用章，然后将发票交给客户。

⑤登记现金日记账：办妥收款业务后，出纳应及时登记现金日记账。

⑥填制记账凭证：出纳完成以上操作后，应将以上单据传递给会计人员，会计人员根据上述原始凭证填制记账凭证。

例 9-1 取得现金销售款的账务处理

2016 年 2 月 1 日，成都长舟商贸有限公司向上海海星电子有限公司销售自产的手机零配件，商品货款为 585 元，销售部尹波将产品销售清单与收到的现金 585 元交予出纳王莹，销售清单如表 9-1 所示。

表 9-1 销售清单

日期：2016年2月1日　　　　　　　　　　　　　　　　编号：2016CZ021

序号	商品	型号	单位	数量	单价	小计
1	手机零配件	CZ18695873	个	195	3.00	585.00

销售员：尹波

有关上述现金收款业务涉及哪些流程？该公司的出纳与会计人员应分别进行哪些处理？

专家解答

出纳应进行如下处理。

①收到产品销售清单后，对该清单所记内容进行复核、确认。

②清点现金，并与清单上所记金额进行对照，检查无误后，向客户报出金额。

③客户确认金额无误后，再向其开具销售发票。此处假设成都长舟商贸有限公司开出的发票为增值税普通发票，如图 9-1 所示。

四川增值税专用发票

No：××××××××
开票日期：2016 年 2 月 1 日

购货单位	名 称	上海海星电子有限公司	密码区		6<*49>7–42/>5<<58248>+>/061 –+7**<85/98–>>5–0>48>> 309*984–<31–*/+395/09*6<> /––502+747>7598<85/*8+1*<98
	纳税人识别号：	4321987654321			
	地址、电话：	××××××××××			
	开户行及账号				

货物或应税劳务名称	规格型号	单位	数量	单价	金额	税率	税额
手机零配件	CZ18695873	个	195	3	500	17%	85
合计					¥500		¥85

价税合计（大写）	伍佰捌拾伍元整		小写 ¥585

销货单位	名 称	成都长舟商贸有限公司	备注	
	纳税人识别号：	156298741256321		
	地址、电话：	××××××××		
	开户行及账号：	中国工商银行高新支行 11223344556677		

收款人：王莹　　　　复核：宋湘　　　　开票人：王莹　　　　销货单位（章）

第一联：发票联 购货方记账凭证

图 9-1 增值税普通发票的发票联

④将销售清单加盖"现金收讫"印章，连同发票的发票联一起交给客户。

⑤办妥上述业务后，将发票记账联交予会计人员，并及时登记现金日记账。

对于会计人员而言，该笔业务应进行如下处理：

收到出纳交来的发票记账联后，对该原始凭证进行审核。审核无误后填制记账凭证。记账凭证涉及的会计分录如下。

借：库存现金　　　　　　　　　　　　　　585

　　贷：主营业务收入　　　　　　　　　　　　500

　　　　应交税费——应交增值税（销项税额）　　85

（2）企业内部管理收取现金的账务处理

企业内部管理收取现金的常见形式有提取现金、预支差旅费等。其中，提取现金的业务涉及的会计分录如下。

借：库存现金

　　贷：银行存款

另外，有关预支差旅费的处理，将在现金支出的账务处理中详细介绍。

2 | 现金支出的账务处理

企业日常的现金支出业务也可概括为两种情况：一种是进行小额采购支付的现金，

如购买办公用品等，这种情况一般会收到对方企业开取的发票；另一种是企业内部管理支付的现金，如出差人员预支差旅费、将现金存入银行等。

（1）进行小额采购的账务处理

企业日常经营中常见的用现金进行的采购业务主要是购买办公用品，或者零星的材料采购。购买办公用品时涉及的会计分录如下。

借：管理费用

  贷：库存现金

零星采购材料时涉及的会计分录如下。

借：原材料 / 周转材料 / 低值易耗品等

  应交税费——应交增值税（进项税额）（若取得增值税专用发票）

  贷：库存现金

（2）内部管理支付的现金

企业内部管理支付现金的常见形式有预支差旅费、将现金存入银行等。其中，将现金存入银行涉及的会计分录如下。

借：银行存款

  贷：库存现金

预支差旅费的业务处理较为复杂，且涉及企业的管理流程，因此将着重介绍其具体的处理流程。

企业员工因公出差预支差旅费可分为以下三个步骤。

● **填写出差审批表**：出差人员因公出差前，根据办理的业务需要，将出差所需的资金简要填写在自制原始凭证"出差审批表"中，经领导审批后交由出纳，以此为依据借支款项。

● **填写借支单**：出差人员（借支申请人）的出差审批表经批准后，应填写借支单，出纳根据经审批的出差审批表和借支单，向出差人员预支现金。

● **填写费用报销单**：这主要是指出差人员出差归来后，将出差期间的具体花费项目填写到"费用报销单"中，并向出纳退还多余款项或由出纳向出差人员补付款项。

上述步骤中，第一步属于企业日常业务的规范，不涉及账务处理，有的企业可能并不涉及这一步；第二、三步均会涉及账务处理，相关会计分录如下。

①预支款项时

借：其他应收款

  贷：库存现金

②报销费用时

a．若需报销费用等于预支的款项，涉及的会计分录如下。

借：管理费用／销售费用等

　　贷：其他应收款

b．若需报销费用大于预支的款项，涉及的会计分录如下。

借：管理费用／销售费用等

　　贷：其他应收款

　　　　库存现金（差额）

c．若需报销费用小于预支的款项，涉及的会计分录如下。

借：管理费用／销售费用等

　　库存现金（差额）

　　贷：其他应收款

例 9-2

预借差旅费的账务处理

　　2016 年 2 月 3 日，因业务需要，采购部张辉向采购部经理申请前往杭州出差洽谈业务，同时申请预支差旅费 2 800 元。根据公司管理制度，张辉填制了一份出差审批表和一份借支单，其中，出差审批表已通过其经理审批。

　　当采购部张辉将出差审批表与借支单交予出纳王莹预支差旅费时，她应怎样处理？会计人员应怎样进行账务处理？

专家解答

　　出纳收到出差审批表与借支单时应分别进行如下处理。

　　①复核出差审批表的正确性。此步骤应重点关注部门负责人是否签字，出差时间与所需预算费用是否合理等。

　　②复核借支单。此步骤主要检查借支单上所记载的事项与出差审批表是否一致，检查无误后让申请人张辉在"领款人"处签字。

　　③交付现金。申请人完成签字后，出纳将现金交付申请人，然后在借支单上的"出纳"处签字，同时加盖"现金付讫"印章。

　　④将借支单交予会计人员宋湘进行账务处理。

　　⑤登记现金日记账。根据付款凭证登记现金日记账。

会计人员宋湘收到出纳交来的出差审批表和借支单应做如下处理。

当出纳交来借支单时，会计人员应再次审核借支单，无误后，在"会计"处签字，然后填制记账凭证。记账凭证涉及的会计分录如下。

借：其他应收款——张辉　　2 800

　　贷：库存现金　　　　　　　2 800

经财务部确认后的出差审批表和借支单分别如表 9-2、表 9-3 所示。

表 9-2　出差审批表

日期：2016年2月3日　　　　　　　　　　　　　编号：2016CZ021

出差人员	张辉				部门		采购部	
时间	自2016年2月5日~2016年2月9日		合计：5天		地点	杭州	交通工具	飞机
摘要	机/车票费	住宿费	餐饮费		其他费用		合计	
预算费用	800×2=1 600	150×4=600	60×4=240		120×3=360		2 800.00	
实际费用								
备注	需预支差旅费2 800元							
部门负责人审批	同意 采购部经理：吴铭							
财务部门确认	已备案登记							

表 9-3　借支单

日期：2016年2月3日

部门	采购部	职位	采购员	姓名	张辉
借支金额	（大写）贰仟捌佰元整			小写	2 800.00
借款事项	赴杭州出差，洽谈业务				
部门负责人审批	同意借支。采购部经理：吴铭				
财务部门审批	符合规定，同意借支。				

现金付讫

会计：宋湘　　　　　　出纳：王莹　　　　　　领款人：张辉

例 9-3

报销费用的账务处理

承接"例 9-2"的资料，2016 年 2 月 10 日，张辉出差归来，将其出差期间的实际花费填列到出差审批表，并经部门经理审批后交予财务部报销。已知张辉提供的单据包括：机票 2 张，共计 1 600 元；酒店发票 1 张，共计 480 元；餐饮发票 10 张，共计 320 元；出租车发票 4 张，共计 100 元；超市零售发票 3 张，共计 120 元。对于该笔业务，出纳与会计人员分别应怎样处理？

┃ 专家解答 ┃

本例中的业务属于费用报销的处理，张辉应根据出差期间的花费情况，填列费用报销单，费用报销单经部门经理审核签字后，再交由财务部门进行报销。因此，出纳应按以下步骤对该笔业务进行处理：

①复核费用报销单及所附单据。此步主要应检查费用报销是否符合企业的报销程序，费用支出是否真实，费用报销单是否有部门领导的签字等。

②收回退回的款项。费用报销单经审核无误后，报销人应退还多余的款项，并在"报销人"处签字。

③出纳签字。收回款项后，出纳在费用报销单上的"出纳"处签字，并加盖"现金收讫"印章。

④将凭证交予会计人员进行账务处理。交予会计人员的费用报销单如表 9-4 所示。

表 9-4 费用报销单

2016 年 2 月 10 日　　　　　　　　　　　　　　附件：20 张

报销部门	采购部	报销人	张辉
用途	金额/元	备注	
出差洽谈业务机票费	1 600		
出差洽谈业务住宿费	480	部门领导审批	吴铭
出差洽谈业务餐饮费	320		
出差洽谈业务市内交通费	100		
出差洽谈业务其他费用	120		现金收讫
合计	2 620		
合计（大写）：贰仟陆佰贰拾元整		原借款：2 800　元	应退余款：180 元

会计主管：　　复核：　　　出纳：王莹　　　　报销人：张辉　　　领款人：张辉

⑤登记现金日记账。根据上述凭证，登记现金日记账。

会计人员在收到上述费用报销单后，应按照企业内部管理规定，对相关项目进行审核，确认无误后，在"复核"处签字，然后填制一张记账凭证。涉及的会计分录如下。

借：管理费用　　　　　　　　　　　　2 620

　　库存现金　　　　　　　　　　　　180

　　贷：其他应收款——张辉　　　　　2 800

综合"例 9-1"～"例 9-3"，编制的现金日记账如表 9-5 所示。

表 9-5 现金日记账

2016年		类别	摘要	借方										贷方										余额									
月	日			千	百	十	万	千	百	十	元	角	分	千	百	十	万	千	百	十	元	角	分	千	百	十	万	千	百	十	元	角	分
			期初余额																									5	0	0	0	0	0
2	1	记001号	销售手机零配件						5	8	5	0	0															5	5	8	5	0	0
2	3	记002号	采购部张辉预支差旅费															2	8	0	0	0	0					2	7	8	5	0	0
2	10	记003号	采购部张辉报销差旅费							1	8	0	0	0														2	9	6	5	0	0

9.1.3 现金长款、短款的账务处理

出纳主要负责企业现金的管理，对于每一笔现金收、付业务，都应及时处理，做到日清月结。在将现金的库存金额与现金日记账的账面余额进行核对时，可能会出现两者不一致的情况，这就造成了现金长款、短款的情况。现金长款是指现金的实际金额大于现金日记账账面余额的情况；现金短款是指现金的实际金额小于现金日记账账面余额的情况。

视频演示
库存现金的
清查

1 │ 现金长款的账务处理

企业出现现金长款，即发生了现金盘盈，其账务处理主要分为以下两步。

（1）盘盈时的账务处理

发现现金长款时，应首先确认盘盈的现金，会计分录如下。

　　借：库存现金

　　　　贷：待处理财产损溢

（2）审批后的账务处理

查找产生现金长款的原因，若该盈余属于应支付给有关人员或单位的款项，应将原记入"待处理财产损溢"的金额转入"其他应付款"；若该盈余无法查明原因，应将原记入"待处理财产损溢"的金额转入"营业外收入"，相关会计分录如下。

　　借：待处理财产损溢

　　　　贷：其他应付款（应支付给其他单位和个人的款项）

　　　　　　营业外收入（无法查明原因）

2 │ 现金短款的账务处理

企业出现现金短款，即发生了现金盘亏，其账务处理主要分为以下两步。

（1）盘亏时的账务处理

发现现金短款时，应首先确认盘亏的现金，会计分录如下。

借：待处理财产损溢

    贷：库存现金

（2）审批后的账务处理

查找产生现金短款的原因，将原记入"待处理财产损溢"的金额转出。现金短缺中属于应由责任人赔偿或保险公司赔偿的部分，应计入其他应收款；属于无法查明原因的部分，计入管理费用。相关会计分录如下。

借：其他应收款（属于责任人赔偿的部分）

    管理费用（属于无法查明原因的部分）

    贷：待处理财产损溢

例 9-4

现金长款的账务处理

2016 年 3 月 31 日，长舟公司会计人员宋湘通知出纳王莹对现金进行月末盘点。王莹将现金日记账、收付凭证准备好后，将保险柜中的现金取出，在会计主管赵慧的监督下进行盘点。经检查，现金日记账中所记金额与保险柜中现金金额一致，均为 8 359.5 元。但是，宋湘结出的现金总账余额为 8 379.5 元，与现金日记账的差额为 20 元。为查明该差异，宋湘将现金科目的明细账与现金日记账进行核对，发现造成差异的原因是 3 月 12 日销售部钟慧佳报销费用时，没有找付其零钱 20 元。根据上述资料，会计人员宋湘应怎样进行处理？

专家解答

本例的事项属于现金盘点差异的处理。会计人员宋湘应按照以下步骤进行处理。

①填制一张确认现金盘盈的记账凭证，摘要为"盘盈现金"，涉及的会计分录如下。

借：库存现金   20

    贷：待处理财产损溢   20

②根据查找出的现金差异及现金盘点情况，编制"库存现金现金盘点表"，如表 9-6 所示。

③填制一张对盘盈库存现金进行处理的记账凭证，摘要为"处理盘盈库存现金"，涉及的会计分录如下。

借：待处理财产损溢　　　　20

　　贷：其他应付款——钟慧佳　20

④根据钟慧佳的费用报销单，填制一张记账凭证，将"其他应付款"转销，涉及的会计分录如下。

借：其他应付款——钟慧佳　20

　　贷：库存现金　　　　　　20

表 9-6　库存现金盘点表

盘点日期			2016年3月31日				
现金清点明细			账目核对				
面值	张数	金额	年	月	日	项目	金额
100元	70	7 000				库存现金总账余额	8 379.50
50元	14	700				加：未入账收入凭证	
20元	22	440				减：未入账付出凭证	
10元	16	160				加：跨日收入	
5元	6	30	2016	3	12	减：跨日借条	20
1元	28	28				调整后现金总账余额	8 359.50
5角	3	1.5				库存现金实有数	8 359.50
2角	0	——				现金长款	——
1角	0	——				现金短款	——
实点	合计	8 359.50					

会计主管：赵慧	会计：宋湘	出纳：王莹

9.2　银行存款业务的核算

银行存款是指企业存放在银行或其他金融机构的货币资金。企业日常的货币收支，除在规定范围内使用现金结算外，必须通过银行办理转账结算。

企业应设置"银行存款"科目核算与银行存款相关的业务，该科目借方登记银行存款的增加额，贷方登记银行存款的减少额，期末余额一般在借方，反映银行存款的结存数。"银行存款"科目可按照开户银行的名称设置明细科目进行明细核算。

9.2.1　银行存款账户的管理

根据《人民币银行结算账户管理办法》的规定，企业应在注册地或住所地开立银行结算账户，以办理存款、取款和转账等结算，符合规定条件的，也可以在异地开立银行结算账户。

1 │ 银行存款账户的分类及其用途

根据存款人的不同，银行结算账户分为单位银行结算账户和个人银行结算账户。根据用途的不同，单位银行结算账户分为基本存款账户、一般存款账户、专用存款账户和临时存款账户。各类银行存款账户的用途如表 9-7 所示。

表 9-7 银行存款账户的种类及其用途

种类	用途
基本存款账户	基本存款账户是指存款人因办理日常转账结算和现金收付需要开立的银行结算账户，是存款人的主要账户。存款人日常经营活动的资金收付及其工资、奖金和现金的支取等主要通过该账户办理
一般存款账户	一般存款账户是指存款人因借款或其他结算需要，在基本存款账户开户银行以外的银行营业机构开立的银行结算账户。该账户用于办理存款人借款转存、借款归还和其他结算的资金收付；该账户可以办理现金缴存，但不得办理现金支取
专用存款账户	专用存款账户是指存款人按照法律、行政法规和规章，对有特定用途的资金进行专项管理和使用而开立的银行结算账户
临时存款账户	临时存款账户是指存款人因临时需要并在规定期限内使用而开立的银行结算账户。临时存款账户用于办理临时机构以及存款人临时经营活动发生的资金收付

2 | 银行支付结算方式

支付结算是指单位、个人在社会经济活动中使用票据、信用卡和汇兑、托收承付、委托收款等结算方式进行货币给付及其资金清算的行为。其中，银行是支付结算和资金清算的中介机构。银行支付结算方式可概括为如图 9-2 所示。

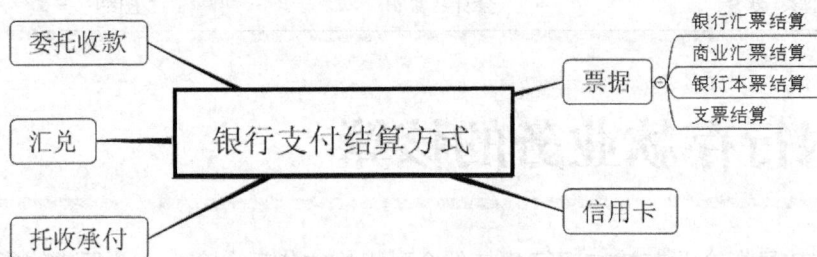

图 9-2 银行支付结算方式

9.2.2 银行存款收入与支出的账务处理

由于现金的使用范围有比较严格的限制，企业日常活动中对于资金的收付大多通过银行进行结算，因此会计人员会频繁地对银行存款收入与支出进行账务处理。由此可见，处理好与银行存款有关的收入与支出业务将有助于会计工作的顺利开展。

1 | 银行存款收入的账务处理

企业涉及银行存款收入的业务主要有销售商品取得货款、获得投资款项以及收到银行存款利息等。

（1）销售商品取得货款的账务处理

对于销售商品取得货款的业务，其处理流程与取得现金收入的流程基本一致，只是款项的结算方式有所不同。另外，在取得现金收入的业务中，根据实际收到的现金确认销售收入；而在取得银行存款收入的业务中，应根据银行进账单确认销售收入。销售商品取得银行存款收入的会计分录如下。

借：银行存款

　　贷：主营业务收入

　　　　应交税费——应交增值税（销项税额）

（2）获得投资款项的账务处理

企业获得投资款项后，银行存款增加，这也属于银行存款收入。企业获得的投资款项包括两种情况：一种是由投资者投入的；另一种是通过举债形成的。两者的账务处理存在较大差别。具体的账务处理如下。

①投资者投入款项的账务处理

投资者直接投资形成企业资本的业务的会计分录如下。

借：银行存款（实际收到款项）

　　贷：实收资本（或股本，注册登记的金额）

　　　　资本公积（差额）

②举债形成资本的账务处理

除了投资者投入资本外，还可通过举债的方式创建企业。举债形成企业资本的业务的会计分录如下。

借：银行存款

　　贷：长期借款

经验之谈　由于通过举债创办企业涉及的资金数额比较大，该类负债的期限一般在一年以上，因此负债科目为"长期借款"。企业借入长期借款通常是为了长期经营所需，借入短期借款通常是为了日常周转所需，因此可通过借入款项的用途判定其应计入哪一个负债科目。

（3）收到银行存款利息的账务处理

企业收到银行存款利息时，应冲减财务费用，会计分录如下。

借：银行存款

　　贷：财务费用

例 9-5

▲ **收到转账支票的账务处理**

2016 年 3 月 2 日，成都长舟商贸有限公司向江苏慧通电子有限公司销售电脑零配件一批，价税合计为 140 400 元，已确认收入与增值税税额。2016 年

3 月 8 日，出纳王莹收到江苏慧通电子有限公司交来的转账支票一张，金额为 140 400 元，如图 9-3 所示。

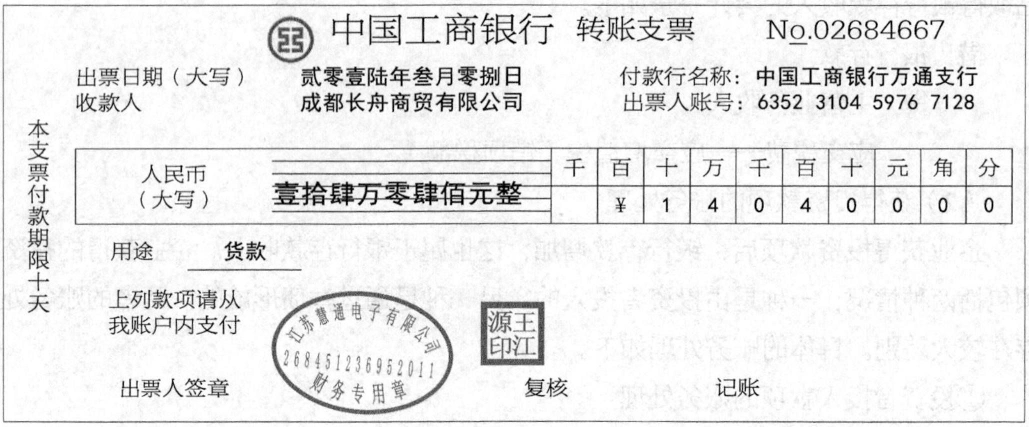

中国工商银行 转账支票 No.02684667

出票日期（大写） 贰零壹陆年叁月零捌日 付款行名称：中国工商银行万通支行

收款人 成都长舟商贸有限公司 出票人账号：6352 3104 5976 7128

本支票付款期限十天

人民币（大写）	千	百	十	万	千	百	十	元	角	分
壹拾肆万零肆佰元整		¥	1	4	0	4	0	0	0	0

用途 货款

上列款项请从我账户内支付

江苏慧通电子有限公司 268451236952011 财务专用章　源王印江

出票人签章　复核　记账

图 9-3 江苏慧通电子有限公司传来的转账支票正面

对于该笔业务，成都长舟商贸有限公司的出纳与会计人员应怎样处理？

专家解答

本例中，出纳应按照以下步骤进行处理。

①进行委托收款背书。在收到的支票后面进行委托收款背书，盖上本公司财务专用章后，交由会计主管赵慧审核，赵慧审核后加盖其人名章。进行委托背书后的支票背面如图 9-4 所示。

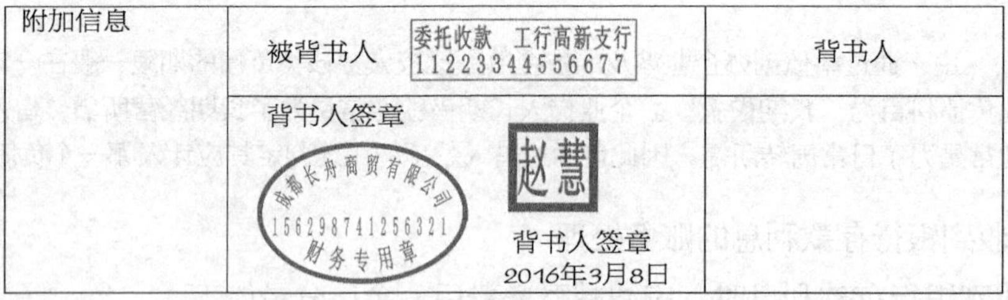

附加信息	被背书人 委托收款 工行高新支行 11223344556677	背书人
	背书人签章 成都长舟商贸有限公司 156298741256321 财务专用章 赵慧 背书人签章 2016年3月8日	

图 9-4 转账支票背面

②办理收款。根据支票内容，填制一份三联银行进账单，连同经背书的支票交给本公司开户行办理收款。银行在收到王莹交付的委托收取支票款项的申请书后，会将银行进账单第一联加盖银行业务印章，作为回单返还给王莹，表明银行已受理该公司的委托收款业务。银行进账单如图 9-5 所示。

③取回银行进账单。王莹在办理上述业务的第二天，可以前往银行取回银行已成功收款的进账单，即表明所委托收取的款项已成功入账。王莹从银行取

回的进账单如图 9-6 所示。

④王莹将取回的银行进账单交予会计宋湘进行账务处理。

银行进账单（回单） 1

2016年3月8日   NO：123556

出票人	全称	江苏慧通电子有限公司	收款人	全称	成都长舟商贸有限公司							
	账号	635231059767128		账号	11223344556677							
	开户行	中国工商银行万通支行		开户行	中国工商银行高新支行							
金额	人民币（大写）	壹拾肆万零肆佰元整			百	十	万	千	百	十	元	角	分
					¥	1	4	0	4	0	0	0	0

票据种类	支票	票据张数	壹张
票据号码	07567123		

收款单位开户银行盖章

中国工商银行
高新支行
2016.03.08
业务章

复核　　　　　记账

图 9-5 表明银行受理的银行进账单

银行进账单（收款通知） 3

2016年3月9日

出票人	全称	江苏慧通电子有限公司								
	账号	635231059767128								
	开户行	中国工商银行莲桂支行								
金额	人民币（小写）	千	百	十	万	千	百	十	元	角	分
			¥	1	4	0	4	0	0	0	0
收款人	全称	成都长舟商贸有限公司								
	账号	11223344556677								
	开户行	中国工商银行高新支行								

票据种类	支票	票据张数	壹张
票据号码	07567123		

此联是收款人开户银行交给收款人的收账通知

中国工商银行
高新支行
2016.03.09
收款人开户银行盖章

图 9-6 银行进账单回单

由于 3 月 2 日已经确认了收入与增值税税额，因此会计人员在 3 月 9 日收到银行进账回单时应填制一张记账凭证，将之前确认的应收账款冲销。涉及的会计分录如下。

借：银行存款　　　　　　　　　　　　　　140 400

贷：应收账款——江苏慧通电子有限公司　140 400

例 9-6

▲ 收到银行存款利息的账务处理

2016 年 3 月 31 日，成都长舟商贸有限公司出纳王莹从银行取回银行支付利息的回单，该笔利息为 2016 年 3 月的银行存款利息，金额为 750 元。对于该笔业务，会计应怎样进行账务处理？

▌专家解答▐

根据利息费用的处理原则，企业收到银行支付的利息时，银行存款增加的同时应冲减财务费用。因此会计人员应填制一张收到利息的记账凭证。涉及的会计分录如下。

借：银行存款　　　　750

　　贷：财务费用　　　　750

经验之谈
在实际工作中，上述业务的通常做法为借记"银行存款"科目，同时借记"财务费用"科目，其中，"财务费用"科目的金额用红字填制。另外，在采用财务软件做账时，由于软件设置了费用类账户的发生额计入借方，因此收到利息时，应借记"财务费用"科目，金额填写为负数，否则，会计软件生成的利润表将会漏算费用类账户。

2 | 银行存款支出的账务处理

企业涉及银行存款支出的业务主要有购进货物支付货款、支付借款利息以及从银行提取现金等。

（1）购进货物支付货款的账务处理

企业用银行存款支付购进货物货款的业务，其处理流程与用现金支付货款的流程基本一致，涉及的会计分录如下。

借：原材料 / 库存商品 / 周转材料等

　　应交税费——应交增值税（进项税额）

　　贷：银行存款

（2）支付借款利息的账务处理

企业借入的短期借款或长期借款，应按期向银行支付利息。企业支付利息的方式主要有两种：一种是每月支付；另一种是每季支付。无论采用哪种支付方式，都应在每月底对借款利息进行账务处理。

①每月支付利息的账务处理

对于每月应支付利息的银行借款，应在每月末收到银行收取利息的回单时，填制一张记账凭证，相关会计分录如下。

借：财务费用

贷：银行存款

②每季度支付利息的账务处理

对于每季度应支付利息的银行借款，应在每月末填制一张计提借款利息的记账凭证；在季末收到银行收取利息的回单时，填制一张支付利息的记账凭证，相关会计分录如下。

a. 前两个月月末计提利息时

借：财务费用

贷：应付利息

b. 季末支付利息时

借：财务费用

应付利息

贷：银行存款

（3）从银行提取现金的账务处理

企业从银行提取现金，银行存款减少，库存现金等额增加，相关会计分录如下。

借：库存现金

贷：银行存款

例 9-7

计提与支付银行利息的账务处理

2015 年 12 月 31 日，成都长舟商贸有限公司从银行借入一笔短期借款，期限为 6 个月，与银行签订的协议中规定每季度支付一次利息。2016 年 3 月 31 日，财务部收到银行寄来的对账单，需要支付本季度借款利息 3 000 元，已由银行自动扣款成功。对于该笔业务，会计人员应怎样进行账务处理？

专家解答

本例中的短期借款为每季末支付借款利息，因此在 2016 年 1 月 31 日、2 月 29 日，会计人员应计提借款利息，记账凭证中涉及的会计分录如下。

借：财务费用　　1 000

贷：应付利息　　1 000

2016 年 3 月 31 日，收到银行扣款成功的回单时，应

"例9-5"～"例9-7"中的业务，出纳应逐笔登记银行存款日记账，如表9-8所示。

填制一张支付借款利息的记账凭证，涉及的会计分录如下。

借：财务费用　　1 000

应付利息　　2 000

贷：银行存款　　3 000

表 9-8　银行存款日记账

2016年		类别	摘要	借方									贷方									余额								
月	日			千	百	十	万	千	百	十	元	角	分	千	百	十	万	千	百	十	元	角	分	千	百	十	万	千	百	十	元	角	分
3	1		期初余额																							3	7	6	5	0	0	0	0
3	9	记002号	收到江苏慧通电子有限公司前欠货款			1	4	0	4	0	0	0	0													5	1	6	9	0	0	0	0
3	31	记005号	收到存款利息					7	5	0	0	0														5	1	7	6	5	0	0	0
3	31	记008号	支付2016年一季度借款利息														3	0	0	0	0	0				5	1	4	6	5	0	0	0

9.2.3　银行存款的对账

为了保证银行存款日记账登记的正确性，查明银行存款的实际余额，企业应定期将银行存款日记账的记录与开户银行登记的企业账目相核对，银行存款日记账应每月至少与银行对账单核对一次。

企业银行存款账面余额与银行对账单余额之间如果有差额，必须逐笔查清。若两者之间的差额属于银行差错的，应通知开户银行更正；若属于企业差错的，则应由企业进行更正。如果上述差额是未达账项造成的，则应编制"银行存款余额调节表"进行调节，调节后的双方余额应相等。

> **知识补充**　未达账项是指由于企业与银行取得凭证的时间不同，导致记账时间不一致，即一方已取得凭证并登记入账，而另一方因未取得凭证而尚未入账的款项。

发生未达账项的具体情况如表9-9所示。

表9-9　发生未达账项的具体情况

企业	银行	结果	举例
已收	未收	银行存款日记账账面余额＞银行对账单余额	企业收到转账支票，但尚未将其交付银行入账
已付	未付	银行存款日记账账面余额＜银行对账单余额	企业开出转账支票，但尚未将其交付银行入账
未收	已收	银行存款日记账账面余额＜银行对账单余额	银行已收到委托收款的款项，但尚未将入账通知交付企业
未付	已付	银行存款日记账账面余额＞银行对账单余额	银行已代企业支付水电费，但尚未将付款通知交付企业

例 9-8

银行对账单与银行存款日记账不一致的处理

2016年3月31日，成都长舟商贸有限公司出纳王莹从银行取回公司银行账户的对账单，如图 9-7 所示。

ICBC
中国工商银行

账号	11223344556677
户名	成都长舟商贸有限公司
币种	人民币

银行对账单

打印日期	2016-3-31	开始日期	2016-3-1	截止日期	2016-3-31
交易日期	交易摘要	借方	贷方	余额	备注
2016.03.01	上月结余			376 500.00	
2016.03.06	转账 货款		36 000.00	340 500.00	
2016.03.09	转账 货款	140 400.00		480 900.00	
2016.03.12	代付宽带费		150.00	480 750.00	
2016.03.15	发工资		80 000.00	400 750.00	
2016.03.17	电汇 货款	30 000.00		430 750.00	
2016.03.21	现金		5 000.00	425 750.00	
2016.03.31	存款利息	750.00		426 500.00	
2016.03.31	贷款利息		3 000.00	423 500.00	
	合计	171 150.00	124 150.00		

中国工商银行
高新支行
对账单专用章

第1页/共1页

图 9-7 银行对账单

成都长舟商贸有限公司 2016 年 3 月的银行存款发生额与余额表如表 9-10 所示。

表 9-10 银行存款发生额与余额表

月	日	凭证号	摘要	借方发生额	贷方发生额	余额方向	余额
03	01		上期结余			借	376 500.00
03	01	记03-01	支付货款		36 000.00	借	340 500.00
03	06	记03-03	收到货款	140 400.00		借	480 900.00
03	15	记03-04	发工资		80 000.00	借	400 900.00
03	17	记03-06	收到货款	30 000.00		借	430 900.00
03	21	记03-07	取现		5 000.00	借	425 900.00
03	25	记03-10	收到货款	2 500.00		借	428 400.00
03	27	记03-13	支付货款		1 300.00	借	427 100.00
03	31	记03-17	收到存款利息	750.00		借	427 850.00
			合计	173 650.00	122 300.00		

第1页/共1页

根据银行对账单与银行存款余额表，会计人员应怎样进行对账处理？

专家解答

会计人员在对银行存款进行对账处理时，应按照以下步骤进行：

　　①查看银行对账单与银行存款余额表的余额是否一致。本例中银行对账单的余额为 423 500.00 元，银行存款余额表的余额为 427 850.00 元，两者不一致。此时需要查找造成两者不一致的原因。

　　②查找是否存在未达账项。分别核对银行对账单与银行存款余额表中的每一笔业务，在已核对两者均已记录的业务后面添加标记，如符号"√"。经核对后发现，银行与企业共存在四笔未达账项，分别为：

　　3 月 12 日银行代付宽带费 150 元；3 月 31 日，支付贷款利息 3 000 元；3 月 25 日收到货款 2 500 元；3 月 27 日支付货款 1 300 元。

视频演示
银行存款余
额调节表的
编制

　　③编制银行存款余额调节表。根据查找出的四笔未达账项，编制银行存款余额调节表，如表 9-11 所示。

表 9-11 银行存款余额调节表

项目	金额	项目	金额
企业银行存款日记账余额	427 850.00	银行对账单余额	423 500.00
加：银行已收，企业未收		**加：企业已收，银行未收**	
		3月25日，收到货款	2 500.00
减：银行已付，企业未付		**减：企业已付，银行未付**	
3月12日，银行代付宽带费	150.00	3月27日，支付货款	1 300.00
3月31日，支付贷款利息	3 000.00		
调节后的存款余额	424 700.00	调节后的存款余额	424 700.00

　　④检查调整后的余额。编制完成银行存款余额调节表后，应分别计算两个调整后的余额是否一致。若一致，则表明未出现记账错误；若不一致，则要通过查阅凭证、账簿等查明原因，并同银行联系更正错账。

经验
之谈　　会计人员通过编制银行存款余额调节表查明银行存款并无记账错误后，并不能根据银行存款余额调节表填制漏记业务的记账凭证，而应该同银行联系，待取回相应回单后，再根据银行回单填制记账凭证。

9.3 其他货币资金业务的核算

　　在介绍银行支付结算方式中提到了票据、信用卡、汇兑、托收承付、委托收款等结算方式，虽然这些方式所使用的款项都需要通过银行作为中介机构进行支付结算和资金清算，但这些款项并不能在"银行存款"科目中进行核算，而应在"其他货币资金"科目中进行核算。

9.3.1 其他货币资金的内容

其他货币资金是指企业除现金、银行存款以外的其他各种货币资金，包括银行汇票存款、银行本票存款、信用卡存款、信用证保证金存款、存出投资款和外埠存款等。

1 │ 银行汇票存款

银行汇票是指由出票银行签发的，由其在见票时按照实际结算金额无条件支付给收款人或者持票人的票据。企业使用银行汇票时应注意银行汇票的下列特点。

- 单位和个人各种款项的结算，均可使用银行汇票。
- 银行汇票可以用于转账，注明"现金"字样的银行汇票还可以用于支取现金。
- 银行汇票的提示付款期限为自出票日起一个月内，持票人超过付款期限提示付款的，银行不予受理。
- 持票人向银行提示付款时，必须同时提交银行汇票和解讫通知，缺少任何一联，银行都不予受理。

银行汇票的使用流程如图 9-8 所示。

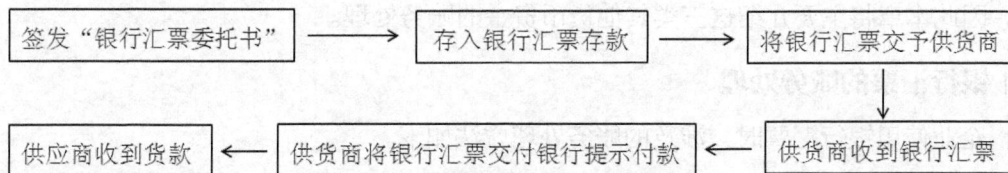

图 9-8 银行汇票的使用流程

2 │ 银行本票存款

银行本票是指银行签发的，承诺自己在见票时无条件支付确定金额给收款人或持票人的票据。企业使用银行本票时应注意银行本票的下列特点。

- 单位和个人在同一票据交换区域需要支付的各种款项，均可使用银行本票。
- 银行本票可以用于转账，注明"现金"字样的银行本票还可以用于支取现金。
- 银行本票的提示付款期限为自出票日起最长不得超过两个月。在有效付款期内，银行见票付款。持票人超过付款期限提示付款的，银行不予受理。
- 银行本票分为不定额本票和定额本票两种。其中，定额本票面额为 1 000 元、5 000 元、10 000 元和 50 000 元。

银行本票的使用流程与银行汇票的使用流程类似。

3 │ 信用卡存款

信用卡存款是指企业为取得信用卡而存入银行信用卡专户的款项。信用卡是银行卡的一种。

4 │ 信用证保证金存款

信用证保证金存款是指采用信用证结算方式的企业为取得信用证而按规定存入银行信用证保证金专户的款项。企业向银行申请开立信用证，应按规定向银行提交开证申请书、信用证申请人承诺书和购销合同。

5 │ 存出投资款

存出投资款是指企业为了购买股票、基金等存入证券公司指定的投资款专户但尚未进行投资的资金。

6 │ 外埠存款

外埠存款是指企业为了到外地进行临时或零星采购，而汇往采购地银行开立采购专户的款项（企业在外埠开立临时采购账户，需经开户地银行批准）。

9.3.2 其他货币资金业务的账务处理

在日常工作中，企业涉及较多的其他货币资金为银行汇票、银行本票以及存出投资款，因此本章将主要介绍这三类其他货币资金的账务处理。

1 │ 银行汇票的账务处理

企业使用银行汇票时，涉及的账务处理方法如下。

（1）付款方的账务处理

①企业填写"银行汇票申请书"，将款项交存银行时应填制一张记账凭证，涉及的会计分录如下。

借：其他货币资金——银行汇票存款

　　贷：银行存款

②企业持银行汇票购货，收到有关发票账单时应填制一张记账凭证，涉及的会计分录如下。

借：材料采购 / 原材料 / 库存商品等

　　应交税费——应交增值税（进项税额）

　　贷：其他货币资金——银行汇票存款

③采购完毕，若采购金额小于银行汇票存款金额时，应收回剩余金额，填制一张记账凭证，涉及的会计分录如下。

借：银行存款

　　贷：其他货币资金——银行汇票存款

（2）收款方的账务处理

收款方收到银行汇票时，应填制一张记账凭证，涉及的会计分录如下。

借：银行存款

    贷：主营业务收入

        应交税费——应交增值税（销项税额）

例 9-9

开出银行汇票的账务处理

2016 年 3 月 12 日，成都长舟商贸有限公司与供应商重庆万青商贸有限公司签订了一份商品采购合同，商品价格为 18 000 元，增值税税额为 3 060 元。该笔款项采取银行汇票的方式支付，重庆万青商贸有限公司于 2016 年 3 月 18 日将货物发往成都长舟商贸有限公司，成都长舟商贸有限公司于当日支付银行汇票。对于该笔业务，成都长舟商贸有限公司的会计人员与出纳应怎样处理？

┃ 专家解答 ┃

由于合同约定成都长舟商贸有限公司应于 2016 年 3 月 18 日交付银行汇票，因此在 3 月 18 日之前，出纳应向开户行申请签发银行汇票。假设出纳于 3 月 13 日向银行提交 "银行汇票委托书"，注明的款项金额为 25 000 元。3 月 14 日，收到银行签发的银行汇票，如图 9-9 所示。

中国工商银行 **银行汇票**		成 都 2	$\frac{B}{01}\frac{A}{1}$ 00000000							
出票日期 2016 年 03 月 14 日 （大写）贰零壹陆年叁月壹拾肆日		代理付款行：中国工商银行高新支行 行号：1569874								
收款人：重庆万青商贸有限公司	账号： 89152479314522									
出票金额 人民币（大写）	**贰万伍仟元整**	¥25 000.00								
实际结算金额 人民币（大写）	**贰万壹仟零陆拾元整**	千	百	十	万	千	百	十	元	角 分
				¥	2	1	0	6	0	0 0
申请人：成都长舟商贸有限公司	账号： 11223344556677									
出票行：中国工商银行高新支行 行号：1569874										
备 注： 货款	密押：									
兑票付款	多 余 金 额									
出票行签章	千 百 十 万 千 百 十 元 角 分									
	¥ 3 9 4 0 0 0 复核 记账									

图 9-9 银行汇票

3月14日，会计人员应根据收到的银行汇票填制一张记账，涉及的会计分录如下。

借：其他货币资金——银行汇票　　　　　25 000

贷：银行存款　　　　　　　　　　　　　　　25 000

3月18日，成都长舟商贸有限公司收到商品并将银行汇票交给重庆万青商贸有限公司时，会计人员应根据收到的购货发票填制一张记账凭证，涉及的会计分录如下。

借：库存商品　　　　　　　　　　　　　18 000

应交税费——应交增值税（进项税额）　3 060

贷：其他货币资金——银行汇票　　　　　　21 060

由于结算款项小于银行汇票的出票金额，所以银行应将"其他货币资金"账户中的余额退回基本户。待收到银行退回多余款项的回单时，会计人员应填制一张记账凭证，涉及的会计分录如下。

借：银行存款　　　　　　　　　3 940

贷：其他货币资金——银行汇票　3 940

2 │ 银行本票的账务处理

企业使用银行本票时，涉及的账务处理如下。

（1）购货方的账务处理

①企业填写"银行本票申请书"，将款项交存银行时应填制一张记账凭证，涉及的会计分录如下

借：其他货币资金——银行本票

贷：银行存款

②企业持银行本票购货，收到有关发票账单时应填制一张记账凭证，涉及的会计分录如下。

借：原材料 / 材料采购 / 库存商品等

应交税费——应交增值税（进项税额）

贷：其他货币资金——银行本票

（2）销货方的账务处理

销货方收到银行汇票时应填制一张记账凭证，涉及的会计分录如下。

借：银行存款

贷：主营业务收入

应交税费——应交增值税（销项税额）

3 | 存出投资款的账务处理

企业在购买股票、基金等金融资产前，应先将资金存入证券公司指定的投资款专户，此时应填制一张记账凭证，涉及的会计分录如下。

借：其他货币资金——存出投资款

　　贷：银行存款

正式购买股票或基金进行投资时，应填制一张记账凭证，涉及的会计分录如下。

借：长期股权投资 / 交易性金融资产 / 持有至到期投资等

　　贷：其他货币资金——存出投资款

9.3.3　其他银行结算方式及其账务处理

上述其他货币资金的账务处理加上银行存款的账务处理、现金结算的账务处理以及其他银行结算方式的账务处理，便构成了企业支付结算业务的账务处理。为了使读者系统地了解各类支付结算方式，下面将对银行存款、现金以及其他货币资金账务处理中未涉及的结算方式的账务处理进行介绍。

1 | 商业汇票及其账务处理

（1）商业汇票的概念

商业汇票是指由付款人或存款人签发，由承兑人承兑，并于到期日向收款人或被背书人支付款项的一种票据。与银行汇票和银行本票相比，其多了一个承兑的步骤。所谓承兑，是指汇票的付款人愿意负担起票面金额的支付义务的行为。

根据承兑人的不同，商业汇票可以分为商业承兑汇票和银行承兑汇票。商业承兑汇票是指由存款人或付款人签发，经付款人承兑的汇票；银行承兑汇票是指由付款人或承兑人申请签发，并由承兑申请人向开户银行申请，经银行审查同意承兑的汇票。

（2）商业汇票的账务处理

企业因销售商品等收到商业汇票时应填制一张记账凭证，涉及的会计分录如下。

借：应收票据

　　贷：主营业务收入

　　　　应交税费——应交增值税（销项税额）

汇票到期时应根据银行进账单填制一张记账凭证，涉及的会计分录如下。

借：银行存款

　　贷：应收票据

2 | 汇兑及其账务处理

（1）汇兑的概念

汇兑是指汇款人委托银行将其款项支付给收款人的结算方式。汇兑便于汇款人向异地的收款人主动付款，汇兑结算适用于各种经济内容的异地提现和结算。

汇兑分为信汇和电汇两种，适用于单位和个人在同城、异地的各种款项结算。其中，信汇是以邮寄方式将汇款凭证转给外地收款人指定的汇入行，而电汇则是以电报方式将汇款凭证转给外地收款人指定的汇入行。电汇的汇款速度比信汇快，汇款人可以根据实际需要进行选择。

（2）汇兑的账务处理

企业采用汇兑方式结算的，一般于收到商品后支付款项，因此购买方的账务处理可分为以下两步。

①收到商品时

借：库存商品等

　　应交税费——应交增值税（进项税额）

　　贷：应付账款

②汇兑支付款项时

借：应付账款

　　贷：银行存款

3 | 托收承付及其账务处理

（1）托收承付的概念

托收承付是指根据购销合同，由收款人发货后委托银行向异地付款人收取款项，由付款人向银行承付的结算方式。企业采用托收承付结算方式时，应注意以下要求。

- 使用托收承付结算方式的收款单位和付款单位，必须是国有企业、供销合作社以及经营管理较好，并经开户银行审查同意的城乡集体所有制工业企业。
- 办理托收承付结算的款项，必须是商品交易以及因商品交易而产生的劳务供应的款项。代销、寄销、赊销商品的款项不得办理托收承付结算。
- 托收承付结算每笔的金额起点为1万元，新华书店系统每笔的金额起点为1 000元。

（2）托收承付的账务处理

采用托收承付方式进行货款结算的，其账务处理主要包括两步，即分别对托收和承付的账务处理。

①托收。这是针对销售方（收取货款方）而言的，当其收到银行的收款通知和有关原始凭证时应填制记账凭证，涉及的会计分录如下。

借：银行存款

　　贷：主营业务收入

　　　　应交税费——应交增值税（销项税额）

②承付。这是针对购买方（支付货款方）而言的，当其收到银行的付款通知和有关发票账单时应填制记账凭证，涉及的会计分录如下。

借：原材料 / 库存商品等

　　应交税费——应交增值税（进项税额）

　　贷：银行存款

4 ｜委托收款及其账务处理

（1）委托收款的概念

委托收款是指收款人委托银行向付款人收取款项的结算方式。单位和个人凭已承兑的商业汇票、债券、存单等付款人债务证明办理款项的结算，均可以使用委托收款结算方式。委托收款在同城、异地均可以使用，其结算款项的划回方式分为邮寄和电报两种，由收款人选用。

（2）委托收款的账务处理

委托收款方式下，通常由销售方先交付商品，然后购买方再予以付款。因此销售方的账务处理可分为以下两步。

①发出商品时

借：应收账款

　　贷：主营业务收入

　　　　应交税费——应交增值税（销项税额）

②收到款项时

借：银行存款

　　贷：应收账款

9.4 提高练习

本章主要介绍了有关货币资金业务的账务处理，包括库存现金收入与支出的账务处理、银行存款收入与支出的账务处理、各类票据结算方式的账务处理等。下面将通过具体实例，让读者再次巩固货币资金业务的账务处理。

9.4.1 处理银行存款业务

2016 年 1 月 31 日，深圳星辉有限公司出纳孙伊从其开户行取回公司 2016 年 1 月的银行对账单及银行回单，主要包括本月发生的以下业务。

（1）1 月 3 日，从银行提取现金 60 000 元准备发放工资。

（2）1 月 5 日，收到万商公司前欠货款 12 000 元。

（3）1 月 8 日，预交本季度宽带费 600 元。

（4）1 月 12 日，支付上月水电费 200 元。

（5）1 月 15 日，预付商通公司购买材料价款 5 000 元。

（6）1 月 23 日，收到水淼物流电汇货款 8 500 元。

（7）1 月 28 日，支付银行短期借款利息 360 元。（已知该笔借款为每月支付利息）

（8）1 月 28 日，收到本月银行存款利息 1 100 元。

要求：根据上述资料，为深圳星辉有限公司 2016 年 1 月的银行存款业务填制记账凭证。

> 📀 **答案参见随书光盘** ◀
>
> 本书配套\练习答案\第9章\提高练习\处理银行存款业务.docx

9.4.2 填开现金支票

2016 年 2 月 5 日，深圳星辉有限公司库存现金余额为 8 000 元，上月需发放员工工资总额为 30 000 元，因此出纳决定开具现金支票提取现金，以备发放工资。

视频演示
填开现金
支票

要求：帮助深圳星辉有限公司出纳开具一张价值 30 000 元的现金支票。

> 📀 **答案参见随书光盘** ◀
>
> 本书配套\单据资料\第9章\提高练习\现金支票模板.docx
> 本书配套\练习答案\第9章\提高练习\填开现金支票.docx

疑难问答 Difficult Questions

❶ 备用金与库存现金的区别

Q1 企业其他部门如销售部、采购部等申请的备用金是否也应作为库存现金入账呢？

A1 企业销售部门、采购部门等申请的备用金不同于存放与财务部门保险柜中的现金，销售等部门的备用金是供其部门专用的，而财务部门的现金是为企业整体经营服务的。备用金可按照以下步骤进行账务处理。

①领用备用金时

借：其他应收款——备用金——销售部门（采购部门）

　　贷：库存现金

②耗用备用金时

借：销售费用（管理费用）——运费

　　贷：其他应收款——备用金——销售部门

③将备用金交回财务部门时

借：库存现金

　　贷：其他应收款——备用金——销售部门（采购部门）

❷ 银行账户的年检

Q2 企业的银行账户也需要进行年检，具体应准备哪些资料呢？

A2 企业银行账户年检是指开户银行将存款人提交的账户资料与银行结算账户管理系统中已存信息进行对比，确认是否相符，并在账户系统中标注年检标识的行为。银行年检的时间一般为每年的 7~9 月，具体时间各行有所不同。根据相关法规要求，办理银行账户年检通常需要携带以下资料。

①通过年检的营业执照原件及复印件。

②通过年检的税务登记证原件及复印件。

③法定代表人或单位负责人身份证原件及复印件。

④被授权人身份证原件及复印件和授权书。

⑤组织机构代码证原件及复印件。

⑥银行开户许可证原件及复印件。

⑦公章、财务章、法人章。

⑧机构信用代码证原件及正反面复印件。

第 10 章

处理好与合作商的关系——往来业务的核算

| 本 章 导 读 |

企业在日常经营中不可避免地会与各类合作商打交道，在前一章货币资金业务中已经接触到与合作商有关的账务处理，本章将系统、详细地介绍企业日常往来业务的核算。

本章分别介绍了应收款项、应付款项、预收款项、预付款项的经济业务及其账务处理，着重介绍了应收及预付款项的账务处理以及坏账准备的计提方法及其账务处理等。通过本章内容，读者可以了解企业与合作商交易可能存在的不同情况，除此之外，读者还将掌握在不同情况下对往来款项的账务处理。

• 精彩内容

▶ **应收款项的核算**：应收账款的核算、应收票据的核算、预付账款的核算。

▶ **坏账损失的核算**：确认坏账损失的情形、坏账损失的核算、坏账损失的账务处理。

▶ **应付款项的核算**：应付账款的核算、应付票据的核算、预收账款的核算。

企业的合作商可笼统地概括为两类：一类是客户，它们的往来关系主要是由于企业向客户销售商品而形成的；另一类是供应商，它们的往来关系主要是由于企业向供应商购买商品而形成的。企业与客户间的业务处理主要涉及"应收账款""应收票据"以及"预收账款"等科目，企业与供应商的业务处理主要涉及"应付账款""应付票据"以及"预付账款"等科目。

10.1 应收款项的核算

应收款项是企业与客户交易形成的债权关系，应收款项包括的内容主要有应收账款、应收票据和预付账款等。

10.1.1 应收账款的核算

应收账款是指企业在正常的经营过程中，因销售商品、提供劳务等经营活动，应向客户收取的款项。它主要包括销售商品或提供劳务等应向有关债务人收取的价款及代客户垫付的包装费和各种运杂费等。

由于应收账款是伴随着商品销售而产生的，因此企业一般在确认收入的同时就应确认"应收账款"。企业可按照客户的名称在"应收账款"总账科目下设置明细科目。

1 | 在一般赊销方式下应收账款的账务处理

在实际工作中，企业大多以赊销的方式销售商品，因此企业在实际收到款项前，就形成了对购货商的一项债权，会计核算上表现为"应收账款"。

企业在一般赊销方式下对应收账款的确认及计量应编制如下会计分录。

（1）实现销售

借：应收账款

    贷：主营业务收入

        应交税费——应交增值税（销项税额）

（2）实际收到款项（收到银行进账单）

借：银行存款

    贷：应收账款

2 | 涉及商业折扣销售的账务处理

由于市场环境不断变化，企业面临的竞争也越来越激烈，为了让商品更多地销售出去，商业折扣成为不少商家的促销手段。所谓商业折扣，是指企业在商品标价上给予的扣除。在市场竞争中，企业为了扩大销售、占领市场，通常会给予批发商商业折扣，即购买的量越大其购买价格越低，也即所谓的"薄利多销"。

例 10-1

商业折扣的表现形式

某冰箱制造企业为了使其制造的冰箱能够更多地销售出去，对批发商提出了以下优惠措施：该冰箱的原价为 3 000 元 / 台，若批发商一次性购买 60 台，则给予其 5% 的折扣；若一次性购买 61~100 台，则给予 10% 的折扣。上述促销方式属于商业折扣吗？

┃ 专家解答 ┃

在上述促销方式下，若某批发商一次性购买冰箱 60 台，则其需要支付的价款 =3 000×60×（1–5%）=171 000（元），该价款与 60 台冰箱的原价 180 000 元之间的差额 9 000 元，即批发商享有的商业折扣。因此，这种促销方式属于商业折扣。

在涉及商业折扣销售方式下，企业的会计处理与一般销售方式下的账务处理相同，只是计算主营业务收入与增值税的基础有所不同，即按照扣除商业折扣后的金额确认主营业务收入并计算增值税。如"例10-1"，假设该企业为增值税一般纳税人，则其赊销冰箱时应编制如下会计分录。

借：应收账款　　　　　　　　　　　　　　　200 070
　　贷：主营业务收入　　　　　　　　　　　171 000
　　　　应交税费——应交增值税（销项税额）　 29 070
购货方支付货款时，应编制如下会计分录。
借：银行存款　　　　　　　　　　　　　　　200 070
　　贷：应付账款　　　　　　　　　　　　　200 070

经验之谈

　　部分读者可能会认为，既然赊销的商品价格为171 000元，那么应收账款的入账金额也应该为171 000元，但实际编制的分录中"应收账款"科目的金额却不是这个数。造成这种差异是由于增值税引起的。增值税属于价外税，虽然销售方销售商品时会缴纳增值税，但这部分税款会随着商品的销售而转嫁给下一位承担者，并最终转嫁给消费者。就此项销售而言，销售方应缴纳的增值税实际是由购买方承担了，因此销售方"应收账款"的入账金额应包括所销售商品的价格加上应缴纳的增值税税额。

3 | 涉及现金折扣销售的账务处理

企业销售商品时都希望尽早收回款项，这样将有助于企业资金的周转。因此为了鼓励客户尽早支付欠款，有的企业会在销售商品时提供现金折扣的优惠。所谓现金折扣，是指销售方为敦促顾客尽早付清货款而提供的一种价格优惠。现金折扣的表示方式为：2/10，1/20，n/30，其是指：若客户在10天内付款，享受2%的折扣；若客户在20天内付款，享受1%的折扣，若客户超过20天付款，不享受折扣。

例 10-2

现金折扣的表现形式

2016 年 1 月 8 日，某汽车制造厂与经销商签订了一份价值为 5 000 000 元的汽车销售合同，为了督促经销商尽早付款，汽车制造厂与其约定了付款条件：1/10，0.5/30，且计算现金折扣时不考虑增值税。在此条件下，该经销商应怎样核算汽车的价款？

| 专家解答 |

本例中的付款条件即约定了现金折扣。若经销商于 1 月 15 日付款，则其付款时间与合同签订时间间隔在 10 日内，应享受 1% 的折扣，实际支付的汽车价款 = 5 000 000 × （ 1−1% ）=4 950 000（元），享受的现金折扣为 50 000 元；若经销商于 1 月 31 日付款，则其付款时间与合同签订时间间隔在 30 日内，应享受 0.5% 的折扣，实际支付的汽车价款 =5 000 000 × （ 1−0.5% ）=4 975 000（元），享受的现金折扣为 5 000 元；若经销商于 2 月 10 日付款，则其付款时间与合同签订时间间隔超过 30 日，不享受折扣，实际支付的汽车价款 =5 000 000（元）。

购货方是否享受现金折扣，在商品销售时无法确认，因此现金折扣的约定并不影响应收账款的入账价值；在购货方支付款项时，若存在现金折扣约定，则应考虑现金折扣。因此，现金折扣是一种融资性质的理财费用，在发生时计入财务费用。

如"例10-2"，假设某汽车制造厂为增值税一般纳税人，则其赊销汽车时应编制如下会计分录。

借：应收账款　　　　　　　　　　　　　　5 850 000
　　贷：主营业务收入　　　　　　　　　　　5 000 000
　　　　应交税费——应交增值税（销项税额）　850 000

若经销商于1月15日付款，则某汽车制造厂应编制如下会计分录。

借：银行存款　　　5 800 000

　　财务费用　　　　 50 000

　　贷：应收账款　　　5 850 000

若经销商于1月31日付款，则某汽车制造厂应编制如下会计分录。

借：银行存款　　　5 845 000

　　财务费用　　　　　5 000

　　贷：应收账款　　　5 850 000

若经销商于2月10日付款，则某汽车制造厂应编制如下会计分录。

借：银行存款　　　5 850 000

　　贷：应收账款　　　5 850 000

> 本例中计算现金折扣时未考虑增值税税额，若考虑增值税税额，1 月 15 日支付款项，享受的现金折扣 =5 850 000×（1-1%）=58 500（元）。

知识补充　　核算现金折扣的方法有三种，即总价法、净价法和备抵法。总价法下，销售商品时以发票价格同时记录应收账款和销售收入，不考虑现金折扣，如购货企业享受现金折扣，则以"销售折扣"账户反映现金折扣。销售折扣作为销售收入的减项列入利润表。净价法下，销售商品时以发票价格同时记录应收账款和销售收入，如购货企业未享受现金折扣，收到的现金超过净价的部分作为利息收入记入"财务费用"的贷方。备抵法下，销售商品时以发票价格记录应收账款，以扣除现金折扣后的净价记录销售收入，设置一个备抵账户"备抵销售折扣"反映现金折扣，"备抵销售折扣"是指应收账款的对销账户。

我国企业会计准则要求采用总价法入账，不允许采用净价法。

10.1.2　应收票据的核算

应收票据是指企业因销售商品、提供劳务而收到的尚未到期兑换的商业汇票。

《中华人民共和国票据法》（以下简称《票据法》）中规定的票据包括汇票、本票和支票。由于支票、银行本票和银行汇票均为见票即付的票据，因此在会计实务中，应收票据仅指商业汇票。

企业赊销商品时采用应收票据核算，由于有商业汇票作为收取货款的凭证，因此，应收票据相较于应收账款更具有收回欠款的保障性。

1 ｜ 不带息应收票据的账务处理

不带息应收票据是指票面不注明利息的应收票据，其利息包含在票面本金之中。不带息应收票据的账务处理与应收账款的账务处理类似。

（1）赊销商品，收到商业汇票时

借：应收票据

  贷：主营业务收入

     应交税费——应交增值税（销项税额）

（2）票据到期，收回欠款时

借：银行存款

  贷：应收票据

2 │ 带息应收票据的账务处理

带息应收票据是指票面注明利息的应收票据，其利息应单独计算。带息应收票据与不带息应收票据的区别在于其在期末应计算票据的利息，将产生的利息收入作为财务费用的抵减项。带息应收票的账务处理可分为以下三步。

（1）赊销商品，收到商业汇票

借：应收票据

  贷：主营业务收入

     应交税费——应交增值税（销项税额）

（2）期末计算带息应收票据的利息

借：应收票据

  贷：财务费用

（3）票据到期，收到欠款

借：银行存款

  贷：应收票据

例 10-3

收到应收票据的账务处理

2016 年 1 月 31 日，长舟公司向客户 B 公司销售商品一批，货款为 85 470 元，增值税税额为 14 530 元，双方约定采用商业汇票核算。长舟公司于销售当日收到带息商业承兑汇票一张，汇票面值为 100 000 元，年利率为 6%，期限为 6 个月。已知长舟公司每月月末计算该汇票的利息，则会计人员对该汇票应怎样进行账务处理？

▌专家解答▐

对于该汇票，会计人员应进行如下账务处理。

①销售商品收到汇票时，根据企业销售清单与汇票记载事项，填制记账凭

证，涉及的会计分录如下。

借：应收票据 100 000

贷：主营业务收入 85 470

应交税费——应交增值税（销项税额） 14 530

② 2 月 29 日，计算票据利息 =100 000×6%÷12=500（元），填制一张计算利息的记账凭证，涉及的会计分录如下。

借：应收票据 500

贷：财务费用 500

③ 3 月 31 日、4 月 30 日、5 月 31 日、6 月 30 日分别填制一张计算利息的记账凭证，涉及的会计分录与 2 月 29 日填制的记账凭证中的会计分录一致。

④ 7 月 31 日，票据到期时，填制一张收回欠款的记账凭证，涉及的会计分录如下。

借：银行存款 103 000

贷：应收票据 102 500

财务费用 500

3 │ 应收票据贴现的账务处理

（1）贴现的概念

若企业持有的应收票据尚未到期，但企业出现资金短缺时，可以向银行提出贴现的申请。

有关贴现业务涉及以下三个概念。

● **贴现息**：企业倒贴给银行的利息。

● **贴现率**：银行计算贴现息的利率。

● **贴现所得**：票据到期应获得的金额扣除贴现息后的货币收入。

相关计算公式如下。

贴现是指持票人在票据到期日前，为了取得资金，贴付一定利息将票据权利转让给银行的票据行为。

$$贴现息=（票据到期值×贴现率）÷360×贴现天数$$

$$贴现天数=贴现日至票据到期日实际天数-1$$

$$票据到期值=票据面值+到期利息=票据面值×（1+利率×期数）$$

$$贴现所得=票据到期值-贴现息$$

（2）贴现的账务处理

企业若将未到期的应收票据贴现，应编制的会计分录如下。

借：银行存款（实际收到款项）
　　财务费用（贴现所得小于票据账面余额的差额）
　　贷：应收票据（票据账面余额）

例
10-4

▲ **票据贴现的账务处理**

承接"例 10-3"的资料，2016 年 4 月 14 日，长舟公司出现资金短缺，需要将该应收票据进行贴现，已知贴现率为 8%。对于该笔贴现业务，会计人员应怎样进行账务处理？

┃ **专家解答** ┃

对于该笔贴现业务，会计人员的处理步骤如下。

①计算票据到期时的价值。票据到期值 = 票据面值 + 到期利息 = 票据面值 × （1+ 利率 × 期数）=100 000 × （1+6%×6÷12）=103 000 （元）。

②计算贴现息。贴现息 = （票据到期值 × 贴现率）÷360 × 贴现天数 = （103 000×8%）÷360×108=2 472 （元）。

③计算实际收到的贴现金额。实际贴现金额 = 票据到期值 − 贴现息 = 103 000−2 472=100 528 （元）。

④编制会计分录。该笔业务的会计分录如下。

借：银行存款　　　　　　　　100 528
　　财务费用　　　　　　　　　2 472
　　贷：应收票据　　　　　　　　103 000

4 ｜ 应收票据背书转让的账务处理

应收票据是企业的一项债权，在没有其他约束条件的情况下，企业可以将其背书转让。背书转让是指以转让票据权利为目的的背书行为。持票人将票据权利转让给他人，应当背书并交付票据。因此，进行背书转让是指当持票人需要转让票据权利时，在票据背面或者粘单上记载有关事项并签章的行为。企业进行背书转让的情况主要是在采购业务中将应收票据作为购买货物的对价等，其账务处理与企业日常的购进货物处理类似。

对价是指当事人一方在获得某种利益时，必须给付对方当事人相应的代价。

例
10-5 ▲ **将票据进行背书转让的账务处理**

2016 年 1 月 31 日，长舟公司向 C 公司购买一批代加工零配件，取得的增值税专用发票上注明的价款为 18 000 元，增值税税额为 3 060 元。双方商定后决定，长舟公司将价值 10 000 元的未到期银行承兑汇票背书转让给 C 公司，剩余款项以银行存款支付。零配件已验收入库，则该笔业务应怎样进行账务处理？

▌**专家解答**▐

该笔业务中，长舟公司以银行承兑汇票支付购买商品的价款，应将汇票进行背书转让。该行为应编制的会计分录如下。

借：库存商品   18 000
　　应交税费——应交增值税（进项税额）   3 060
　　贷：应收票据   10 000
　　　　银行存款   11 060

5 ｜ 应收票据到期不能得到支付的账务处理

应收票据到期，持票人可以收回债权，将"应收票据"科目的余额转入"银行存款"。若票据到期，付款人无力支付票据时，持票人收到银行退回的商业汇票、委托收款凭证、未付票款通知书等，应编制如下会计分录。

借：应收账款
　　贷：应收票据

10.1.3 预付账款的核算

预付账款是指企业按照购货合同的规定，预先以货币资金或货币等价物支付供应单位的款项。

1 ｜ 发生预付账款的情形

企业在采购材料或商品时，若供货商提供的货物质量有保障或数量短缺等，需要购货商预先支付一定的款项。在这种情况下，虽然已将预付款项支付给了卖家，但相关的经济业务并未实际发生，因此该笔款项属于买家的资产而非卖家的资产。

2 ｜ 预付账款的账务处理

企业一般应设置"预付账款"科目对预付的款项进行核算，但预付账款不多的企业可以将预付的款项记入"应付账款"科目的借方进行核算。预付账款的账务处理如下。

（1）预付货款给供货方

借：预付账款

  贷：银行存款

（2）收到材料或商品及增值税专用发票

①当预付款项＝专用发票上所列金额时

借：原材料/库存商品等

  应交税费——应交增值税（进项税额）

  贷：预付账款

②当预付款项＞专用发票上所列金额时

借：原材料/库存商品等

  应交税费——应交增值税（进项税额）

  贷：预付账款

同时，退回多余款项

借：银行存款

  贷：预付账款

③当预付款项＜专用发票上所列金额时

借：原材料/库存商品等

  应交税费——应交增值税（进项税额）

  贷：预付账款

同时，补付款项

借：预付账款

  贷：银行存款

10.2 坏账损失的核算

企业之间的经济往来存在着风险，对于往来活动中形成的应收款项，多以对方企业的信誉为担保，因此难免会出现由于债务单位出现财务困难或信用违约，使得债权单位无法收回或部分收回应收款项的风险。基于此种考虑，债权单位应当在掌握已有资料的情况下，做好发生坏账损失的准备。

坏账是指企业无法收回或收回的可能性极小的应收款项。坏账发生的损失就称为坏账损失。

10.2.1 确认坏账损失的情形

在通常情况下，若发生下列情况，债权人应确认应收款项已发生坏账损失。

● 债务人被依法宣告破产、撤销，其剩余财产确实不足清偿的应收账款。

● 债务人死亡或依法被宣告死亡、失踪，其财产或遗产确实不足清偿的应收账款。

● 债务人遭受重大自然灾害或意外事故，损失巨大，以其财产（包括保险赔款等）确实无法清偿的应收账款。

● 债务人逾期未履行偿债义务，经法院裁决，确实无法清偿的应收账款。

● 逾期三年以上仍未收回的应收账款。

● 经国家税务总局批准核销的应收账款。

10.2.2 坏账损失的核算

坏账损失的核算应解决两个问题：第一个是采用什么方法确认坏账损失；第二个是具体计算坏账损失金额时应采用什么方法。下面将分别对这两个问题进行解答。

1 │ 核算坏账损失的方法

核算坏账损失的方法即解决采用什么方法确认坏账损失的问题。坏账损失的核算方法有两种——直接转销法和备抵法。

（1）直接转销法

直接转销法是指在坏账损失实际发生时，直接将无法收回的应收账款金额转至坏账损失。采用这种方法确认坏账损失非常简单，不需要设置"坏账准备"科目。

在直接转销法下，由于估计坏账损失与发生坏账损失都假定发生在同一时间，但是如果两者的实际发生时间不一致时，就不满足权责发生制原则和配比原则，因此该方法存在一定的缺陷。

（2）备抵法

备抵法是指在坏账损失实际发生前，就依据权责发生制原则估计损失，并同时形成坏账准备，待坏账损失实际发生时再冲减坏账准备。在备抵法下，明确区分了估计损失与确认发生损失的时间，更加符合权责发生制原则以及谨慎性原则。因此按照我国会计准则的规定和国际通行做法，企业应采用备抵法核算坏账损失。

2 │ 坏账准备的计提方法

根据谨慎性要求，企业应定期对应收款项进行全面检查，预计应收款项可能发生的坏账，对于没有把握能够收回的，应计提坏账准备。

在备抵法下，坏账准备的计提方法工作有三种——余额百分比法、账龄分析法和销货百分比法。

（1）余额百分比法

余额百分比法是指按照期末应收款项余额的一定百分比估计坏账损失的方法。该方法认为，坏账损失的多少与应收款项的余额有关，即余额越多，产生坏账损失的风险越大，金额也越多。企业应根据以往的资料或经验自行确定坏账百分比。

在余额百分比法下，企业应在每个会计期末根据本期末应收账款的余额和相应的坏账率估计出期末"坏账准备"账户应有的余额，该金额与调整前"坏账准备"账户已有的余额的差额，就是当期应计提的坏账准备金额。

在计算当期应计提的坏账准备时，具体分为以下两种情况。

①首次计提坏账准备

若企业为首次计提坏账准备，则其当期应计提坏账准备金额的计算公式如下。

$$当期应计提的坏账准备 = 期末应收款项余额 \times 坏账准备计提百分比$$

②以后计提坏账准备

若企业为非首次计提坏账准备，则其当期应计提坏账准备金额的计算公式如下。

$$当期应计提的坏账准备 = 当期按应收款项计算应计提的坏账准备金额 + （或 -）坏账准备账户借方余额（或贷方余额）$$

（2）账龄分析法

账龄是指已确认应收账款的时间。账龄分析法是指根据应收账款账龄的长短来估计坏账损失的方法。该方法认为，应收账款的账龄越长，发生坏账的可能性越大。

在账龄分析法下，应将企业的应收账款按账龄长短进行分组，分别确定不同组别的计提百分比，然后在此基础上估算坏账损失，使坏账损失的计算结果更符合客观情况。

在计算当期应计提的坏账准备时，具体分为以下两种情况。

①首次计提坏账准备

若企业为首次计提坏账准备，则其当期应计提坏账准备金额的计算公式如下：

$$当期应计提的坏账准备 = \sum（期末各账龄组应收款项余额 \times 各账龄组坏账准备计提百分比）$$

②以后计提坏账准备

若企业为非首次计提坏账准备，则其当期应计提坏账准备金额的计算公式如下：

$$当期应计提的坏账准备 = 当期按应收款项计算应计提的坏账准备金额 + （或 -）坏账准备账户借方余额（或贷方余额）$$

（3）销货百分比法

销货百分比法是指根据企业销售总额的一定百分比估计坏账损失的方法。百分比是企业的一个经验值，按本企业以往实际发生的坏账与销售总额的关系结合生产经营与销售政策变动情况测定。在实际工作中，企业也可以按赊销百分比估计坏账损失。

在销货百分比法下，坏账准备的计提方法只有一种，其计算公式如下：

当期应计提的坏账准备 = 本期销售总额（或赊销额）× 坏账准备计提比例

> 在销货百分比法下，在确定各期应提的坏账准备金额时，并不需要考虑坏账准备账户上已有的余额。

10.2.3 坏账损失的账务处理

企业应当设置"坏账准备"科目，对企业应收款项坏账准备的计提和转销进行核算。"坏账准备"科目属于"应收账款""应收票据"等科目的备抵科目，其贷方登记当期计提的坏账准备金额，借方登记实际发生的坏账损失和冲减坏账准备的金额。期末余额一般在贷方，表示企业已经计提但尚未转销的坏账准备金额。

1 ｜ 计提坏账准备的账务处理

企业计提坏账准备前，应考虑"坏账准备"科目的期初余额，然后在此基础上计提本期坏账准备。

（1）当期按应收款项计算应计提坏账准备的金额 > 期初"坏账准备"科目余额时，应按其差额计提坏账准备。应编制的会计分录如下。

借：资产减值损失——计提的坏账准备
　　贷：坏账准备

（2）当期按应收款项计算应计提坏账准备的金额 < 期初"坏账准备"科目余额时，应按其差额冲减已计提的坏账准备。应编制的会计分录如下。

借：坏账准备
　　贷：资产减值损失——计提的坏账准备

（3）当期按应收款项计算应计提坏账准备的金额等于零时，应将期初"坏账准备"科目余额全部冲销。应编制的会计分录如下。

借：坏账准备
　　贷：资产减值损失——计提的坏账准备

（4）若期初"坏账准备"科目为借方余额，应当通过当期按应收款项计算应计提坏账准备的金额与"坏账准备"科目期初借方余额的合计数计提坏账准备。应编制的会计分录如下。

借：资产减值损失——计提的坏账准备
　　贷：坏账准备

2 | 发生坏账损失时的账务处理

企业对于已确定无法收回的应收款项，经批准作为坏账损失的，应冲销提取的坏账准备。相关会计分录如下。

借：坏账准备

贷：应收账款

3 | 收回已核销坏账的账务处理

已经核销的坏账，即已将其"坏账准备"与"应收账款"等科目进行转销的应收款项，若又重新收回的，应将该款项及时入账。涉及的会计分录如下。

借：应收账款

贷：坏账准备

同时，

借：银行存款

贷：应收账款

> 企业已确认为坏账的应收账款，并不意味着放弃对债务人的追索权，若该款项重新收回，应及时入账。

经验之谈

上述"3"与"2"分录中的"应收账款"与"坏账准备"都是实际发生坏账或实际收回已转销坏账的金额。在实务中，发生坏账损失的金额与以后收回坏账的金额可能相等，也可能不相等，在编制有关会计分录时，均应以"实际"金额为依据，而不是以"应收账款"的原有金额为依据。

例 10-6

采用余额百分比法计提坏账准备

长舟公司财务制度规定，于每年年末检查应收账款收回的可能性，并按照余额百分比法计提坏账准备，计提比例为4%。已知会计人员结出2015年"应收账款"与"坏账准备"科目发生额与余额，如表10-1所示。

表10-1 "应收账款"与"坏账准备"科目发生额与余额表

2016年1月1日~2016年12月31日

科目名称：应收账款　　　　　　　　　　　　　　　科目编号：1122

期初余额	本期借方发生额	本期贷方发生额	期末余额
320 000	120 000	230 000	210 000

科目名称：坏账准备　　　　　　　　　　　　　　　科目编号：1231

期初余额	本期借方发生额	本期贷方发生额	期末余额
6 500	——	——	6 500

根据上述资料，会计人员在年末计提坏账准备时应怎样进行处理？

| 专家解答 |

年末，对于计提坏账准备的处理，会计人员应按以下步骤进行。

①根据本年"应收账款"与"坏账准备"的余额情况，采用余额百分比法编制计提坏账准备审批表。

②将编制好的计提坏账准备审批表交由会计主管与公司负责人审批。审批后的计提坏账准备审批表如表 10-2 所示。

表 10-2 计提坏账准备审批表

年度：2015年

应收账款期末余额（a）	210 000
余额百分比法计提比例（b）	4%
应计提坏账准备金额（$c=a \times b$）	8 400
本期计提前"坏账准备"科目金额（d）	6 500
本期补提（冲减）坏账准备金额（$e=c-d$）	1 900
财务部门意见：	按照既定财务制度进行计提，同意。 赵慧
公司负责人意见：	同意执行。 彬尹 印志

审核：赵慧　　　　　　　　　　　　　　　制表：宋湘

③根据审批后的计提坏账准备审批表填制记账凭证。由于本期坏账准备的期末余额为正数，因此应补提坏账准备。记账凭证中涉及的会计分录如下。

借；资产减值损失——计提的坏账准备　　　1 900

　　贷：坏账准备　　　　　　　　　　　　　　　1 900

例 10-7

采用账龄分析法计提坏账准备

长舟公司采用账龄分析法计提坏账准备，各账龄类别适用的计提比例如表 10-3 所示。

表 10-3 长舟公司坏账准备计提比例

账龄	3个月以内	3~6个月	6个月~1年	1年以上
计提比例	0	4%	10%	40%

已知该公司"应收账款"科目借方余额明细如表 10-4 所示。

表 10-4 长舟公司 2015 年 "应收账款" 科目借方余额明细

日期	凭证号	摘要	余额/元
2014-10-19	记10-18	永帆公司赊购打印机	24 500
2015-03-25	记03-11	常通公司赊购手机配件	26 000
2015-04-25	记04-05	光明公司赊购复印机	18 000
2015-05-25	记05-28	泰森公司赊购打印机	10 000
2015-06-25	记06-16	明盛公司赊购手机配件	26 500
2015-07-25	记07-30	华泰公司赊购硒鼓	12 000
2015-08-25	记08-15	恒明公司赊购碳棒	20 000
2015-09-25	记09-08	永帆公司赊购打印机	29 000
2015-11-25	记11-22	泰森公司赊购打印机	23 000
2015-12-31	记12-20	常通公司赊购手机配件	21 000
		合计:	210 000

根据上述资料，假设 2014 年 10 月 19 日以前形成的应收账款已经全部收回，则会计人员在 2015 年年末计提坏账准备时应怎样进行处理？

专家解答

2015 年年末，对于计提坏账准备的处理，会计人员应按以下步骤进行。

①根据 2015 年 "应收账款" 科目借方发生额明细表计算账龄。账龄计算后如表 10-5 所示。

表 10-5 账龄计算表

日期	凭证号	余额/元	账龄/月	类别	计提比例	计提金额/元
2014-10-19	记10-18	24 500	14	1年以上	40%	9 800
2015-03-25	记03-11	26 000	9	6个月~1年	10%	2 600
2015-04-25	记04-05	18 000	8	6个月~1年	10%	1 800
2015-05-25	记05-28	10 000	7	6个月~1年	10%	1 000
2015-06-25	记06-16	26 500	6	3~6个月	4%	1 060
2015-07-25	记07-30	12 000	5	3~6个月	4%	480
2015-08-25	记08-15	20 000	4	3~6个月	4%	800
2015-09-25	记09-08	29 000	3	3~6个月	4%	1 160
2015-11-25	记11-22	23 000	1	3个月以内	0	0
2015-12-31	记12-20	21 000	0	3个月以内	0	0
		合计:				18 700

②编制计提坏账准备审批表，并报相关部门审批。审批后的计提坏账准备审批表如表 10-6 所示。

表 10-6　计提坏账准备审批表

年度：2015年

账龄	小于3个月	3~6个月	6个月~1年	大于1年	总计
余额（a）	44 000	87 500	54 000	24 500	210 000
计提比例（b）	0	4%	10%	40%	
已计提坏账准备金额（c）	—	—	—	2 450	2 450
应计提坏账准备金额（$d=a×b$）	0	3 500	5 400	9 800	18 700
计提（冲减）坏账准备金额（$e=d-c$）		3 500	5 400	7 350	16 250

财务部门意见：

按照既定财务制度进行计提。同意。　　　赵慧

公司负责人意见：

同意执行。　　　彬尹印志

审核：赵慧　　　　　　　　　　　　　　　　　　　　　　制表：宋湘

③根据审批后的计提坏账准备审批表填制记账凭证。由于本期补提（冲减）坏账准备的金额为正数，因此应补提坏账准备。记账凭证中涉及的会计分录如下。

借：资产减值损失——计提的坏账准备　16 250

　　贷：坏账准备　　　　　　　　　　　　　　16 250

例 10-8

核销坏账的账务处理

承接"例 10-7"资料，截至 2016 年 1 月 20 日，华泰公司仍未支付 2015 年 7 月 25 日所欠货款。长舟公司得知其因经营不善，已向法院申请破产。经法院裁决，华泰公司无力支付全部债务，判决其破产。2016 年 2 月 1 日，长舟公司收到了法院关于华泰公司破产的判决书。有关该事项，会计人员应怎样进行账务处理？

┃专家解答┃

2016 年 2 月 1 日，由于已收到华泰公司破产的判决书，因此可将其相关的应收账款进行核销处理。具体处理步骤如下。

①查找该笔应收账款对应的坏账准备金额。已知 2015 年年末已对华泰公司应收账款计提的坏账准备金额为 480 元。

②编制应收账款坏账核销申请表，并经相关人员审批。审批后的坏账核销申请表如表10-7所示。

表 10-7 坏账核销申请表

日期：2016年2月1日　　　　　　　　　　　　　　　　申请人：宋湘

欠款单位	华泰公司
欠款发生时间	2015年7月25日
账龄	5个月
欠款金额/元	12000
已计提坏账准备/元	480
核销申请原因	收到法院判决书，证明其已经破产，无力偿还债务
附件	深圳市法院判决文书第××号

财务部门意见：情况属实，符合坏账核销条件。	赵慧
公司负责人意见：同意核销，按既定政策处理。	彬尹印志

③根据经审批的坏账核销申请表，填制核销坏账的记账凭证。相关会计分录如下。

借：坏账准备　　　12 000

贷：应收账款　　　12 000

经过上述处理后，长舟公司所对应的"坏账准备"科目的余额为贷方6 700元（18 700-12 000）。

例
10-9

收回已核销坏账的账务处理

承接"例10-8"资料，2016年2月18日，华泰公司出于商业信用的考虑，决定用破产清算所得偿还长舟公司部分欠款。2月23日，长舟公司收到了华泰公司寄来的承诺偿还欠款5 000元的信函。2月25日，长舟公司收到华泰公司的转账汇款。有关该事项，会计人员应怎样进行账务处理？

▎**专家解答**▎

本例共涉及三个时间，但由于2016年2月25日长舟公司才实际收到款项。

因此，会计人员宋湘应于 2 月 25 日对收到的款项进行账务处理，即编制如下会计分录。

借：应收账款　　　5 000
　　贷：坏账准备　　　5 000
同时，
借：银行存款　　　5 000
　　贷：应收账款　　　5 000

经过上述处理后，长舟公司所对应的"坏账准备"科目的余额为贷方 11 700 元（6 700+5 000）。

10.3　应付款项的核算

应付款项是企业与供应商交易形成的债务关系，应付款项包括的内容主要有应付账款、应付票据和预收账款等。

10.3.1　应付账款的核算

应付账款是指企业因购买材料、商品或接受劳务供应等经营活动应支付给供应单位的款项。在市场经济条件下，赊销与赊购成为交易中的常态，而商品或劳务的取得与货款的支付必然存在时间差异，因此由于买卖双方在购销业务中取得物资与支付货款在时间上的不一致，便形成了应收与应付项目。

1 │ 一般购进商品应付账款的账务处理

应付账款一般应在与所购物资所有权相关的主要风险和报酬已经转移，或者所购买的劳务已经接受时才能确认，即根据发票账单确认"应付账款"。但在实务中，应收账款的确认应区别以下两种情况进行处理。

（1）物资与发票账单同时到达

若物资与发票账单同时到达，一般应在货物验收入库后，按照发票账单确认应付账款。相关会计分录如下所示。

借：原材料
　　应交税费——应交增值税（进项税额）
　　贷：应付账款

（2）物资与发票账单不是同时到达

若物资与发票账单不是同时到达，其账务处理可细分为以下两种情况。

①货物先到，发票账单后到

企业采购货物，若货物先到，发票账单后到，暂时不进行账务处理，待收到发票账单时再入账；若月度终了仍未收到已入库货物的发票账单，则应在月末按暂估价入账。编制的会计分录如下。

借：原材料（暂估价）

　　贷：应付账款

下月初，应冲销月末暂估入账的会计分录，作冲销分录如下。

借：应付账款

　　贷：原材料（暂估价）

等发票账单实际送达时，应编制如下会计分录。

借：原材料

　　应交税费——应交增值税（进项税额）

　　贷：应付账款

②发票账单先到，货物后到

若发票账单先到，货物后到，可根据发票账单进行账务处理。编制的会计分录如下。

借：在途物资等

　　应交税费——应交增值税（进项税额）

　　贷：应付账款

2 │ 涉及商业折扣或现金折扣下应付账款的账务处理

（1）涉及商业折扣下应付账款的账务处理

为了达到促销的目的，销售企业通常会给予客户一定的商业折扣。涉及商业折扣的应付款项应按照扣除商业折扣后的金额入账，即"应付账款"的入账价值＝货物原价－获得的商业折扣，相关会计分录如下。

借：材料采购等

　　应交税费——应交增值税（进项税额）

　　贷：应付账款（扣除商业折扣后的金额）

（2）涉及现金折扣下应付账款的账务处理

在商品销售中，销售企业为了及时收回货款，有时会给予客户一定的现金折扣优惠。涉及现金折扣的应付款项应按照扣除商业折扣前的金额，即购买商品的原价入账；实际支付款项时，将享受的现金折扣金额冲销财务费用。相关会计分录如下。

①确认应付账款

借：材料采购等

应交税费——应交增值税（进项税额）

贷：应付账款（货物原价＋增值税进项税额）

②实际支付款项

借：应付账款

贷：银行存款（实际支付金额）

财务费用（享受的现金折扣金额）

例 10-10 应付采购款涉及现金折扣的账务处理

长舟公司于 2016 年 3 月 2 日与铭泰公司签订了一份笔记本电脑采购合同。合同中约定的现金折扣条件为：2/10，1/20，计算现金折扣金额时不考虑增值税税额。3 月 5 日，收到该批货物。3 月 10 日，财务部出纳王莹收到采购部门提交的付款申请单，申请支付该笔款项。经审核后，王莹于 3 月 20 日开出转账支票一张，并连同银行进账单递交银行办理付款。转账成功后，王莹将支票存根联连同付款申请书一同交给会计宋湘。支票存根联与付款申请单分别如图 10-1、图 10-2 所示。

中国工商银行

转账支票存根

NO：01256891

附加信息

_____

_____

出票日期：2016年3月20日

收款人：铭泰公司

金额：¥23 200.00

用途：货款

单位主管　　会计

图 10-1 转账支票存根

（北京裕天印制有限公司 · 2016年印制）

付款申请书

部门	采购部	日期	2016.03.18
收款单位	铭泰公司	开户行	工行玉林支行
		账号	6220 2510 0451 262
付款原因		3月2日采购笔记本电脑一批，价税合计为23 400元，已经验收入库。3月22日前付款可以享受1%的现金折扣，折扣后价税合计为23 200元。	
付款金额	人民币（大写）：贰万叁仟肆佰元整		
	（小写）：¥23 200.00		
采购部负责人	同意 吴铭	财务部负责人	同意 赵慧
会计	宋湘		
出纳	王莹		
经办人	张辉		

图 10-2 付款申请书

会计人员宋湘收到上述单据后，应怎样进行账务处理？

专家解答

本例中的应付账款涉及现金折扣，但在确认应付账款时不考虑现金折扣的金额，待实际支付款项时，将所享有的现金折扣金额冲减财务费用。因此，会计人员对该笔业务的账务处理如下。

①3月5日，收到该批货物时确认应付账款。填制一张记账凭证，涉及的会计分录如下。

借：固定资产——笔记本电脑　　　　　　20 000

　　　应交税费——应交增值税（进项税额）　　3 400

　　　贷：应付账款——铭泰公司　　　　　　　　23 400

②3月10日，收到付款申请单时不进行账务处理。

③3月20日，开出转账支票一张，根据转账支票存根填制一张记账凭证。由于付款日期与收到货物日期相隔天数在10~20日，享受1%的现金折扣，现金折扣金额=20 000×1%=200（元），实际支付金额=20 000-200+3400=23 200（元）。因此，记账凭证中涉及的会计分录如下。

借：应付账款——铭泰公司　　23 400

　　贷：银行存款　　　　　　　23 200

　　　财务费用　　　　　　　　　200

3 ｜ 应付账款无法支付时的账务处理

企业的应付账款若因为收款方或其他原因无法支付的，可以作为企业的一项利得处理，即将无法支付的应付账款转入营业外收入。

（1）应付账款无法支付的原因

通常情况下，企业若因债权人出现下列情况而无法支付应付账款时，可以对应付账款进行转销处理。

● 债权人被依法宣告破产、撤销，并且债权人已经清算完毕，无须向其支付款项。

● 债权人已失踪、死亡或放弃债权。

● 因自然灾害、战争或国际政治事件等不可抗因素影响，确实无法支付的应付款项。

（2）转销应付账款的账务处理

对于因债权人存在以上原因而导致无法支付应付账款的，企业在取得有关证据后，可进行应付账款转销的账务处理。相关会计分录如下。

借：应付账款

　　贷：营业外收入

例 **10-11**

转销无法支付应付账款的账务处理

2016年3月28日，长舟公司得知其供应商汇明公司已向法院申请破产，法院已经判决破产，并完成了有关清算工作，其相关工商登记也已经注销。长舟公司应付账款明细账上显示，其存在一笔金额为5 000元的对汇明公司的应付账款。对于该事项，会计人员应怎样进行处理？

┃ **专家解答** ┃

本例中债权人被依法宣告破产，并且债权人已经清算完毕，则说明无须再向其支付款项，所以应对该笔应付账款进行转销处理。相关步骤如下：

①收集汇明公司破产清算的有关文件。可查看工商登记的相关目录，或者查阅法院的有关判决书。

②编制应付账款核销申请表。

③将编制好的申请表交财务部和单位负责人审批。审批后的应付账款核销申请表如表10-8所示。

表 10-8 应付账款核销申请表

日期：2016年3月31日

应付单位	汇明公司
应付账款余额	5000元
申请核销原因	汇明公司已经被法院裁定破产，下达了破产裁决书，并已经完成清算，工商登记已经注销。
附件	法院破产裁决书、工商登记注销资料
财务部审批	同意。 赵慧
公司负责人审批	同意。 彬尹印志

④根据审批后的应付账款核销申请表核销应付账款。相关会计分录如下。

借：应付账款　　　　　　　　　　　　　　5 000

　　贷：营业外收入——转销无法偿还应付账款　　5 000

经验之谈　　根据税法的相关规定，企业因债权人原因转销应付账款而形成的营业外收入应计入应纳税所得中，计算缴纳企业所得税。

10.3.2 应付票据的核算

应付票据是指企业购买材料、商品或接受劳务供应而开出、承兑的商业汇票。根据承兑人的不同，商业汇票分为商业承兑汇票和银行承兑汇票；根据是否带息，商业汇票分为不带息票据和带息票据。

> **知识补充**　　应付账款与应付票据的区别主要在于结算方式的不同。应付账款采用现金或银行存款结算，而应付票据采用商业汇票进行结算。同时，就债权人收回资金的保障程度而言，应付票据的保障性更强。

1 ｜不带息应付票据的账务处理

企业因购买材料、商品和接受劳务供应等而开出、承兑的商业汇票，应当按其票面金额作为应付票据的入账金额，相关会计分录如下。

借：材料采购 / 原材料 / 库存商品等

　　应交税费——应交增值税（进项税额）

　　贷：应付票据（面值）

企业因开出银行承兑汇票而支付给银行的手续费，应当计入当期财务费用，相关会计分录如下。

借：财务费用

　　贷：银行存款

收到银行支付到期票据的付款通知时，应填制确认付款的记账凭证。相关会计分录如下。

借：应付票据

　　贷：银行存款

2 ｜带息应付票据的账务处理

企业开出、承兑的带息应付票据，仍应按照票据的账面价值入账，发生的手续费仍应计入财务费用。带息应付票据与不带息应付票据账务处理的最大区别在于，带息应付票据应于期末计算应付利息。应付利息的计算公式如下。

$$应付利息＝面值×票面利率×期限$$

期末计提利息时，应付的利息应计入财务费用，相关会计分录如下。

借：财务费用

　　贷：应付票据

收到银行支付到期票据的付款通知时，应填制确认付款的记账凭证。应付票据的金额为票据的面值加上计提的利息金额。

例 10-12 带息应付票据的账务处理

2016年3月1日，长舟公司购入一批商品，已验收入库，收到增值税专用发票一张，注明的价款为35 000元，增值税税额为5 950元。当日出纳开出了一张3个月的带息商业承兑汇票，年利率为3%。该笔业务涉及哪些账务处理？

▎专家解答▎

本例中的票据为带息票据，因此应在每月末计提利息。该笔业务涉及以下账务处理。

①3月1日，确认应付票据。相关会计分录如下。

借：库存商品　　　　　　　　　　　　　35 000

　　应交税费——应交增值税（进项税额）　5 950

　　贷：应付票据　　　　　　　　　　　40 950

②3月31日、4月31日、5月31日应分别确认该票据的利息。每月应确认的利息=40 950×3%÷12=102.38（元）。相关会计分录如下。

借：财务费用　102.38

　　贷：应付票据　102.38

③6月1日，票据到期收到银行的付款通知单时，填制支付应付票据款项的记账凭证。票据到期的价值=40 950+102.38×3=412 57.14（元）。相关会计分录如下。

借：应付票据　　　　41 257.14

　　贷：银行存款　　　41 257.14

3 │ 应付票据到期无法支付的账务处理

应付商业汇票到期后，如果企业确实无力支付票款，应将应付票据账面余额转销。商业承兑汇票与银行承兑汇票转销的账务处理有所不同。

（1）商业承兑汇票的转销

企业若到期无法支付商业承兑汇票，其转销时应编制的会计分录如下。

借：应付票据

　　贷：应付账款

（2）银行承兑汇票的转销

企业若到期无法支付银行承兑汇票，其转销时应编制的会计分录如下。

借：应付票据

　　贷：短期借款

知识补充　　　银行承兑汇票经银行承兑后，无论到期时企业账户余额是否足够支付相关款项，银行均应向持票人支付到期金额，因此银行代企业支付的款项作为企业向银行的短期借款处理。另外，企业签发银行承兑汇票时，通常需要支付一定的手续费。

经验之谈　　　在工作中，会计人员应设置"应付票据备查簿"，用以详细登记商业汇票的种类、号数和出票日期、到期日、票面余额、收款人姓名或单位名称、付款日期以及金额等信息，以免由于疏漏而造成票据的丢失或错误。若应付票据到期结算，则上述内容应当在备查簿内予以注销。

10.3.3 预收账款的核算

在市场经济条件下，交易的风险无处不在。企业在与客户进行交易的过程中，如果无法确定客户是否能在收到货物时支付款项，或知道客户信用不大好、存在拒付风险的情况下，往往会事先收取一定的货款作为保证，然后再发出货物。这种在发货前向购货单位预收的款项即为预收账款。

1 ｜ 预收款项的不同情况

根据预先支付货款的数额，预收账款业务可分为全额先付款后收货业务和部分先付款后收货业务。前者是指客户一次性支付需购货物的款项；后者是指先预收客户部分货款，然后再发货，待客户收到货后再支付尾款。

预收账款与应付账款均为企业的短期债权，与应付账款不同的是，无论哪一种预收账款业务，其形成的负债都不以货币偿付，而是以货物偿付。

预收货款业务不多的企业，可以不单独设置"预收账款"科目，其所发生的预收货款，直接记入"应收账款"科目的贷方。

2 ｜ 预收账款的账务处理

预收账款的账务处理主要可分为两步，即预收货款与实现销售时的账务处理。

（1）预收货款时，应编制如下会计分录。

借：银行存款

　　贷：预收账款

（2）实现销售时，编制如下会计分录。

借：预收账款（已经预收的款项金额）

　　银行存款（收回的尾款）

　　贷：主营业务收入

　　　　应交税费——应交增值税（销项税额）

例
10-13

预收账款的账务处理

光明公司为长舟公司的客户，为了保证能及时取货，其于 2016 年 3 月 18 日向长舟公司预付货款 5 000 元，购买价值 8 000 元的商品。余款在收货后付清。3 月 20 日长舟公司发出该批货物，并收到光明公司补付的余款。该笔业务中，长舟公司的会计人员应怎样进行账务处理？

专家解答

本例中的业务属于部分先付款后收货的业务。相关账务处理如下。

①3 月 18 日，收到预付的款项时，应编制如下会计分录。

借：银行存款　　　　　　　　　　　　　　　5 000

　　贷：预收账款　　　　　　　　　　　　　　5 000

②3 月 20 日，发出货物并收到余款时，应编制如下会计分录。

借：预收账款　　　　　　　　　　　　　　　5 000

　　银行存款　　　　　　　　　　　　　　　4 360

　　贷：主营业务收入　　　　　　　　　　　　8 000

　　　　应交税费——应交增值税（销项税额）　1 360

10.4　提高练习

本章主要介绍了企业往来业务涉及的会计处理，包括对各类应收、应付、预收及预付款项的账务处理。学习完本章后，读者应该能够轻松处理企业一般业务中涉及的应收、应付、预收及预付款项。下面将通过对工作中实际可能发生事项的账务处理来检查读者对本章内容的掌握情况。

10.4.1 应收款项的账务处理

2016 年 2 月，深圳星辉有限公司发生与应收款项相关的业务如下（涉及货款支取的业务均采用银行存款）。

（1）3 日，收到 1 月 22 日销售给宏达公司的商品货款 24 500 元，双方当时签订的现金折扣条件为：2/15，1/20。

（2）7 日，销售商品一批给梧州公司，商品价款为 8 000 元。双方约定的商业折扣条件为：若采购价款达到 5 000 元，给予 2% 的商业折扣。货款未收。

（3）11 日，收到客户万舟公司预付的购货款 5 000 元，存入银行。

（4）15 日，发出万舟公司采购货物，并开出增值税专用发票，发票上注明的价款为 6 000 元，增值税税额为 1 020 元。尾款未收。

（5）18 日，收到上月 31 日销售给宏达公司的商品款，合同价为 12 000 元。双方当时约定的现金折扣条件为：2/10，1/20。

（6）21 日，收到万舟公司支付的 12 日所欠尾款，存入银行。

（7）23 日，销售商品一批给广茂公司，价值 30 000 元。收到票面价值为 35 100 元的带息商业汇票一张，利率为 4%。

要求：根据上述业务描述编制会计分录。

> **答案参见随书光盘**
>
> 本书配套\练习答案\第10章\提高练习\应收款项的账务处理.docx

10.4.2 应付款项的账务处理

2016 年 2 月，深圳星辉有限公司发生与应付款项相关的业务如下（假设下列款项均采用银行存款支付）。

（1）2 日，预付供应商宏达公司商品采购款 5 000 元。

（2）9 日，收到宏达公司商品与增值税专用发票，发票上注明的价款为 9 000 元，增值税税额为 1 530 元，余款未付。

（3）12 日，支付所欠宏达公司尾款。

（4）14 日，向供应商江原公司采购商品一批，货款为 11 000 元，双方约定的商业折扣条件为：若所购买商品价款大于 10 000 元，享受 1% 的商业折扣；约定的现金折扣条件为：2/15，1/20。开出不带息商业汇票一张。

（5）19 日，支付上月 30 日向慧商公司购货的货款。该批货款价值为 8 000 元，双方当时约定的现金折扣条件为：2/10, 1/20元, 计算现金折扣时要考虑增值税税额。

　　（6）21日, 2015年11月30日开给汇丰公司的商业承兑汇票20 000元到期后, 无法支付, 将该票据转销。

　　（7）28日, 支付14日向江原公司购买商品的货款。

　　要求: 根据上述业务描述编制会计分录。

📀 **答案参见随书光盘** ◀

　　本书配套\练习答案\第10章\提高练习\应付款项的账务处理.docx

疑难问答 Difficult Questions

❶ 应收账款与其他应收款、应付账款与其他应付款的区别

Q1 在会计科目表中, 除"应收账款"和"应付账款"外, 还包括"其他应收款"和"其他应付款", 这两个科目是否也可以核算企业间的往来业务呢?

A1 虽然"其他应收款"与"应收账款"都是资产类科目, 且都属于企业的债权, 但两者却有较大的区别。当企业和企业之间存在债权债务关系时, 应使用"应收账款"科目进行核算, 如赊销货物、垫付的运费等; 而"其他应收款"科目一般核算的是企业和个人之间的债权债务关系, 如预支给员工的差旅费、代职工支付的个人所得税税费、职工个人部分社保, 以及收取的押金或包装物租金等, 均应在"其他应收款"科目中核算。

同理, "应付账款"科目多用于与供应商的业务往来, 如因企业购买商品、材料物资和接受劳务供应等而应付给供应单位或个人的款项, 应在"应付账款"科目中核算; 而"其他应付款"则常用于其他比较零散的往来项目, 其应用范围比较"杂", 如企业应付租入包装物的租金、存入保证金、应支付扣取的职工个人所得税税款等, 均应在"其他应付款"科目中核算。

❷ 商业折扣与现金折扣对增值税缴纳的影响

Q2 商品购销业务涉及商业折扣与现金折扣时, 是否只要出示交易双方关于该约

定的证明（合同等），就可按照会计处理原则进行处理？

A2 对于购销业务中涉及的商业折扣，在实务中存在以下两种做法：

①按照折扣后的金额开具发票，并确认收入，计算销项税额。

②将未扣除折扣前的销售额与折扣额开在同一份发票上，并确认收入，计算销项税额。

上述两种做法均可按照扣除折扣后的金额缴纳增值税，因为确认的收入是按照扣除商业折扣后的金额计算的，因此涉及商业折扣销售的，应缴纳的增值税税额会减少。但需注意的是，若销售方将折扣前的销售额与折扣额分别列在不同发票上，或将折扣额列在同一张发票的备注栏，则应按照扣除折扣前的金额缴纳增值税。

对于购销业务中涉及的现金折扣，由于现金折扣是销售后的行为，因此该金额不会在发票中体现，因此其不影响销售的确认。所以涉及现金折扣的销售，应缴纳的增值税税额没有变化。

但读者需注意，由于销售方将现金折扣作为财务费用处理，财务费用作为计算本年利润的抵减项，因此财务费用增加会使得本年应缴纳的企业所得税减少。所以现金折扣虽然对增值税的缴纳没有影响，但其对企业所得税的缴纳是有影响的。

❸ 带息票据对企业收入的影响

Q3 **企业开具带息商业汇票购买商品时，若该票据的面值与到期利息之和大于所购买商品的价款，那企业做这笔买卖不是会吃亏吗？**

A3 在这种情况下企业开具的带息商业汇票，到期时由于购买方需要支付利息，因此其实际支付的款项可能确实大于所购商品的实际价值，但这并不是一笔一定亏损的买卖，原因如下：例如，若所购买的商品比较短缺，供不应求，那么购买方可以采取这种方式尽快采购到所需商品；另外，由于购货方签发商业汇票并不需要及时支付款项，因此在收到商品与实际支付货款之间存在一定的时间差，这可以看作是购买方无偿使用销售方的产品，对于应支付的这笔资金，购买方也可以进行投资，若投资收益率大于商业汇票的利率，那么购买方不仅不会亏损，相反还可以赚取收益。

第 11 章

妥善保管企业资产——
固定资产和存货的核算

本 章 导 读

固定资产和存货是企业资产的重要组成部分，它们的核算贯穿企业经营的始终。本章将以一般工业、商业企业的业务为基础，介绍企业固定资产和存货核算的具体内容。

本章中，有关固定资产的核算，主要从固定资产的基本概念出发，介绍了固定资产从取得到离开企业所涉及事项的账务处理，包括固定资产确认、计提折旧、报废、毁损等的账务处理；有关存货的核算，主要从存货的不同类别出发，分别介绍了各类主要存货在企业所处不同状态中的账务处理，包括存货的计价方法、购入存货的账务处理、发出存货的账务处理、存货发生跌价准备的账务处理、存货盘点的账务处理等。

通过本章内容，读者可以了解固定资产与存货业务核算所涉及单据的填写方法、对于不同单据应做怎样的账务处理等。

精彩内容

▶ **固定资产的核算**：取得固定资产的核算、固定资产的日常核算、处置固定资产的核算。

▶ **存货的核算**：存货的一般概念、存货的日常核算、存货的期末核算。

固定资产与存货都属于有形资产。在实际工作中，会计人员应掌握区分固定资产与存货的方法，两者的期初处理、日常处理与期末处理等。由于固定资产与存货有一定的相似性，且有的读者容易混淆两者的账务处理，因此本章将两者放在一起，进行对比学习。

11.1 固定资产的核算

固定资产是企业的核心资产，价值一般比较高，固定资产主要为企业的生产经营提供服务。如生产产品所需的厂房、机器设备，日常管理所需的办公楼、办公桌、打印机等办公设备，日常交通所需的小汽车等，都属于企业的固定资产。由于固定资产的使用期限比较长，且类型多样，因此加强固定资产的核算工作对企业至关重要。

固定资产的核算可分为取得、使用、处置三个流程，其中，固定资产取得的核算关键在于确定固定资产的入账价值；使用固定资产的核算主要包括对固定资产折旧的核算、固定资产减值的核算以及定期对固定资产进行盘点的核算；固定资产处置的核算关键在于确定固定资产的处置损益。

11.1.1 取得固定资产的核算

固定资产是指同时满足以下特征的有形资产。

● **持有目的**：为生产商品、提供劳务、出租或经营管理而持有。

● **使用寿命**：使用寿命超过一个会计年度。

1 │固定资产的确认

一般来说，并非所有满足固定资产特征的资产都可以作为固定资产进行会计核算，只有同时满足以下两个条件时，才能确认为固定资产。

● **收益条件**：与该固定资产有关的经济利益很可能流入企业。

● **成本条件**：该固定资产的成本能够可靠计量。

对于收益条件，可以从所有权方面进行考查：凡是所有权归企业的，不论企业是否收到或持有该项固定资产，均可作为企业的固定资产。判断某项资产的所有权是否归属于企业，通常以是否收到相关凭证为依据。

对于成本条件，如果能够根据最新的资料，合理估计固定资产的成本，就可以确认为企业的固定资产。在确认固定资产成本时，还需注意以下两个问题。

● **分别确认固定资产**：如果固定资产的各个组成部分具有不同的使用寿命，或以不同的方式为企业提供经济利益、适用不同折旧方法或折旧率的，应分别将各个组成部分确认为单项固定资产。

● **固定资产成本的增加**：如果与固定资产有关的后续支出满足固定资产确认条件的，应当增加该固定资产的成本；不满足固定资产确认条件的，应当在后续支出发生时计入当期损益。

> **经验之谈** 确定固定资产是否属于企业的相关凭证主要是指购货发票。除此之外，有关资产转让协议、捐赠协议等经审核后也可作为确定固定资产的相关凭证。对于融资租入固定资产，虽然企业不拥有其所有权，但企业能够控制该项固定资产包含的经济利益，即企业已经实际控制了该项固定资产，因此可以按照融资租赁协议确认固定资产。

2 │ 不同取得方式下固定资产入账价值的确定

固定资产的取得方式非常多样，主要有外购固定资产、自行建造固定资产、投资者投入固定资产、接受捐赠固定资产和租入固定资产等。固定资产的入账价值是指企业构建某项固定资产达到预定可使用状态前发生的一切合理的、必要的支出。

（1）外购的固定资产

企业外购的固定资产，应按照实际支付的购买价款、相关税费、使固定资产达到预定可使用状态前发生的可归属于该项固定资产的运输费、装卸费、安装费以及专业人员服务费等，作为固定资产的取得成本。

若企业为增值税一般纳税人，则其购入机器等固定资产的增值税应作为进项税额抵扣，不计入固定资产成本。若购入的固定资产需要安装，则安装过程中发生的可归属于该项固定资产的安装调试费等费用也应作为固定资产的取得成本。

（2）自行建造的固定资产

企业自行建造的固定资产，应当按照建造该项固定资产达到预定可使用状态前发生的必要支出，如工程用物资成本、人工成本、缴纳的相关税费、盈余资本化的借款利息等，作为固定资产的成本。

（3）投资者投入的固定资产

投资者投入的固定资产，应当按照投资合同或协议上约定的固定资产价值加上应支付的相关税费，作为固定资产成本，但合同或协议约定价值不公允的除外。

例 11-1

投资协议中约定的固定资产价值不公允的处理

8月6日，A公司收到投资者投入厂房一幢，投资协议中约定该厂房的价值为500万元。但根据该厂房所在地的房地产交易情况可知，同地段、同面积、质量类似的厂房的交易平均价为300万元。那么该厂房应以什么价格入账？

┃ **专家解答** ┃

在本例所述情况下，约定的价值与房地产市场上厂房的公允价值相差 200 万元，明显可以判断约定价值不公允。因此，A 公司收到该厂房时不得以约定价值 500 万元入账，而应该以其公允价值 300 万元入账。

（4）接受捐赠的固定资产

企业接受捐赠获得的固定资产，应按照捐赠协议上注明的金额确认固定资产成本。

> 由于企业取得固定资产一般采用外购的方式，因此本书将重点介绍外购固定资产的账务处理。

（5）租入的固定资产

租入的固定资产，若属于经营租赁的，不应确认固定资产；若属于融资租赁的，应当在租赁开始日，将该项租赁资产原账面价值与最低租赁付款额现值相比中的较低者，作为融资租入固定资产的入账价值，将最低租赁付款额作为长期应付款的入账价值，并将两者的差额计入未确认融资费用。

知识补充
账面余值、账面净值与账面价值是一组容易混淆的概念，以固定资产为例，三者的区别如下。
①账面余值=固定资产的原价（入账金额）
②账面净值=固定资产原价－计提的累计折旧
③账面价值=固定资产原价－计提的减值准备－计提的累计折旧

3 ┃ 取得固定资产的账务处理

企业外购固定资产是否达到预定可使用状态，需要根据具体情况进行判断：如果购入不需安装的固定资产，则直接根据采购发票上的价款及相关费用作为固定资产的入账价值；如果购入需要安装的固定资产，则应先将该资产的购入成本与发生的安装费用在"在建工程"科目中进行归集，待安装完成、达到预定可使用状态后，再将"在建工程"科目中归集的金额转入"固定资产"科目，作为固定资产的入账价值。

（1）取得不需安装固定资产的账务处理

企业外购不需安装的固定资产时，应编制如下会计分录。

借：固定资产
　　应交税费——应交增值税（进项税额）
　　贷：银行存款等

（2）取得需要安装固定资产的账务处理

企业外购需要安装的固定资产时，其账务处理主要包括以下三步。

①购入固定资产

借：在建工程

    应交税费——应交增值税（进项税额）

      贷：银行存款等

②安装领用物资或支付价款等

借：在建工程

      贷：原材料

          银行存款等

③将在建工程转入固定资产

借：固定资产

      贷：在建工程

例 11-2

购入不需安装固定资产的账务处理

2016 年 1 月 18 日，由于销售需要，成都长舟商贸有限公司购置了一辆面包车，该车不含税价格为 50 000 元，增值税税额为 8 500 元，车辆购置税税额为 5 000 元。开具转账支票支付上述款项后，取得了机动车销售统一发票与车辆购置税的完税凭证。车辆购置税完税凭证如图 11-1 所示，机动车销售统一发票如图 11-2 所示。

中华人民共和国
税收通用缴款书

No.1569856

注册类型：   填发日期：2016年1月18日   征收机关：成都市成华区税务局

纳税人代码	156298741256321		地址	成都市高新区益州路192号		
纳税人名称	成都长舟商贸有限公司		税款所属时间	2016年1月18日		
税种	品目名称	课税数量	计税金额或销售收入	税率或单位税额	已免或扣除额	实缴金额
车辆购置税	车辆购置税	1辆	¥50 000.00	10%	—	¥5 000.00
金额合计（大写）		伍仟元整				¥5 000.00
税务机关（盖章）征税专用章	委托代征单位（盖章）		填票人 姜明明	备注	东风小康 C37 101	

第一联 国库（银行）收款盖章

后 退缴款单（人）作完税凭证 收据

图11-1 车辆购置税完税凭证

机动车销售统一发票

发票代码：1256987435
发票号码：98531246

开票日期：2016年1月18日

机打代码	20162153549782	税控码		6<*49>42/>5<<58248>+>/061 −+7*<85/98>>50>48+>*871− 30>−59/8−4/6+747>+<78*3<98
机打号码	0031895			
机器编号	900785136549			
购货单位 （人）	成都长舟商贸有限公司	身份证号码/组织机构代码证		23678941025
车辆类型	客车	厂牌型号	东风小康 C37 101马力 1.4L	产地	重庆
合格证号	5641789321	进口证明书号	N/A	商检单号	N/A
发动机号	1598741K	车辆识别号/车架号码		LM LN V ××××××××××
价税合计	人民币伍万捌仟伍佰元整		小写 ¥58 500.00		
销货单位名称	成都树海汽车销售有限公司		电话	023−25698741	
纳税人识别号	510104259511327		账号	5965478912301456	
地址	成都市永盛路2号	开户银行		中国工商银行新北支行	
增值税税率或征收率	17%	增值税税额	¥8 500.00	主管税务机关及代码	成都市成华区税务局 44889966
不含税价	小写¥50 000.00	吨位	3吨	限乘人数	10人

销货单位盖章　　　　　　　　　开票人 宋超　　　　　　　　　备注：一车一票

图 11-2 机动车销售统一发票

对于该笔固定资产采购业务，会计人员应怎样进行账务处理？

专家解答

汽车类固定资产属于不需安装的固定资产，因此可根据相关单据，直接将采购金额作为固定资产的成本入账。会计人员对于该笔业务的账务处理如下。

①计算固定资产的入账价值。根据现行增值税法律制度的规定，购置固定资产中包含的增值税税额可作为进项抵扣，因此，该项固定资产的成本 = 不含税价 + 相关税费（车辆购置税）=50 000+5 000=55 000（元）。

②填制记账凭证。相关会计分录如下。

借：固定资产——汽车　　　　　　　　　　55 000
　　应交税费——应交增值税（进项税额）　 8 500
　　　贷：银行存款　　　　　　　　　　　　　　　63 500

经验之谈　　　对于企业用车，若登记的车主为公司，则与该车相关的油费、清洗费、修理费等可以作为费用，在计算所得税前扣除；若是以投资者名义或其他个人名义购买的，则相关费用不得作为公司的费用进行扣除。

11.1.2 固定资产的日常核算

固定资产的日常核算主要是对固定资产折旧的计提、减值准备的计提以及定期盘点差额进行账务处理。

1 │ 固定资产折旧的核算

由于固定资产的金额较多，若等到其无法使用时再将其价值转销，则会对企业造成较大的资金负担。考虑到固定资产具有使用寿命长、单位价值高的特点，应将固定资产在其使用寿命内，对其磨损和消耗进行分摊。

所谓折旧，是指在固定资产使用寿命内，按照确定的方法对应计折旧额进行系统分摊。应计折旧额是指应当计提折旧的固定资产原价扣除其预计净残值后的金额。

（1）固定资产折旧的范围

根据规定，企业应当对所有固定资产计提折旧。但是，已提足折旧仍继续使用的固定资产和单独计价入账的土地除外。

固定资产应当按月计提折旧。当月增加的固定资产，当月不计提折旧，从下月起计提折旧；当月减少的固定资产，当月仍计提折旧，从下月起不计提折旧。

影响固定资产折旧的因素主要有以下四项。

- **固定资产原值**：固定资产原值是指固定资产的取得成本。
- **预计净残值**：预计净残值是指固定资产预计使用寿命已满并处于使用寿命终了时的预期状态，企业目前从该项资产处置中获得的扣除预计处置费用后的金额。

> 预计净残值是会计人员根据一定资料估计的，具有主观性。

- **固定资产减值准备**：固定资产减值准备是指固定资产已计提的减值准备累计金额。
- **固定资产的使用寿命**：固定资产的使用寿命是指企业使用固定资产的预计期间，或者该项固定资产所能生产产品或提供劳务的数量。

除上述因素外，企业确定固定资产使用寿命时，还应当考虑固定资产预计的有形损耗与无形损耗、法律或者规定对固定资产使用寿命的限制等。

（2）固定资产计提折旧的方法

企业应当根据与固定资产有关的经济利益的预期实现方式，合理选择固定资产折旧方法。可选用的折旧方法有年限平均法、工作量法、双倍余额递减法和年数总和法等，其中，双倍余额递减法与年数总和法属于加速折旧法。

①年限平均法

年限平均法又称直线法，是指将固定资产的应计折旧额均匀地分摊到固定资产预计使用寿命内的一种方法。折旧的计算公式如下。

$$预计净残值率 = \frac{预计净残值}{原始价值} \times 100\%$$

$$年折旧额 = \frac{原始价值 - 预计净残值}{预计使用年限} = 原始价值 \times 年折旧率$$

$$年折旧率 = \frac{年折旧额}{原始价值} \times 100\% = \frac{1 - 预计净残值率}{预计使用年限} \times 100\%$$

$$月折旧额 = 年折旧额 \div 12$$

②工作量法

工作量法是指根据实际工作量计算每期应提折旧额的一种方法。折旧的计算公式如下。

$$单位工作量折旧额 = \frac{固定资产原值 \times (1 - 预计净残值率)}{预计总工作量}$$

$$固定资产每期折旧额 = 单位工作量折旧额 \times 该项固定资产当期工作量$$

③双倍余额递减法

双倍余额递减法是指在不考虑固定资产净残值的情况下，根据每期期初固定资产账面净值和双倍的直线法折旧率计算固定资产折旧的一种方法。折旧的计算公式如下。

> 💡 双倍余额递减法是唯一一个在期初计算折旧值时不考虑净残值的方法。

$$年折旧率 = \frac{2}{预计使用年限} \times 100\%$$

$$年折旧额 = 固定资产账面净值 \times 年折旧率$$

④年数总和法

年数总和法又称合计年限法，是指经固定资产的原值减去预计净残值后的净额，乘以逐年递减的折旧率计算折旧额的方法。折旧率分子表示固定资产尚可使用年限，分母表示各年使用年数的总和。折旧的计算公式如下。

延伸阅读
年中购入
固定资产每
年折旧额的
计算

$$年折旧率 = \frac{尚可使用年限}{预计使用年限的年数总和} \times 100\%$$

$$= \frac{预计使用年限 - 已使用年限}{预计使用年限 \times (预计使用年限 + 1) \div 2} \times 100\%$$

$$年折旧额 = (固定资产原值 - 预计净残值) \times 年折旧率$$

$$月折旧率 = 年折旧率 \div 12$$

$$月折旧额 = (固定资产原价 - 预计净残值) \times 月折旧率$$

例 11-3 固定资产折旧额的计算

2016 年 1 月 4 日，长舟公司购入一辆汽车，取得增值税专用发票上注明的价款为 120 000 元，增值税税额为 20 400 元。已知该汽车的预计使用年限为 12 年，预计净残值率为 6%。长舟公司将该汽车提供给经理使用，预计总行驶里程为 1 000 000km。若 2 月该汽车行驶的里程数为 7 000km，分别计算在年限平均法、工作量法、双倍余额递减法、年数总和法下该汽车每月折旧额为多少？

专家解答

根据资料，该汽车的入账价值为 120 000 元。不同折旧方法下，该汽车 2 月应计提的折旧额计算如下。

①年限平均法

$$年折旧率 = \frac{1 - 预计净残值率}{预计使用年限} \times 100\% = \frac{1 - 6\%}{12} \times 100\% = 7.8\%$$

年折旧额 = 原始价值 × 年折旧率 = 120 000 × 7.8% = 9 360（元）

2 月应计提的折旧额 = 年折旧额 ÷ 12 = 9 360 ÷ 12 = 780（元）

②工作量法

$$单位工作量折旧额 = \frac{固定资产原值 \times (1 - 预计净残值率)}{预计总工作量} = \frac{120\,000 \times (1 - 6\%)}{1\,000\,000} = 0.11$$

（元 /km）

2 月应计提的折旧额 = 单位工作量折旧额 × 7 000 = 0.11 × 7 000 = 770（元）

③双倍余额递减法

$$年折旧率 = \frac{2}{预计使用年限} \times 100\% = \frac{2}{12} \times 100\% = 17\%$$

年折旧额 = 固定资产账面净值 × 年折旧率 = 120 000 × 17% = 20 400（元）

2 月应计提的折旧额 = 年折旧额 ÷ 12 = 20 400 ÷ 12 = 1 700（元）

④年数总和法

$$年折旧率 = \frac{尚可使用年限}{预计使用年限的年数总和} \times 100\%$$

$$= \frac{12}{12 + 11 + 10 + 9 + 8 + 7 + 6 + 5 + 4 + 3 + 2 + 1} \times 100\%$$

$$= \frac{12}{78} \times 100\% = 15\%$$

年折旧额 =（固定资产原价 – 预计净残值）× 年折旧率 =（120 000-120 000×6%）×15%=16 920（元）

2 月应计提的折旧额 = 年折旧额 ÷ 12=16 920÷12=1 410（元）

通过上述计算可以发现，不同折旧方法下计算的同一固定资产每期折旧额是不同的，且采用加速折旧法下计算的折旧额和采用非加速折旧方法下计算的折旧额存在较大差异。

> **知识补充**
>
> 在确定固定资产预计残值率时，内资企业一般为5%，外资企业一般为10%。企业可以根据固定资产的性质和使用情况，确定适用的预计净残值。关于固定资产折旧年限，税法中做了相关规定，如表11-1所示。

表11-1 固定资产最低折旧年限规定

固定资产种类	最低折旧年限
房屋、建筑物	20年
飞机、火车、轮船、机器、机械和其他生产设备	10年
与生产经营活动有关的器具、工具、家具等	5年
除飞机、火车、轮船以外的运输工具	4年
大型设备、器械	10年
电子设备	3年

（3）固定资产计提折旧的账务处理

计提固定资产折旧时，应将折旧额记入"固定资产"科目的备抵科目"累计折旧"中，同时，应根据固定资产的具体用途将折旧额计入相关的成本或损益类科目。根据固定资产使用主体的不同，其折旧额应按照以下方法计入相关科目。

> 财务部门使用的固定资产，其折旧额应记入"管理费用"，而非"财务费用"。

● 基本生产车间使用的固定资产，其折旧额应记入"制造费用"科目。

● 管理部门使用的固定资产，其折旧额应记入"管理费用"科目。

● 销售部门使用的固定资产，其折旧额应记入"销售费用"科目。

● 自行建造固定资产过程中使用的固定资产，其折旧额应记入"在建工程"科目。

● 采用经营租赁方式出租的固定资产，其折旧额应记入"其他业务成本"科目。

● 未使用的固定资产，其折旧额应记入"管理费用"科目。

具体计提折旧时，相关会计分录如下。

借：制造费用/管理费用/销售费用/在建工程/其他业务成本等

　　贷：累计折旧

2 ｜固定资产减值的核算

（1）固定资产减值的概念

固定资产减值是指在固定资产的使用过程中，可能会由于损坏、技术陈旧或者其他经济原因，发生其可收回金额低于其账面价值的情况。

企业应当于期末对固定资产进行检查，如发现其存在减值迹象，即如果固定资产的可收回金额低于其账面价值，则应当按可收回金额低于其账面价值的差额计提减值准备，并计入当期损益。

（2）计提固定资产减值准备的账务处理

当经减值测试确认固定资产已经发生减值的，企业应当按照减值的金额计提固定资产减值准备，相关会计分录如下。

借：资产减值损失

　　贷：固定资产减值准备

3 ｜固定资产盘点的核算

固定资产是企业重要的资源，具有使用价值高、使用周期长的特点，为了确保固定资产的安全与完整，企业应加强固定资产管理，定期对固定资产进行盘点清查。固定资产清查一般可分为全面清查与局部清查，其中全面清查一般在年末会计决算前进行，而局部清查一般在日常经营中，根据需要对部分固定资产开展。

（1）固定资产盘点的程序

在固定资产的盘点中，会计人员如果发现盘盈、盘亏等情况，则应及时查明原因，并按照规定程序报批处理。在实际操作中，会计人员应填制"固定资产盘盈（亏）报告表"，作为账务处理的依据。

（2）固定资产盘点的账务处理

①盘盈固定资产的账务处理

盘盈固定资产在工作中非常罕见，在一般情况下，出现固定资产盘盈可能是由于当初漏记造成的，因此对于盘盈的固定资产，在记录固定资产增加的同时，还应进行以前年度损益调整。盘盈固定资产涉及的会计分录如下。

a．调整固定资产账面价值

借：固定资产

　　贷：以前年度损益调整

b．调整所得税

借：以前年度损益调整

　　贷：应交税费——应交所得税

c．结转以前年度损益调整

借：以前年度损益调整

　　贷：利润分配——未分配利润

> **知识补充**
>
> 　　企业盘盈的固定资产属于营业外收入，在账务处理中采用"以前年度损益调整"科目对营业外收入进行调整。由于营业外收入增加，导致本年利润增加，因此应对增加的利润缴纳所得税；同时，增加的利润扣除缴纳的所得税费用后，表现为最终留在企业的"本年利润"，其应转入"利润分配"科目。因此，就出现上述"b""c"会计分录。

例 11-4

▶ 固定资产盘盈的账务处理

　　2015 年 12 月 31 日，长舟公司会计对固定资产进行盘点时，发现多出了一台戴尔电脑。经调查，该电脑的市场价格为 4 000 元。已知长舟公司适用的企业所得税税率为 25%，则会计人员应怎样对这台盘盈的电脑进行处理？

┃专家解答┃

　　对于该笔盘盈的固定资产，会计人员应按照以下步骤进行处理：

①编制"固定资产盘盈报告表"。

②将固定资产盘盈报告表交由会计主管与单位负责人审批。经审批后的固定资产盘盈报告表如表 11-2 所示。

表 11-2 固定资产盘盈报告表

2015年12月31日

固定资产编号	名称	单位	数量	重置价值	盘盈原因
006	戴尔电脑	台	1	4000元	以前未入账

单位负责人：尹志彬　　　　　　会计主管：赵慧　　　　　　盘点人：宋湘

③根据经审批后的固定资产盘盈报告表填制记账凭证。相关会计分录如下。

a．调整固定资产账面价值

借：固定资产——戴尔电脑　　4 000

　　贷：以前年度损益调整　　　　4 000

b．调整所得税。应补缴的企业所得税金额 =4 000×25%=1 000（元）

借：以前年度损益调整　　　　　　1 000

　　贷：应交税费——应交所得税　　1 000

c．结转以前年度损益调整。结转的以前年度损益调整金额 =4 000-1 000= 3 000（元）

借：以前年度损益调整　　　　　　3 000

　　贷：利润分配——未分配利润　　3 000

②盘亏固定资产的账务处理

盘亏固定资产的账务处理与现金盘亏的账务处理类似，即先将盘亏固定资产的账面价值转入"待处理财产损溢"科目，经审批后，将"待处理财产损溢"科目转出，属于应由保险公司或相关责任人赔款的，记入"其他应收款"科目，属于其他原因的，记入"营业外支出"科目。相关会计分录如下。

a．将固定资产的账面价值转入待处理财产损溢

借：待处理财产损溢——待处理非流动资产损溢

　　累计折旧

　　固定资产减值准备

　　贷：固定资产

b．经审批后，将盘亏损失转出

借：营业外支出——固定资产盘亏损失

　　其他应收款——保险公司赔款

　　其他应收款——相关责任人赔款

　　贷：待处理财产损溢——待处理非流动资产损溢

例
11-5

固定资产盘亏的账务处理

2015 年 12 月 31 日，长舟公司会计人员对公司固定资产进行盘点时，发现盘亏了一台打印机，该打印机原价为 5 000 元，已计提折旧 2 200 元，已计提减值准备 200 元。经调查后发现，由于行政人员孙茂林管理不当导致该打印机丢失，经公司领导批准，由其赔偿 1 000 元。针对该项盘亏业务，会计人员应怎样处理？

专家解答

对于盘亏的打印机，会计人员应按照以下步骤进行处理。

①编制"固定资产盘亏报告表"。

②将固定资产盘亏报告表交由会计主管与单位负责人审批。经审批后的固定资产盘亏报告表如表 11-3 所示。

表 11-3 固定资产盘亏报告表

2015年12月31日

固定资产编号	名称	单位	数量	盘亏或毁损				附注
				入账价值	已提折旧	已提减值	账面价值	
008	打印机	台	1	5 000	2 200	200	2 600	孙茂林赔偿1 000元

单位负责人：尹志林　　　会计主管：赵慧　　　盘点人：宋湘

③根据经审批后的固定资产盘亏报告表填制记账凭证。相关会计分录如下。

a．转出打印机的账面价值

借：待处理财产损溢——待处理非流动资产损溢　2 600

　　累计折旧　　　　　　　　　　　　　　　　2 200

　　固定资产减值准备　　　　　　　　　　　　200

　　贷：固定资产——打印机　　　　　　　　　　　　5 000

b．经审批后，将盘亏损失转出

借：营业外支出——固定资产盘亏损失　　　　　1 600

　　其他应收款——孙茂林　　　　　　　　　　1 000

　　贷：待处理财产损溢——待处理非流动资产损溢　　2 600

11.1.3 处置固定资产的核算

企业在生产经营过程中，可能由于报废、毁损、技术进步等原因，不再使用某些固定资产，所以要对其进行处置。企业处置固定资产时，应当按照规定的程序办理相关手续，结转固定资产的账面价值，计算清理收入、清理费用和残料价值等。

1 │ 处置固定资产的程序

企业处置固定资产时应遵循一定的程序，如图11-3所示。

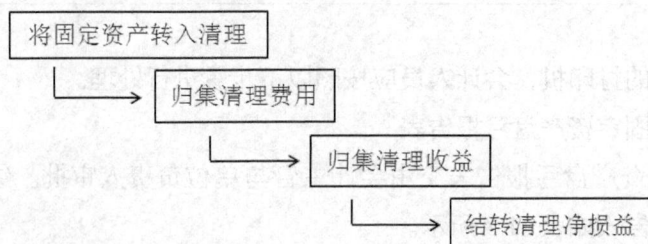

图 11-3 处置固定资产的程序

根据《企业会计准则》的规定，固定资产满足以下条件之一的，应当予以终止确认。

● **该项固定资产处于处置状态**：处于处置状态的固定资产不再用于生产商品、提供劳务、出租或经营管理，因此不再符合固定资产的定义，应予终止确认。

● **该项固定资产预期通过使用或处置不能产生经济利益**：固定资产的确认条件之一是"与该项固定资产有关的经济利益很可能流入企业"，如果一项固定资产预期通过使用或处置不能产生经济利益，那么它就不再符合固定资产的定义和确认条件，应予终止确认。

2 │ 处置固定资产的账务处理

企业应设置"固定资产清理"科目，对固定资产因出售、报废和损毁等原因转入清理的价值及其清理过程中发生的清理费用和清理收入进行核算。"固定资产清理"科目借方登记转入清理的固定资产的净值、清理过程中发生的清理费用及应缴纳的税金，贷方登记清理固定资产的变价收入、保险公司赔偿或过失人赔款等，该科目余额既可能在借方，也可能在贷方，反映企业尚未清理完毕的固定资产价值及其清理净损益。

在实务中，处置固定资产时涉及的账务处理可分为以下四步。

（1）将固定资产转入清理

将固定资产转入清理是指将固定资产的原值、累计折旧等转入"固定资产清理"科目。相关会计分录如下。

借：固定资产清理

　　累计折旧

　　贷：固定资产

（2）归集清理费用

固定资产清理过程中发生的清理费用等，应在"固定资产清理"科目中进行归集，主要包括直接清理费用和相关税费。相关会计分录如下。

借：固定资产清理

　　贷：银行存款

　　　　应交税费

（3）归集清理收益

固定资产清理过程中产生的收益项目，也应在"固定资产清理"科目中进行归集，主要包括出售固定资产的价款、残料价值、变价收入以及保险公司赔偿等。相关会计分录如下。

借：银行存款（固定资产出售价款、变价收入等）

原材料（残料价值）

其他应收款（应收保险公司赔偿等）

贷：固定资产清理

（4）结转清理净损益

完成上述步骤后，应将"固定资产清理"科目的余额转销，即结转清理净损益。若为净损失，应记入"营业外支出"科目；若为净收益，应记入"营业外收入"科目。相关会计分录如下。

①结转清理净损失

借：营业外支出——处置非流动资产损失（生产经营期间的正常损失）

——非常损失（自然灾害等非正常原因造成的损失）

贷：固定资产清理

②处置清理净收益

借：固定资产清理

贷：营业外收入——处置非流动资产收益

例 11-6

处置固定资产的账务处理

2016 年 4 月 12 日，长舟公司管理部门申请处置一套办公桌。该办公桌于 2011 年 9 月购入，原价为 3 000 元，预计使用年限为 5 年，已使用 4 年。由于该办公桌磨损较为严重，表面出现较多裂痕，已影响正常办公，因此管理部门提出处置该办公桌。处置过程中，支付搬运材料费 50 元，取得材料变价收入 200 元。假设上述款项都采用现金支付。对于处置该办公桌的业务，会计人员应怎样进行处理？

专家解答

对于该办公桌的处置，会计人员应按照以下步骤进行。

①根据管理部门的申请，编制"固定资产处置报告单"。

②将"固定资产处置报告单"交由使用部门主管与单位负责人审批。审批后的"固定资产处置报告单"如表 11-4 所示。

表 11-4　固定资产处置报告单

2016年4月12日

固资编号	资产名称	开始使用日期	预计使用年限	原值	净值	保管人	存放地点
602	办公桌	2011年9月	5年	3000	600	周晓	办公室
使用状况		办公桌表面出现较多裂痕，已影响正常办公。					
处置原因		影响正常办公。					
处置方案		变卖材料，可获得材料变价收入200元。					
使用部门主管意见		情况属实，申请报废。		单位负责人意见		情况属实，批准报废。	

会计主管：赵芸　　　　　　　　　　　　　　　　　　制单人：宋湘

③根据经审批后的"固定资产处置报告单"填制记账凭证。相关会计分录如下。

a．将固定资产转入清理

借：固定资产清理　　　　　　　　　　　　　　600

　　累计折旧　　　　　　　　　　　　　　　2 400

　　　贷：固定资产　　　　　　　　　　　　　　3 000

b．归集清理费用

借：固定资产清理　　　　　　　　　　　　　　50

　　　贷：库存现金　　　　　　　　　　　　　　50

c．归集清理收益

借：库存现金　　　　　　　　　　　　　　　200

　　　贷：固定资产清理　　　　　　　　　　　　200

d．结转清理净损益

借：营业外支出——处置非流动资产损失　　450

　　　贷：固定资产清理　　　　　　　　　　　　450

11.2　存货的核算

存货可以看作企业的"存粮"，即留存在企业内部的物资，其属于企业的流动资产。对于产品生产与销售企业而言，存货尤为重要，这是其创收的来源。另外，企业持有存货的数量也极为重要：若存货量过少，当出现大量采购订单时将无法满足供给；若存货量过大，则会造成库存负担。所以对于会计人员而言，做好存货的核算工作，可以为企业运营提供决策依据和生产参考等。

11.2.1 存货的一般概念

存货是指企业在日常活动中持有以备出售或生产的材料或者物资。存货主要存在以下三种形态。

- **存放于库房中**：原材料、包装物、低值易耗品和库存商品等。
- **处于生产中**：在产品、半成品和产成品等。
- **在运输途中**：在途物资等。

存货区别于固定资产等非流动资产的最基本的特征是，企业持有存货的最终的目的是出售。

1 | 存货的种类

不同类型的企业拥有的存货类型存在较大差异。对于工业企业而言，其存货主要包括原材料、包装物、周转材料、在产品、半产品、产成品等；对于商品流通企业而言，其存货主要为库存商品；而对于不涉及商品买卖的企业，其存货主要表现为日常办公用品。

综上所述，存货在企业日常经营中的表现类型主要有以下八类。

- **原材料**：原材料是指主要用于生产产品的原料及主要材料、辅助材料和燃料等。
- **在产品**：在产品是指企业正在制造并尚未完工的产品，包括正在加工的产品、已加工完毕但尚未检验的产品、已检验但尚未办理入库手续的产品。
- **半成品**：半成品是指经过一定生产过程并已检验合格交付半成品仓库保管，但尚未制造完工成为产成品，仍需进一步加工的中间产品。
- **产成品**：产成品是指工业企业已经完成全部生产过程并验收入库，可以按照合同规定的条件送交订货单位或作为商品对外销售的产品。
- **商品**：商品是指商品流通企业外购或委托加工完成验收入库用于销售的劳动产品。
- **包装物**：包装物是指为了包装产品而储备的各种包装容器，如桶、箱、瓶、袋等。
- **低值易耗品**：低值易耗品是指不能作为固定资产的各种用具物品，如工具、玻璃器皿、劳动保护用品等。其特点是单位价值较低，使用期限相对于固定资产较短，在使用过程中保持其原有实物形态基本不变。
- **委托代销商品**：委托代销商品是指企业委托其他单位代销的商品。

知识补充　　根据新会计准则规定，"低值易耗品"与"包装物"都属于"周转材料"科目下的明细科目。但在实际核算中，企业可以根据需要，直接设置"低值易耗品——回形针""包装物——纸皮"等明细科目。

2 │ **存货的确认**

（1）存货的确认条件

企业对某项物资是否属于存货进行确认时，应首先判定其是否满足资产的确认条件；若满足，还应注意将其与固定资产、货币资产等进行区分。与其他类资产相比，确认存货时应关注的内容如表 11-5 所示。

表 11-5 确认存货应关注的内容

对比对象	存货具有的特征
固定资产	具有较强的流动性
无形资产	具有实物形态
货币资金	具有发生损毁的可能

（2）存货成本的确认

存货的来源不同，其成本的构成内容也不同。

● 原材料、库存商品、低值易耗品等通过购买而取得的存货，其成本为采购成本。

● 产成品、在产品、半成品等自制或需委托外单位加工完成的存货，其成本为采购成本、加工成本以及使存货达到目前场所和状态所发生的其他支出之和。

在实务中，各类存货的成本应按以下公式计算。

①外购存货

成本=购买价款+相关税费+运杂费（运输费、装卸费、保险费和包装费等）+运输途中的合理损耗+入库前的挑选整理费用+按规定应计入成本的税费和其他费用

②自制存货

成本=直接材料+直接人工+制造费用等

③委托外单位加工完成的存货

成本=实际耗用的原材料+支付的加工费、运杂费、保险费和运输费+按规定应计入成本的税费

3 │ **存货的计价方法**

企业在日常经营中会不断地购进存货、领用存货，由于不同时间购入存货的价格可能存在不一致，因此发出存货的计价也存在多种方法。在实务中，发出存货的计价方法主要有先进先出法、月末一次加权平均法、移动加权平均法以及个别计价法。

（1）先进先出法

先进先出法是指以先购入的存货应先发出这一实物流转假设为前提，对发出存货进行计价的方法。采用这种方法时，企业应详细、逐笔登记每一批存货的单价及数量，在发出存货时根据先购入的存货先发出的原则，确认发出存货的成本。

（2）月末一次加权平均法

月末一次加权平均法是指以本月期初存货数量加上本月购入存货数量合计作为权

数，计算出存货的加权单位成本，以此为基础计算当月发出存货的成本和期末存货成本的一种方法。其公式如下。

> 加权平均单价=（期初结存存货实际成本+本期购入存货实际成本）÷（期初结存存货数量+本期购入存货数量）

> 本期发出存货实际成本=本期发出存货数量×加权平均单价=期初结存存货实际成本+本期购入存货实际成本－期末存货实际成本

（3）移动加权平均法

移动加权平均法是指在每次进货以后，立即为存货计算出新的加权平均单位成本，作为下次发出存货计价基础的一种方法。其公式如下。

> 加权平均单价=（本次购入存货前结存存货实际成本+本期购入存货实际成本）÷（本次购入存货前结存存货数量+本次购入存货数量）

> 本次发出存货实际成本=本次发出存货数量×加权平均单价

月末一次加权平均法和移动加权平均法的计算方法较为简单，但不利于核算的及时性。需注意的是，在物价变动幅度较大的情况下，按加权平均单价计算的期末存货价值与现行成本有较大的差异。

（4）个别计价法

个别计价法是指每次发出存货的实际成本按其购入时的实际成本分别计价的方法。

经验之谈　　由于个别计价法下，需要对发出和结存存货的各批次进行单独认定，因此工作量比较大。在实际工作中，该种方法只适用于品种不多、单价较高的存货的计价，如房地产存货、船舶、重型机械设备等。

例 11-7　发出存货价值的计算

2016 年 4 月，长舟公司采购及发出库存 A 商品的资料如表 11-6 所示。（数量单位：kg；金额单位：元）

表 11-6　A 商品采购及发出资料

日期	收入			支出			结存		
	单价	数量	金额	单价	数量	金额	单价	数量	金额
2016.04.02	30	100	3 000						
2016.04.08					150				
2016.04.13					80				
2016.04.25	33	80	2 640						
2016.04.30					50				

已知 4 月初 A 商品结余数量为 150kg，单价为 32 元 /kg，金额为 4 800 元。

分别采用先进先出法、月末一次加权平均法、移动加权平均法、个别计价法来计算 4 月末 A 商品相关的结存数据。

┃ 专家解答 ┃

在计算某存货的结存数据时，关键在于发出存货单价的确定，因此，各计价方法下相关数据的计算如下。

①先进先出法

4 月 8 日，发出 A 商品单价 =32（元 /kg），金额 =32×150=4 800（元）；结存 A 商品单价 =30（元 /kg），数量 =100（kg），金额 =30×100=3 000（元）。

4 月 13 日，发出 A 商品单价 =30（元 /kg），金额 =30×80=2 400（元）；结存 A 商品单价 =30（元 /kg），数量 =100-80=20（kg），金额 =30×20=600（元）。

4 月 30 日，发出 A 商品单价分为两部分，其中 20kg 的单价为 30（元 /kg），30kg 的单价为 33（元 /kg），金额 =30×20+30×33=1 590（元）；结存 A 商品单价 =33（元 /kg），数量 =20+80-50=50（kg），金额 =33×50=1 650（元）。

因此，在先进先出法下，4 月末结存 A 商品的单价为 33 元 /kg，数量为 50kg，金额为 1 650 元。

②月末一次加权平均法

发出 A 商品加权平均单价 =（期初结存存货实际成本＋本期购入存货实际成本）÷（期初结存存货数量＋本期购入存货数量）=（4 800+3 000+2 640）÷（150+100+80）=31.64（元 /kg）

本期发出 A 商品实际成本 = 本期发出 A 商品数量 × 加权平均单价 =（150+80+50）×31.64=8 859.2（元）。

4 月 30 日，结存 A 商品数量 =（150+100+80）-（150+80+50）=50（kg），金额 =50×31.64=1 582（元）。

因此，月末一次加权平均法下，4 月末结存 A 商品的单价为 31.64 元 /kg，数量为 50kg，金额为 1 582 元。

③移动加权平均法

4 月 8 日，A 商品发出单价 =（4 800+3 000）÷（100+150）=31.2（元 /kg），金额 =31.2×150=4 680（元）；结存 A 商品单价 =31.2（元 /kg），数量 =100（kg），金额 =31.2×100=3 120（元）。

4 月 13 日，A 商品发出单价 =31.2（元 /kg），金额 =31.2×80=2 496（元）；结存 A 商品单价 =31.2（元 /kg），数量 =100-80=20（kg），金额

=31.2×20=624（元）。

4 月 30 日，A 商品发出单价 =（624+2 640）÷（20+80）=32.64（元 /kg），金额 =32.64×50=1 632（元）；结存单价 =32.64（元 /kg），数量 =20+80-50=50（kg），金额 =32.64×50=1 632（元）。

因此，移动平均加权法下，4 月末结存 A 商品的单价为 32.64 元 /kg，数量为 50kg，金额为 1 632 元。

④个别计价法

由于本例中 A 商品的单价较低，因此不宜采用个别计价法。

11.2.2 存货的日常核算

存货的日常核算主要为购入存货与发出存货的核算，企业应设置"库存商品""原材料""委托代销商品""低值易耗品"等科目对存货的日常业务进行账务处理。

1 | 存货一般核算的账务处理

（1）购入存货的账务处理

企业购入存货时，应编制如下会计分录。

借：原材料 / 库存商品 / 包装物 / 低值易耗品等

应交税费——应交增值税（进项税额）

贷：银行存款等

（2）存货减少的账务处理

存货减少的情况包括生产领用原材料或销售库存商品、原材料等，其账务处理如下。

①生产领用原材料等，应编制如下会计分录。

借：生产成本 / 制造费用 / 在建工程等

贷：原材料等

②销售库存商品时，应将存货的成本转入主营业务成本，应编制如下会计分录。

借：主营业务成本（销售商品时）

其他业务成本（销售原材料时）

贷：库存商品

原材料

2 | 特殊存货核算的账务处理

存货中的低值易耗品，由于其存在摊销情况，因此其账务处理的特殊之处在于摊销时的账务处理。

（1）低值易耗品的摊销方法

低值易耗品的摊销方法包括一次摊销法和五五摊销法。

- **一次摊销法**：一次摊销法是指领用低值易耗品时将其价值一次性计入成本或费用的方法。
- **五五摊销法**：五五摊销法是指低值易耗品在领用时摊销其一半价值，在报废时再摊销其另一半价值的方法。在五五摊销法下，应设置"低值易耗品——在库""低值易耗品——在用""低值易耗品——摊销"科目对低值易耗品进行明细核算。

（2）低值易耗品的账务处理

①一次摊销法下的账务处理

在一次摊销法下，企业领用低值易耗品时，应编制如下会计分录。

a．领用时

借：制造费用 / 管理费用等

　　贷：低值易耗品

b．低值易耗品报废时，存在残值

借：原材料等

　　贷：制造费用 / 管理费用等

②五五摊销法下的账务处理

在五五摊销法下，低值易耗品应设置"在库""在用""摊销"明细科目，分别核算处于不同环节的低值易耗品，相关账务处理如下。

a．购入时

借：低值易耗品——在库

　　贷：银行存款等

b．领用时

借：低值易耗品——在用

　　贷：低值易耗品——在库

同时，摊销低值易耗品价值的一半。

借：管理费用等

　　贷：低值易耗品——摊销

c．报废时，摊销低值易耗品的剩余价值

借：管理费用等

　　贷：低值易耗品——摊销

同时，将"低值易耗品——摊销"与"低值易耗品——在用"明细科目对冲。

借：低值易耗品——摊销

　　贷：低值易耗品——在用

例 11-8

五五摊销法下低值易耗品的账务处理

2016 年 4 月 9 日，长舟公司使用现金购入一批价值 500 元的办公用量具，作为低值易耗品入账。公司会计制度规定低值易耗品采用五五分摊法进行摊销。4 月 15 日，管理部门领用该批量具；4 月 30 日，该批量具报废。在各时间点，会计人员应怎样对该批量具进行账务处理？

专家解答

对该批量具进行账务处理时，会计人员可按照以下三个时间点进行账务处理。

① 4 月 9 日，购入量具时，应编制如下会计分录。

借：低值易耗品——在库　　　500

　　贷：库存现金　　　　　　　　500

② 4 月 15 日，领用量具时，应编制如下会计分录。

借：低值易耗品——在用　　　500

　　贷：低值易耗品——在库　　　500

同时，摊销其价值的一半。

借：管理费用等　　　　　　　250

　　贷：低值易耗品——摊销　　　250

③ 4 月 30 日，报废量具时，应编制如下会计分录。

借：管理费用等　　　　　　　250

　　贷：低值易耗品——摊销　　　250

同时，将"低值易耗品——摊销"与"低值易耗品——在用"明细科目对冲。

借：低值易耗品——摊销　　　500

　　贷：低值易耗品——在用　　　500

11.2.3 存货的期末核算

存货期末核算的内容主要包括存货期末的计价与期末盘点的核算。

1 │ **存货的期末计价**

企业在购入存货时通常以其成本入账，但存货在进入企业后可能发生毁损、价格下跌等情况，所以在会计期末时，存货的价值不一定等于其账面价值。因此，应采用一种方法真实地核算存货的期末价值，这种方法称为成本与可变现净值孰低法。

（1）成本与可变现净值孰低法

《企业会计准则》规定，企业的存货在期末时，按照账面成本与可变现净值孰低法的原则进行计量，对于可变现净值低于存货账面成本的差额，应计提存货跌价准备。

成本与可变现净值孰低法是指对期末存货按照成本与可变现净值两者之中较低者计价的方法，即将成本与可变现净值进行以下比较。

- 当成本低于可变现净值时，期末存货按成本计价。
- 当可变现净值低于成本时，期末存货按可变现净值计价。

（2）存货跌价准备的核算

①存货跌价准备的计提

《企业会计准则》规定，当存在下列情况之一时，应当计提存货跌价准备。

- 市价持续下跌，并且在可预见的未来无回升的希望。
- 企业使用该项原材料生产的产品的成本大于产品的销售价格。
- 企业因产品更新换代，原有库存原材料已不适应新产品的需要，而该原材料的市场价格又低于其账面成本。
- 因企业所提供的商品或劳务过时或消费者偏好改变而使市场的需求发生变化，导致市场价格逐渐下跌。
- 其他足以证明该项存货实质上已经发生减值的情形。

在实务中，若企业有证据表明存货的可变现净值低于成本时，可确定存货已经发生减值，此时应按照两者的差额计提存货跌价准备，编制如下会计分录。

借：资产减值损失

贷：存货跌价准备

企业在计提存货跌价准备前，还应将本期应计提跌价准备与已经计提的跌价准备相比较，若应提数大于已提数，则按照两者的差额补提，编制上述会计分录。

②存货跌价准备的转回

企业计提的存货跌价准备，若以前减记存货价值的影响因素已经消失，减记的金额应当予以恢复，并在原已计提的存货跌价准备金额内转回。转回存货跌价准备时应编制如下会计分录。

借：存货跌价准备

贷：资产减值损失

知识
补充

　　需要注意的是，并不是所有存货都需要计提存货跌价准备。例如，存货的所有权不属于本企业，如受托代销商品等，不需要计提存货跌价准备；存货处于加工或使用过程中，如委托加工产品、在产品等，不需要计提存货跌价准备。

例
11-9

计提存货跌价准备的账务处理

　　长舟公司于 2016 年 3 月 1 日购入一批手机零配件，价值为 3 000 元，3 月 31 日，由于该零配件市场价值持续下跌，因此计提了 100 元的存货跌价准备。4 月 30 日，由于市场回暖，该手机零配件的市场价值上升至 3 200 元。对于上述事项，会计人员应怎样进行账务处理？

┃ **专家解答** ┃

　　本例中涉及的事项，会计人员的账务处理如下。

　　3 月 1 日，该手机零配件的入账价值为 3 000 元。

　　3 月 31 日，由于市场价值持续下跌，在获得相关证据后，可对该手机零配件计提存货跌价准备，会计分录如下。

　　　借：资产减值损失　　　100

　　　　　贷：存货跌价准备　　　100

　　3 月 31 日计提存货跌价准备后，该手机零配件的账面价值 =3 000-100= 2 900（元）。

　　4 月 30 日，市场回暖，该手机零配件的市场价值上升，即以前减记存货价值的影响因素已经消失，因此应将原计提的跌价准备转回。虽然上升后的市场价值大于原入账价值，但只能在原已计提的存货跌价准备金额内转回，所以转回的存货跌价准备金额为 100 元，会计分录如下。

　　　借：存货跌价准备　　　　　　　100

　　　　　贷：资产减值损失　　　　　　　100

2 ┃ 存货盘点的核算

　　存货属于企业的重要资产，企业应定期对存货进行盘点和清查。

　　（1）存货盘点的方法

　　存货的盘点方法主要有实地盘存制和永续盘存制。实地盘存制是指在存货存放地点进行盘点，即通过对期末库存存货的实物盘点，确定期末存货成本和当期销货成本的方法；永续盘存制是指只对存货记录进行清查，即对存货的日常记录既登记收入数，又登记发出数，通过结账能随时反映账面结存数的一种存货核算方法。

（2）存货盘点的账务处理

存货清查发生盘盈、盘亏均通过"待处理财产损溢"科目核算，分为批准前的处理和批准后的处理。批准前的处理即调整账面使账实相符，批准后的处理即为结转。

①存货盘盈的账务处理

存货盘盈时，应及时办理存货入账手续，调整存货的账簿记录。盘盈的存货应按其重置成本作为入账价值。相关会计分录如下。

借：原材料 / 库存商品等

　　贷：待处理财产损溢——待处理流动资产损溢

处理盘盈的存货时，应及时查明原因，按管理权限报经审批后，冲减管理费用，即按照其入账价值编制如下会计分录。

借：待处理财产损溢——待处理流动资产损溢

　　贷：管理费用

②存货盘亏的账务处理

存货盘亏时，应按盘亏的金额调整存货的账簿记录。相关会计分录如下。

借：待处理财产损溢——待处理流动资产损溢

　　贷：原材料 / 库存商品等

处理盘亏的存货时，应及时查明原因，按管理权限报经批准后，分别入账。相关会计分录如下。

借：原材料（残料价值）

　　其他应收款（可收回的保险赔偿和过失人赔偿）

　　管理费用（管理不善等造成的净损失）

　　营业外支出（自然灾害等原因造成的净损失）

　　贷：待处理财产损溢——待处理流动资产损溢

例
11-10　▲　**盘亏存货的账务处理**

　　2016 年 4 月 30 日，长舟公司进行存货清查时，盘亏原材料一批，该批原材料实际成本为 5 000 元。经查明，该批材料损失是由于前段时间发生自然灾害造成的。另外，经过工作人员的补救，收回残料 2 000 元，保险公司赔偿

2 000 元。对于该事项，会计人员应怎样进行账务处理？

专家解答

存货盘亏业务应分为审批前和审批后进行处理。

审批前：

存货盘亏时，将盘亏的数额记入"待处理财产损溢"科目。

借：待处理财产损溢——待处理流动资产损溢　　5 000

　　贷：原材料　　　　　　　　　　　　　　　　　　5 000

审批后：

报经批准后，将收回的残料记入"原材料"科目，将应由保险公司赔偿的部分记入"其他应收款"科目，将无法查明原因的损失记入"营业外支出"科目。无法查明原因的金额为 1 000 元（5 000-2 000-2 000）。相关会计分录如下。

借：原材料　　　　　　　　　　　　　　　　　2 000

　　其他应收款　　　　　　　　　　　　　　　2 000

　　营业外支出　　　　　　　　　　　　　　　1 000

　　贷：待处理财产损溢——待处理流动资产损溢　　5 000

11.3 提高练习

本章主要介绍企业的实物资产——固定资产与存货的核算。其中存货的核算涉及成本的处理将在后面进行介绍。本章只涉及在一般企业中普遍存在的固定资产与存货业务的处理。下面将通过案例练习再次熟悉这些业务的账务处理。

11.3.1 处理固定资产业务

深圳星辉有限公司于 2008 年 1 月 31 日购入一项固定资产，该资产的资料如表 11-7 所示。

表 11-7 固定资产资料

项目	内容	项目	内容
固定资产名称	生产机床	使用部门	生产车间
预计使用年限	8年	入账日期	2008年6月30日
预计净残值率	10%	入账价值	500 000元
折旧方法	年限平均法	货款支付方式	银行存款

2016年5月1日，该项固定资产已无法满足生产需要，公司管理层决定报废该项资产。已知共发生清理费用1 000元，获得机器变价收入30 000元（清理费用以现金支付，变价收入以银行存款收取）。

要求：根据上述资料，分别编制深圳星辉有限公司取得固定资产、每月计提固定资产折旧以及处置固定资产的会计分录。

> 📀 **答案参见随书光盘** ◀
>
> 本书配套\练习答案\第11章\提高练习\处理固定资产业务.docx

11.3.2 处理存货业务

2016年2月1日，深圳星辉有限公司向海天公司购入生产用甲材料。单价为200元/kg，数量为50kg。取得增值税专用发票上注明价款为10 000元，增值税税额为1 700元。材料已验收入库，但货款尚未支付，且未收到发票账单。3月5日，收到发票账单，货款为10 000元，增值税税额为1 700元，深圳星辉有限公司以银行存款支付上述款项。3月31日，由于市场同类材料的价格持续下跌，使该批材料的市场价值降至8 000元。

要求：根据上述资料，编制相应的会计分录。

> 📀 **答案参见随书光盘** ◀
>
> 本书配套\练习答案\第11章\提高练习\处理存货业务.docx

疑难问答 Difficult Questions

❶ 如何区分低值易耗品和包装物

Q1 在存货的种类中，周转材料包括低值易耗品和包装物，两者都是价值低且重复使用的，那么应该怎样区分呢？

A1 读者可以从定义与实例两方面对两者进行区分。包装物是指为包装本企业产品而储备的各种容器，主要包括桶、箱、瓶、坛、袋等。包装物可以在销售过程中借给或租给购货单位使用。而低值易耗品是指企业在业务经营过程中所必需的单项价值比较低或使用年限比较短，不能作为固定资产核算的物质设备和劳动资料。它主要包括工具器具、管理用具、玻璃器皿、劳动用具等。低值易耗品的价值会随其磨损程度逐渐转移到有关的成本或费用中去。

② 固定资产折旧方法的选择

Q2 固定资产有不同的折旧方法，企业是否可以任意选择呢？

A2 在实务中，固定资产的折旧方法并不是任意选择的，企业应根据其生产模式选择固定资产折旧方法。通常企业应采用年限平均法对固定资产计提折旧；若选择其他折旧方法的，应提供相关资料，并到主管税务机关备案。

③ 无形资产与固定资产的联系和区别

Q3 本章只介绍了固定资产核算而没有提及无形资产的核算，两者的账务处理有什么联系或区别吗？

A3 无形资产是指企业拥有或者控制的没有实物形态的可辨认的非货币性资产。它主要包括专利权、非专利技术、商标权、特许权、著作权和土地使用权等。无形资产与固定资产的最大区别在于其没有实物形态。无形资产的取得方式和确认条件等与固定资产类似，在账务处理方面，无形资产与固定资产主要有以下两点区别。

①无形资产的摊销

使用寿命有限的无形资产才进行摊销，使用寿命无法确定或无限的无形资产无须摊销。税法规定，使用寿命有限的无形资产，其最低摊销年限为 10 年。无形资产的摊销应计入"累计摊销"科目。摊销无形资产的会计分录如下。

借：管理费用 / 制造费用等

　　贷：累计摊销

②无形资产的处置

无形资产出售或者无法为企业带来经济利益时，应该予以终止确认。企业处置无形资产时无须将其转入清理，而是直接对清理收益或费用进行核算，并确认清理净损益。处置无形资产的会计分录如下。

借：银行存款（实际收到价款）

　　累计摊销（已计提的累计摊销）

　　营业外支出——处置非流动资产损失（借方差额）

　　贷：无形资产（无形资产原价）

　　　　营业外收入——处置非流动资产利得（贷方差额）

第 12 章

"一分一毫"需记清——生产过程的核算

| 本 章 导 读 |

生产业务的核算是工业企业区别于一般商业企业、文化企业或科技企业会计核算的特有环节，其主要涉及各类成本的归集、计算与分配及其账务处理。

本章将针对工业企业在生产产品过程中可能涉及的业务及事项，介绍企业生产业务涉及的账务处理。虽然本章主要介绍涉及生产业务的核算，但若相关业务或事项在企业其他经营过程中也有所涉及，将会对其做相应的补充和延伸。因此，本章就生产过程中生产资料的消耗为基础，分别介绍了材料费用、职工薪酬和制造费用的归集与分配以及产品成本的核算等。

精彩内容

▶ **材料费用的核算：**计划成本法下材料费用的核算、实际成本法下材料费用的核算。

▶ **职工薪酬的核算：**应付职工薪酬的内容、职工薪酬的账务处理。

▶ **制造费用的核算：**制造费用的归集与分配方法、制造费用的归集与分配的账务处理。

▶ **产品成本的核算：**产品成本核算的一般程序、生产费用在完工产品和在产品之间的分配、结转产品成本的账务处理。

生产业务是工业企业或制造类企业尤为重要的业务，其为销售业务提供了资料，是销售得以实现的基础。企业产品的生产过程即各种生产资料的耗费过程，这些耗费都需要归集、分配给特定的产品，最终形成产品成本，然后从销售收入中获得补偿。

企业生产过程的资金耗费形成了生产费用，按其经济用途可分为直接材料、直接人工和制造费用。

- **直接材料**：构成产品实体的原材料以及有助于产品形成的主要材料和辅助材料。
- **直接人工**：直接从事产品生产的工人的职工薪酬。
- **制造费用**：企业为生产产品和提供劳务而发生的各项间接费用。

12.1 材料费用的核算

本章所指的材料费用是指为生产产品而耗用的直接材料。在核算材料费用时主要是对购入材料、领用材料等进行账务处理。

企业对存货进行日常核算时，有两种可供选择的方法，即实际成本法和计划成本法。实际成本法一般适用于规模较小、存货品种简单、采购业务不多的企业；计划成本法一般适用于存货品种繁多、收发频繁的企业。

12.1.1 计划成本法下材料费用的核算

在计划成本法下，存货的收入、发出和结余均按预先制定的计划成本计价，同时另设"材料成本差异"科目，登记、分摊、按期结转实际成本与计划成本的差额，期末将发出和结存存货的成本调整为实际成本。

1 ┃计划成本法下核算材料费用的科目设置

采用计划成本法核算材料费用时，一般会涉及"材料采购""原材料""材料成本差异"等科目。

> **知识补充**
>
> "材料成本差异"属于资产类科目。借方登记实际成本大于计划成本的差异额（超支额）和发出材料应负担的节约差异；贷方登记实际成本小于计划成本的差异额（节约额）和发出材料应负担的超支差异。"材料成本差异"科目借方余额表示未转出的超支差异，贷方余额表示未转出的节约差异。

2 ┃计划成本法下核算材料费用的账务处理

假设企业购买材料时均在收到材料后再支付价款，涉及的账务处理如下。

（1）购入材料的账务处理

计划成本法下采购原材料，无论材料是否已经验收入库，均应先将其记入"材料采购"

科目，然后再转入"原材料"科目。因此，购入原材料时应按实际金额编制如下会计分录。

借：材料采购

应交税费——应交增值税（进项税额）

贷：银行存款/应付账款等

然后按照计划成本金额，编制如下会计分录。

借：原材料（计划成本）

材料成本差异（差额，可能在贷方）

贷：材料采购（实际成本）

（2）发出材料的账务处理

企业因为生产需要领用原材料时，应将原材料按照计划成本金额转出，涉及材料成本差异的，应同时转出材料成本差异。相关会计分录如下。

借：生产成本

贷：原材料

材料成本差异（或借方）

例 12-1

采用计划成本法核算材料的账务处理

万明公司是一家制造企业，主要经营模组、话机和电子元器件。2016 年 3 月 2 日，万明公司购入 A 材料一批，货款为 3 500 元，增值税税额为 595 元，使用银行存款支付相关款项，且同日收到发票账单。已知该批材料的计划成本为 3 600 元。2016 年 3 月 11 日，生产部门领用该批材料用于生产 B 产品。对于上述与材料有关的业务，会计人员应怎样进行账务处理？

┃ 专家解答 ┃

会计人员对上述业务进行核算时，涉及以下账务处理。

① 3 月 2 日，购入 A 材料时，应填制一张记账凭证，相关会计分录如下。

借：材料采购　　　　　　　　　　　　　　　　3 500

应交税费——应交增值税（进项税额）　　　595

贷：银行存款　　　　　　　　　　　　　　4 095

借：原材料　　　　　　　　　　　　　　　　　3 600

贷：材料采购　　　　　　　　　　　　　　3 500

材料成本差异　　　　　　　　　　　　100

②3 月 11 日，生产领用 A 材料时，应编制如下会计分录。

借：生产成本——B 产品　　　　　　3 500

　　材料成本差异　　　　　　　　　　100

　　贷：原材料　　　　　　　　　　　　　3 600

知识补充　　通过上述案例可知，在计划成本法下，企业将材料费用转入生产成本时，其入账价值仍然为材料的实际成本，并不会改变生产成本的金额。同时，在计划成本法下，可以通过"材料成本差异"科目所反映的金额，考核采购部门的业绩，调动其积极性，促使其降低采购成本、节约开支。这将有利于财务部门制定考核标准，分析采购成本升降的原因，为领导决策提供有用财务信息。

12.1.2　实际成本法下材料费用的核算

实际成本法下材料费用的核算按照其实际金额入账，并不涉及材料成本差异。

1 │ 实际成本法下核算材料费用的科目设置

实际成本法下，一般会涉及"原材料"和"在途物资"等科目。需要注意的是，若材料物资尚未验收入库，则应在"在途物资"科目中核算，待材料物资验收入库后，再由"在途物资"科目转入"原材料"科目；若材料物资已经验收入库，则直接计入"原材料"科目，无须在"在途物资"科目中进行中转。

2 │ 实际成本法下核算材料费用的账务处理

（1）购入材料的账务处理

企业采用实际成本法核算材料费用的，应按发票账单上注明的金额编制如下会计分录。

借：原材料 / 在途物资

　　应交税费——应交增值税（进项税额）

　　贷：银行存款 / 应付账款等

若采购时物资未到达企业，之后收到物资并验收入库后，应编制如下会计分录。

借：原材料

　　贷：在途物资

（2）发出材料的账务处理

因生产需要发出材料时，应编制如下会计分录。

借：生产成本

　　贷：原材料

12.2 职工薪酬的核算

职工薪酬是指企业为获得职工提供的服务而给予的各种形式的报酬以及其他相关支出。通俗来讲，职工薪酬就是企业给予职工的报酬和奖励。"职工薪酬"中所指的"职工"包括以下三类人员。

● 与企业订立劳动合同的所有人员，含全职、兼职和临时工。

● 未与企业订立劳动合同，但由企业正式任命的企业管理层人员，如董事会成员、监事会成员等。

● 在企业的计划和控制下，虽未与企业订立劳动合同或未由企业正式任命，但为企业提供与职工类似的服务，如通过中介机构签订用工合同，为企业提供与职工类似服务的人员。

12.2.1 应付职工薪酬的内容

应付职工薪酬的内容十分广泛，既包括提供给职工本人的报酬和奖励，也包括提供给职工配偶、子女、受赡养人、已故员工遗属及其他受益人等的福利。应付职工薪酬的内容具体如下。

1 │ 应付职工薪酬的内容

根据《企业会计准则》的规定，应付职工薪酬应该包括的内容如图 12-1 所示。

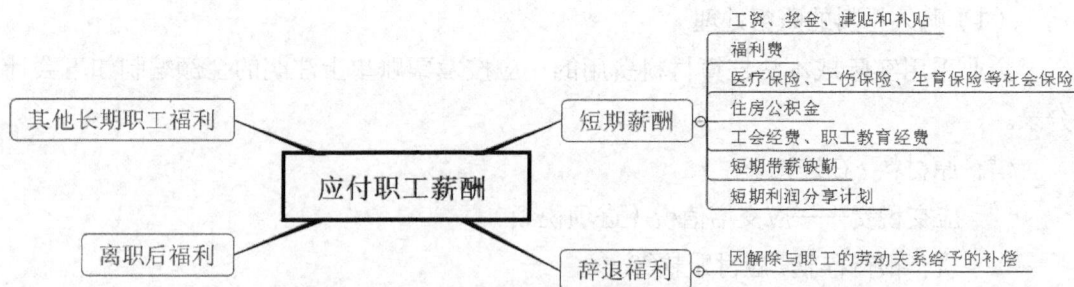

图 12-1 应付职工薪酬的内容

2 │ 应付职工薪酬的核算步骤

企业职工薪酬的核算一般需要人事部门和财务部门的配合共同完成。一般而言，人事部门负责统计职工薪酬的基本数据，如职工的基本工资、考勤、工时等信息，财务部门负责工资的具体计算以及成本费用的核算、归集和分配等。财务部门在核算应付职工薪酬时，通常应按照一定的步骤进行，如图 12-2 所示。

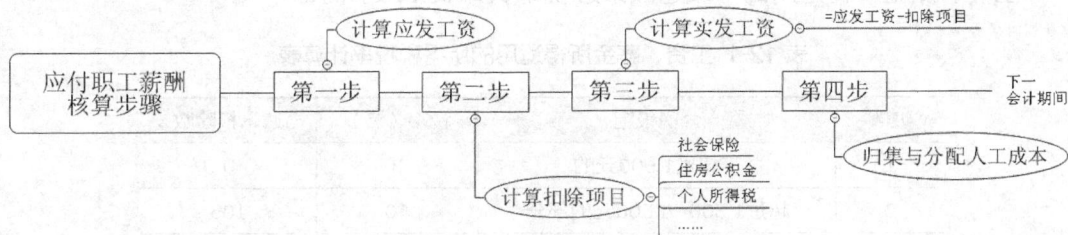

图 12-2 职工薪酬的核算步骤

上述各步骤的具体说明如下。

（1）计算应发工资

应发工资是指按照劳动合同规定，根据职工实际劳动量应支付给职工的工资合计数。应发工资合计数的计算公式如下。

工资合计数=基本工资+职务工资+工龄工资+加班补贴+全勤奖+其他补助

（2）计算扣除项目

应付职工薪酬的扣除项目主要可以分为三类，即社会保险费、住房公积金和个人所得税。另外，企业可根据实际情况，设置考勤扣款等扣除项目。

延伸阅读
个人所得税
税收优惠

①社会保险费。社会保险费即通常所说的"五险"，具体包括养老保险、医疗保险、失业保险、工伤保险与生育保险。其缴纳共分为两部分：一部分为企业缴纳部分，在计提时计入成本费用；另一部分为员工个人缴纳部分，从应付职工薪酬中扣除。

②住房公积金。住房公积金即通常所说的"一金"，属于长期住房储金，其缴纳也可分为企业缴纳和个人缴纳两部分。企业缴纳部分在计提时计入成本费用，个人缴纳部分从应付职工薪酬中扣除。

知识补充 　　社会保险费和住房公积金统称为"五险一金"，其具体缴费比例由于地区差异会有所不同。其中，社会保险费的缴费比例由各省、市统一划定；住房公积金的缴存比例下限不得低于5%，财政拨款单位、国有企业和国有控股企业缴存比例不得高于12%，其他单位缴存比例高于12%的部分，应按国家税收政策规定纳税。

③个人所得税。个人所得税是指对个人（自然人）取得的各项所得超过一定标准所征收的一种税。现行个人所得税制度中，有关工资薪金所得征收个人所得税的起征点为3 500元，具体计算公式如下。

应纳个人所得税税额=应纳税所得额×适用税率-速算扣除数

应纳税所得额=扣除"五险一金"后月收入-扣除标准

工资、薪金所得适用的 7 级超额累进税率表如表 12-1 所示。

表 12-1 工资、薪金所得适用的所得税税率计算表

级数	含税级距	税率（%）	速算扣除数
1	不超过1 500元的	3	0
2	超过1 500~4 500元的部分	10	105
3	超过4 500~9 000元的部分	20	555
4	超过9 000~35 000元的部分	25	1 005
5	超过35 000~55 000元的部分	30	2 755
6	超过55 000~80 000元的部分	35	5 505
7	超过80 000元的部分	45	13 505

说明：表12-1中"含税级距"是指以每月收入额减去起征点3 500元后的余额或者减除附加扣除费用后的余额。"含税级距"适用于由纳税人负担税款的情况，"不含税级距"适用于由单位或他人负担税款的情况。

④其他扣除项目。应付职工薪酬的其他扣除项目主要包括考勤扣款、罚款支出等，这主要根据企业内部管理制度规定。

（3）计算实发工资

实发工资即员工实际领到的工资数，其计算公式如下。

实发工资=应发工资-各扣除项目合计

　　　　=应发工资-"五险一金"-考勤扣款等-个人所得税

例 **12-2** **员工个人所得税的计算**

长舟公司员工王某 3 月的应发工资合计为 10 000 元，"五险一金"的个人缴纳部分总额为 2 326 元，另外，由于王某当月迟到次数过多，考勤扣款总额为 300 元。王某应缴纳的个人所得税税额应怎样计算？

专家解答

计算王某应缴纳个人所得税税额的计算步骤如下。

①计算应纳税所得额。应纳税所得额 =10 000 － 2 326 － 3 500 － 300=3 874（元）。

②查找适用税率。根据上述应纳税所得额，在表 12-1 中找出其适用的税率

及速算扣除数。王某适用的税率为 10%，速算扣除数为 105。

③计算个人所得税。应缴纳个人所得税 =3 874×10% － 105=282.4（元）。

经验
之谈　　在计算个人所得税的应纳税所得额时，计税基础为"应发合计"而非"工资合计数"，所以上述考勤扣款300元应在计算个人所得税前扣除。同样，在计提员工个人应缴纳部分社会保险费、住房公积金时，同样应以"应发合计"为基础。

（4）归集与分配人工成本

完成上述步骤后，企业应将应付职工薪酬涉及的金额计入成本费用。人工成本的归集主要是指将企业为职工支付的所有款项，如应发工资合计数、公司部分缴纳的社会保险费、住房公积金等进行汇总，计算出合计数。人工成本的分配是指将上述计算出的金额按照直接生产产品员工、生产部门管理人员、行政管理人员、销售人员、在建工程建造人员等类别，分配记入"生产成本""制造费用""管理费用""销售费用""在建工程"等科目。

12.2.2 职工薪酬的账务处理

职工薪酬的账务处理主要包括两部分，即计提应付职工薪酬与发放职工薪酬的账务处理。其中，账务处理的关键在于正确判断各类职工薪酬所对应的会计科目。"应付职工薪酬"科目的明细科目包括"工资、奖金、津贴、补贴""职工福利""社会保险费""住房公积金""工会经费""职工教育经费附加"等。

1 ｜ 计提应付职工薪酬的账务处理

通常情况下，当月的工资要在下月初才发放，所以根据权责发生制原则，应于每月月末计提职工薪酬。月末计提职工工资时，应借记成本费用科目，贷记"应付职工薪酬"科目。另外，由于职工个人缴纳部分的社保、住房公积金以及个人所得税都由企业代扣代缴，因此月末计提职工薪酬涉及的代扣代缴金额，在未支付前，应记入"其他应付款"科目中核算。

（1）计提本月工资费用的账务处理

月末计提本月应支付的工资费用时，应编制如下会计分录。

借：生产成本 / 管理费用 / 销售费用 / 在建工程等

　　贷：应付职工薪酬——应付工资

（2）代扣职工个人应缴纳部分社会保险费、住房公积金及个人所得税的账务处理

计提工资的同时，代扣员工个人应缴纳部分社会保险、住房公积金及个人所得税，应编制如下会计分录。

借：应付职工薪酬——应付工资

贷：其他应付款——应付社会保险费（个人）

——应付住房公积金（个人）

应交税费——应交个人所得税

（3）计提企业应缴纳部分社会保险费、住房公积金的账务处理

计提工资的同时，计提企业应缴纳部分的社会保险费、住房公积金，应编制如下会计分录。

借：生产成本 / 管理费用 / 销售费用 / 在建工程等

贷：应付职工薪酬——应付社会保险费（公司）

——应付住房公积金（公司）

2 ｜ 发放职工薪酬的账务处理

次月月初，企业发放职工薪酬时，涉及两部分账务处理：一是发放职工工资；二是缴纳社会保险费、住房公积金和个人所得税。

（1）发放职工工资的账务处理

企业次月月初发放职工工资时，应编制如下会计分录。

借：应付职工薪酬——应付工资

贷：银行存款等

（2）缴纳社会保险费、住房公积金、个人所得税的账务处理

次月月初，向劳动保障部门与住房公积金管理部门缴纳社保费与住房公积金时，应编制如下会计分录。

借：其他应付款——应付社会保险费（个人）

——应付住房公积金（个人）

应付职工薪酬——应付社会保险费（公司）

——应付住房公积金（公司）

应交税费 ——应交个人所得税

贷：银行存款等

例 12-3

应付职工薪酬的账务处理

2016 年 4 月末，长舟公司人事部门汇总的本月工资表如表 12-2 所示，公司应缴纳部分住房公积金和社保的金额如表 12-3 所示。

表 12-2 长舟公司 2016 年 4 月工资表

| 部门 | 类别 | 基本工资 | 奖金、津贴 | 工资合计 | 考勤扣款 | 应发合计 | 代扣款项 | | | | | 实发工资 |
							住房公积金（8%）	社保（11%）	个税	合计	
行政	管理	3 500	200	3 700	100	3 600	288	396	0	684	2 916
行政	职员	3 000	200	3 200	0	3 200	256	352	0	608	2 592
人事	管理	3 800	200	4 000	0	4 000	320	440	0	760	3 240
人事	职员	3 000	200	3 200	120	3 080	246.4	338.8	0	585.2	2 494.8
生产	管理	3 200	200	3 400	0	3 400	272	374	0	646	2 754
生产	职员	3 000	200	3 200	0	3 200	256	352	0	608	2 592
销售	管理	3 500	1 000	4 500	150	4 350	348	478.5	0.71	827.21	3 522.79
销售	职员	2 200	2 800	5 000	0	5 000	400	550	16.5	966.5	4 033.5
财务	管理	3 800	200	4 000	110	3 890	311.2	427.9	0	739.1	3 150.9
财务	职员	3 200	200	3 400	0	3 400	272	374	0	646	2 754
合计		32 200	5 400	37 600	480	37 120	2 969.6	4 083.2	17.21	7 070.01	30 049.99

表 12-3 公司应缴纳部分住房公积金与社会保险费

部门	计提基础	住房公积金（8%）	社保（33.3%）	合计
行政	6 800	544	2 264.4	2 808.4
人事	7 080	566.4	2 357.64	2 924.04
生产	6 600	528	2 197.8	2 725.8
销售	9 350	748	3 113.55	3 861.55
财务	7 290	583.2	2 427.57	3 010.77
合计	37 120	2 969.6	12 360.96	15 330.56

根据上述资料，4 月底会计人员应怎样进行计提工资的账务处理？若 5 月初分别用银行存款支付工资，缴纳个人所得税和社会保险费、住房公积金，则应怎样进行账务处理？

▌专家解答▐

依据长舟公司 2016 年 4 月工资表，其计提与发放的账务处理可按以下步骤进行。

①计算工资表相关数据。会计人员在收到上述工资表时，应先浏览一遍，看看还有没有需要再次计算的项目。由于工资费用的归集是按照合计数计算的，因此应将表 12-2 所示的工资表进行下列计算。

计入管理费用的工资总额 = 行政部门、人事部门、财务部门人员工资的合计数 =3 600+3 200+4 000+3 080+3 890+3 400=21 170（元）；

计入生产成本的工资总额 = 生产部门生产工人的工资 =3 200（元）；

计入制造费用的工资总额 = 生产部门管理人员的工资 =3 400（元）；

计入销售费用的工资总额 = 销售部门人员的工资 =4 350+5 000=9 350（元）；

②计提本月员工工资。将会计分录中所需数据计算完成后，应填制计提工资的记账凭证。相关会计分录如下。

借：管理费用　　　　　　　　　　　　　　　　21 170
　　生产成本　　　　　　　　　　　　　　　　 3 200
　　制造费用　　　　　　　　　　　　　　　　 3 400
　　销售费用　　　　　　　　　　　　　　　　 9 350
　　贷：应付职工薪酬——工资　　　　　　　　　　　 37 120

③汇总计算企业缴纳部分社会保险费和住房公积金。

企业应缴纳部分社会保险费中，应计入管理费用的金额 =21 170×33.3%=7 049.61（元）；应计入生产成本的金额 =3 200×33.3%=1 065.6（元）；应计入制造费用的金额 =3 400×33.3%=1 132.2（元）；应计入销售费用的金额 =9 350×33.3%=3 113.55（元）。

企业应缴纳部分住房公积金中，应计入管理费用的金额 =21 170×8%=1 693.6（元）；应计入生产成本的金额 =3 200×8%=256（元）；应计入制造费用的金额 =3 400×8%=272（元）；应计入销售费用的金额 =9 350×8%=748（元）。

计入管理费用金额合计 =7 049.61+1 693.6=8 743.21（元）；计入生产成本的金额合计 =1 065.6+256=1 321.6（元）；计入制造费用的金额合计 =1 132.2+272=1 404.2（元）；计入销售费用的金额合计 =3 113.55+748=3 861.55（元）。

④计提企业应负担部分社会保险费和住房公积金。相关会计分录如下。

借：管理费用　　　　　　　　　　　　　　　　8 743.21
　　生产成本　　　　　　　　　　　　　　　　1 321.6
　　制造费用　　　　　　　　　　　　　　　　1 404.2
　　销售费用　　　　　　　　　　　　　　　　3 861.55

贷：应付职工薪酬——应付社会保险费（公司）　12 360.96

　　　　　　　　　——应付住房公积金（公司）　　 2 969.6

⑤发放工资。5月初发放职工工资时，应编制如下会计分录。

借：应付职工薪酬——工资　　　　　　　　　　　 37 120

　　贷：银行存款　　　　　　　　　　　　　　　 30 049.99

　　　　其他应付款——应付社会保险费（个人）　　 4 083.2

　　　　　　　　　　——应付住房公积金（个人）　 2 969.6

　　　　应交税费——应交个人所得税　　　　　　　　 17.21

⑥缴纳个人所得税税费、社会保险费和住房公积金。相关会计分录如下。

借：应付职工薪酬——应付社会保险费（公司）　12 360.96

　　　　　　　　　——应付住房公积金（公司）　　 2 969.6

　　其他应付款——应付社会保险费（个人）　　　　 4 083.2

　　　　　　　　——应付住房公积金（个人）　　　 2 969.6

　　应交税费——应交个人所得税　　　　　　　　　　17.21

　　贷：银行存款　　　　　　　　　　　　　　　 22 400.57

　　根据表 12-3，企业应缴纳的社会保险费和住房公积金金额为 15 330.56 元，但其实际缴纳时银行存款减少 22 400.57 元，是否意味着企业多支付了款项呢？

　　其实并没有，两者之间的差额 7 070.01 元，正好等于职工个人应缴纳的社会保险费、住房公积金和个人所得税的合计数。这部分金额在发放工资时已经事先扣除，使得企业支付职工工资时少支付了 7 070.01 元，而在此处多支付了 7 070.01 元，两者一增一减，因此企业并没有多支付款项。

12.3 制造费用的核算

制造费用是指企业为生产产品和提供劳务而发生的，无法直接计入产品成本或劳务成本的各项间接成本。企业应当根据制造费用的性质，合理地选择制造费用分配方法。

12.3.1 制造费用的归集与分配方法

企业生产经营中常见的制造费用包括各生产车间为组织和管理生产所发生的费用、车间管理人员的工资和福利费用等、车间用固定资产折旧费等。由于上述费用在发生时无法直接判定其所归属的成本计算对象，因此不能直接计入相关成本，而需要先在"制造费用"中进行归集，然后在月末时，再按照一定的方法在各成本计算对象中进行分配，分别计入相关成本。

制造费用的归集与分配方法主要包括生产工时比例法、生产工人工资比例法、机器工时比例法和年度计划分配率分配法等。虽然上述方法的分配依据不同，但其分配率的计算公式存在一定的相似之处。

生产工时比例法、生产工人工资比例法、机器工时比例法下，制造费用常用计算公式如下。

动画演示
制造费用的
归集与分配

制造费用分配率=制造费用总额÷各产品分配标准之和（如产品生产工时总数、生产工人工资总和、机器工时数、产品计划产量的定额工时总数）

某种产品应分配的制造费用=该种产品的分配标准×制造费用分配率

例 12-4

制造费用归集与分配方法的应用

2016 年 3 月，万明公司共生产了 A、B、C 三种产品，各产品的相关资料如表 12-4 所示。

表 12-4 万明公司 A、B、C 产品相关资料

产品名称	生产工时/h	生产工人工资合计/元	机器总工时/小时
A产品	500	4 800	300
B产品	300	4 000	200
C产品	200	5 200	500

已知本月共发生制造费用 20 000 元，采用生产工时分配法、生产工人工资比例法、机器工时比例法这三种方法，计算出 A、B、C 产品应负担的制造费用分别为多少？

▍专家解答 ▍

不同分配方法下，制造费用分配的相关计算如下。

①生产工时分配法

制造费用分配率 = 制造费用总额 ÷ 各产品生产工时之和 =20 000÷（500 + 300 + 200）=20（元 / 小时）

A 产品应分配的制造费用 =500×20=10 000（元）；B 产品应分配的制造费用 =300×20=6 000（元）；C 产品应分配的制造费用 =200×20=4 000（元）。

②生产工人工资比例法

制造费用分配率 = 制造费用总额 ÷ 各产品生产工人的工资之和 =20 000÷
$$（4 800 + 4 000 + 5 200）=10/7$$

A 产品应分配的制造费用 =4 800×10/7=6 857.14（元）；B 产品应分配的制造费用 =4 000×10/7=5 714.29（元）；C 产品应分配的制造费用 =5 200×10/7=7 428.57（元）。

> **经验之谈**　在计算制造费用分配率时，若计算出的数值为无限不循环的，可采用分数计算。在按照制造费用分配率将制造费用分别分配到各产品时，再对其结果保留两位小数，这样可以保证各产品分配的制造费用之和等于待分配制造费用金额。上述计算中，若制造费用分配率采用保留两位小数的格式，分配率则为1.43，A、B、C产品应分配的制造费用分别为6 864元、5 720元、74 36 元，其和为20 020元，与待分配的制造费用金额不等，因此采用这种计算方式很可能发生金额计算错误。

③机器工时比例法

制造费用分配率 = 制造费用总额 ÷ 各产品的机器工时之和
=20 000÷（300 + 200 + 500）=20（元 / 小时）

A 产品应分配的制造费用 =300×20=6 000（元）；B 产品应分配的制造费用 =200×20=4 000（元）；C 产品应分配的制造费用 =500×20=10 000（元）。

12.3.2 制造费用的归集与分配的账务处理

企业设置的"制造费用"科目主要核算为生产产品和提供劳务而发生的各项间接费用，"制造费用"账户借方登记归集的全部制造费用，贷方登记转出的制造费用。

1 | 制造费用归集的账务处理

企业为生产产品或提供劳务发生的相关费用，若无法将其归集为某具体产品的成本，应在发生时将其计入制造费用。相关会计分录如下。

借：制造费用
　　贷：银行存款（直接以银行存款支付相关费用）
　　　　应付账款（由其他单位代垫的费用等）
　　　　原材料（生产领用原材料等）

2 │ 制造费用分配的账务处理

企业将归集的制造费用采用一定的分配方法计算出各产品或相关部门应负担的费用时，应将其进行分配处理。相关会计分录如下。

借：生产成本（生产产品应负担的部分）

管理费用（管理部门应分担的部分）

销售费用（销售部门应负担的部分）

在建工程（构建在建工程应负担的部分）

贷：制造费用

例 12-5

费用归集与分配的账务处理

万明公司水电费按照使用部门的不同，分别在各部门安装了水电计数表。2016 年 4 月 30 日，行政人员抄取的各部门水电表读数如表 12-5 所示。

表 12-5 万明公司水电表读数记录单

部门	水表数据/t			电表数据/kW·h		
	本次读数	上次抄表读数	本期用量	本次读数	上次抄表读数	本期用量
生产部	5 212	4 949	263	8 356	7 524	832
销售部	350	325	25	386	271	115
行政管理部	6 541	6 429	112	6 158	5 764	394

已知生产部耗用的水电中，生产 A 产品、B 产品直接耗用量分别占总量的 40%、45%，车间一般耗用量为总量的 15%；用水平均单价为 3.6 元 /t，用电平均单价为 0.7 元 /kW·h。另外，万明公司已办理了银行自动划扣水电费的服务，当月水电费于下月 5 日自动划扣。根据上述资料，会计人员对上述水电费的归集应怎样处理？下月初收到供水公司和供电公司提供的水费和电费发票，并从银行取回银行扣款回单。电费、水费发票分别如图 12-3、图 12-4 所示，则分配上述水电费时应怎样进行账务处理？

四川增值税专用发票

发票联

NO: 15692563
开票日期: 2016年5月5日

购货单位	名　　　称: 万明公司				密码区	6<*49>7–42/>5<<58248>+>/061 –+7**<85/98–>5–0>48>> 309*984–<31–*/+395/09*6<> /–502+747>7598<85/*8+1*<98			
	纳税人识别号: 445978456662								
	地址　、　电话:								
	开户行及账号: 中国工商银行11223344556677								
货物或应税劳务名称	规格型号	单位	数量	单价	金额	税率	税额		
电费（普通工业）		千瓦时	1 341	0.7	938.7	17%	159.58		
合计					¥938.7		¥159.58		
价税合计（大写）　壹仟零玖拾捌元贰角捌分					（小写）¥1 098.28				
销货单位	名　　　称: 成都市高新区供电公司				备注				
	纳税人识别号: 883312345678988								
	地址　、　电话: 028–1658 1478								
	开户行及账号: 6220 2347 2665 5478								

收款人:　　　复核: 李勋　　　开票人: 朱明　　　销货单位:（章）

第二联　发票联（购货单位付款凭证）

图 12-3　电费发票

四川省成都市国家税务局通用机打发票

发票联

发票代码: 562389741263
发票号码: 0005635978

成都市高新区自来水供应公司
开票日期: 2016年5月5日　　　行业分类: 工业　　　缴费方式: 银行

表身号码	201000489	计费时段	20160401至20160430		
收费编号	2016126B	用户名称	万明公司		
表径（mm）	25	用户地址	成都市高新区益州大道215号		
用水性质	工业	水价（元/吨）	3.6	用户电话	88641598
本期表底数　4147 上期表底数　3747		计费水量	400	水费	1 440.00
累计违约金	0.00元		合计小写	¥1 440.00	
合计大写: 壹仟肆佰肆拾元整					
抄表员: 王莉　　收款员: 郑茜　　收款单位:（无收款单位盖章无效）					

第二联　发票联（购货单位付款凭证）

图 12-4　水费发票

专家解答

对于上述水电费的归集与分配，可按照以下步骤进行。

①计算本月水电费金额。根据水电表读数记录单及相关资料，计算本月各部门耗用水电费金额，计算结果如表 12-6 所示。

表 12-6 万明公司水电费费用分摊表

部门	水费			电费			小计/元
	本期用量/t	单价/（元/t）	金额/元	本期用量/kW·h	单价/（元/kW·h）	金额/元	
生产部	263	3.6	946.8	832	0.7	582.4	1 529.2
销售部	25	3.6	90	115	0.7	80.5	170.5
行政管理部	112	3.6	403.2	394	0.7	275.8	679
合计	400	——	1 440	1 341		938.7	2 378.7

②计算生产产品耗用的水电费与生产部门一般耗用的水电费。

A 产品耗用的水费 =946.8×40%=378.72（元）；A 产品耗用的电费 =582.4×40%=232.96（元）；A 产品耗用水电费总金额 =611.68（元）。

B 产品耗用的水费 =946.8×45%=426.06（元）；B 产品耗用的电费 =582.4×45%=262.08（元）；B 产品耗用水电费总金额 =688.14（元）。

生产部门一般耗用的水费 =946.8×15%=142.02（元）；生产部门一般耗用的电费 =582.4×15%=87.36（元）；生产部门一般耗用水电费总金额 =229.38（元）。

③填制归集上述水电费的记账凭证。相关会计分录如下。

借：生产成本——A 产品　　611.68
　　　　　　——B 产品　　688.14
　　制造费用　　　　　　　229.38
　　销售费用　　　　　　　170.5
　　管理费用　　　　　　　679
　　贷：其他应付款——水费　1 440
　　　　　　　　——电费　　938.7

④次月初，收到水、电费发票及银行扣款回单时，应填制支付水电费的记账凭证，涉及的会计分录如下。

借：其他应付款——水费　　　　　　　1 440
　　　　　　——电费　　　　　　　938.7
　　应交税费——应交增值税（进项税额）　159.58
　　贷：银行存款　　　　　　　　　2 538.28

需注意的是，本例中电费发票为增值税专用发票，其注明的进项税额可以抵扣，所以应借记"应交税费——应交增值税（进项税额）"；而水费发票为普通发票，其发票价格为含税价格，应按照发票上的金额入账。

在实际工作中，企业计算水电费时依据的单价或数量与水电公司的抄表数据可能存在一定的差异，因此，若次月初收到的凭证上注明的金额大于计提的金额，则根据差额编制与步骤③中一致的会计分录；若次月初收到的凭证上注明的金额小于计提的金额，则根据差额编制与步骤③中相反的会计分录。

12.4 产品成本的核算

产品成本是指企业在生产产品过程中所发生的材料费用、职工薪酬等，以及不能直接计入而按一定标准分配计入的各种间接费用。

企业对产品成本进行核算，一方面可以审核各项生产费用和经营管理支出，另一方面可以为计算利润、进行成本和利润预测提供数据，有助于提高企业生产技术和经营管理水平。

12.4.1 产品成本核算的一般程序

产品成本核算的一般程序是指在企业的生产经营过程中，按照相关要求，对发生的各项生产费用逐步进行归集和分配，最后计算出各种产品的生产成本的过程。产品成本的核算过程可以用"T"型账户进行表示，如图 12-5 所示。

动画演示
成本计算
方法

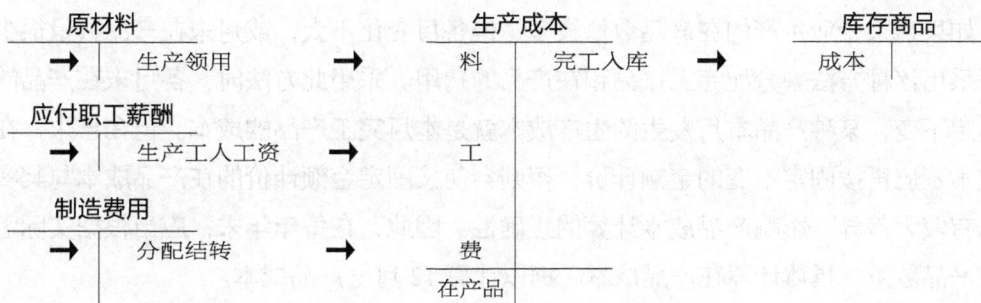

图 12-5 产品成本核算的一般程序

12.4.2 生产费用在完工产品和在产品之间的分配

在企业产品的生产过程中，产品并不总是在月末完工的。因此在月末计算产品成本时，可能存在未形成成品、不能作为商品销售的产品，称之为在产品。在产品成本与完工入库产品成本的合计数就等于全部转来的生产费用。所以，在月末计算产品成本时，应当按照一定的方法将生产费用在完工产品和在产品之间进行分配。

生产费用即材料耗费、人工耗费和间接制造费用之和。

1 | 在产品数量的核算

企业的在产品是指没有完成全部生产过程、不能作为商品销售的产品。它包括正在车间加工的在产品和已经完成一个或几个生产步骤但还需要继续加工的半成品两部分。在产品数量是核算在产品成本的基础，企业为了正确核算在产品数量，应做好以下两方面工作。

● 在产品的收、发、结、存等日常核算工作。

● 产品的清查工作。

2 | 完工产品和在产品之间费用的分配方法

在产品成本与完工产品成本满足以下关系：

本月完工产品成本=月初在产品成本+本月发生成本−月末在产品成本

根据上述关系，企业应当根据产品生产的实际情况采用适当的分配方法将生产成本在完工产品和在产品之间进行分配。常用的分配方法有不计算在产品成本法、在产品按固定成本计价法、在产品按所耗用直接材料成本计价法、约当产量比例法、在产品按定额成本计价法和定额比例法等。

（1）不计算在产品成本法

如果在各月末企业生产的在产品数量很少，则可采用该种方法来分配完工产品和在产品的费用。采用此方法时，虽然月末有在产品，但不计算其成本，即产品每月发生的成本，全部由完工产品负担，每月发生的成本之和即为每月完工产品成本。

（2）在产品按固定成本计价法

如果月末企业生产的在产品数量较多，但各月变化不大，或月末在产品数量很少，则可采用该种方法来分配完工产品和在产品的费用。采用此方法时，各月末在产品的成本固定不变，某种产品本月发生的生产成本就是本月完工产品的成本。但在年末，在产品成本不应再按固定不变的金额计价，否则会使按固定金额计价的在产品成本与其实际成本有较大差异，影响产品成本计算的正确性。因此，在每年年末，应当根据实际盘点的在产品数量，具体计算在产品成本，据以计算12月份产品成本。

（3）在产品按所耗用直接材料成本计价法

如果各月月末企业生产的在产品数量较多，各月在产品数量变化也较大，直接材料成本在生产成本中所占比重较大且材料在生产开始时一次就全部投入，可采用该种方法来分配完工产品和在产品的费用。采用此方法时，月末在产品只计算其所耗用直接材料的成本，不计算直接人工等加工费用，即产品的直接材料成本（月初在产品的直接材料成本与本月发生的直接材料成本之和）需要在完工产品和月末在产品之间进行分配，而本月发生的加工成本全部由完工产品成本负担。

例
12-6

在产品按所耗用直接材料成本计价法的应用

万明公司的主要产品为 C 产品，其在生产该产品时，材料费用均为一次性投入，人工费等其他费用随着生产的进行而逐渐增加。因此，该公司决定 C 产品的在产品成本按照耗用直接材料的成本计价。2016 年 5 月初，C 产品的期初在产品共 500 件，成本为 3 000 元，本月耗费直接材料 13 000 元，直接人工 5 000 元，其他制造费用 2 000 元。2016 年 5 月末，完工产品为 1 200 件，在产品为 400 件。根据上述资料，会计人员在月末应怎样计算在产品与完工产品的成本？

┃ 专家解答 ┃

在产品按所耗用直接材料计算成本时，应首先计算完工产品与在产品的总成本，然后计算出本月在产品的成本，最后将总成本减去在产品成本即得到完工产品的成本。所以，应按照如下步骤计算在产品与完工产品的成本。

①计算在产品与完工产品总成本。本例中在产品与完工产品总成本 = 月初在产品成本＋本月投入的产品成本 =3 000+13 000+5 000+2 000=23 000（元）。

②计算在产品成本。由于采用"在产品按所耗用直接材料成本计价法"，因此在产品的成本应按照分配来的材料费用计价，本月在产品应负担的材料费用 =（月初在产品成本＋本月投入材料费用）×[月末在产品数量／（月末在产品数量＋月末完工产品数量）]=（3 000+13 000）×[400÷（400+1 200）]=4 000（元）。

> 由于在产品按照所消耗的材料费用计价，所以月初在产品成本全部为材料费用成本。

③计算完工产品成本。完工产品成本 = 总成本－在产品成本 =23 000－4 000=19 000（元）。

综上所述，万明公司 5 月末 C 产品的在产品成本为 4 000 元，完工产品成本为 1 9000 元。

（4）约当产量比例法

如果企业生产的产品数量较多，各月在产品数量变化也较大，且生产成本中直接材料成本和直接人工等加工成本的比重相差不大的，可采用该种方法来分配完工产品和在产品的费用。采用此方法时，应将月末在产品数量按其完工程度折算为相当于完工产品的产量，即约当产量，然后将产品应负担的全部成本按照完工产品产量与月末在产品约当产量的比例计算完工产品成本和月末在产品成本。其计算公式

视频演示
约当产量比例法

如下。

$$在产品约当产量＝在产品数量×完工程度$$
$$单位成本＝（月初在产品成本＋本月发生生产成本）÷（完工产品产量＋在产品约当产量）$$
$$完工产品成本＝完工产品产量×单位成本$$
$$在产品成本＝在产品约当产量×单位成本$$

例 12-7

约当产量比例法的应用

万明公司的主营产品为 D 产品，由于该产品数量较多，且各月数量变化较大，所以对 D 产品的成本核算采用约当产量比例法，完工程度按 50% 计算。已知 2016 年 5 月初 D 产品的直接材料成本为 50 000 元，直接人工成本为 40 000 元，制造费用成本为 20 000 元。5 月末，该产品的完工产品数量为 3 000 个，在产品数量为 400 个。本月投入直接材料成本为 370 000 元，投入直接人工成本为 280 000 元，制造费用成本为 140 000 元。根据上述资料，会计人员在月末应怎样计算在产品与完工产品的成本？

│ 专家解答 │

采用约当产量比例法计算在产品成本时，应按照在产品的约当产量分别计算应分担的材料成本、人工成本和制造费用。所以，应按照如下步骤计算在产品与完工产品的成本。

①计算在产品的约当产量。本例中，在产产品的完工程度按 50% 计算，所以在产品的约当产量 = 月末在产品数量 ×50%=400×50%=200（个）。

②分配直接材料成本。直接材料成本在完工产品与在产品的成本分配率 = （50 000＋370 000）÷（200＋3 000）=131.25（元/个）。

在产品应负担的直接材料成本 =131.25×200=26 250（元）。

完工产品应负担的直接材料成本 =131.25×3 000=393 750（元）。

③分配直接人工成本。直接人工成本在完工产品与在产品的成本分配率 = （40 000＋280 000）÷（200＋3 000）=100（元/个）。

在产品应负担的直接人工成本 =100×200=20 000（元）。

完工产品应负担的直接人工成本 =100×3 000=300 000（元）。

④分配制造费用。制造费用在完工产品与在产品的成本分配率 = （20 000＋140 000）÷（200＋3 000）=50（元/个）。

在产品应负担的制造费用 =50×200=10 000（元）。

完工产品应负担的制造费用 =50×3 000=150 000（元）。

⑤计算在产品与完工产品总成本。

在产品总成本 = 应负担的直接材料成本、直接人工成本、制造费用之和 =
26 250+20 000+10 000=56 250（元）。

完工产品总成本 = 应负担的直接材料成本、直接人工成本、制造费用之和
=393 750+300 000+150 000=843 750（元）。

综上，万明公司 5 月末 D 产品的在产品成本为 56 250 元，完工产品成本为
843 750 元。

知识补充

企业生产的产品中，可能涉及多道工序，因此，多道工序约当产量的计算与单工序生产产品约当产量的计算有所不同。例如某公司生产某产品共需要两道工序，第一道工序的定额工时为80h，第二道工序的定额工时为120h，假设各工序内在产品完工程度均为50%，月末第一道工序在产品数为100个，第二道工序在产品数为50个，则各工序下的在产品完工程度与约当产量的计算如下。

①第一道工序完工程度=80×50%÷（80+120）=20%。

②第二道工序完工程度=（80+120×50%）÷（80+120）=70%。

③在产品约当产量=100×20%+50×70%=55（个）。

（5）在产品按定额成本计价法

如果企业生产产品定额管理基础较好，各项消耗定额或费用定额较准确、稳定，各月末在产品数量变化不大，则可采用该种方法来分配完工产品和在产品的费用。采用此方法时，月末在产品成本按定额成本计算，该种产品的全部成本（如果有月初在产品，则应包括月初在产品成本在内）减去按定额成本计算的月末在产品成本，其余额作为完工产品成本；每月生产成本脱离定额的节约差异或超支差异全部计入当月完工产品成本。相关计算公式如下。

月末在产品成本＝月末在产品数量×在产品单位定额成本

完工产品总成本＝（月初在产品成本＋本月发生生产成本）－月末在产品成本

完工产品单位成本＝完工产品总成本÷产成品产量

（6）定额比例法

如果企业生产的产品各项消耗定额或成本定额比较准确、稳定，但各月末在产品数量变动较大，则可采用该种方法来分配完工产品和在产品的费用。采用此方法时，将产品的生产成本在完工产品和月末在产品之间按照两者的定额消耗量或定额成本比例分配。其中，直接材料成本按直接材料的定额消耗量或定额成本比例分配；直接人工等加

工成本，可以按定额成本的比例分配，也可按定额工时比例分配。

以定额成本比例分配为例，相关计算公式如下。

①直接材料分配相关公式

直接材料成本分配率＝（月初在产品实际材料成本＋本月投入的实际材料成本）÷（完工产品定额材料成本＋月末在产品定额材料成本）

完工产品应负担的直接材料成本＝完工产品定额材料成本×直接材料成本分配率

月末在产品应负担的直接材料成本＝月末在产品定额材料成本×直接材料成本分配率

②直接人工分配相关公式

直接人工成本分配率＝（月初在产品实际人工成本＋本月投入的实际人工成本）÷（完工产品定额工时＋月末在产品定额工时）

完工产品应负担的直接人工成本＝完工产品定额工时×直接人工成本分配率

月末在产品应负担的直接人工成本＝月末在产品定额工时×直接人工成本分配率

12.4.3 结转产品成本的账务处理

企业产品完工入库后，其成本应该从"生产成本""制造费用"科目的贷方转出，转入"库存商品"科目的借方。如果"生产成本"科目期末有余额，则该余额就是在产品的成本，也是产品在生产过程中所占用的资金，该金额应该与所属各产品成本明细账中月末在产品成本之和相符。

将某产品的生产成本及其应分配的制造费用结转入该产品成本时，应编制如下会计分录。

借：库存商品

　　贷：生产成本

　　　　制造费用

例 12-8

归集产品成本的账务处理

2016 年 5 月 31 日，万明公司对其生产部门本月生产情况进行汇总核算。生产部门本月生产家用家具一批（本月开始生产并于本月末完工），包括沙发 120 套、壁柜 230 个，均已生产完毕并验收入库。财务部门收到生产部门与人事部门交来的上述产品的本月材料领用单和生产部门员工工时统计表，分别如表 12-7、表 12-8 所示。

表 12-7 万明公司材料领用单

2015年5月

单位：元

材料名称	规格	单位	领用量	用途	材料批次	单位成本	材料成本
木料	STAU12	件	45	生产沙发	501	2500.00	112 500.00
布料	TSPW18	件	50	生产沙发	501	1800.00	90 000.00
套装工具	IYUQ15	套	80	生产沙发	501	350.00	28 000.00
						小计：230 500.00	
复合甲板	MUWH21	件	50	生产壁柜	501	980.00	49 000.00
实木原料	GLKC24	件	50	生产壁柜	501	3200.00	160 000.00
锁扣	LOWI23	件	25	生产壁柜	501	5.00	125.00
把手	TWXB27	件	25	生产壁柜	501	10.00	250.00
						小计：209 375.00	
本月耗用的材料成本						合计：439 875.00	

制表：生产部 钟佳

表 12-8 万明公司生产部门员工生产工时统计表

2015年5月

单位：h

姓名	部门	类别	本月工资	考勤	工时	生产沙发耗用工时	生产壁柜耗用工时
伍中景	生产部	职员	4 680	全勤	169	80	89
宋荃亦	生产部	职员	4 368	全勤	163	90	73
胡佳佳	生产部	职员	4 512	全勤	168	100	68
小计			13 560		500	270	230
明章君	生产部	经理	5 250	全勤	—	—	—
合计			18 810				

制表：人事部 赵明明　　　　生产部 钟佳

其他相关资料：

（1）生产部门本月耗用电费 2 308 元，耗用水费 280 元。

（2）生产部门本月固定资产折旧情况如表 12-9 所示。

表 12-9 生产部门固定资产折旧表

2016年5月 单位: 元

编号	资产名称	使用部门	折旧期间	原值	预计使用年限	预计净残值	折旧方法	本月应计提折旧	已折旧月数	累计折旧
001	车间厂房	生产部门	2016.05	450 000	30	0	直线法	1 250	52	65 000
002	折边机	生产部门	2016.05	80 000	5	5%	直线法	1333.33	29	38 666.57
003	切割机	生产部门	2016.05	150 000	5	5%	直线法	2 500	17	425 00
								合计:	5 083.33	

制表: 财务部

（3）人工成本按照生产工时在各产品间进行分配。

（4）制造费用按照各产品直接材料所占总领用材料比例进行分配。

根据上述资料，会计人员应怎样对产品成本进行归集与分配？相关会计分录应怎样编制？

‖ **专家解答** ‖

实际工作中，会计人员并非按照相关业务描述做账的，而是根据各部门交来的各种票据做账。因此，对企业产品成本的归集与分配通常是根据上述票据或资料完成的。会计人员通常应按照以下步骤对产品成本进行归集与分配。

①归集产品的材料成本。根据生产部门交来的本月材料领用单，归集产品的材料成本。由于上述产品是在本月开始生产并在本月末完工，因此生产成本均应计入完工产品成本，不涉及生产费用在完工产品与在产品之间进行分配。归集产品成本的会计分录如下。

借: 生产成本——沙发　　　230 500

　　　　　　　——壁柜　　　209 375

　　贷: 原材料——木料　　　　112 500

　　　　　　　——布料　　　　　90 000

　　　　　　　——套装工具　　　28 000

　　　　　　　——复合甲板　　　49 000

　　　　　　　——实木原料　　160 000

　　　　　　　——锁扣　　　　　　125

　　　　　　　——把手　　　　　　250

②归集产品的人工成本。在分配人工成本时，直接生产产品工人的工资应计入产品成本，车间管理人员的工资应计入制造费用。本例中应先计算生产工

人工资的分配率。相关计算如下。

生产工人工资分配率 =13 560÷500=27.12（元/工时）。

生产沙发应分配的人工成本 =27.12×270=7 322.4（元）。

生产壁柜应分配的人工成本 =27.12×230=6 237.6（元）。

因此，归集产品人工成本应编制如下会计分录。

借：生产成本——沙发 7 322.4

       ——壁柜 6 237.6

   制造费用 5 250

    贷：应付职工薪酬——工资 18 810

③归集制造费用。根据资料可知，本例中应归集的制造费用包括生产部门管理人员工资、生产部门耗用的水电费、生产部门固定资产的折旧费用。因此，归集上述制造费用时应编制如下会计分录。（假设水电费以银行存款支付）

借：制造费用 7 671.33

    贷：银行存款 2 588（2 308+280）

       累计折旧——车间厂房 1 250

           ——折边机 1333.33

           ——切割机 2 500

④分配制造费用。将产品涉及的制造费用进行归集后，应按照既定的方法将制造费用分配到产品成本中去。由于本例采用各产品直接材料所占总领用材料比例分配制造费用，因此相关计算如下。

本月生产产品制造费用合计数 =5 250+7 671.33=12 921.33（元）。

制造费用分配率 =12 921.33÷（230 500+209 375）=2.9375%。

生产沙发应分配的制造费用 =230 500×2.9375%=6 770.94（元）。

生产壁柜应分配的制造费用 =209 375×2.9375%=6 150.39（元）。

分配制造费用的会计分录如下。

借：生产成本——沙发 6 770.94

       ——壁柜 6 150.39

    贷：制造费用 12 921.33

⑤结转产品成本。进行上述归集与分配后，已经将产品的相关成本全部归集到"生产成本"科目中。产品完工后，应将产品成本结转入"库存商品"科目。

"生产成本——沙发"合计数 = 230 500+7 322.4+6 770.94=244 593.34（元）；

"生产成本——壁柜"合计数 =209 375+6 237.6+6 150.39=221 762.99（元）。

因此，结转产品成本时应编制如下会计分录。

借：库存商品——沙发　244 593.34

　　　　　——壁柜　221 762.99

　贷：生产成本——沙发　244 593.34

　　　　　——壁柜　221 762.99

根据上述计算，沙发的单位成本 =244 593.34÷120=2038.28（元）；壁柜的单位成本 =221 762.99÷230=946.19（元）。

完成上述核算时，生产部门应将产品入库，由仓库编制产品入库单，上述产品的产品入库单如表 12-10 所示。

表 12–10　产品入库单

2015年5月31日

编号：0012

编号	商品名称	型号	单位	入库数量	单价	金额
1	沙发	SF–201605	套	120	2038.28	244 593.34
2	壁柜	BC–M Y021	个	230	946.19	221 762.99
	合计		——	——		466 356.33

仓库管理员：张明飞

12.5 提高练习

本章主要介绍了生产过程涉及的业务处理，其与一般商业企业或服务企业的最大不同在于产品成本的核算。由于生产领用原材料等业务属于存货的核算内容，所以相关知识已在第 11 章（存货的核算）进行了介绍，读者可将相关内容结合起来学习。下面将对生产过程中涉及存货的账务处理进行重点练习。

12.5.1 不同成本法下采购生产所需原材料的账务处理

2016 年 5 月，上彩公司有关材料的采购资料如表 12-11 所示。

表12-11 上彩公司材料采购资料

项目	A材料	B材料	C材料	D材料
实际成本/（元/kg）	5	8	12	7
计划成本/（元/kg）	5.5	—	11	—
数量/kg	500	450	300	400
材料状态	已验收入库	已验收入库	尚未入库	尚未入库
是否已支付款项	是	否	是	是
是否已收到发票	是	否	是	是
成本核算方法	计划成本法	实际成本法	计划成本法	实际成本法
增值税税额/元	425	612	612	476
未入库材料实际入库及款项支付时间	—	3月12日	2月18日	3月5日

要求：根据上述资料，回答以下问题。（假设货款均采用银行存款支付）

（1）根据资料，编制有关 A 材料购入的会计分录。

（2）根据资料，编制有关 B 材料购入、暂估入库、冲销、收到发票的会计分录。

（3）根据资料，编制有关 C 材料购入、验收入库的会计分录。

（4）根据资料，编制有关 D 材料购入、验收入库的会计分录。

💿 **答案参见随书光盘** ◀

本书配套\练习答案\第12章\提高练习\不同成本法下采购生产所需原材料的账务处理.docx

12.5.2 生产领用低值易耗品的账务处理

上彩公司于 2016 年 3 月 1 日购入价值 1 200 元的模具 400 个，为生产 A、B 产品提供模型，由于其价值较低，不满足固定资产的确认条件，因此公司决定将其作为低值易耗品核算。2016 年 3 月 4 日、12 日、25 日分别领用 20 个、30 个、40 个模具用于生产 A、B 产品，假设无法区分生产各产品具体使用多少模具。已知该公司会计制度有两项以下规定：

（1）制造费用按照产品生产工时进行摊销。

（2）当月使用的低值易耗品均在当月末进行报废处理。

月末统计时，计算出本月生产 A 产品耗用工时 140h，生产 B 产品耗用工时 160h。

要求：若低值易耗品采用五五摊销法摊销，编制上述业务涉及的会计分录。

12.5.3 在产品与完工产品成本分配的计算与账务处理

上彩公司生产的A、B、C产品2016年3月初及本月耗用生产费用情况如表12-12所示，A、B、C产品月末在产品数与完工产品数如表12-13所示。

表12-12 上彩公司2016年3月各产品生产费用分配表

单位：元

项目	A产品	B产品	C产品
月初余额	2 810	1 630	2 740
直接材料	10 500	8 300	6 900
直接人工	4 200	7 500	3 800
制造费用	3 450	2 620	4 930
合计	20 960	20 050	18 370

表12-13 上彩公司2016年3月末在产品与完工产品数量

单位：件

项目	A产品	B产品	C产品
完工产品	240	480	730
在产品	110	120	220
合计	350	600	950

已知该公司采用约当产量法将产品成本在完工产品与在产品之间进行分配，且月末A产品的平均完工程度为80%、B产品的平均完工程度为60%、C产品的平均完工程度为30%。

要求：计算A、B、C在产品的约当产量，并编制结转产品成本的会计分录。

疑难问答 ▶Difficult Questions

❶ 计划成本法与实际成本法的选择

Q1 企业核算材料成本时有计划成本法和实际成本法，但计划成本法下的账务处理比较麻烦，为了简化记账程序，企业可否直接选择实际成本法？

A1 企业应根据自身实际情况选择计划成本法和实际成本法核算材料成本。

在实际成本法下，由于材料成本是按购货金额直接入账的，所以可以直接反映每一次进货的金额，也正因如此，该方法工作量会比较大，因此只适用于购货不多的中小企业。

在计划成本法下，材料成本是根据预先拟定的计划成本入账的，即材料的入账价值与实际购入的批次、质量、价格波动等无关，所以计划成本法下成本的核算比较简单，但该方法下材料的账面成本与实际成本不一致。另外，由于大型企业的材料收发业务非常频繁，采用实际成本法无法满足管理要求，因此计划成本法通常适用于材料收发频繁且材料种类多且杂的大型企业。

❷ "应交增值税"科目各明细科目的使用

Q2 企业采购材料等经常涉及增值税的核算，"应交增值税"的明细科目中除了"销项税额"与"进项税额"外，还涉及其他明细科目吗？

A2 "应交税费——应交增值税（进项税额）"与"应交税费——应交增值税（销项税额）"是"应交税费——应交增值税"的三级明细科目，主要核算购进货物对应的增值税进项税额与销售货物对应的增值税销项税额，这也是日常核算增值税中最常用的明细科目。在工作中，"应交税费——应交增值税（已交税费）"明细科目也很常用，其主要核算当月缴纳当月的增值税。除此之外，与增值税缴纳相关的科目还有"应交税费——未交增值税"科目，其主要核算当期未缴纳的增值税。相关账务处理如下。

①当月缴纳当月应交的增值税时，编制如下会计分录。

借：应交税费——应交增值税（已交税费）

　　贷：银行存款等

②在实际操作中，一般在本月末计提税费，在下月初缴纳。因此，若本月应负担的增值税在本月并未缴纳，则应在月末时将未缴纳的增值税转入"应交税费——未交增值税"科目，编制如下会计分录。

借：应交税费——应交增值税（转出未交增值税）

　　贷：应交税费——未交增值税

以后期间缴纳上述未缴增值税时，应编制如下会计分录。

借：应交税费——未交增值税

　　贷：银行存款等

第13章

长久经营需开源节流——
销售业务的核算

本 章 导 读

企业经营的根本目的就是将生产或购入的产品或商品销售出去，此处的产品既包括有形产品或商品，也包括无形的服务。因此，有着长远发展愿景的企业，准确核算销售业务至关重要。

本章中，对销售业务的核算分为销售收入的核算以及费用的核算两部分。有关销售收入的核算，主要介绍了企业销售商品或产品涉及的不同形式，以及在这些方式下所进行的账务处理；有关费用的核算，主要从期间费用的确认、销售成本的结转以及税金及附加的确认等三方面进行介绍。除此之外，本章还介绍了主营业务与非主营业务的区别，以及由此产生的账务处理的区别。

● 精彩内容

▶ **销售收入的核算**：销售收入的确认与计量、确认销售收入的账务处理。

▶ **费用的核算**：期间费用的确认及其账务处理、结转销售成本的账务处理、确认税金及附加的账务处理。

13.1 销售收入的核算

企业经营活动的最终目标是获取利润，而获取利润的根本途径就是创造收入，只有源源不断地保持创收，企业才能够持续、健康地发展下去。

企业的收入按照不同标准可以有不同的分类。根据性质的不同，收入可分为销售商品收入、提供劳务收入和让渡资产使用权取得的收入；根据企业经营业务的主次不同，收入可分为主营业务收入和其他业务收入。各分类下常见的收入类型如表 13-1 所示。

表13-1 收入的分类

分类标准	具体分类	举例
收入的性质	销售收入	工业企业销售生产的产品、商业企业销售购入商品等取得的收入
	提供劳务收入	提供旅游、运输、餐饮服务等取得的收入
	让渡资产使用权取得的收入	让渡固定资产使用权、转让无形资产使用权等取得的收入
企业经营业务的主次	主营业务收入	工业企业生产并销售商品、商业企业销售购进商品取得的收入
	其他业务收入	工业企业销售材料、出租房屋等取得的收入

本书将重点介绍销售收入核算的账务处理方法。

13.1.1 销售收入的确认与计量

销售收入主要是指企业销售商品或产品所取得的收入，同时也包括其他销售所取得的收入，如销售材料、包装物等取得的收入。

1 │ 销售收入的确认条件

企业在对销售收入进行核算时，首先应判断其是否符合收入的确认条件。通常而言，销售收入的发生是以商品所有权的转移和已提供的劳务为依据，其主要标志是收到货款或取得收取款项的权利。根据《企业会计准则 14 号——收入》规定，只有同时满足下列条件的销售商品收入，才能予以确认。

- 已将所有权的主要风险和报酬转移给购货方。
- 企业对商品没有保留继续管理权，也没有实施控制。
- 收入的金额能够可靠计量。
- 相关的经济利益很可能流入企业。
- 相关的已发生的成本能够可靠地计量。

2 │ 与销售收入相关的会计科目

企业应设置"主营业务收入""其他业务收入""主营业务成本"和"其他业务成本"等科目对销售收入进行核算。上述科目的具体核算内容如表 13-2 所示。

表13-2 与销售商品收入有关科目核算的内容

科目名称	核算的内容
主营业务收入	企业确认的销售商品等主营业务的收入，取得销售收入时贷记本科目，期末将该科目余额从借方转出，转入"本年利润"科目的贷方
主营业务成本	企业确认的销售商品等主营业务收入时应结转的成本，结转成本时应借记本科目，期末将该科目余额从贷方转出，转入"本年利润"科目的借方
其他业务收入	企业确认的主营业务活动以外的其他经营活动实现的收入，如出租固定资产、无形资产，销售材料等实现的收入，确认收入时应贷记本科目，期末将该科目余额从借方转出，转入"本年利润"科目的贷方
其他业务成本	企业确认的除主营业务活动以外的其他经营活动所发生的支出，如销售材料的成本、出租固定资产的折旧额等的成本，结转成本时应借记本科目，期末将该科目余额从贷方转出，转入"本年利润"科目的借方

经验之谈　　"主营业务收入"与"其他业务收入"的划分并不是绝对的，这需要根据企业的具体经营业务确定。如工业企业出租房屋取得的收入，应记入"其他业务收入"，而对于主要从事房屋租赁业务的企业而言，其出租房屋取得的收入则应记入"主营业务收入"。

13.1.2 确认销售收入的账务处理

在现代经济交往中，实现销售的形式多种多样，为实现销售所采取的方式也层出不穷。下面对确认销售收入所涉及的四种主要方式的账务处理进行介绍。

1 │ 现销业务确认收入的账务处理

现销是指企业在销售商品的同时收取销售商品款，即所谓的"交货收款、钱物两清"的销售方式。现销业务下，企业应在收到货款，并将货物交付购货方或将提货单交付购货方的当天开具发票，同时确认销售收入。现销业务涉及的账务处理如下。

实现销售收入时，编制如下会计分录。

借：银行存款等
　　贷：主营业务收入
　　　　应交税费——应交增值税（销项税额）

结转销售成本时，应编制如下会计分录。

借：主营业务成本
　　贷：库存商品

若企业生产并销售的产品属于消费税应税商品，则还应缴纳消费税，确认销售收入的同时应编制如下会计分录。

借：税金及附加
　　贷：应交税费——应交消费税

例
13-1

现销方式下销售消费税应税商品的账务处理

2016 年 5 月 20 日，万明公司生产并销售一批化妆品，开出增值税专用发票上注明的销售价格为 20 000 元，增值税税额为 3 400 元。该批化妆品适用的消费税税率为 30%，当日收到购货方以银行存款支付的货款。已知该批化妆品的生产成本为 14 000 元，且该笔销售满足收入确认条件。对于该笔业务，会计人员应如何进行账务处理？

▌**专家解答**▐

本例中，化妆品为消费税应税商品，因此在确认销售收入的同时应确认应缴纳的消费税税额。应缴纳的消费税税额 =20 000×30%=6 000（元）。会计人员应编制三张记账凭证，摘要分别为"销售化妆品确认销售收入""销售化妆品计提消费税""销售化妆品结转销售成本"，相关会计分录如下。

```
借：银行存款                              23 400
    贷：主营业务收入                           20 000
        应交税费——应交增值税（销项税额）        3 400
借：税金及附加                             6 000
    贷：应交税费——应交消费税                   6 000
借：主营业务成本                           14 000
    贷：库存商品                               14 000
```

经验
之谈

"例13-1"中涉及的业务，在实际编制记账凭证时可以只编制一张记账凭证，将上述各分录填制其中，对应的摘要可填写为"销售化妆品，确认销售收入、结转销售成本并计提消费税"。

2 ┃赊销业务确认收入的账务处理

赊销即指信用销售，这是以信用为基础的销售，卖方与买方签订购货协议后，卖方让买方取走货物，而买方按照协议在规定日期付款或以分期付款的形式付清货款的过程。赊销是企业日常经营活动中常见的销售方式。

企业采用赊销方式销售商品的，只要满足销售收入的确认条件，同样需要确认销售收入并结转销售成本。但是在赊销方式下，涉及一种特殊的情况，即企业已经将商品发出，但该商品并不满足收入的确认条件，此时就不能确认销售商品收入，而是应将发出的商品记入"发出商品"科目。同时，若已经产生了增值税纳税义务，同样应确认发生的纳税义务。相关账务处理如下。

发出商品，但不满足销售收入确认条件时，应编制如下会计分录。

借：发出商品

贷：库存商品

增值税纳税义务已经发生，确认发生的纳税业务时，应编制如下会计分录。

借：应收账款

贷：应交税费——应交增值税（销项税额）

**例
13-2**

▲ **赊销商品不满足收入确认条件的账务处理**

2016 年 5 月 28 日，万明公司以托收承付方式向汇源公司销售一批商品，该批商品的成本为 15 000 元，增值税专用发票上注明的商品价格为 21 000 元，增值税税额为 3 570 元。但汇源公司由于资金周转困难，无法支付该笔款项。万明公司考虑到与汇源公司为长期合作伙伴，在这种情况下也同样将商品发出，并办妥了托收手续。相关纳税义务已经发生。对于该笔业务，会计人员应如何进行账务处理？

┃ **专家解答** ┃

本例中，由于汇源公司资金周转困难，销售款项收回的可能性很小，表明经济利益流入万明公司的可能性很小，对于该笔销售业务，万明公司不能确认销售收入，应将商品作为发出商品处理。同时，由于开出了增值税专用发票，相关的纳税义务已经产生，因此应确认企业发生的纳税义务。对于该笔业务，会计人员同样应编制记账凭证，相关会计分录如下。

借：发出商品   15 000

贷：库存商品   15 000

借：应收账款——汇源公司   3 570

贷：应交税费——应交增值税（销项税额）   3 570

假设 2016 年 6 月 20 日，万明公司得知汇源公司经营状况有所好转，并承诺在 10 日内付款，则万明公司可以在此时确认销售商品收入，并结转成本。此时会计人员应编制一张记账凭证，相关会计分录如下。

借：应收账款——万明公司　　　　　　　21 000
　　贷：主营业务收入　　　　　　　　　　　　21 000
借：主营业务成本　　　　　　　　　　　15 000
　　贷：发出商品　　　　　　　　　　　　　　15 000

3 │ 委托代销商品确认销售收入的账务处理

委托代销是指企业通过委托的形式由另外的企业代为销售商品的方式。根据代销的形式不同，委托代销分为买断方式和收取手续费方式两种。

（1）买断方式

买断方式是指由委托方按照协议价格向受托方收取销售价款，而受托方有权根据市场情况自行制定销售价格，销售价格与协议价格的差额由受托方享有。在买断方式下，企业应在收到受托方的代销清单时确认销售收入。以买断方式委托代销商品涉及的会计处理如下。

> 发出商品时不能确认收入，只有收到代销清单时才能确认收入。

①发出代销商品时，编制如下会计分录。

借：发出商品
　　贷：库存商品

②收到代销清单时，确认收入并结转成本，编制如下会计分录。

借：应收账款
　　贷：主营业务收入
　　　　应交税费——应交增值税（销项税额）

借：主营业务成本
　　贷：发出商品

③收到受托方汇来的款项时，编制如下会计分录。

借：银行存款
　　贷：应收账款

（2）收取手续费方式

收取手续费方式是指受托方按照委托方规定的价格销售代销的商品，并根据代销的数量与金额向委托方收取一定的手续费。在收取手续费方式下，委托方同样应在收到受托方开具的代销清单时，确认销售收入并结转销售成本。以收取手续费方式委托代销商品涉及的会计处理如下。

①发出代销商品时，编制如下会计分录。

借：发出商品

　　贷：库存商品

②收到代销清单时，确认收入并结转成本，编制如下会计分录。

借：应收账款

　　贷：主营业务收入

　　　　应交税费——应交增值税（销项税额）

借：主营业务成本

　　贷：发出商品

③确认代销手续费时，应编制如下会计分录。

借：销售费用——代销手续费

　　贷：应收账款

④收到受托方汇来的款项时，编制如下会计分录。

借：银行存款

　　贷：应收账款

例 13-3

采取委托代销方式销售商品的账务处理

2016 年 5 月 1 日，万明公司委托上彩公司销售商品 100 件，商品已经发出，每件成本为 6 万元。合同约定上彩公司应按每件 10 万元对外销售，万明公司按售价的 10% 向上彩公司支付手续费。2016 年 5 月上彩公司对外实际销售 80 件，2016 年 5 月 31 日万明公司收到上彩公司开具的代销清单时，给上彩公司开具一张增值税专用发票。假定 2016 年 5 月 1 日万明公司发出商品时纳税义务尚未发生，2016 年 6 月 5 日万明公司收到上彩公司货款。对于该笔业务，会计人员应怎样进行账务处理？

专家解答

本例中，可判断万明公司采取的是以支付手续费方式委托上彩公司代销商品。会计人员对于上述业务的处理应按照以下步骤进行。

（1）2016 年 5 月 1 日发出商品时，编制如下会计分录。

借：发出商品——委托代销商品　　　600（100×6）

　　贷：库存商品　　　　　　　　　　　　600

（2）2016 年 5 月 31 日收到代销清单，确认收入并结转成本时，编制如下会计分录。

借：应收账款　　　　　　　　　　　　936
　　贷：主营业务收入　　　　　　　　　　　800（80×10）
　　　　应交税费——应交增值税（销项税额）136（800×17%）
借：主营业务成本　　　　　　　　　　480（80×6）
　　贷：发出商品——委托代销商品　　　　480

（3）确认代销手续费时，应编制如下会计分录。

借：销售费用　　　　　　　　　　　　80（800×10%）
　　贷：应收账款　　　　　　　　　　　　80

（4）2016年6月5日收到上彩公司支付的货款时，应编制如下会计分录。

借：银行存款　　　　　　　　　　　　856（936－80）
　　贷：应收账款　　　　　　　　　　　　856

知识补充

在采用支付手续费方式委托代销商品时，受托方（上彩公司）也涉及相关经济业务的核算，承接"例13-3"，受托方的账务处理如下。

①2016年5月1日收到商品时，应编制如下会计分录。

借：受托代销商品　　　　　　　　　　1 000（100×10）
　　贷：受托代销商品款　　　　　　　　　1 000

②2016年5月份对外销售代销商品时，编制如下会计分录。

借：银行存款　　　　　　　　　　　　936
　　贷：受托代销商品　　　　　　　　　　800（80×10）
　　　　应交税费——应交增值税（销项税额）　136

③2016年5月31日收到委托方增值税专用发票时，编制如下会计分录。

借：应交税费——应交增值税（进项税额）136（80×17%）
　　贷：应付账款　　　　　　　　　　　　136
借：受托代销商品款　　　　　　　　　800（80×10）
　　贷：应付账款　　　　　　　　　　　　800

④2016年6月5日支付货款并计算代销手续费时：

借：应付账款　　　　　　　　　　　　936（136＋800）
　　贷：银行存款　　　　　　　　　　　　856
　　　　其他业务收入　　　　　　　　　　80（800×10%）

4 │ 销售折让与销售退回的账务处理

在第10章往来业务的核算中，已经介绍了涉及现金折扣与商业折扣销售的账务处理。本章将介绍销售商品涉及的另外两种特殊情况，即销售折让与销售退回的账务处理。

（1）销售折让的账务处理

销售折让是指由于商品的质量、规格等不符合要求，销售单位同意在商品价格上给予的减让。在实务中，由于销售折让不能确认为费用，因此应当将其作为收入的抵减数处理。根据发生折让时间的不同，销售折让可分为确认收入前发生的销售折让和确认收入后发生的销售折让。两者在账务处理上有以下两点区别。

①确认收入前发生销售折让的账务处理

若销售折让发生在确认收入前，其处理与一般的销售相同，即按照扣除折让后的价款确认为销售收入，并按照商品的实际成本结转销售成本。

②确认收入后发生销售折让的账务处理

若销售折让发生在确认收入后，则应在销售折让发生时冲减所确认的收入。若取得红字增值税专用发票的，允许扣减已确认的销项税额。相关会计分录如下。

借：主营业务收入

　　应交税费——应交增值税（销项税额）

　　贷：应收账款

例 13-4

▲ **发生销售折让的账务处理**

2016 年 4 月 24 日，万明公司向佳苑公司销售商品一批，增值税专用发票上注明的价款为 50 000 元，增值税税额为 8 500 元，会计人员已确认收入。4 月 28 日，佳苑公司收到商品后发现部分商品属于次等品，于是要求万明公司给予 8% 的价格折扣。经协商，双方决定给予 5% 的价格折扣。万明公司办理相关手续后收到红字增值税专用发票。4 月 30 日，万明公司收到佳苑公司支付的商品款。对于该笔业务，会计人员应如何进行账务处理？

┊**专家解答**┊

本例中，由于万明公司销售给佳苑公司的部分商品属于次等品，则双方约定给予 5% 的价格折扣，这属于销售折让的情况。同时，由于万明公司已经确认了销售收入，因此该业务应按照确认收入后发生的销售折让进行账务处理。

4 月 24 日，确认商品销售收入时，应编制如下会计分录。

借：应收账款——佳苑公司　　　　　　　58 500

　　贷：主营业务收入　　　　　　　　　　　50 000

　　　　应交税费——应交增值税（销项税额）　8 500

4 月 28 日，发生销售折让时，应编制如下会计分录。

借：主营业务收入 2 500

应交税费——应交增值税（销项税额） 425

贷：应收账款——佳苑公司 2 925

其中，应冲减主营业务收入金额 =50 000×5%=2 500（元）；取得的红字增值税专用发票金额 =8 500×5%=425（元）；应收账款减少金额 =2 500+425=2 925（元）。

4 月 30 日，收到佳苑公司支付的购货款时，应编制如下会计分录。

借：银行存款 55 575

贷：应收账款 55 575

（2）销售退回的账务处理

销售退回是指企业销售出的商品，由于质量、到货时间、品种等不符合要求的原因而发生的退货。根据发生时间的不同，销售退回可分为确认收入前发生的销售退回和确认收入后发生的销售退回，两者在账务处理上有以下两点区别。

①确认收入前发生销售退回的账务处理

若销售退回发生在确认收入前，并不需要冲减销售收入，只需将退回的商品转入"库存商品"即可。发生销售退回时应编制的会计分录如下。

借：库存商品

贷：发出商品

②确认收入后发生销售退回的账务处理

若销售退回发生在确认收入后，如果不属于资产负债表日后事项，则需要冲减销售收入与销售成本，同时，若取得红字增值税专用发票的，还应冲减相应的增值税销项税额。若该销售退回属于资产负债表日后事项，则应按照资产负债表日后事项的相关规定进行处理。

例 13-5

销售商品发生销售退回的账务处理

2016 年 5 月 13 日，万明公司向汇海公司销售机床 10 台，每台售价为 12 000 元，单位成本为 10 000 元，开出增值税专用发票上注明的价款为 120 000 元，增值税税额为 20 400 元。万明公司给予汇海公司的现金折扣条件为 2/10，1/20，n/30。2016 年 5 月 31 日，汇海公司支付了该笔货款，享受的现金折扣金额为 1 200 元。2016 年 6 月 30 日，由于机床出现事故，无法正常使用，汇海公司要求退回其中 3 台设备。万明公司同意了汇海公司的要求，并于 2016 年 7 月 2 日办理了相关手续，退回了 3 台设备，并取得了红字增值税专用发票。对于该笔业务，万明公司的会计人员应如何进行会计处理？

专家解答

本例中，万明公司售出的机床出现质量问题，而致使汇海公司要求退回相关商品，这属于销售退回。销售退回发生在确认收入之后，因此会计人员应按照销售退回发生在确认收入后的方法进行账务处理。相关会计分录如下。

5 月 13 日，售出机床时，应编制如下会计分录。

借：应收账款——汇海公司　　　　　　　140 400

　　贷：主营业务收入　　　　　　　120 000（12 000×10）

　　　　应交税费——应交增值税（销项税额）　20 400

借：主营业务成本　　　　　　　　　　100 000

　　贷：库存商品　　　　　　　　　　　100 000

5 月 31 日，收到汇海公司支付的货款时，应编制如下会计分录。

借：银行存款　　　　　　　　　　　139 200

　　财务费用　　　　　　　　　　　　1 200

　　贷：应收账款　　　　　　　　　　140 400

7 月 2 日，确认销售退回时，应编制如下会计分录。

借：主营业务收入　　　　　　　　　36 000

　　应交税费——应交增值税（销项税额）　6 120

　　贷：银行存款　　　　　　　　　　4 1760

　　　　财务费用　　　　　　　　　　　360

借：库存商品　　　　　　　　　　　30 000

　　贷：主营业务成本　　　　　　　　30 000

其中，应冲减的主营业务收入金额 =12 000×3=36 000（元），相应冲减的增值税销项税额 =12 000×3×17%=6 120（元）；由于发生销售退回，退回商品相关的财务费用也应冲减，应冲减的财务费用金额 =1 200÷10×3=360（元）；实际应退回银行存款金额 =36 000+6 120-360=41 760（元）。

13.2 费用的核算

费用是计算利润时收入的抵减项。根据经济用途的不同，费用可分为两部分：一部分为构成产品成本的费用；另一部分为期间费用。有关费用的分类及其核算内容已在前面章节有所涉及，本章不再赘述。下面将主要介绍费用的账务处理。

13.2.1 期间费用的确认及其账务处理

期间费用是指在当期发生的、必须从当期收入中得到补偿的费用。期间费用的核算应区分销售费用、管理费用和财务费用进行账务处理。

1 │ 不同期间费用常见的核算内容

（1）销售费用

销售费用是指企业在销售商品、提供劳务过程中发生的各种费用。销售费用核算的范围主要可分为以下两类。

- 销售商品与提供劳务过程中的各种耗费，包括包装费、运输费、广告费、装卸费、保险费、委托代销手续费、展览费、租赁费（不含融资租赁费）和销售服务费。
- 销售部门的其他耗费，如销售部门人员工资、职工福利费、差旅费、折旧、修理费、物料消耗和低值易耗品摊销等。

（2）管理费用

管理费用是指企业为组织和管理企业生产经营所发生的费用。管理费用的核算范围主要可分为以下两类。

- 行政管理部门的耗费，如行政管理部门的人员工资、职工福利费、差旅费、折旧等。
- 其他无法归属的费用，如企业在筹建期间发生的开办费、董事会会费、工会经费、聘请中介机构费用、咨询费、诉讼费、业务招待费、研究费用和排污费等。

（3）财务费用

财务费用是指企业在生产经营过程中由于资金筹集需要而发生的各项费用。财务费用核算的范围比较统一，主要可概括为与银行等金融机构发生的费用，如扣除利息收入后的利息支出、汇兑净损失、金融机构手续费以及筹资发生的其他财务费用。

经验之谈　　并非所有利息支出都应该确认为财务费用。如企业筹建期间发生的利息支出，应计入管理费用；企业构建固定资产或无形资产而发生的利息支出，应计入相关资产成本。

2｜确认期间费用的账务处理

企业核算期间费用时通常会涉及"销售费用""管理费用""财务费用""银行存款""库存现金""应付职工薪酬""累计折旧""存货跌价准备""应交税费"等科目。确认相关会计分录时，应编制如下会计分录。

借：销售费用 / 管理费用 / 财务费用

　　贷：银行存款 / 银行存款 / 库存现金 / 应付职工薪酬 / 累计折旧 / 应交税费等

例 **13-6**

▶ **确认期间费用的账务处理**

万明公司于 2016 年 5 月发生的相关费用如下。

（1）为进一步提高企业知名度，增加广告投入 8 000 元，用银行存款支付。

（2）计算应由管理部门负担的固定资产折旧 2 000 元，行政管理人员工资 35 000 元。

（3）购买办公用品，以现金支付 500 元。

（4）以银行存款支付本月银行账户手续费 800 元。

（5）收到本月银行存款利息 1 200 元。

（6）销售商品一批，支付的运输费用与保险费用分别为 1 000 元和 600 元。

有关上述费用，会计人员应如何进行账务处理？

┊**专家解答**┊

根据本例中的资料，没有相关产品的生产，所以不涉及产品成本的核算，因此上述费用均应确认为期间费用。会计人员应根据每一笔业务填制一张记账凭证，各记账凭证涉及的会计分录如下。

（1）增加广告投入 8 000 元，用银行存款支付。

借：销售费用　　　　　　　8 000

　　贷：银行存款　　　　　　8 000

（2）计算应由管理部门负担的固定资产折旧 2 000 元，行政管理人员工资 35 000 元。

借：管理费用　　　　　　　37 000

　　贷：累计折旧　　　　　　2 000

　　　　应付职工薪酬　　　　35 000

（3）购买办公用品，以现金支付 500 元。

借：管理费用　　　　　　　500
　　贷：库存现金　　　　　　　500

（4）以银行存款支付本月银行账户手续费800元。

借：财务费用——手续费　　　800
　　贷：银行存款　　　　　　　800

（5）收到本月银行存款利息1 200元。

借：银行存款　　　　　　　1 200
　　借：财务费用　　　　　　 −1 200

（6）销售商品一批，支付的运输费用与保险费用分别为1 000元和600元。

借：销售费用——运输费　　1 000
　　　　　　　——保险费　　 600
　　贷：银行存款　　　　　　 1 600

13.2.2　结转销售成本的账务处理

企业通常应在确认销售收入的同时结转销售成本，由于在核算销售收入时已介绍了相关内容，此处不再赘述。

企业生产经营过程中有关成本的结转主要有两方面：一是生产成本的结转；二是销售成本的结转。两者可通过库存商品等实现联系。生产成本、库存商品、销售成本等结转的过程如图13-1所示。

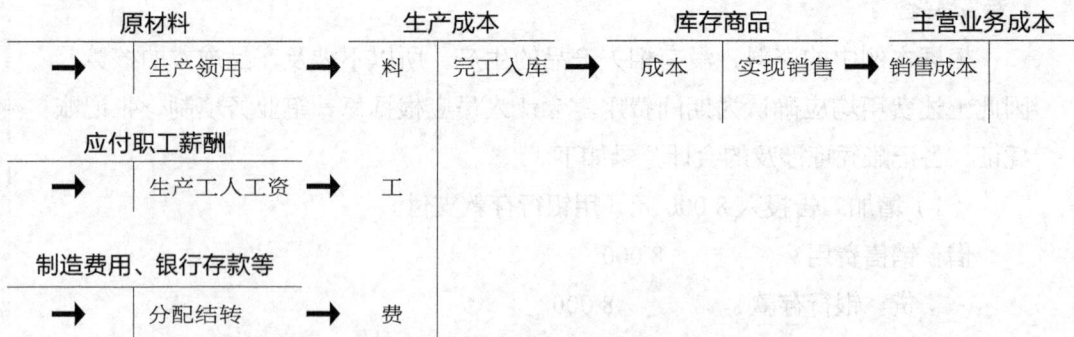

图13-1　生产成本、库存商品、销售成本等结转的过程

13.2.3　确认税金及附加的账务处理

在实务中，企业确认销售收入后，就相应地产生了纳税义务，对于有关税费的处理，也是销售业务核算的重要环节。

1 │ 销售业务涉及的税种

企业在销售商品或产品、原材料等时，涉及的税种主要有增值税、消费税、城市维护建设税、教育费附加；对于部分地区，还可能涉及地方教育附加。其中，城市维护建设税（简称城建税）是为了加强城市的维护建设，扩大和稳定城市维护建设资金的来源，而对有经营收入的单位和个人征收的一个税种；教育费附加是对缴纳增值税、消费税的单位和个人征收的一种附加费；地方教育附加属于政府性基金，专项用于发展教育事业。

2 │ 确认税金及附加的账务处理

企业销售过程中涉及的各类税费中，增值税属于价外税，其在确认时直接计入应收账款或银行存款等；消费税、城市维护建设税、教育费附加和地方教育附加等，应在确认时记入"税金及附加"科目。相关会计分录如下。

（1）确认增值税纳税义务时，应编制如下会计分录。

借：应收账款 / 银行存款等
　　贷：应交税费——应交增值税（销项税额）

（2）确认消费税、城市维护建设税、教育费附加和地方教育附加等时，应编制如下会计分录。

借：税金及附加
　　贷：应交税费——应交消费税
　　　　　　　　——应交城市维护建设税
　　　　　　　　——应交教育费附加
　　　　　　　　——应交地方教育附加

13.3　提高练习

本章主要介绍了销售业务涉及的账务处理，其中有关销售收入确认以及费用确认等的账务处理，其在前面章节已经有所涉及。本章中，应注意销售业务涉及的一些特殊情况的账务处理，如销售折让与销售退回的账务处理等。

13.3.1　销售商品发生销售折让的账务处理

2016 年 6 月 18 日，上彩公司向鑫源公司销售商品一批，增值税发票上注明的售价为 40 000 元，增值税税额为 6 800 元，该批产品的成本为 35 000 元。6 月 20 日，鑫源公司收到商品后发现商品质量与合同要求不一致，要求给予价款 5% 的折让，上彩公司同意了鑫源公司的要求。6 月 25 日，上彩公司收到鑫源公司所欠货款与退回的商品，同时收到了相关红字增值税专用发票。

要求：根据上述资料，编制上彩公司上述业务涉及的会计分录。

📀 **答案参见随书光盘** ◀
本书配套\练习答案\第13章\提高练习\销售商品发生销售折让的账务处理.docx

13.3.2 销售商品发生销售退回涉及现金折扣的账务处理

2016年6月7日，上彩公司向升辉公司销售商品100件，增值税专用发票上注明的价款为180 000元，增值税税额为30 600元。该批商品的成本为160 000元。为尽早收回货款，双方约定的现金折扣条件为：2/10，1/15，n/30。6月20日，升辉公司以银行存款支付了该笔货款。6月28日，由于上述商品出现质量问题，升辉公司要求退回其中的20%，上彩公司同意了升辉公司的要求。6月30日，上彩公司收回了退回商品，并收到了相关红字增值税专用发票。

要求：根据上述资料，编制上彩公司上述业务涉及的会计分录。

📀 **答案参见随书光盘** ◀
本书配套\练习答案\第13章\提高练习\销售商品发生销售退回涉及现金折扣的账务处理.docx

疑难问答 Difficult Questions

❶ 提供劳务收入与让渡资产使用权收入的账务处理

Q1 企业一般业务中，除了销售商品外，以其他方式取得的收入应如何进行账务处理？

A1 企业取得收入的形式主要有三种，即销售商品收入、提供劳务收入与让渡资产使用权收入。正文中主要介绍了销售商品收入的账务处理，下面简单介绍其他两种方式取得收入的账务处理。

（1）提供劳务收入的账务处理

提供劳务收入是指企业通过提供劳务实现的收入，如咨询公司提供咨询服务、软件开发企业为客户开发软件、安装公司提供安装服务等实现的收入。其账务处理如下。

①实际发生劳务成本时，编制如下会计分录。

借：劳务成本

　　贷：银行存款 / 应付职工薪酬等

②确认劳务收入并结转劳务成本时，编制如下会计分录。

借：银行存款等

　　贷：主营业务收入

借：主营业务成本

　　贷：劳务成本

（2）让渡资产使用权收入

让渡资产使用权收入主要包括利息收入、使用费收入，企业取得该类收入时，一般记入"其他业务收入"科目。以企业出租房屋为例，其账务处理如下。

①计提房屋折旧时，编制如下会计分录。

借：其他业务成本

　　贷：累计折旧

②确认租金收入时，编制如下会计分录。

借：银行存款等

　　贷：其他业务收入

❷ 商业折扣、现金折扣、销售折让和销售退回账务处理的区别

Q2 企业在确认销售收入时，常常涉及商业折扣、现金折扣、销售折让和销售退回的账务处理，它们四者之间应怎样进行区分呢？

A2 针对账务处理而言，有关商业折扣、现金折扣、销售折让和销售退回的区别，可参照表 13-3 所示内容进行理解。

表 13-3 商业折扣、现金折扣、销售折让和销售退回的区别

	对收入确认的影响	对成本结转的影响	是否冲销已确认的收入	是否冲销已结转的成本	备注
商业折扣	按照扣除商业折扣后的金额确认收入	不影响成本的结转	——		商业折扣金额应与价款开在同一张发票上
现金折扣	按照扣除现金折扣前的金额确认收入	不影响成本的结转	——	——	发生现金折扣时，记入"财务费用"科目
销售折让	不影响收入的确认金额	不影响成本的结转	按照给予的实际折让金额，冲销已确认的收入	不冲销成本	假设之前已确认收入
销售退回	不影响收入的确认金额	会影响成本的结转	按照实际退回的商品金额，冲销已确认的收入	按照实际退回的商品金额，冲销已结转的成本	假设之前已确认收入

第 14 章

又到期末算结果——
利润的核算

本 章 导 读

利润核算是企业业务核算的最后一个步骤，利用利润核算结果可以了解企业的经营成果，对管理人员进行绩效评价。

本章内容主要可概括为两个方面：一方面是对形成利润的过程进行账务处理；另一方面是对利润分配的不同项目进行账务处理。

形成利润过程中的账务处理，首先介绍了形成利润的不同内容，即利润的不同层次；在了解形成利润的不同内容后，补充介绍了构成利润项目中的营业外收支；由于企业当期形成的利润应缴纳企业所得税，因此，紧接着介绍了与企业所得税有关的账务处理。

对于利润分配过程中的账务处理，则主要介绍了利润分配的顺序以及计提盈余公积、用盈余公积弥补亏损、分配现金股利、结转未分配利润明细科目的账务处理。

精彩内容

▶ **利润的形成**：企业利润的不同层次、营业外收支的账务处理、确认利润的账务处理、企业所得税的账务处理。

▶ **利润结转与分配**：结转本年利润、分配本年利润、分配本年利润的账务处理。

14.1 利润的形成

企业经营最根本的目的就是赚取利润，只有不断地提高盈利能力，获得最大限度的利润，企业才能够持续、健康地发展。

14.1.1 企业利润的不同层次

根据 2014 年新修订的《企业会计准则》，企业的利润由营业利润、营业外收支、所得税费用等项目构成。根据利润所包含内容的不同，可以将企业利润分为三个不同的层次，即营业利润、利润总额和净利润，三者的关系可用以下公式表示。

> 视频演示
> 利润核算的
> 步骤

营业利润＝营业收入－营业成本－税金及附加－期间费用－资产减值损失＋公允价值变动收益（－公允价值变动损失）＋投资收益（－投资损失）

利润总额＝营业利润＋营业外收入－营业外支出

净利润＝利润总额－所得税费用

14.1.2 营业外收支的账务处理

在前面章节中，已经对不同利润层次计算涉及的项目以及企业日常核算中的常用项目进行了详细介绍，下面将对营业外收支涉及的业务进行系统介绍。

1 ｜营业外收入的主要类型及其账务处理

计算利润时所指的营业外收入，也称为利得，是与企业的日常经营活动没有直接关系的各类"收入"。营业外收入核算的内容主要包括非流动资产处置利得、债务重组利得、现金等资产盘盈利得、政府补助利得、非货币性资产交换利得以及捐赠利得等。下面主要介绍前四种利得的账务处理。

（1）非流动资产处置利得的账务处理

非流动资产处置利得主要是指固定资产与无形资产的处置利得。其中，固定资产处置利得可用以下公式表示。

固定资产处置利得＝出售固定资产所取得的价款＋报废固定资产的残料价值以及变价收入－固定资产账面价值－清理费用－处置相关税费

无形资产处置利得可用以下公式表示：

无形资产处置利得＝出售无形资产所取得的价款－无形资产的账面价值－出售相关税费

企业结转固定资产处置利得时，应编制如下会计分录。

借：固定资产清理

贷：营业外收入——非流动资产处置利得

企业对无形资产处置利得进行账务处理时，不需要进行结转，直接将差额记入"营业外收入"，其涉及的会计分录如下。

借：银行存款等（收到的价款）

  累计摊销（已计提的累计摊销）

 贷：无形资产（无形资产原值）

  营业外收入——非流动资产处置利得（差额）

（2）债务重组利得的账务处理

债务重组利得是指重组债务的账面价值超过清偿债务的现金、非现金资产的公允价值、所转股份的公允价值或者重组后债务账面价值之间的差额。对债务重组利得的确认，通常是对于债务人而言的。对债务重组利得进行账务处理时，相关会计分录如下。

借：应付账款（所欠应付账款的账面价值）

 贷：银行存款等（偿还部分款项支付的金额）

  营业外收入——债务重组利得（差额）

（3）现金等资产盘盈利得的账务处理

现金等资产盘盈利得是指企业对于现金等资产进行盘点清查中，盘盈的资产报经批准后计入营业外收入的金额。企业盘盈现金等资产形成利得时，应编制如下会计分录。

借：待处理财产损溢

 贷：营业外收入——盘盈利得

（4）政府补助利得的账务处理

政府补助是指企业从政府无偿取得货币性资产或非货币性资产形成的利得。政府补助可分为与资产相关的政府补助以及与收益相关的政府补助。

①企业取得与资产相关的政府补助时，应首先确认为递延收益，然后在相关资产使用寿命内平均分配。相关会计分录如下。

a. 取得政府补助时

借：银行存款等

 贷：递延收益

b. 分配递延收益时

借：递延收益

 贷：营业外收入——政府补助收入

②企业取得与收益相关的政府补助时，若用于补偿企业已发生的相关费用或损失的，应编制如下会计分录。

借：银行存款等

 贷：营业外收入——政府补助利得

若用于补偿企业以后期间的相关费用或损失的，则会计分录与①中的分录相同。

接受政府捐赠的账务处理

长舟公司所在省政府出台了一项政策，满足相关文件中规定条件的企业，可获得政府补助购置一台价值不超过 200 万元的机器设备。经申请，长舟公司可享受该项政府补助。2016 年 5 月 30 日，长舟公司购入一套机器设备，总价值为 500 万元，预计使用寿命为 10 年，预计无残值，采用年限平均法计提折旧。该公司会计人员应如何进行账务处理？

┃ 专家解答 ┃

根据题干中的资料，可以知道该项补助为与资产相关的政府补助。企业收到补助的 200 万元时，应首先确认为递延收益，然后在使用上述设备的期间，对递延收益进行分配。会计人员填制记账凭证时涉及的会计分录如下。

收到政府补助的 200 万元时，应编制如下会计分录。

借：银行存款　　　　　　　　　　　　　　2 000 000
　　贷：递延收益　　　　　　　　　　　　　　　2 000 000

购置固定资产时，应编制如下会计分录。

借：固定资产　　　　　　　　　　　　　　5 000 000
　　应交税费——应交增值税（进项税额）　　850 000
　　贷：银行存款　　　　　　　　　　　　　　　5 850 000

计提固定资产折旧时，应编制如下会计分录。

借：管理费用　　　　　　　　　　　　　　41 666.67
　　贷：累计折旧　　　　　　　　　　　　　　　41 666.67

同时，确认政府补助利得。

借：递延收益　　　　　　　　　　　　　　16 666.67
　　贷：营业外收入——政府补助收入　　　　　16 666.67

其中，每月应计提的折旧费 =5 000 000÷10÷12=41 666.67（元）；每月应确认的政府补助利得 =2 000 000÷10÷12=16 666.67（元）。

2 ┃ 营业外支出的主要类型及其账务处理

与营业外收入相对应，计算利润时所指的营业外支出也称为损失，是指与企业的日常经营活动没有直接关系的各类"支出"。营业外支出核算的内容主要包括非流动资产处置损失、盘亏损失、债务重组损失和捐赠损失等。

（1）非流动资产处置损失的账务处理

非流动资产处置损失主要包括固定资产处置损失和无形资产处置损失。在非流动资产处置利得的计算公式中，若计算结果为负数，则表示出现了处置损失。

企业结转固定资产处置损失时，应编制如下会计分录。

借：营业外支出——非流动资产处置损失

　　贷：固定资产清理

企业对无形资产处置损失进行账务处理时，同样不需要进行结转，直接将差额记入"营业外支出"，其涉及的会计分录如下。

借：银行存款等（收到的价款）

　　累计摊销（已计提的累计摊销）

　　营业外支出——非流动资产处置损失（差额）

　　贷：无形资产（无形资产原值）

（2）盘亏损失的账务处理

企业对盘亏的存货等进行账务处理时，通常应编制如下会计分录。

借：其他应收款（应收保险公司赔偿款）

　　原材料（可继续使用的残料）

　　营业外支出（差额）

　　贷：待处理财产损溢（盘亏损失）

（3）债务重组损失的账务处理

债务重组损失是指债务人无力偿还债务，债权人给予其的优惠。对债务重组损失的确定一般是针对债权人而言的。债权人确定债务重组损失时，应编制如下会计分录。

借：银行存款

　　营业外支出——债务重组损失

　　贷：应收账款

例
14-2

▲ **确认债务重组损失的账务处理**

向闻公司是长舟公司的客户，长舟公司于 2015 年 5 月 3 日向其销售商品一批，增值税专用发票上注明的价款为 80 000 元，增值税税额为 13 600 元。至 2016 年 5 月 31 日，由于向闻公司发生财务困难，该笔款项未能支付。后经协商，长舟公司决定减免向闻公司债务 30 000 元，余额用银行存款偿还。2016 年 6 月

12 日，向闻公司以银行存款偿还了余款。对于该业务，长舟公司会计人员应如何进行账务处理？

专家解答

根据题干，长舟公司对向闻公司的欠款给予让步，因此该事项属于债务重组。2016 年 5 月 31 日，长舟公司只是得知该笔款项未能收到，并未发生实质交易，因此不进行账务处理。2016 年 6 月 12 日，向闻公司实际归还了剩余欠款，即双方发生了债务重组，会计人员应填制一张记账凭证，相关会计分录如下。

借：银行存款　　　　　　　　　63 600
　　营业外支出——债务重组损失　30 000
　　　贷：应收账款　　　　　　　　　　　93 600

（4）捐赠损失的账务处理

企业可作为营业外损失扣除的捐赠损失，主要是指对外进行公益性捐赠发生的支出。根据规定，纳税人通过非营利性的社会团体、国家机关向农村义务教育、老年活动场所的红十字事业、公益性青少年活动场所的捐赠，以及纳税人向慈善机构、基金会等非营利性机构的公益、救济性捐赠，准予在缴纳企业所得税前全额扣除。纳税人直接向受赠人的捐赠不允许在税前扣除。企业发生上述捐赠支出时，应编制如下会计分录。

> 社会团体包括中国青少年发展基金会、希望工程基金会、宋庆龄基金会、减灾委员会、中国红十字会、中国残疾人联合会、全国老年基金会、老年促进会等。

借：营业外支出——捐赠支出
　　贷：银行存款

14.1.3 确认利润的账务处理

企业日常经营发生的收入、费用和支出等经确认后，应在期末将其转入"本年利润"科目，以计算当期的盈利或亏损情况。

1｜结转收入的账务处理

每期期末，企业应将"收入"类科目的贷方余额从借方转入"本年利润"科目的贷方。相关会计分录如下。

借：主营业务收入 / 其他业务收入 / 营业外收入 / 投资收益 / 公允价值变动损益等
　　贷：本年利润

2 | 结转成本、费用的账务处理

每期期末，企业应将"费用"类科目的借方余额从贷方转入"本年利润"科目的借方。相关会计分录如下。

借：本年利润

　　贷：主营业务成本、其他业务成本、税金及附加、销售费用、财务费用、管理费用、营业外支出、资产减值损失等

经过上述结转后，若"本年利润"科目为贷方余额，则表明本期经营为盈利；若"本年利润"科目为借方余额，则表明本期经营为亏损。若本期企业实现盈利，则应根据盈利的金额以及适用的企业所得税税率计算本期企业所得税费用。

14.1.4 企业所得税的账务处理

企业在期末进行收入与费用支出的结转后，形成的"本年利润"期末余额表现为本期的净利润，若净利润大于零，还应在此基础上计算企业所得税。

1 | 企业所得税的类型

企业的所得税费用包括当期所得税和递延所得税两部分，其中，当期所得税是指当期应缴纳的企业所得税；递延所得税包括递延所得税资产和递延所得税负债。递延所得税资产是指以未来期间很可能取得用来抵扣可抵扣暂时性差异的以应纳税所得额为限确认的一项资产；递延所得税负债是指根据应纳税暂时性差异计算的未来期间应付的企业所得税金额。

2 | 企业所得税的账务处理

（1）当期应交所得税

当期所得税是指按照税法规定的针对当期发生的交易和事项计算的应缴纳给税务部门的所得税金额。计算当期应交所得税时涉及应纳税所得额的计算，其是在企业税前会计利润（即利润总额）的基础上调整确定的，计算公式如下。

> 延伸阅读
> 涉及应纳税
> 所得额调增、
> 调减的项目

应纳税所得额=税前会计利润 + 纳税调整增加额 − 纳税调整减少额

纳税调整增加额主要包括税法规定扣除项目中，企业已计入当期费用但超过税法规定扣除标准的金额（如超过税法规定扣除标准的职工福利费、工会经费、职工教育经费、业务招待费、公益性捐赠支出、广告费和业务宣传费等），以及企业已计入当期损失但税法规定不允许扣除的金额（如税收滞纳金、罚金、罚款等）。

纳税调整减少额主要包括税法规定允许弥补的亏损和准予免税的项目，如国债利息收入、五年内未弥补亏损等。企业当期应交所得税的计算公式为：

应交所得税=应纳税所得额×所得税税率

例 14-3 ◢ **应交所得税的计算**

2015 年长舟公司按照企业会计准则计算的税前利润为 3 600 000 元，所得税税率为 25%。长舟公司本年实际发放工资薪金共 2 000 000 万元，职工福利费 300 000 元，工会经费 35 000 元。经查，长舟公司营业外支出中有 8 000 元为税收滞纳金，营业外收入中有 15 000 元为国债利息收入。根据上述资料，长舟公司会计人员计算 2015 年应交所得税时，应涉及哪些步骤？

┃ **专家解答** ┃

根据上述资料，长舟公司会计人员计算 2015 年应交所得税时，应按照以下步骤进行。

①计算年度会计利润。已知 2015 年的会计利润为 3 600 000 元。

②计算需进行纳税调整的项目。根据税法规定，企业发生的合理的工资、薪金支出准予据实扣除；企业发生的福利费支出，不超过工资、薪金总额 14% 的部分准予扣除；企业拨缴的工会经费，不超过工资、薪金总额 2% 的部分准予扣除；税收滞纳金不得在税前扣除；国债利息收入免征企业所得税。

本例中，工资支出可全额扣除，职工福利费的扣除限额 =2 000 000×14%=280 000（元）；工会经费的扣除限额 =2 000 000×2%=40 000（元）。因此，应进行纳税调整的事项包括：

a. 职工福利费支出应调增应纳税所得额 =300 000 − 280 000=20 000（元）；

b. 税收滞纳金支出应调增应纳税所得额 =8 000（元）；

c. 国债利息收入应调减应纳税所得额 =15 000（元）。

③计算应纳税所得额。长舟公司 2015 年应纳税所得额 =3 600 000 + 20 000 + 8 000 − 15 000=3 613 000（元）。

④计算当期应交所得税税额。长舟公司 2015 年应交所得税税额 =3 613 000× 25%=903 250（元）。

（2）递延所得税

递延所得税是指按照所得税准则规定，应予确认的递延所得税资产和递延所得税负债，在期末应有的金额相对于原已确认金额之间的差额，即递延所得税资产及递延所得税负债当期发生额的综合结果。

递延所得税的计算公式如下。

递延所得税=（期末递延所得税负债−期初递延所得税负债）−（期末递延所得税
资产−期初递延所得税资产）

若企业当期存在递延所得税，则当期应缴纳的所得税费用的计算公式如下。

所得税费用=当期应交所得税＋递延所得税

（3）所得税费用的账务处理

企业完成所得税的计算后，计提当期所得税费用时，应编制如下会计分录。

借：所得税费用

　　递延所得税资产

　　贷：应交税费——应交所得税

　　　　递延所得税负债

经验
之谈　　　企业年末计算当期递延所得税时，通常应单独确认递延所得税资产和递延所得税负债（如上分录），若递延所得税负债＞递延所得税资产，则会增加当期应缴纳的所得税费用；相反，则会减少当期应缴纳的所得税费用。

例
14-4

当期所得税费用的账务处理

沿用"例14-3"的资料，已知长舟公司递延所得税资产与递延所得税负债在2015年年初的余额分别为14 000元、38 000元；年末，递延所得税资产与递延所得税负债的余额分别为32 000元、43 000元。则长舟公司2015年应确认的所得税费用为多少？会计人员计提所得税费用时应如何进行账务处理？

▌**专家解答**▐

根据递延所得税的计算公式，长舟公司2015年应确认的递延所得税＝（43 000−38 000）−（32 000−14 000）=−13 000（元）。因此，长舟公司2015年应确认的所得税费用=当期应交所得税＋递延所得税=903 250−13 000=890 250（元）。会计人员填制记账凭证时，相关会计分录如下。

借：所得税费用　　　　　　　　890 250

　　递延所得税资产　　　　　　 18 000

　　贷：应交税费——应交所得税　　903 250

　　　　递延所得税负债　　　　　　 5 000

上述分录中，本期应确认的递延所得税资产＝递延所得税资产期末余额－递延所得税资产期初余额＝32 000－14 000＝18 000（元）；本期应确认的递延所得税负债＝递延所得税负债期末余额－递延所得税负债期初余额＝43 000－38 000＝5 000（元）。

2015 年 12 月 31 日，长舟公司资产负债表中列示的所得税费用为 890 250 元。

经验之谈 读者需特别注意的是，在编制确认本期所得税费用的会计分录时，分录中"应交税费——应交所得税"科目的金额为当期应交所得税的金额，而不是经过递延所得税调整后"所得税费用"的金额。因此，"例14-4"中的"903 250"即"例14-3"中计算出的应交所得税的金额。

确认本期所得税费用后，还应将所得税费用转入"本年利润"科目，结平所有的损益类账户。结转所得税费用应编制如下会计分录。

借：本年利润

贷：所得税费用

14.2 利润结转与分配

企业将各损益类账户的余额转入"本年利润"科目后，在年度终了，还应将"本年利润"科目的累计余额转出，并按照相关规定，对取得的利润进行分配。

14.2.1 结转本年利润

结转本年利润包括两步：第一步是在各期末将损益类科目的余额转入"本年利润"科目中；第二步是在年度终了，将"本年利润"科目的累计余额转入"利润分配"科目中。第一步已在前面详细介绍过，第二步中，若结转后的"本年利润"科目为贷方余额，则应编制如下会计分录。

借：本年利润

贷：利润分配——未分配利润

若结转后的"本年利润"科目为借方余额，则应编制相反的会计分录。经结转后，"本年利润"科目应无余额。

14.2.2 分配本年利润

企业实现的利润，经结转入"利润分配"科目后，应当按照以下顺序进行分配。

● 弥补企业以前年度亏损。

- 提取法定盈余公积。
- 提取任意盈余公积。
- 向投资者分配利润。

企业的所有者权益中，盈余公积与未分配利润统称为留存收益，即留存在企业内部归属于所有者的收益。

1 │ 盈余公积

盈余公积是指企业从税后利润中提取形成的、留存于企业内部、具有特定用途的收益积累。盈余公积可分为法定盈余公积和任意盈余公积两类。上市公司的法定盈余公积按照税后利润的 10% 提取，法定盈余公积累计额已达注册资本的 50% 时可以不再提取；任意盈余公积由企业自行决定提取。盈余公积的用途主要有弥补亏损、转增资本等。

2 │ 未分配利润

未分配利润是企业未作分配的利润，是企业利润分配后积存的余额。从实务中看，未分配利润是"利润分配"科目的一个明细科目，会计年度终了，企业应将实现的净利润从"本年利润"科目转入"利润分配——未分配利润"

> 资产负债表中反映的未分配利润，是截止到本年度的累计额，而不是当期发生额。

科目；同时，还应将"利润分配"科目所属的其他明细科目的余额转入"利润分配——未分配利润"明细科目中。经结转以后，"利润分配"科目的明细科目中只有"未分配利润"存在余额，该余额即为企业当期实现的未分配利润。

14.2.3 分配本年利润的账务处理

企业在会计年度终了时，应根据相关法规及本公司的章程规定，对本年实现的利润进行分配处理。

1 │ 提取盈余公积的账务处理

按照相关法规及公司章程规定，企业提取法定盈余公积与任意盈余公积时，应编制如下会计分录。

借：利润分配——提取法定盈余公积
　　　　　　——提取任意盈余公积
　　贷：盈余公积——法定盈余公积
　　　　　　　　——任意盈余公积

2 │ 分配现金股利的账务处理

提取盈余公积后，若未分配利润还有余额，应按照公司章程的股利或利润分配计划，向投资者分配股利。

分配现金股利时，应编制如下会计分录。

借：利润分配——应付现金股利

　　贷：应付股利

实际分配现金股利时，应编制如下会计分录。

借：应付股利

　　贷：银行存款

3 ｜期末"利润分配"科目各明细科目的账务处理

期末，企业将"利润分配"科目其他各明细科目的余额转入"利润分配——未分配利润"科目时，应编制如下会计分录。

借：利润分配——未分配利润

　　贷：利润分配——提取法定盈余公积

　　　　　　　　——提取任意盈余公积

　　　　　　　　——应付现金股利

　　　　　　　　——盈余公积补亏

知识补充

企业采用盈余公积弥补亏损时，应编制如下会计分录。

借：盈余公积

　　贷：利润分配——盈余公积补亏

企业用盈余公积转增资本时，应编制如下会计分录。

借：盈余公积

　　贷：实收资本（或股本）

例 14-5

对本年利润进行结转与分配的账务处理

万明公司 2015 年共实现净利润 300 万元，将各损益类账户进行结转后，"本年利润"科目的贷方余额为 300 万元。经股东大会批准，当年的利润分配方案为：提取法定盈余公积 30 万元，提取任意盈余公积 20 万元，向股东分配现金股利 100 万元。上述所有分配方案均已实施。则会计人员在期末进行利润分配的账务处理时，应如何编制会计分录？

▏专家解答▕

万明公司对 2015 年净利润进行结转与分配，会计人员进行账务处理时，应按照以下步骤进行。

①将"本年利润"科目的余额转入"未分配利润"科目。相关会计分录如下。

借：本年利润   3 000 000

   贷：利润分配——未分配利润   3 000 000

②按照股东大会批准的利润分配计划，填制利润分配的记账凭证，相关会计分录如下。

借：利润分配——提取法定盈余公积   300 000

            ——提取任意盈余公积   200 000

            ——应付现金股利   1 000 000

   贷：盈余公积——法定盈余公积   300 000

           ——任意盈余公积   200 000

       应付股利   1 000 000

③将上述"利润分配"科目的明细科目，转入"未分配利润"明细科目中。相关会计分录如下。

借：利润分配——未分配利润   1 500 000

   贷：利润分配——提取法定盈余公积   300 000

           ——提取任意盈余公积   200 000

           ——应付现金股利   1 000 000

假设"利润分配——未分配利润"年初余额为 820 000 元，经上述分配处理后，"利润分配——未分配利润"科目的余额 =820 000+3 000 000−1 500 000=2 320 000（元），即万明公司 2015 年的累计未分配利润为 2 320 000 元。

14.3 提高练习

本章主要介绍了有关利润的形成、结转与分配的相关概念及其账务处理。有的知识在前面章节有所涉及，本章重点对新的知识进行了详细介绍。下面将通过练习，加强对新接触知识在实务中的应用。

14.3.1 结转并分配本年利润的账务处理

上彩公司 2015 年度有关科目在期末结转前的余额如表 14-1 所示。

表14-1 上彩公司2015年部分科目余额表 （单位：元）

科目名称	结转前账户余额	科目名称	结转前账户余额
主营业务收入	800 000（贷）	税金及附加	30 000（借）
其他业务收入	300 000（贷）	销售费用	80 000（借）
投资收益	100 000（贷）	管理费用	120 000（借）
营业外收入	80 000（贷）	财务费用	40 000（借）
主营业务成本	500 000（借）	营业外支出	65 000（借）
其他业务成本	200 000（借）		

已知：上彩公司适用的所得税税率为25%，以前年度尚未弥补完的亏损为0。经决议，上彩公司分别按照净利润的10%和6%提取法定盈余公积和任意盈余公积，按可供分配利润的30%向股东分配现金股利。

要求：

（1）计算上彩公司的净利润，并编制将本年利润转入利润分配的会计分录。

（2）计算上彩公司应提取的盈余公积，并编制相关会计分录。

（3）计算上彩公司应向股东分配的现金股利，并编制相关会计分录。

（4）编制上彩公司结转利润分配的会计分录。

📀 **答案参见随书光盘** ◀

本书配套\练习答案\第14章\提高练习\结转并分配本年利润的账务处理.docx

14.3.2 确认本年所得税费用的账务处理

上彩公司适用的企业所得税税率为25%。2015年度的税前利润为1 200 000元。该公司与企业所得税计算相关的资料如下。

（1）取得国债利息收入50 000元；因未及时缴纳税款，被罚以税收滞纳金25 000元。

（2）当年实现营业收入2 000 000元，管理费用中包含的业务招待费为120 000元。

（3）递延所得税资产与递延所得税负债的期初余额为0，本年确认的递延所得税资产为12 000元，本年确认的递延所得税负债为18 000元。

要求：根据上述资料，编制上彩公司确认2015年所得税费用的会计分录。

📀 **答案参见随书光盘** ◀

本书配套\练习答案\第14章\提高练习\确认本年所得税费用的账务处理.docx

疑难问答 Difficult Questions

❶ 结转本年利润不同方法的比较

Q1 会计人员在结转本年利润时的方法有表结法和账结法，它们有什么区别？在会计实务中，这两种方法应怎样应用？

A1 会计期末结转本年利润时，会计人员可采用的方法有表结法和账结法，两者的区别如下。

①表结法。表结法下，各损益类科目每月月末只需结计出本月发生额和月末累计余额，不结转到"本年利润"科目，只有在年末时才将全年累计余额结转入"本年利润"科目。但是，每月月末填制利润表时，应根据损益类科目的本月发生额合计数以及月末累计余额填写利润表的"本月数"和"本年累计数"。

②账结法。账结法下，每月月末均需要编制记账凭证，将在账上结计出的各损益类账户的余额转入"本年利润"科目。

上述两种方法中，表结法下可以减少转账环节和工作量，且不影响利润表的编制；账结法下在各月均可通过"本年利润"科目提供当月及本年累计的利润（或亏损）额。因此，两者的根本区别在于是否在各月月末编制结转损益类科目的记账凭证。在实务中，大多数企业为了方便对本期经营情况进行追踪与考核，通常使用的是账结法。本书前文的举例中，也假设采用的是账结法。

❷ 规模小的企业是否提取盈余公积

Q2 平常都是上市公司提取盈余公积的情况较多。规模比较小的公司若当年盈利较少，是否也需要提取盈余公积？

A2 提取盈余公积是《中华人民共和国公司法》对于公司制企业的法定要求，并且在会计制度中也有所规定。同时，各公司的公司章程中应明确规定提取任意盈余公积的方法与比例。因此，不论公司执行的是《企业会计准则》，还是《小企业会计准则》，只要其在当年实现利润，且在弥补以前年度亏损后还有余额，都应该按照规定提取盈余公积。

第 3 篇 ▶▶

技能提升

第 15 章　做好企业与税务机关的中间人——报税

本 章 导 读

从本章开始，将具体介绍会计人员在日常工作中可能涉及的业务技能。企业只要办理了税务登记证，就与税务机关建立了税收征缴关系。会计人员作为企业与税务机关的中间人，报税工作显得尤为重要。

本章首先对我国现行的税制进行了简单介绍，让读者对我国税收体制有一个初步认识；其次，介绍了企业常见税种的基础知识，如常见税种的纳税义务人、征税对象、税率以及税收优惠等；在此基础上，本章重点介绍了办理纳税申报的方式、流程，以及各类主要税种纳税申报表的填写；最后，还介绍了几种常见的纳税筹划方法以及两类主要税种的纳税筹划方法。

通过本章内容的学习，读者可以对会计工作中涉及的税收知识进行系统的了解并掌握，有助于读者轻松应对工作中的税务业务。

精彩内容

▶ **我国现行税收法律体系**：税收种类、国税与地税的区分。

▶ **主要税种**：增值税、企业所得税、其他税种。

▶ **纳税申报**：纳税申报的方法、纳税申报前的准备、纳税申报表的填写。

▶ **纳税筹划**：常见的纳税筹划方法、增值税的纳税筹划、企业所得税的纳税筹划。

15.1 我国现行税收法律体系

税法即税收法律制度，是国家权力机关和行政机关制定的用以调整税收关系的法律规范的总称，也是国家法律的重要组成部分。

15.1.1 税收种类

我国现行税收法律体系中，根据分类标准的不同税收分为不同的种类，具体包括以下几种。

1 | 按照基本内容和效力分类

根据基本内容和效力的不同，税法可分为税收基本法和税收普通法。税收基本法也称税收通则，是税法体系的主体和核心，在税法体系中起着税收母法的作用。目前我国还没有制定统一的税收基本法。税收普通法是根据税收基本法的原则，对税收基本法规定的事项分别立法进行实施，如个人所得税法、税收征收管理法等。

2 | 按照职能作用分类

根据职能作用的不同，税法可分为税收实体法和税收程序法。税收实体法主要是指确定税种立法，具体规定各税种的征税对象、征收范围、税目、税率和纳税地点等，如《中华人民共和国企业所得税法》《中华人民共和国个人所得税法》。税收程序法是指税务管理方面的法律，主要包括税收管理法、纳税程序法、发票管理法、税务机关组织法等，如《中华人民共和国税收征收管理法》。

3 | 按照相关税种征税对象分类

根据相关税种征税对象的不同，税法可分为商品和劳务税税法，所得税税法，财产、行为税税法，资源税税法，特定目的税税法。各类税法所规范的具体税种如图 15-1 所示。

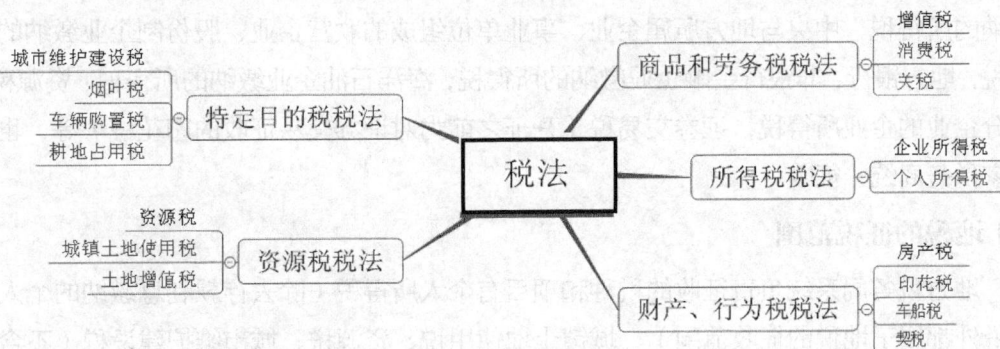

图 15-1 税法按照相关税种征税对象进行的分类

4 │ 按照主权国家行使税收管辖权分类

根据主权国家行使税收管辖权的不同，税法可分为国内税法、国际税法和外国税法。

本书将针对税法按照相关税种征税对象进行的分类，对企业经营中涉及的主要税种进行介绍。

15.1.2　国税与地税的区分

我国现行的税收分别由财政、税务、海关等系统负责征收管理，对于各系统具体应负责征收哪类税种都有明确的规定。其中，有关国税与地税所负责税种的划分，需要会计人员特别留意。

国税与地税，是指国家税务局系统和地方税务局系统，一般是指税务机关，而不是指税种。国家税务局系统和地方税务局系统分属国家不同的职能部门。国家税务局系统由国家税务总局垂直领导；省级地方税务局受省级人民政府和国家税务总局双重领导，省级以下地方税务局系统由省级地方税务机关垂直领导。

1 │ 国税的征税范围

国家税务局系统负责征收的税种和项目有增值税、消费税、车辆购置税和企业所得税。根据《国家税务总局关于调整新增企业所得税征管范围问题的通知》（国税发〔2008〕120号）文件的规定，2008年12月31日之前，国家税务局和地方税务局各自征管的企业涉及的税收项目不做调整；2009年1月1日起新增的企业涉及的税收项目按以下规定处理：应交增值税的企业，其所得税全额归国税局征管；应交营业税的企业，其所得税全额归地方税务局征管。

> 增值税、资源税、证券交易税属于中央与地方共享税，但其由国税系统负责征收。

> **知识补充** ▶ 随着"营改增"制度的全面推开，营业税已经退出了我国的税收舞台，因此，自2016年5月1日后成立的企业，其企业所得税应归国家税务局征管。

另外，各银行总行、各保险总公司集中缴纳的所得税、城市维护建设税，中央企业缴纳的所得税，中央与地方所属企业、事业单位组成的联营企业、股份制企业缴纳的所得税，地方银行、非银行金融企业缴纳的所得税，海洋石油企业缴纳的所得税、资源税，部分企业的企业所得税，证券交易税（开征之前为对证券交易征收的印花税）等，也由国家税务局统一征收。

2 │ 地税的征税范围

地方税务局系统负责征收的税种和项目有个人所得税（除去存款利息缴纳的个人所得税外都属于地税的征收范围）、城镇土地使用税、资源税、城市维护建设税（不含铁道部门、各银行总行、各保险总公司集中缴纳的部分）、房产税、车船税、印花税、耕地占用税、契税、土地增值税和地方教育附加等。

除国税与地税系统外，我国海关系统也对一些税种具有征税权。海关系统负责征收的税种和项目主要有关税、船舶吨税、进口增值税、进口消费税，因此，纳税人若涉及上述税种时，应向报关地海关进行纳税申报和税款缴纳。

15.2 主要税种

会计人员在日常工作中接触较多的税种有增值税、企业所得税、消费税、城市维护建设税等，其中，与增值税和企业所得税的接触最为频繁，因此，下面将以增值税和企业所得税为讲解重点，对企业可能涉及的主要税种进行介绍。

15.2.1 增值税

增值税是以商品和劳务流转过程中产生的增值额作为征税对象征收的一种流转税。根据我国增值税相关法律的规定，在我国境内销售货物、提供加工修理修配劳务，销售服务、无形资产和不动产，以及进口货物的企业、单位和个人均属于增值税的纳税人。

1 │ 增值税的征税范围

现行增值税的征税范围可归纳为以下四项。

- 销售货物。
- 进口货物。
- 提供加工、修理修配劳务。
- 销售服务、无形资产或者不动产。

经验之谈 前三项一直属于增值税的征税范围，第四项原本属于营业税的征税范围，"营改增"后全面改征增值税。对增值税征税范围进行上述划分的目的是界定其适用的具体税率。

企业实际经营中出现以下视同销售行为的，也属于增值税的征税范围。

（1）将货物交付其他单位或者个人代销。

（2）销售代销货物。

（3）设有两个以上机构并实行统一核算的纳税人，将货物从一个机构移送其他机构用于销售，但相关机构设在同一县（市）的除外。

（4）将自产、委托加工的货物用于非应税项目。

（5）将自产、委托加工的货物用于集体福利或者个人消费。

（6）将自产、委托加工或者购进的货物作为投资。

（7）将自产、委托加工或者购进的货物分配给股东或者投资者。

（8）将自产、委托加工或者购进的货物无偿赠送给他人。

例 15-1

判断是否缴纳增值税

2016年6月，万明公司与其经销商长萧公司签订了一份商品代销合同，合同约定万明公司先将生产的产品委托长萧公司代为销售，长萧公司将产品卖出并收到货款后，再将货款按照销售收入的95%返还万明公司，剩余的5%作为代销手续费。对于上述业务，万明公司和长萧公司是否应确认增值税税额？

┃ 专家解答 ┃

万明公司将自产产品交予长萧公司代为销售，属于"将货物交付其他单位代销"，属于视同销售行为，因此，万明公司负有增值税的纳税义务，应确认增值税税额；长萧公司代万明公司销售其产品，属于"销售代销货物"，也属于视同销售行为，长萧公司同样负有增值税纳税义务，应确认增值税税额。另外，在确认增值税时，万明公司应该按照代销协议中约定的价格作为计税依据，而长萧公司应该按照实际销售产品时开出的发票账单上标明的价款作为计税依据。

2 │ 增值税的纳税义务人

根据纳税人的经营规模以及会计核算程度的不同，增值税的纳税义务人分为一般纳税人和小规模纳税人，两者采用不同的增值税征收管理办法。

（1）一般纳税人

一般纳税人通常采用"购进扣税法"（当期销项税额－当期准予抵扣的进项税额）计算增值税应纳税额，可以依法使用增值税专用发票；但一般纳税人也存在按简易办法计算缴纳增值税的情形。

（2）小规模纳税人

小规模纳税人采用简易办法计算增值税应纳税额，一般不使用增值税专用发票，但可以到税务机关申请代开增值税专用发票。

3 │ 增值税的税率与征收率

我国增值税的征收采用比例税率，即按照应纳税额的一定比例征收。根据不同的应税项目，一般纳税人适用不同的税率，小规模纳税人采用征收率征收增值税。增值税的税率与征收率如表 15-1 所示。

表15-1 增值税的税率与征收率

税率	具体范围
基本税率17%	销售或进口货物（税法另有规定的除外）
	提供加工、修理修配劳务
	提供有形动产租赁服务
低税率13%	农产品类：粮食、食用植物油、食用盐、农产品（各种植物、动物的"初级"产品）
	与民生相关类：自来水、暖气、冷气、热水、煤气、天然气、沼气、二甲醚
	书报和杂志类：图书、报纸、杂志
	电子音像类：音像制品、电子出版物
	农用类：饲料、化肥、农药、农机、农膜
低税率11%	提供交通运输、邮政、基础电信、建筑、不动产租赁服务，销售不动产，转让土地使用权
低税率6%	除上述情形外的其他应税项目
征收率5%	小规模纳税人销售自建或者取得的不动产、一般纳税人选择简易计税方法计税的不动产销售等有关不动产销售与不动产经营租赁业务
征收率3%	增值税小规模纳税人的征收率一般为3%
零税率	出口货物（国务院另有规定的除外）
	境内单位和个人提供国际运输服务、向境外单位提供的研发服务和设计服务以及财政部和国家税务总局规定的其他应税服务

> **知识补充**
>
> 零税率不同于免税。零税率是指对出口货物除了在出口环节不征增值税外，还要对该产品在出口前已经缴纳的增值税进行退税，使该产品在出口时完全不含增值税税款，从而以无税产品进入国际市场。出口货物免税仅指在出口环节不征收增值税。

4 ｜增值税应纳税额的计算

（1）一般纳税人增值税应纳税额的计算

一般纳税人采用"购进扣税法"计算增值税应纳税额，其当期应交增值税税额的计算公式如下。

$$当期应纳税额＝当期销项税额 － 当期准予抵扣的进项税额$$

$$当期销项税额＝不含税增值税销售额×适用税率＝含增值税销售额÷（1＋适用税率）×适用税率$$

"当期准予抵扣的进项税额"的抵扣方式具体包括以下两种情况。

- **凭票直接抵扣**：凭票直接抵扣是指根据增值税专用发票（含货物运输业增值税专用发票、税控机动车销售统一发票）、海关进口增值税专用缴款书以及税收缴款凭证上注明的增值税税额进行抵扣。

- **凭票计算抵扣**：凭票计算抵扣是指对于购进农产品，除取得增值税专用发票或者海关进口增值税专用缴款书外，按照农产品收购发票或者销售发票上注明的农产品买价和 13% 的扣除率计算抵扣进项税额。

例
15-2

一般纳税人购进货物可抵扣进项税额的计算

美味食品厂为增值税一般纳税人，其主营业务为生产面包并销售。2016 年 7 月，该食品厂向农民收购玉米一批，开具的农产品收购发票上注明的买价为 50 000 元，该批玉米已验收入库。则食品厂购进该批玉米可计算抵扣的进项税额为多少？

专家解答

本例中，美味食品厂为增值税一般纳税人，其进项税额可进行抵扣。由于农产品收购发票不属于增值税专用发票，因此无法按照收购发票上的税额进行抵扣。另外，根据规定，企业收购农产品，可以按照农产品的买价和 13% 的扣除率计算抵扣进项税额。因此，食品厂购进该批玉米时可以计算抵扣的进项税额 =50 000×13%=6 500（元）。

一般纳税人进项税额不得进行抵扣的情况，如图 15-2 所示。

不得抵扣的进项税额
- 非正常损失的购进货物，以及相关的加工修理修配劳务和交通运输服务
- 非正常损失的在产品、产成品所耗用的购进货物（不包括固定资产）、加工修理修配劳务和交通运输服务
- 非正常损失的不动产，以及该不动产所耗用的购进货物、设计服务和建筑服务
- 非正常损失的不动产在建工程所耗用的购进货物、设计服务和建筑服务
- 购进的旅客运输服务、贷款服务、餐饮服务、居民日常服务和娱乐服务
- 财政部和国家税务总局规定的其他情形

图 15-2 不得抵扣进项税额的项目

（2）小规模纳税人增值税应纳税额的计算

小规模纳税人销售货物或者提供应税劳务（或应税服务），实行按照销售额和征收率计算应纳税额的简易办法，并不得抵扣进项税额。其应纳税额的计算公式如下。

应纳税额＝不含税销售额×征收率＝含税销售额÷（1＋征收率）×征收率

小规模纳税人增值税应纳税额的计算

清辉公司为增值税小规模纳税人，7月购入商品一批，购进价格为 100 000 元，进项税额为 3 000 元。当月将该批货物销售出去，取得含税销售额 123 600 元。假设当月没有其他业务，则清辉公司上述业务涉及的增值税应如何计算？

专家解答

由于清辉公司为小规模纳税人，因此其进项税额不得抵扣，应作为购进货物的成本。清辉公司销售该批货物，计算增值税时应将含税价格换算为不含税价格，因此，当月清辉公司应交增值税税额 =123 600÷（1+3%）×3%=3 600（元），相关会计分录如下。

购进该批商品时：

借：库存商品　　　　　　　　103 000

　　贷：银行存款等　　　　　　　103 000

销售该批商品时：

借：银行存款等　　　　　　　123 600

　　贷：主营业务收入　　　　　　120 000

　　　　应交税费——应交增值税　3 600

> 小规模纳税人在核算增值税时，只需设置"应交税费"的二级明细科目"应交增值税"。

5 ┃ 增值税的税收优惠

《增值税暂行条例》及"营改增"相关政策规定的增值税免税项目如表 15-2 所示。

表 15-2　增值税免税项目

《增值税暂行条例》中规定的免税项目	"营改增"相关政策规定的免税项目
（1）农业生产者销售的自产（初级）农产品	（1）个人转让著作权
（2）避孕药品和用具	（2）残疾人个人提供应税服务
（3）古旧图书	（3）航空公司提供飞机播洒农药服务
（4）直接用于科学研究、科学实验和教学的进口仪器、设备	（4）试点纳税人提供技术转让、技术开发和与之相关的技术咨询、技术服务
（5）外国政府、国际组织无偿援助的进口物资和设备	（5）符合条件的节能服务公司实施合同能源管理项目中提供的应税服务
（6）由残疾人的组织直接进口供残疾人专用的物品	（6）境内单位和个人向中华人民共和国境外单位提供的电信业服务
（7）其他个人销售的自己使用过的物品	（7）财政部和国家税务总局规定的其他免税项目

增值税小规模纳税人，月销售额不超过 3 万元（含 3 万元，下同）的，免征增值税。其中，以一个季度为纳税期限的增值税小规模纳税人，季度销售额不超过 9 万元的，免征增值税。

15.2.2 企业所得税

企业所得税是指对我国内资企业和经营单位的生产经营所得与其他所得征收的一种税。企业所得税是国家财政收入的重要来源，除另有规定外，所有正常经营的企业均应缴纳企业所得税。

1 | 企业所得税的纳税义务人

企业所得税的纳税义务人包括各类企业、事业单位，社会团体，民办非企业单位和从事生产经营活动的其他组织。依照中国法律、行政法规成立的个人独资企业、合伙企业，不适用《中华人民共和国企业所得税法》，不属于企业所得税的纳税义务人。

> 个人独资企业的投资者、合伙企业的合伙人应按照《中华人民共和国个人所得税法》的规定缴纳个人所得税。

企业所得税的纳税义务人分为居民企业和非居民企业，其划分标准及各自的纳税义务如表15-3所示。

表 15-3 居民企业与非居民企业的划分标准及其纳税义务

划分标准		纳税义务
居民企业	注册地标准：依法"在中国境内成立"的企业	全面纳税义务：应就其来源于中国境内、境外的全部所得缴纳企业所得税
	实际管理机构所在地标准：依照外国（地区）法律成立，但"实际管理机构"在中国境内的企业	
非居民企业	依照外国（地区）法律成立，且实际管理机构不在中国境内，但在中国境内设立机构、场所的企业	有限纳税义务：应就其来源于中国境内的所得，以及发生在中国境外但与其境内所设机构、场所有实际联系的所得缴纳企业所得税
	依照外国（地区）法律成立，且实际管理机构不在中国境内，且在中国境内未设立机构、场所，但有来源于中国境内所得的企业	有限纳税义务：仅就来源于中国境内的所得缴纳企业所得税

2 | 企业所得税的征税对象

企业所得税的征税对象是指纳税人取得的各项所得。它包括销售货物所得，提供劳务所得，转让财产所得，股息、红利等权益性投资所得，利息所得，租金所得，特许权使用费所得和其他所得。企业各项所得来源地的确定如表15-4所示。

表 15-4 企业所得税的征税对象及所得来源地的确定

征税对象	所得来源地
销售货物所得	交易活动发生地
提供劳务所得	劳务发生地

续表

征税对象		所得来源地
转让财产所得	不动产转让所得	不动产所在地
	动产转让所得	转让动产的企业或者机构、场所所在地
	权益性投资资产转让所得	被投资企业所在地
股息、红利等权益性投资所得		分配所得的企业所在地
利息所得		负担、支付所得的企业或者机构、场所所在地或负担、支付所得的个人住所地
租金所得		
特许权使用费所得		
其他所得		由国务院财政、税务部门确定

3 ｜ 企业所得税的税率

我国企业所得税的税率有法定税率和优惠税率两种。居民企业适用的企业所得税法定税率为25%。同时，对在中国境内设立机构、场所且取得的所得与其所设机构、场所有实际联系的非居民企业，应当就其来源于中国境内、境外的所得缴纳企业所得税，适用的法定税率为25%。非居民企业在中国境内未设立机构、场所的，或者虽设立机构、场所但取得的所得与其所设机构、场所没有实际联系的，应当就其来源于中国境内的所得缴纳企业所得税，适用的法定税率为20%。

在实际执行时，我国税收法律针对不同情况，共规定了20%、15%、10% 三种优惠税率，其具体适用范围如表 15-5 所示。

表 15-5 企业所得税的优惠税率

税率	适用范围
20%	凡符合条件的小型微利企业，减按20%的税率征收企业所得税
15%	对国家需要重点扶持的高新技术企业，减按15%的税率征收企业所得税
10%	在中国境内未设立机构、场所的，或者虽设立机构、场所但取得的所得与其所设机构、场所没有实际联系的，应当就其来源于中国境内的所得，减按10%的税率征收企业所得税

4 ｜ 企业所得税应纳税额的计算

企业所得税应纳税额的计算公式如下。

应纳税额=应纳税所得额×适用税率－减免税额－抵免税额

应纳税所得额=收入总额－不征税收入－免税收入－扣除额－允许弥补的以前年度亏损

上述公式中涉及的相关概念的具体解释如下。

（1）收入总额

收入总额是指企业通过各种渠道获得的货币形式和非货币性的收入。它主要包括销售货物收入，提供劳务收入，转让财产收入，股息、红利等权益性投资收益，利息收入，租金收入，特许权使用费收入，接受捐赠收入以及其他收入等。

（2）不征税收入

不征税收入是指从性质和根源上不属于企业营利性活动带来的经济利益、不负有纳税义务并不作为应纳税所得额组成部分的收入。下列收入属于不征税收入：

● 财政拨款。

● 依法收取并纳入财政管理的行政事业性收费、政府性基金。

● 企业取得的由国务院财政、税务主管部门规定专项用途并经国务院批准的财政性资金。

（3）免税收入

免税收入是指属于企业的应税所得但按照税法规定免予征收企业所得税的收入。下列收入属于免税收入：

● 国债利息收入。

● 居民企业之间的股息、红利等权益性投资收益。

● 符合条件的非营利组织取得的特定收入。

● 非营利组织接受捐赠取得的收入。

（4）扣除额

扣除额是指在计算企业所得税应纳税所得额时，允许在税前扣除的项目。企业所得税税前可扣除的项目可概括为如表 15-6 所示的内容。

表 15-6 企业所得税税前可扣除项目

项目	具体内容
成本	销售成本、销货成本、业务支出以及其他耗费等
费用	销售费用、管理费用、财务费用
税金	①计入税金及附加扣除的部分：消费税、资源税、土地增值税、出口关税、城市维护建设税及教育费附加等产品销售税金及附加 ②计入管理费用扣除的部分：房产税、车船税、城镇土地使用税、印花税 ③发生时计入相关资产成本，以后各期分摊扣除的部分：车辆购置税、契税、进口关税、耕地占用税
损失	企业在生产经营活动中发生的固定资产和存货盘亏、毁损、报废损失，转让财产损失，坏账损失等
其他支出	除上述项目外，企业在生产经营活动中发生的，与生产经营活动有关的、合理的支出

知识补充

上述扣除项目中，有些项目在税法中规定了扣除限额或标准，具体如下：

①职工福利费，不得超过工资薪金总额的14%，超过部分不得扣除；

②工会经费，不得超过工资薪金总额的2%，超过部分不得扣除；

③职工教育经费，不得超过工资薪金总额的2.5%，超过部分准予在以后年度扣除；

④业务招待费，按照发生额的60%扣除，但不得超过营业收入的5‰；

⑤公益性捐赠，年度利润12%以内的部分准予扣除；

⑥广告费和业务宣传费，不超过营业收入15%的部分准予扣除，超过部分准予在以后年度扣除。

（5）允许弥补的以前年度亏损

允许弥补的以前年度亏损是指企业某一纳税年度发生的亏损可以用下一年度的所得弥补，下一年度的所得不足以弥补的，可以逐年延续弥补，但最长不超过 5 年。

例 15-4 企业所得税各扣除项目的计算

万明公司属于我国居民企业，2015 年度实现销售收入 2 000 万元，该年度共支付职工薪酬 500 万元、奖金 50 万元、补贴 30 万元，实际发生业务招待费 15 万元、广告费 20 万元、业务宣传费 100 万元。假定其工资、奖金与补贴均符合相关扣除标准。根据上述资料，计算万明公司 2015 年度职工福利费、工会经费、职工教育经费的扣除限额，并分析其实际发生的业务招待费、广告费和业务宣传费是否可以全部扣除。

专家解答

根据本例资料，万明公司 2015 年度的工资薪金总额 =500+50+30=580（万元），因此，2015 年可扣除的职工福利费限额 =580×14%=81.2（万元）；可扣除的工会经费限额 =580×2%=11.6（万元）；可扣除的职工教育经费限额 =580×2.5%=14.5（万元）。

根据规定，业务招待费应按照发生额的 60% 扣除，但不得超过当年销售收入的 5‰，可以扣除的业务招待费 =2 000×5‰=10（万元）> 15×60%=9（万元），故万明公司允许扣除的业务招待费为 9 万元；可以扣除的广告费和业务宣传费，不得超过营业收入的 15%，即 2 000×15%=300（万元）。因此，可扣除的业务招待费为 9 万元，广告费和业务宣传费共 120 万元可全额扣除。

5 | 企业所得税的税收优惠

企业所得税的税收优惠主要包括以下五项内容。

（1）免税优惠

免税优惠是指企业应税收入或所得，按照税法的规定免于征收企业所得税。具体免税项目参见"免税收入"的相关内容。

（2）定期或定额减税、免税

定期或定额减税、免税主要包括以下四项。

①企业从事农、林、牧、渔业项目的所得。

②从事国家重点扶持的公共基础设施项目投资经营所得。

③从事符合条件的环境保护、节能节水项目的所得。

④符合条件的技术转让所得。

（3）低税率优惠

低税率优惠具体项目参见表15-5。

（4）区域税收优惠

区域税收优惠主要包括民族地区税收优惠和国家西部大开发税收优惠。

（5）特别项目优惠与专项政策优惠等

特别项目优惠与专项政策优惠等主要包括加计扣除税收优惠、安置残疾人员及国家鼓励安置的其他就业人员税收优惠、投资抵免优惠、减计收入、抵免应纳税额、加速折旧、鼓励软件产业和集成电路产业发展的优惠、鼓励证券投资基金发展的优惠等。

15.2.3 其他税种

企业生产经营中涉及较多的税种除了增值税与企业所得税外，还包括消费税、城市维护建设税以及教育费附加等。

1 ｜ 消费税

消费税是直接面向消费品而征收的一种税，对有关消费品征收消费税是国家引导消费导向、促进产业结构变化的重要工具和手段。

（1）消费税的税目——应税消费品

并不是对所有消费品均征收消费税。目前，应对以下项目征收消费税。

①烟：包括卷烟、雪茄烟和烟丝。

②酒：包括白酒、黄酒、啤酒和其他酒。

③化妆品：包括各类美容、修饰类化妆品。

④贵重首饰及珠宝玉石。

⑤鞭炮、焰火。

⑥成品油：包括汽油、柴油、石脑油、溶剂油、航空煤油、润滑油、燃料油。

⑦摩托车。

⑧小汽车。

⑨高尔夫球及球具。

⑩高档手表。

⑪游艇。

⑫木制一次性筷子，包括各种规格的木制一次性筷子和未经

> 高档手表是指每只不含增值税价格在10 000元（含）以上的手表。

打磨、倒角的木制一次性筷子。

⑬实木地板。

⑭电池，包括原电池、蓄电池、燃料电池、太阳能电池和其他电池。

⑮涂料。

（2）消费税的征税环节及纳税义务人

消费税的征税环节及其适用范围如表15-7所示。

表15-7 消费税的征税环节及范围

征税环节		适用范围
基本环节	生产环节	除按照规定在零售环节纳税的应税消费品以外的其他应税消费品
	进口环节	
	委托加工环节	
特殊环节	零售环节	金银首饰、钻石及钻石饰品、铂金首饰
	批发环节	卷烟在批发环节加征一道消费税

消费税的纳税义务人是指在境内生产、委托加工和进口应税消费品的单位和个人，以及在零售环节销售应税消费品的单位和个人。

（3）消费税的税率及计税公式

根据征收依据的不同，消费税可分为从价定率、从量定额、复合计税三种计税方法，各方法下的适用项目及计税公式如表15-8所示。

表15-8 消费税的计税方法、适用范围及计税公式

计税方法	适用范围	计税公式
从价定率	除适用从量计税、复合计税以外的其他项目	应纳税额＝销售额或组成计税价格×比例税率
从量定额	啤酒、黄酒、成品油	应纳税额＝销售数量×定额税率
复合计税	卷烟、白酒	应纳税额＝销售数量×定额税率＋销售额或组成计税价格×比例税率

（4）消费税应纳税额的计算

①生产销售环节消费税应纳税额的计算。

企业将生产的应税消费品直接用于对外销售的，其消费税应纳税额直接按照销售额或销售数量乘以适用的比例税率或定额税率计算即可。

企业自产自用应税消费品，应按照组成计税价格计算消费税的应纳税额。

实行从价定率办法计征消费税的，计算公式如下：

$$组成计税价格＝成本×（1＋成本利润率）÷（1－消费税税率）$$
$$应纳消费税＝组成计税价格×消费税比例税率$$

实行复合计税办法计征消费税的，计算公式如下：

$$组成计税价格＝[成本×（1＋成本利润率）＋自产自用数量×消费税定额税率]÷（1－消费税税率）$$
$$应纳消费税＝组成计税价格×消费税比例税率＋自产自用数量×消费税定额税率$$

例
15-5

自产自用应税消费品应缴纳消费税的计算

万商公司是一家从事化妆品生产与销售的公司，7月份共生产香粉500kg，用于连续生产普通护肤品，并于当月全部销售，取得不含增值税销售价款100 000元。已知该公司没有同类香粉的销售价格，该批香粉的成本为8 000元，成本利润率为5%，适用的消费税税率为30%。则当该公司将香粉移送生产护肤品时，应缴纳的消费税税额为多少？

┃ **专家解答** ┃

本例中，普通护肤品不属于消费税应税项目"化妆品"类别，因此销售普通护肤品不缴纳消费税；而香粉属于"化妆品"类别，应当缴纳消费税。由于万商公司将应税化妆品用于生产非应税商品，且没有同类香粉的销售价格，因此，应于"移送环节"按照组成计税价格计算缴纳香粉的消费税。相关计算如下。

组成计税价格 =8 000×（1+5%）÷（1−30%）=12 000（元）；

应纳消费税 =12 000×30%=3 600（元）。

②委托加工环节消费税应纳税额的计算。

委托加工是指由委托方提供原料和主要材料，受托方只代垫部分辅助材料，按照委托方的要求加工货物并收取加工费的经营活动。根据税法规定，委托加工的应税消费品，由受托方在向委托方交货时代收代缴税款。

委托加工环节的消费税，应该按照受托方同类消费品的销售价格为依据计算缴纳。若受托方不存在同类商品销售价格，则应按照组成计税价格计算缴纳消费税。

实行从价定率办法计征消费税的，其相关计算公式如下：

$$组成计税价格=（材料成本＋加工费）÷（1－消费税比例税率）$$
$$应纳消费税=组成计税价格×消费税比例税率$$

实行复合计税办法计征消费税的，相关计算公式如下：

$$组成计税价格=（材料成本＋加工费＋委托加工数量×消费税定额税率）÷（1－消费税比例税率）$$
$$应纳消费税=组成计税价格×消费税比例税率＋委托加工数量×消费税定额税率$$

③进口环节消费税应纳税额的计算。

企业进口消费税应税商品，应向进口报关地海关申报缴纳消费税，按照组成计税价格与适用税率计算应缴纳的消费税税额。

实行从价定率办法计征消费税的，相关计算公式如下：

$$组成计税价格=（关税完税价格＋关税）÷（1－消费税比例税率）$$
$$应纳消费税=组成计税价格×消费税比例税率$$

实行复合计税办法计征消费税的，相关计算公式如下：

$$组成计税价格=（关税完税价格＋关税＋进口数量×消费税定额税率）÷（1－消费税比例税率）$$
$$应纳消费税=组成计税价格×消费税比例税率＋进口数量×消费税定额税率$$

例 15-6 ▲ 进口应税消费品应缴纳消费税的计算

佳苑公司为增值税一般纳税人，6月份进口卷烟100标准箱，每标准箱的关税完税价格为50 000元。已知该卷烟适用的关税税率为25%。该批卷烟的消费税比例税率为56%，定额税率为150元/标准箱。根据上述资料，计算该批卷烟应缴纳的消费税。

▌专家解答▐

本例中，由于该批卷烟为进口方式取得的，因此在计算消费税时，应首先计算关税税额，即关税税额＝关税完税价格 × 关税税率＝50 000×100×25%＝1 250 000（元）；然后再根据公式计算应缴纳的消费税税额，组成计税价格＝（50 000×100+1 250 000+100×150）÷（1－56%）=14 238 636.36（元），应纳消费税＝14 238 636.36×56%+100×150=7 988 636.36（元）。

企业确认消费税时，应将其计入"税金及附加"科目，相关会计分录如下。

借：税金及附加　　　　　　　　　7 988 636.36
　　贷：应交税费——应交消费税　　　　　7 988 636.36

实际缴纳消费税时，编制如下会计分录。

借：应交税费——应交消费税　　　7 988 636.36
　　贷：银行存款　　　　　　　　　　　7 988 636.36

2 ┃ 城市维护建设税

城市维护建设税简称城建税，是指我国为了加强城市的维护建设，扩大和稳定城市维护建设资金的来源，对有经营收入的单位和个人征收的一种附加税。

（1）城市维护建设税的纳税人

城市维护建设税的纳税人是指实际缴纳增值税、消费税的单位和个人。凡是负有增值税和消费税纳税义务的个人和单位都属于城市维护建设税的纳税义务人。

（2）城市维护建设税的税率

城市维护建设税实行地区差别的比例税率，其具体税率及适用范围如表 15-9 所示。

表 15-9 城建税的税率及其适用范围

税率	适用范围
7%	纳税人所在地在市区的
5%	纳税人所在地在县城、镇的
1%	纳税人所在地不在市区、县城、县属镇的

（3）城市维护建设税应纳税额的计算

城市维护建设税的应纳税额由纳税人实际缴纳的增值税、消费税的税额决定，其计算公式如下：

应交城市维护建设税=纳税人实际缴纳的增值税、消费税税额之和×适用税率

（4）其他注意事项

企业在计算缴纳城市维护建设税时，应注意以下事项：

①纳税人因违反增值税、消费税有关规定而加收的滞纳金和罚款，不作为城市维护建设税的计税依据；但纳税人在被查补增值税、消费税和被处以罚款时，应同时对其城市维护建设税进行补征、征收滞纳金和罚款。

②海关对进口产品代征的增值税、消费税，不征收城市维护建设税。

③对由于减免增值税、消费税而发生退税的，可同时退还已征收的城市维护建设税，但对出口产品退还增值税、消费税的，不退还已缴纳的城市维护建设税。

3 │ 教育费附加

教育费附加是指我国为了发展地方性教育事业，扩大地方教育经费的资金来源，对缴纳增值税、消费税的单位和个人征收的一种附加费。

（1）教育费附加的征税对象

实际缴纳增值税、消费税的单位和个人都属于教育费附加的征税对象。

（2）教育费附加的征收比率及应纳教育费附加的计算

教育费附加按照实际缴纳的增值税和消费税的金额与适用的征收比率相乘计算，其征收比率统一规定为 3%。

> 城建税、教育费附加，均实行"进口不征，出口不退"。

（3）其他注意事项

企业在计算缴纳教育费附加时，应注意以下事项。

①海关对进口产品代征的增值税、消费税，不征收教育费附加。

②对出口产品退还增值税、消费税的，不退还已征的教育费附加；但对由于减免增值税、消费税而发生退税的，可同时退还已征收的教育费附加。

例
15-7
应交城市维护建设税与教育费附加的计算

万商公司的注册地与经营地均在上海市市区，2016 年 7 月份万商公司销售应税货物实际缴纳增值税 120 000 元、消费税 80 000 元，出租房地产缴纳房产税 20 000 元。根据上述资料，计算万商公司 2016 年 7 月份应缴纳的城市维护建设税与教育费附加。

┃ **专家解答** ┃

由于万商公司位于市区，因此其适用的城市维护建设税税率为 7%，应缴纳城市维护建设税 =（增值税税额 + 消费税税额）× 适用税率 =（120 000+ 80 000）×7%=14 000（元）。由于教育费附加的统一征收比率为 3%，因此应缴纳教育费附加 =（增值税税额 + 消费税税额）× 适用税率 =（120 000+ 80 000）×3%=6 000（元）。万商公司在确认城市维护建设税与教育费附加时，应将其记入"税金及附加"科目，相关会计分录如下。

借：税金及附加　　　　　　　　　　　　20 000

　　贷：应交税费——应交城市维护建设税　14 000

　　　　　　　　——应交教育费附加　　　6 000

15.3 纳税申报

纳税申报是指纳税人按照税法规定的期限和内容向税务机关提交有关纳税事项书面报告的过程。无论是已经进行税务登记的纳税义务人、应该进行税务登记而尚未登记的纳税义务人，还是法律规定的扣缴义务人，都应该按规定进行纳税申报。纳税人若享受减税、免税的，在减税、免税期间也应当按照规定办理纳税申报，以便于减免税的统一管理。

15.3.1 纳税申报的方法

纳税申报的方法主要有大厅申报（上门申报）、邮寄申报和数据电文申报（如网上申报）等。在实际操作中，大厅申报与网上申报较为常见。

1 ｜ 大厅申报

大厅申报即上门申报，是指纳税人或扣缴义务人在规定的申报期内到主管税务机关现场（办税大厅）办理纳税申报的方式。

企业采取大厅申报方式办理纳税申报时，需要填写纸质的纳税申报表（一式两份），交由办税大厅进行纳税申报。办税大厅工作人员收到纳税申报表，并在纳税申报表上加盖"已申报"的印章后，一份留在税务机关存档，一份退还给纳税人或扣缴义务人留底。完成上述操作后，则表明企业已完成当期纳税申报。

2 │ 网上申报

网上申报属于数据电文申报方式的一种，即利用网上申报系统，将相关数据录入并保存后，完成纳税申报的过程。

企业采取网上申报方式办理纳税申报时，需要事先计算出纳税申报表中涉及的相关数据，然后在纳税申报系统的对应表格中填写具体金额。

> **经验之谈**　企业若采用网上申报方式，需完成以下准备工作：①向税务机关提出申请；②与加入银联的商业银行办理缴税账户事宜，即与企业开户银行签订"委托扣款协议"，同意开户银行根据税务机关指令从其指定的缴税账户中扣缴税款；③将盖有银行印章的"委托扣款协议"交予税务机关，并与税务机关签订"网上报税委托划款协议书"，税务专管员在申报系统内对纳税人进行授权，取得网上申报账号（通常为企业的纳税识别号）和密码。

15.3.2　纳税申报前的准备

纳税申报不同于企业日常的账务处理，其具有相对独立性。会计人员在进行纳税申报前，除了应填制凭证、编制报表外，还应该做好纳税申报前的准备工作。以增值税纳税申报为例，会计人员在办理纳税申报前应做好以下准备工作。

1 │ 核对销售收入，确定当期销项税额

由于一般纳税人增值税的缴纳采用进项抵扣方法，因此，首先会计人员应确认当期的销项税额。在实际工作中，会计人员应根据客户及企业内部的管理要求，在月末前如实开具当月销项增值税专用发票，然后以此计算当月的销项税额。

2 │ 认证进项发票，确定当期进项税额

会计人员应及时了解本企业当期商品的购进情况，对于取得的增值税专用发票，应通过税务机关的认证、审核后，才能进行进项抵扣。因此，每月末，会计人员应根据企业内部管理需要，整理已收取的增值税进项发票，对进项发票进行认证和审核。

3 │ 抄税

抄税是指开票单位将防伪税控系统中开具的增值税发票信息读入开票所用的 IC 卡中，并将企业纳税卡、已抄税的 IC 卡、开票系统统计表等资料交予当地税务机关，进

行全国范围发票信息的对比工作。

4 │ 计算当月应缴纳增值税

完成进项发票认证、销项发票抄税工作后，会计人员应根据本月开票情况与进项发票认证情况，计算当月应缴纳的增值税税额。

$$当期应纳增值税税额 = 当期销项税额 - 已认证的进项税额$$

15.3.3 纳税申报表的填写

根据税法规定，纳税人应在规定的期限内办理纳税申报，企业如未按期办理纳税申报，将被处以罚款以及税收滞纳金。因此，在具体讲解各类纳税申报表的填写前，先介绍企业常见税种的纳税申报期限，如表 15-10 所示。

表 15-10　企业常见税种纳税申报期限

税种	申报期限
增值税	以1个月或者一个季度为纳税期限的，自期满之日起15日内申报纳税
	以1日、3日、5日或15日为纳税期限的，自期满之日起5日内申报缴纳税款
企业所得税	自月份或季度终了之日起15日内，向税务机关申报缴纳税款
	自年度终了之日起5个月内，向税务机关申报缴纳税款
城建税、教育费附加	在申报增值税、消费税的同时申报
印花税	在领取凭证或贴花时申报缴纳税款

1 │ 增值税纳税申报表的填写

纳税申报资料包括纳税申报表及其附列资料和纳税申报其他资料两类，增值税一般纳税人办理纳税申报时应报送的资料包括纳税申报表及其附列资料，主要包括以下内容。

> 增值税纳税申报表的具体报送项目，各地区有所不同。

（1）"增值税纳税申报表（适用于增值税一般纳税人）"（主表），如表 15-11 所示。

（2）"增值税纳税申报表附列资料（一）"（本期销售情况明细），如表 15-12 所示。

（3）"增值税纳税申报表附列资料（二）"（本期进项税额明细），如表 15-13 所示。

（4）"增值税纳税申报表附列资料（三）"（应税服务扣除项目明细），如表 15-14 所示。

> **知识补充**　一般纳税人提供营业税改征增值税的应税服务，需填报"增值税纳税申报表附列资料（三）"。其他一般纳税人不填写该附列资料。

增值税小规模纳税人应报送的资料包括纳税申报表及其附列资料，主要包括以下内容：

（1）"增值税纳税申报表（适用于增值税小规模纳税人）"，如表 15-15 所示。

（2）"增值税纳税申报表（适用于增值税小规模纳税人）附列资料"。

表 15-11 增值税纳税申报表
（适用于增值税一般纳税人）

根据《中华人民共和国增值税暂行条例》第二十二条和第二十三条的规定制定本表。纳税人不论有无销售额，均应按主管税务机关核定的纳税期限按期填报本表，并于次月一日起十日内，向当地税务机关申报。

税款所属时间：自 年 月 日至 年 月 日　　填表日期： 年 月 日　　　　　金额单位：元至角分

纳税人识别号										所属行业：			
纳税人名称			（公章）	法定代表人姓名		注册地址			营业地址				
开户银行及账号				企业登记注册类型						电话号码			

	项 目	栏次	一般货物、劳务和应税服务		即征即退货物、劳务和应税服务	
			本月数	本年累计	本月数	本年累计
销售额	（一）按适用税率征税销售额	1				
	其中：应税货物销售额	2				
	应税劳务销售额	3				
	纳税检查调整的销售额	4				
	（二）按简易征收办法征税货物销售额	5				
	其中：纳税检查调整的销售额	6				
	（三）免、抵、退办法出口货物销售额	7			——	——
	（四）免税货物及劳务销售额	8			——	——
	其中：免税货物销售额	9			——	——
	免税劳务销售额	10			——	——
税款计算	销项税额	11				
	进项税额	12				
	上期留抵税额	13		——		——
	进项税额转出	14				
	免抵退货物应退税额	15				
	按适用税率计算的纳税检查应补缴税额	16				
	应抵扣税额合计	17=12+13-14-15+16		——		——
	实际抵扣税额	18（如17<11，则为17，否则为11）				
	应纳税额	19=11-18				
	期末留抵税额	20=17-18		——		——
	简易征收办法计算的应纳税额	21				
	按简易征收办法计算的纳税检查应补缴税额	22				
	应纳税额减征额	23				
	应纳税额合计	24=19+21-23				
税款缴纳	期初未缴税额（多缴为负数）	25				
	实收出口开具专用缴款书退税额	26			——	——
	本期已缴税额	27=28+29+30+31				
	①分次预缴税额	28		——		——
	②出口开具专用缴款书预缴税额	29		——		——
	③本期缴纳上期应纳税额	30				
	④本期缴纳欠缴税额	31				
	期末未缴税额（多缴为负数）	32=24+25+26-27				
	其中：欠缴税额（≥0）	33=25+26-27				
	本期应补（退）税额	34=24-28-29				
	即征即退实际退税额	35	——	——		
	期初未缴查补税额	36			——	——
	本期入库查补税额	37			——	——
	期末未缴查补税额	38=16+22+36-37			——	——

授权声明	如果你已委托代理人申报，请填写下列资料： 　　为代理一切税务事宜，现授权 （地址）　　　　　　　为本纳税人的代理申报人，任何与本 申报表有关的往来文件，都可寄予此人。 　　　　　　　　　　　　　　授权人签字：	申报人声明	此纳税申报表是根据《中华人民共和国增值税暂行条例》的规定填报的，我相信它是真实的、可靠的、完整的。 　　　　　　　　　　　　　声明人签字：

以下由税务机关填写：

收到日期：　　　　　　　　　　　　　　接收人：　　　　　　　　主管税务机关盖章：

表15-12 增值税纳税申报表附表列资料（一）

（本期销售情况明细）

纳税人名称：（公章）

税款所属时间：　年　月　日至　年　月　日

金额单位：元至角分

项目及栏次		开具税控增值税专用发票		开具其他发票		未开具发票		纳税检查调整		合计			应税服务扣除项目本期实际扣除金额	含税（免税）销售额	扣除后
项目	栏次	销售额	销项（应纳）税额	销售额	销项（应纳）税额	销售额	销项（应纳）税额	销售额	销项（应纳）税额	销售额 9=1+3+5+7	销项（应纳）税额 10=2+4+6+8	价税合计 11=9+10	12	13=11-12	销项（应纳）税额 14=13÷（100%+税率或征收率）×税率或征收率
		1	2	3	4	5	6	7	8						
一、一般计税方法计税　全部征税项目 17%税率的货物及加工修理修配劳务	1												—	—	—
17%税率的有形动产租赁服务	2												—	—	—
13%税率	3												—	—	—
11%税率	4												—	—	—
6%税率	5												—	—	—
其中：即征即退项目 即征即退货物及加工修理修配劳务	6				—								—	—	—
即征即退应税服务	7				—										
二、简易计税方法计税　全部征税项目 6%征收率	8												—	—	—
5%征收率	9												—	—	—
4%征收率	10												—	—	—
3%征收率的货物及加工修理修配劳务	11												—	—	—
3%征收率的应税服务	12														
预征率　％	13a				—										—
预征率　％	13b				—										—
预征率　％	13c				—										—
其中：即征即退项目 即征即退货物及加工修理修配劳务	14				—								—	—	—
即征即退应税服务	15				—										
三、免抵退税　货物及加工修理修配劳务	16				—								—	—	—
应税服务	17				—										
四、免税　货物及加工修理修配劳务	18				—								—	—	—
应税服务	19				—										

表 15-13 增值税纳税申报表附列资料（二）
（本期进项税额明细）

税款所属时间： 年 月 日至 年 月 日

纳税人名称：（公章） 填表日期： 年 月 日 金额单位：元至角分

一、申报抵扣的进项税额				
项目	栏次	份数	金额	税额
（一）认证相符的税控增值税专用发票	1=2+3			
其中：本期认证相符且本期申报抵扣	2			
前期认证相符且本期申报抵扣	3			
（二）其他扣税凭证	4=5+6+7+8			
其中：海关进口增值税专用缴款书	5			
农产品收购发票或者销售发票	6			
代扣代缴税收缴款凭证	7		——	
运输费用结算单据	8			
	9	——	——	——
	10	——	——	——
（三）外贸企业进项税额抵扣证明	11	——	——	
当期申报抵扣进项税额合计	12=1+4+11			
二、进项税额转出额				
项目	栏次	税额		
本期进项税转出额	13=14至23之和			
其中：免税项目用	14			
非应税项目用、集体福利、个人消费	15			
非正常损失	16			
简易计税方法征税项目用	17			
免抵退税办法不得抵扣的进项税额	18			
纳税检查调减进项税额	19			
红字专用发票通知单注明的进项税额	20			
上期留抵税额抵减欠税	21			
上期留抵税额退税	22			
其他应作进项税额转出的情形	23			
三、待抵扣进项税额				
项目	栏次	份数	金额	税额
（一）认证相符的税控增值税专用发票	24	——	——	——
期初已认证相符但未申报抵扣	25			
本期认证相符且本期未申报抵扣	26			
期末已认证相符但未申报抵扣	27			
其中：按照税法规定不允许抵扣	28			
（二）其他扣税凭证	29=30至33之和			
其中：海关进口增值税专用缴款书	30			
农产品收购发票或者销售发票	31			
代扣代缴税收缴款凭证	32			
运输费用结算单据	33			
	34			
四、其他				
项目	栏次	份数	金额	税额
本期认证相符的税控增值税专用发票	35			
代扣代缴税额	36		——	——

表 15-14 增值税纳税申报表附列资料（三）
（应税服务扣除项目明细）

税款所属时间：　　年　月　日至　　年　月　日

纳税人名称：(公章)　　　　　　　　　　　　　　　　　　　　　　　　　金额单位：元至角分

项目及栏次	本期应税服务价税合计额（免税销售额）	应税服务扣除项目				
		期初余额	本期发生额	本期应扣除金额	本期实际扣除金额	期末余额
	1	2	3	4=2+3	5(5≤1 且 5≤4)	6=4-5
17%税率的有形动产租赁服务						
11%税率的应税服务						
6%税率的应税服务						
3%征收率的应税服务						
免抵退税的应税服务						
免税的应税服务						

表 15-15 增值税纳税申报表
（适用于小规模纳税人）

纳税人识别号：☐☐☐☐☐☐☐☐☐☐☐☐☐☐☐☐☐☐

纳税人名称(公章)：　　　　　　　　　　　　　　　　　　　　金额单位：元至角分

税款所属期：　　年　月　日至　　年　月　日　　　　　　　　填表日期：　　年　月　日

	项目	栏次	本期数		本年累计	
			应税货物及劳务	应税服务	应税货物及劳务	应税服务
一、计税依据	（一）应征增值税不含税销售额	1				
	税务机关代开的增值税专用发票不含税销售额	2				
	税控器具开具的普通发票不含税销售额	3				
	（二）销售使用过的应税固定资产不含税销售额	4(4≥5)		——		——
	其中：税控器具开具的普通发票不含税销售额	5		——		——
	（三）免税销售额	6=7+8+9				
	其中：小微企业免税销售额	7				
	未达起征点销售额	8				
	其他免税销售额	9				
	（四）出口免税销售额	10(10≥11)				
	其中：税控器具开具的普通发票销售额	11				
二、税款计算	本期应纳税额	12				
	本期应纳税额减征额	13				
	本期免税额	14				
	其中：小微企业免税额	15				
	未达起征点免税额	16				
	应纳税额合计	17=12-13				
	本期预缴税额	18		——		——
	本期应补（退）税额	19=17-18		——		——
纳税人或代理人声明：　本税申报表是根据国家税收法律法规及相关规定填报的，我确定它是真实的、可靠的、完整的。	如纳税人填报，由纳税人填写以下各栏：					
	办税人员：　　　　　　　　　　财务负责人：					
	法定代表人：　　　　　　　　　联系电话：					
	如委托代理人填报，由代理人填写以下各栏：					
	代理人名称(公章)：　　　　　　经办人：					
	联系电话：					

主管税务机关：　　　　　　　　接收人：　　　　　　　　　　接收日期：

例
15-8

填写一般纳税人增值税纳税申报表

江汇公司为增值税一般纳税人，其主要业务为销售计算机硬件并提供技术咨询服务和设备租赁服务。2016年7月该公司相关情况如下。

（1）至2016年6月31日止，"一般货物及劳务"列第20栏"期末留抵税额"为零。

视频演示
增值税纳税
申报表填写

（2）2016年7月销售情况如下：

①提供技术咨询服务，向对方开具防伪税控增值税专用发票，发票注明价款为35 000元，税额为2 100元。

②出租机械设备，向对方开具防伪税控增值税专用发票，发票注明价款为8 000元，税额为1 360元。

③销售电脑一批，向对方开具防伪税控增值税专用发票，发票注明价款为20 000元，税额为3 400元。

④销售电脑配件一批，向对方开具防伪税控增值税专用发票，发票注明价款为12 000元，税额为2 040元。

（3）2016年7月购进情况如下：

①购进电脑一批，取得防伪税控增值税专用发票，发票注明价款为5 000元，税额为850元。

②接受营改增试点纳税人提供的应税服务，取得防伪税控增值税专用发票，发票注明价款为3 000元，税额为180元。

③取得营改增试点地区纳税人开具的货物运输业增值税专用发票，发票注明价款为6 000元，税额为660元。

④购进电脑一批，取得防伪税控增值税普通发票，发票注明价款为8 000元，税额为1 360元。

假设江汇公司本月取得的所有需认证的发票均于当月认证且申报抵扣。根据上述资料，其增值税纳税申报表应如何填写？

┃ **专家解答** ┃

本例中，江汇公司会计人员填写增值税纳税申报表时，应按照以下步骤进行。

①根据本月销售情况，分别计算各项目涉及的销售额与销项税额。

应税服务销售额 =35 000+8 000=43 000（元）（业务①、②）。

应税服务销项税额 =2 100+1 360=3 460（元）。

应税货物销售额 =20 000+12 000=32 000（元）（业务③、④）；

应税货物销项税额 =3 400+2 040=5 440（元）。

②根据本月购进业务与进项发票的认证情况，确定进项税额。

本期可抵扣的进项税额 =850+180+660=1 690（元）。

③填表。根据业务描述与上述计算结果，将数据填入"增值税纳税申报表（适用于增值税一般纳税人）"（主表）。

> 购进业务④中取得的为增值税普通发票，其进项税额不得抵扣。

"增值税纳税申报表（适用于增值税一般纳税人）"（主表）中需填列的数据如下。

第 1 栏"（一）：按适用税率征税销售额"的"本月数"中填入"75 000"；

第 2 栏"其中：应税货物销售额"的"本月数"中填入"32 000"；

第 11 栏"销项税额"的"本月数"中填入"8 900"；

第 12 栏"进项税额"的"本月数"中填入"1 690"；

第 17 栏"应抵扣税额合计"的"本月数"中填入"1 690"；

第 18 栏"实际抵扣税额"的"本月数"中填入"1 690"；

> 不涉及的项目不用填写"零"或"0"，直接留白。

第 19 栏"应纳税额"的"本月数"中填入"7 210"；

第 24 栏"应纳税额合计"的"本月数"中填入"7 210"；

第 32 栏"期末未缴税额（多缴为负数）"的"本月数"中填入"7 210"；

第 34 栏"本期应补（退）税额"的"本月数"中填入"7 210"。

知识补充　在实际工作中，进行增值税纳税申报时，通常只需填列增值税纳税申报表附列资料（一）~（三），然后由系统自动生成主表数据。"例15-8"中直接对主表进行填写，主要是为了帮助读者对报表的组成项目与填列方法进行了解。掌握主表的填列方法后，可将该方法运用于附表的填列中。

2 ｜企业所得税纳税申报表的填写

企业所得税纳税申报表分为两种：一种是企业所得税月（季）度预缴纳税申报表；另一种是企业所得税年度纳税申报表。

根据规定，凡在纳税年度内从事生产、经营或在纳税年度中间终止经营活动的纳税人，无论是否在减免税期间，也无论盈利或亏损，均应进行企业所得税汇算清缴。居民企业办理企业所得税年度汇算清缴时，涉及的年度纳税申报表主要包括以下两类。

> A类企业进行所得税年度汇算清缴时，会填写一套资料，且有单独的封面，所以表15-16中没有反映纳税人基本信息的内容。

- "中华人民共和国企业所得税年度纳税申报表（A类）"：该表适用于查账征收的居民企业，如表15-16所示。

- "中华人民共和国企业所得税年度纳税申报表（B类）"：该表适用于核定应税所得率的居民企业，如表15-17所示。

表 15-16　中华人民共和国企业所得税年度纳税申报表（A类）

行次	类别	项　目	金　额
1		一、营业收入(填写A101010\101020\103000)	
2		减：营业成本(填写A102010\102020\103000)	
3		税金及附加	
4		销售费用(填写A104000)	
5		管理费用(填写A104000)	
6	利润	财务费用(填写A104000)	
7	总额	资产减值损失	
8	计算	加：公允价值变动收益	
9		投资收益	
10		二、营业利润(1-2-3-4-5-6-7+8+9)	
11		加：营业外收入(填写A101010\101020\103000)	
12		减：营业外支出(填写A102010\102020\103000)	
13		三、利润总额（10+11-12）	
14		减：境外所得（填写A108010）	
15		加：纳税调整增加额（填写A105000）	
16		减：纳税调整减少额（填写A105000）	
17	应纳	减：免税、减计收入及加计扣除（填写A107010）	
18	税所	加：境外应税所得抵减境内亏损（填写A108000）	
19	得额	四、纳税调整后所得（13-14+15-16-17+18）	
20	计算	减：所得减免（填写A107020）	
21		减：抵扣应纳税所得额（填写A107030）	
22		减：弥补以前年度亏损（填写A106000）	
23		五、应纳税所得额（19-20-21-22）	
24		税率（25%）	
25		六、应纳所得税额（23×24）	
26		减：减免所得税额（填写A107040）	
27		减：抵免所得税额（填写A107050）	
28		七、应纳税额（25-26-27）	
29	应纳	加：境外所得应纳所得税额（填写A108000）	
30	税额	减：境外所得抵免所得税额（填写A108000）	
31	计算	八、实际应纳所得税额（28+29-30）	
32		减：本年累计实际已预缴的所得税额	
33		九、本年应补（退）所得税额（31-32）	
34		其中：总机构分摊本年应补（退）所得税额(填写A109000)	
35		财政集中分配本年应补（退）所得税额（填写A109000）	
36		总机构主体生产经营部门分摊本年应补（退）所得税额(填写A109000)	
37	附列	以前年度多缴的所得税额在本年抵减额	
38	资料	以前年度应缴未缴在本年入库所得税额	

表 15-17 中华人民共和国企业所得税年度纳税申报表（B 类）

税款所属期间：　　年　月　日至　　年　月　日

纳税人识别号：□□□□□□□□□□□□□□□

纳税人名称：　　　　　　　　　　　　　　　　　金额单位：人民币元（列至角分）

	项　目		行次	累计金额
一、以下由按应税所得率计算应纳所得税额的企业填报				
应纳税所得额的计算	按收入总额核定应纳税所得额	收入总额	1	
		减：不征税收入	2	
		免税收入	3	
		其中:国债利息收入	4	
		地方政府债券利息收入	5	
		符合条件居民企业之间股息红利等权益性收益	6	
		符合条件的非营利组织收入	7	
		其他免税收入：	8	
		应税收入额（1 行－2 行－3 行）	9	
		税务机关核定的应税所得率（%）	10	
		应纳税所得额（9 行×10 行）	11	
	按成本费用核定应纳税所得额	成本费用总额	12	
		税务机关核定的应税所得率（%）	13	
		应纳税所得额[12 行÷(100%－13 行)×13 行]	14	
应纳所得税额的计算		税率（25%）	15	
		应纳所得税额（11 行×15 行或 14 行×15 行）	16	
应补（退）所得税额的计算		减：符合条件的小型微利企业减免所得税额	17	
		其中：减半征税	18	
		已预缴所得税额	19	
		应补（退）所得税额（16 行－17 行－19 行）	20	
二、以下由税务机关核定应纳所得税额的企业填报				
税务机关核定应纳所得税额			21	

预缴申报时填报	是否属于小型微利企业：	是□	否□
年度申报时填报	所属行业：	从业人数：	
	资产总额：	国家限制和禁止行业：	是□　　　否□

　　谨声明：此纳税申报表是根据《中华人民共和国企业所得税法》《中华人民共和国企业所得税法实施条例》和国家有关税收规定填报的，是真实的、可靠的、完整的。

法定代表人（签字）：　　　年　月　日

纳税人公章：	代理申报中介机构公章：	主管税务机关受理专用章：
会计主管：	经办人：	受理人：
	经办人执业证件号码：	
填表日期：　年　月　日	代理申报日期：　年　月　日	受理日期：年　月　日

居民企业在进行月（季）度预缴所得税时，应按照其所属类别，分别填列"中华人民共和国企业所得税月（季）度预缴纳税申报表（A类"和"中华人民共和国企业所得税月（季）度和纳税申报表（B类）"。

在最新的企业所得税年度汇算清缴的报表体系中，共有 41 张报表，包括 1 张基础信息表、1 张主表、6 张收入费用明细表、15 张纳税调整表、1 张亏损弥补表、11 张税收优惠表、4 张境外所得抵免表、2 张汇总纳税表。其中，主表中的数据大部分是从附表生成或从财务报表直接取得。纳税人在填表时，可以根据自身的业务情况选择填报附表：纳税人有相关业务的，选择填报；没有相关业务的，无须填报。

例
15-9

填写企业所得税纳税申报表

江汇公司是一家工业企业，2015 年全年生产经营情况如下：实现营业收入 200 万元，发生营业成本 82 万元，税金及附加 8 万元，销售费用 23 万元，管理费用 20 万元，财务费用 3 万元。前 11 个月已经预缴所得税 13 万元。已知该公司企业所得税按照会计账务资料进行征缴。根据上述资料，江汇公司会计人员在进行 2015 年年度所得税汇算清缴时，应怎样填制所得税纳税申报表？

┃ 专家解答 ┃

会计人员对企业所得税进行年度汇算清缴时，应按照以下步骤填写企业所得税纳税申报表。

①选择适用的报表。根据本例资料，江汇公司企业所得税按照会计账务资料进行征缴，江汇公司属于查账征收的居民企业，因此应选择 A 类报表。

②根据报表中所列项目，准备报表填写相关资料。根据 A 类报表的所列项目，并结合企业实际情况，收集、整理填表所需数据。本例中，由于案例直接给出了相关资料，因此可直接利用案例资料填表。

③填表。根据整理好的数据资料，填列"中华人民共和国企业所得税年度纳税申报表（A 类）"。需填列的项目如下：

第 1 栏"一、营业收入"的"金额"栏中填入"2 000 000"；

第 2 栏"减：营业成本"的"金额"栏中填入"820 000"；

第3栏"税金及附加"的"金额"栏中填入"80 000";

第4栏"销售费用"的"金额"栏中填入"230 000";

第5栏"管理费用"的"金额"栏中填入"200 000";

第6栏"财务费用"的"金额"栏中填入"30 000";

第10栏"二、营业利润"的"金额"栏中填入"640 000";

[营业利润 = 营业收入 – 营业成本 – 税金及附加 – 销售费用 – 管理费用 – 财务费用 =200–82–8–23–20–3=64（万元）]

第13栏"三、利润总额"的"金额"栏中填入"640 000";

第19栏"四、纳税调整后所得"的"金额"栏中填入"640 000";

第23栏"五、应纳税所得额"的"金额"栏中填入"640 000";

第24栏"税率（25%）"的"金额"栏中填入"25%";

第25栏"六、应纳所得税额"的"金额"栏中填入"160 000";

[应纳所得税额 = 应纳税所得额 ×25%=64×25%=16（万元）]

第28栏"七、应纳税额"的"金额"栏中填入"160 000";

第31栏"八、实际应纳所得税额"的"金额"栏中填入"160 000";

第32栏"减：本年累计实际已预缴的所得税额"的"金额"栏中填入"130 000";

第33栏"九、本年应补（退）所得税额"的"金额"栏中填入"30 000"。

知识补充

　　"例15-9"中有关企业所得税纳税申报表的填列方法，是为了使读者了解报表的项目组成及数据来源而做的分析。在实际工作中，有关企业所得税纳税申报表的填写，只需填列所涉及的各类附表即可，然后由附表数据直接生成主表相应数据。以"营业收入"项目为例，表15-8中"营业收入"后面所附的"（填写A101010\101020\103000）"，即表示本栏数据可以根据所填列的对应编号的附表生成。若不涉及相关项目，则不用填列其所属的附表，主表中的相关项目也即没有金额。

3 ｜ 城市维护建设税与教育费附加纳税申报表的填写

　　城市维护建设税与教育费附加属于地税的管辖范围，因此其纳税申报的办理可直接通过各地税统一设置的地税综合纳税申报表进行。地税综合纳税申报表的一般格式如表15-18所示。

表 15-18　综合纳税申报表

填表日期：　年　月　日　　　　　　　　　　　　　　　　　　　　　　　　　　　　　　　　　金额单位：元至角分

税 种	税 目（品目）	纳税项目	税款所属时期	计税依据（金额或数量）	税 率	当期应纳税额	应减免税	应纳税额	已纳税额	延期缴纳税额	累计欠税余额
1	2	3	4	5	6	7=5×6	8	9=7-8	10	11	12
合　计											

纳 税 人 申 明	授 权 人 申 明	代 理 人 申 明
本纳税申报表是按照国家税法和税收规定填报的，我确信是真实的、合法的。如有虚假，愿负法律责任。以上税款请从帐号划拨。 法定代表人签章： 财务主管签章： 经办人签章： 　　　　　　　年　月　日	我单位（公司）现授权＿＿＿＿＿＿为本纳税人的代理申报人，其法定代表人＿＿＿＿，电话＿＿＿＿＿，任何与申报有关的往来文件都可寄与此代理机构。 委托代理合同编号： 授权人（法定代表人）签章： 　　　　　　　年　月　日	本纳税申报表是按照国家税法和税收规定填报的，我确信是真实的、合法的。如有不实，愿承担法律责任。 法定代表人签章： 代理人盖章： 　　　　　　　年　月　日

以下由税务机关填写

收到日期		接收人		审核日期		主管税务机关盖章
审核记录						

例 15-10　填写地税综合纳税申报表

江汇公司 2016 年 6 月应缴纳的增值税为 12 万元，应缴纳的消费税为 7 万元。已知该公司位于某市市区，其当月应缴纳的地方税种有城市维护建设税、教育费附加和地方教育附加，适用的税率分别为 7%、3%、2%。根据上述资料，填写地税综合纳税申报表。

▌专家解答▐

企业在对地税进行纳税申报时，若涉及的税种较多，可通过填列地税综合纳税申报表，同时对数项税种进行申报。江汇公司会计人员对上述税种进行纳税申报时，应按照以下步骤填列纳税申报表。

①填写企业的基本资料。主要包括申报表中的"填表日期""纳税人统一代码""联系电话"等。

②将涉及的不同税种填列到空白单元格中的不同行中。

③加盖相关印章或签名。主要包括表首的"纳税人名称（公章）"以及表尾左下角的"纳税人申明"等。填列后的纳税申报表如表 15-19 所示。

表 15-19 综合纳税申报表

填表日期：2016 年 07 月 02 日　　　　　　　　　　　　　　　　　　　　　　　　　　　　　　　　　　　　　金额单位：元至角分

	税目（品目）	纳税项目	税款所属时期	计税依据（金额或数量）	税率	当期应纳税额	应减免税	应纳税额	已纳税额	延期缴纳税额	累计欠税余额
税 种											
1	2	3	4	5	6	7=5×6	8	9=7-8	10	11	12
城市维护建设税		增值税、消费税	2016.06	190 000	7%	13 300		13 300			
教育费附加		增值税、消费税	2016.06	190 000	3%	5 700		5 700			
地方教育附加		增值税、消费税	2016.06	190 000	2%	3 800		3 800			
合 计						22 800		22 800			

纳税人申明	授权人申明	代理人申明
本纳税申报表是按照国家税法和税收规定填报的，我确信是真实的、合法的。如有虚假，愿负法律责任。以上税款请从帐号划拨。 法定代表人签章：王明 财务主管签章：张会祥 经办人签章：宋晓雨 2016 年 07 月 02 日	我单位（公司）现授权＿＿＿＿＿＿＿为本纳税人的代理申报人，其法定代表人＿＿＿＿＿，电话＿＿＿＿＿，任何与申报有关的往来文件都可寄与此代理机构。 委托代理合同号码： 授权人（法定代表人）签章： 　　　　　　　　年　月　日	本纳税申报表是按照国家税法和税收规定填报的，我确信是真实的、合法的。如有不实，愿承担法律责任。 法定代表人签章： 代理人盖章： 　　　　　　　　年　月　日

以下由税务机关填写

收到日期		接收人		审核日期		主管税务机关盖章
审核记录						

知识补充　　　"表15-19"中，由于城建税、教育费附加与地方教育附加均没有下级税目，因此"品目"栏不填。"品目"一般是指各税种的下级子目。以印花税为例，若企业签订销售合同需缴纳印花税，则在填列上述纳税申报表时，应在"税种"所在列填写"印花税"，在"税目（品目）"所在列填写"购销合同"。

15.4 纳税筹划

纳税筹划是指在纳税行为发生之前，在不违反法律、法规的前提下，纳税人对经营活动或投资行为等涉税事项做出事先安排，以达到少缴税或延迟缴税的目的。

15.4.1 常见的纳税筹划方法

纳税筹划的方法有很多，在实际操作中可以将多种方法结合起来使用。下面将介绍四种常见的纳税筹划方法。

1 | 利用税收优惠政策

利用税收优惠政策进行纳税筹划，是指纳税人凭借国家税法规定的优惠政策进行纳税筹划。具体而言，利用税收优惠政策进行纳税筹划主要利用以下四个优惠要素。

（1）利用免税

利用免税是指在合法、合理的情况下，使纳税人成为免税人，或使纳税人从事免税活动，或使征税对象成为免税对象而免纳税收。利用免税的纳税筹划方法能直接免除纳税人的应纳税额，技术简单，但适用范围狭窄，主要是对特定纳税人、征税对象及情况的减免，比如必须从事特定的行业，或在特定的地区经营，或满足特定的条件等。因此，利用免税进行纳税筹划的方法往往不能普遍运用。

（2）利用减税

利用减税是指在合法、合理的情况下，使纳税人减少应纳税收。我国对国家重点扶持的公共基础设施项目，符合条件的环境保护、节能节水项目，循环经济产业，符合规定的高新技术企业，小型微利企业，从事农业项目的企业等给予减税待遇，企业可在符合相关条件下利用上述政策进行纳税筹划。

（3）利用税率差异

利用税率差异是指在合法、合理的情况下，利用税率的差异而直接使企业减少缴税。例如，甲国的企业所得税税率为30%，乙国为35%，丙国为40%，那么，在其他条件基本相似或利弊基本相抵的条件下，投资者到甲国开办企业可最大化地少缴税。

（4）利用税收扣除

利用税收扣除是指在合法、合理的情况下，使扣除额增加而实现直接节税，或调整各个计税期的扣除额而实现相对节税。利用税收扣除进行纳税筹划的关键在于，在合法、合理的情况下，使扣除项目最多、扣除金额最大、尽早扣除。在其他条件相同的情况下，扣除的项目越多、金额越大，计税基数就越小，应纳税额也就越小，因而节减的税收就越多。

2 │ 纳税期的递延

纳税期的递延是指在合法、合理的情况下，使纳税人延期缴纳税收从而达到节税的目的。企业实现递延纳税的一个重要途径是采取有利的会计处理方法，对暂时性差异进行处理，使得当期的会计所得大于应纳税所得，出现递延所得税负债，实现纳税期的递延，获得税收利益。

> **知识补充** 　纳税人延期缴纳本期税收并不能直接减少应纳税总额，但相当于得到一笔无息贷款，增加纳税人本期的现金流量，从而使得纳税人在本期有更多的流动资本用于资本投资。同时，由于货币具有时间价值，若现在多投入的资金产生了收益，则可以使将来获得更多的税后所得，从而相对节减税收。

3 │ 利用会计处理方法

利用会计处理方法是指利用会计处理方法的可选择性进行纳税筹划。在实际经济活动中，同一经济业务可能存在多种会计处理方法，采取不同的会计处理方法可能对企业的财务状况产生不同的影响。所以，会计人员采取适当的会计处理方法，可以达到节税的目的。可利用的会计处理方法主要包括以下两种。

（1）选择存货计价方法

存货计价的方法有先进先出法、加权平均法、移动平均法、个别计价法、计划成本法、毛利率法或零售价法等，不同的计价方法对存货的期末成本、销售成本等均会产生影响，从而影响当期应税所得额的大小。因此，从税收角度来看，纳税人可以根据实际情况，选择最有利于本企业的存货计价方法进行纳税筹划，具体情况包括以下三种：

①对于盈利企业，由于其存货成本可最大限度地在本期所得额中税前抵扣，因此，应选择能使本期成本最大化的计价方法。

②对于亏损企业，其选择的计价方法应与亏损弥补情况相结合。选择的计价方法必须使不能得到或不能完全得到税前弥补的亏损年度的成本费用降低，使成本费用延迟到以后能够完全得到抵补的时期，保证成本费用的抵税效果最大化。

③对于享受税收优惠的企业，如果企业正处于企业所得税的减税或免税期，则意味着企业获得的利润越多，其享受的减免税额就越多，此时就应选择使存货成本最小化的计价方法，减少当期可抵扣的成本，扩大当期利润；相反，若企业处于非税收优惠期间，则应选择使得存货成本最大化的计价方法，扩大当期可抵扣的成本，以达到减少当期利润、推迟纳税期的目的。

（2）巧用固定资产折旧

固定资产价值是通过折旧的形式转移到成本费用中的，而固定资产折旧额的多少取决于固定资产的计价、折旧年限和折旧方法。

①固定资产计价的运用。按照税法的要求，外购固定资产的入账价值等于买价加上发生的包装费、运杂费、安装费，以及缴纳的税金等。由于折旧费用是在未来较长时间内陆续计提的，为降低本期税负，新增固定资产的入账价值应尽可能低。例如，对于成套固定资产，其易损件、小配件可以单独开票作为低值易耗品入账，因为低值易耗品领用时可以一次或分次直接计入当期费用，降低了当期的应税所得额；对于在建工程，则应尽可能早地转入固定资产，以便尽早提取折旧。

②固定资产折旧年限的运用。固定资产的折旧年限取决于固定资产被使用的年限，而使用年限是一个估计值，会受到人为因素的影响，这就为纳税筹划提供了可能性。若企业缩短固定资产的折旧年限，则有利于加速收回成本，可以使后期成本费用前移，从而使前期会计利润发生后移，在税率不变的情况下，可以使企业所得税递延缴纳。相反，若企业享受开办初期的减免税或者在开办初期享受低税率照顾，在税率预期上升的情况下购入的固定资产就不宜缩短折旧

> 税法对固定资产折旧规定了最低的折旧年限，税务筹划不能突破这个最低要求。

年限，以避免将折旧费用提前到免税期间或低税期间实现，减少企业享受税收优惠待遇。

③固定资产折旧方法的运用。按照会计准则的规定，固定资产计提折旧的方法主要有平均年限法、工作量法、双倍余额递减法和年数总和法。不同的折旧方法对应税所得额的影响不同。

采用直线法计提折旧时，由于折旧费用均衡地在折旧期间进行扣除，折旧对利润的影响也是均衡的，从而企业所得税的缴纳也比较均衡；采用双倍余额递减法与年数总和法计提折旧等加速折旧法时，折旧费用在折旧期间的扣除是逐年减少的，对企业收益的抵减也是逐年递减的，从而使得企业所得税逐年上升。因此，从税收的角度来看，为获得货币的时间价值，固定资产的折旧应尽量采用加速折旧法。但是，若企业在享受减免税优惠期内添置的固定资产，则不宜采用加速折旧法。

15.4.2 增值税的纳税筹划

在对增值税进行纳税筹划时，应围绕纳税人的选择、销项税额、进项税额三个主要税制要素进行。

1 │ 增值税纳税人的选择

增值税纳税人分为一般纳税人和小规模纳税人，在不同情况下，两类纳税人的税负有所差异。

某些纳税人在生产经营初期，经营规模还比较小，选择作为一般纳税人还是小规模纳税人更有利于减轻税负，就成了关键的问题。

当在一个特定的增值率时，增值税一般纳税人与小规模纳税人应缴税款数额相同，当增值率低于这个点时，增值税一般纳税人的税负低于小规模纳税人的税负；当增值率高于这个点时，增值税一般纳税人的税负高于小规模纳税人的税负。我们可以把这个特定的增值率称为"无差别平衡点的增值率"，其可通过以下过程求得。

设 A 为增值率，X 为不含税销售额，G 为不含税购进额，并假定一般纳税人适用税率为17%，小规模纳税人适用征收率为3%。

一般纳税人增值率：$A=(X-G)\div X$

一般纳税人应纳增值税 $=X\times17\%-G\times17\%=X\times A\times17\%$

小规模纳税人应纳增值税 $=X\times3\%$

两种纳税人纳税额相等时，即：

$X\times A\times17\%=X\times3\% \rightarrow A=17.65\%$

上述计算过程表示：当增值率低于17.65%时，一般纳税人税负低于小规模纳税人，即成为一般纳税人可以节税；当增值率高于17.65%时，一般纳税人税负高于小规模纳税人，即成为小规模纳税人可以节税。

例
15-11

▸ **增值税一般纳税人与小规模纳税人的选择**

王某拟成立一家服装销售公司，通过初期的调查研究，统计出拟采购的服装购进价每月大概为 23 万元，销售价格每月大概为 30 万元。分析王某在公司成立初期，为达到节税的目的，应选择成为小规模纳税人还是一般纳税人。

▌专家解答▐

根据王某的调查结果，其销售服装可能产生的增值率 =（30−23）÷30=23.33% > 17.65%，此时选择作为一般纳税人的税负高于作为小规模纳税人的税负，所以王某应选择作为小规模纳税人以达到节税目的。

若该公司达到一般纳税人的认定标准时，则不应随意选择作为一般纳税人或小规模纳税人。

2 | 增值税销项税额的筹划

对增值税销项税额进行筹划主要可以通过选择合理的销售方式、结算方式及销售价格等方式进行，获得递延纳税利益。

企业采取不同的销售方式，其销项税额的计算可能存在差异，如采用折扣销售中的商业折扣时，如果销售额和折扣额在同一张发票上注明，那么可以以销售额扣除折扣额后的余额作为计税金额；如果销售额和折扣额不在同一张发票上体现，那么无论企业在财务上如何处理，均不得将折扣额从销售额中扣除。上述方式不同，将导致企业缴纳的增值税和企业所得税不同，因此，企业应选择使税后净利润最大化的方法。

3 | 增值税进项税额的筹划

对增值税进项税额进行筹划主要可通过合理利用进项税额抵扣时间的规定获得提前抵扣的利益、价格折让临界点的计算、合理选择购货对象等方式进行。具体而言，对增值税进项税额进行筹划的关键在于企业应尽快在规定的时间内到税务机关办理进项税额抵扣认证。若购进的是多用途物资，应先进行认证再进行抵扣，待转为非应税项目用时再作进项税额转出处理，以防止非应税项目用物资转为应税项目用时由于超过认证时间而不能抵扣其进项税额的情况。

15.4.3 企业所得税的纳税筹划

对企业所得税进行纳税筹划时，应主要围绕纳税人、计税依据、税率等要素进行。

1 │ 纳税人的筹划

我国的企业主要分为三种，即个人独资企业、合伙企业和公司制企业。因此，企业在设立时应合理选择纳税主体的身份，在选择时需考虑以下因素。

- **总体税负**：从总体税负的角度来看，独资企业、合伙制企业一般要低于公司制企业，因为前者不存在重复征税问题，而后者一般涉及双重征税问题。
- **综合考虑税收要素**：在选择企业类型时，要充分考虑税基、税率和税收优惠政策等多种因素，由于企业所得税最终税负的高低是多种因素作用的结果，因此，不能只考虑一种因素。
- **风险因素**：在选择企业类型时，还要充分考虑可能出现的各种风险，不能一味地追求低税负而忽略风险。

例
15-12 ▸ **企业组织形式的选择**

张某打算自己创办一家企业，预计年应税所得额为 300 000 元。就税负角度而言，他应该如何选择企业的组织形式？

│ **专家解答** │

若张某选择创办个人独资企业或合伙企业，则其应按照现行法律制度缴纳个人所得税，承担的税负 =300 000×35% −14 750=90 250（元）。

若张某选择创办公司制企业，则该所得应按照现行法律制度缴纳企业所得税，适用的企业所得税税率为 25%。假设企业形成的所得全部分配给投资者，则该投资者的税收负担 =300 000×25%+300 000×（1−25%）×20%=120 000（元）。综合上述计算结果，张某选择公司制企业比选择独资或合伙企业多承担所得税 29 750 元（120 000−90 250）。

因此，张某在进行企业组织形式的选择时，应在综合权衡企业的经营风险、经营规模、管理模式及筹资额等因素的基础上，选择税负较小的组织形式。

2 │ 计税依据的筹划

对计税依据的筹划主要包括收入的筹划、扣除项目的筹划和亏损弥补的筹划等，其中，扣除项目的筹划主要是通过扣除期间费用等项目以争取最多的税前扣除额。

3 ｜税率的筹划

对企业所得税税率进行筹划时，主要是对享受低税率政策、预提所得税和过渡期税率等的筹划。对税率进行筹划时，相关人员需熟悉我国的所得税税收优惠政策，并了解各项优惠所涉及的具体税率等。

15.5 精通练习

能否正确填写纳税申报表，是检查会计人员能否胜任本职工作的关键。下面将以增值税应纳税额的计算与所得税纳税申报表的填写为例，让读者巩固增值税纳税应纳税额的计算与企业所得税纳税申报表的具体填写方法。

15.5.1 增值税应纳税额的计算

上彩公司为增值税一般纳税人，2016 年 7 月份发生了以下业务。

（1）为甲个人提供服装设计服务，取得含增值税收入 50 000 元。

（2）为乙个人提供广告策划服务，取得含增值税收入 30 000 元。

（3）为丙企业提供修理劳务，开出增值税专用发票，注明的价款为 120 000 元。

（4）购进办公用电脑，取得增值税专用发票注明的价款为 50 000 元，该专用发票当期已进行认证。

（5）购进墙纸用于装饰办公室，取得增值税普通发票注明的价款为 1 709.4 元，增值税为 290.6 元。

（6）委托某运输公司（增值税一般纳税人）将购进的办公用电脑运回公司，取得货物运输业增值税专用发票注明的运输费为 3 000 元，该专用发票当期已进行认证。

要求：根据上述资料，不考虑其他因素，计算上彩公司 7 月份应缴纳的增值税税额。

答案参见随书光盘 ◄

本书配套\练习答案\第15章\精通练习\增值税应纳税额的计算.docx

15.5.2 填列企业所得税纳税申报表

甲公司为我国居民企业，经主管税务机关鉴定，对其 2015 年企业所得税实行按收入总额核定征收。2015 年，该公司实现产品销售收入 300 万元，从事运输业务取得收入 15 万元，取得财政部发行的国库券利息 1 万元，对外租赁房屋取得租赁收入 0.8 万元。假定当年税务机关核定的应税所得率为 12%，前 11 个月已经预缴企业所得税 8 万元。

要求: 根据上述资料, 为甲公司2015年所得税汇算清缴填制企业所得税纳税申报表。

答案参见随书光盘 ◀
本书配套\单据资料\第15章\B类所得税纳税申报表模板.docx
本书配套\练习答案\第15章\精通练习\填列企业所得税纳税申报表.docx

疑难问答 Difficult Questions

❶ 纳税筹划与逃税、避税、骗税的区别

Q1 **纳税筹划可理解为企业采取各种方法少缴税, 它与偷税、逃税、抗税、避税、骗税的目的一样, 但是它们之间有什么区别呢?**

A1 纳税筹划的基本特点是合法性, 偷税、逃税、抗税、骗税等都是违反税法规定的。要区分纳税筹划与它们的区别, 则应该了解上述违法行为的特点, 只要纳税筹划不在上述范围内, 则可以认为其是合理的。

①偷税是在纳税人的纳税义务已经发生且能够确定的情况下, 采取不正当或者不合法的手段逃脱纳税义务的行为。

②逃税是指纳税人欠缴应纳税款, 采取转移或者隐匿财产的手段, 妨碍税务机关追缴欠缴的税款的行为。

③抗税是指纳税人以暴力、威胁方法拒不缴纳税款的行为。

④避税是指纳税人利用税法漏洞或缺陷, 通过经营及财务活动的精心安排, 以期达到纳税负担最小的经济行为。

⑤骗税是指采取弄虚作假和欺骗手段, 将本来没有发生的应税(退税)行为虚构成发生了的应税行为, 将小额的应税(应退税)行为伪造成大额的应税(应退税)行为。

综上, 纳税筹划与上述违法行为的区别主要表现在: ①就性质而言, 纳税筹划是社会和法律所接受的; ②就所采取的手段而言, 纳税筹划是不违法的; ③就发生时间而言, 纳税筹划具有明显的前瞻性, 即发生在纳税义务发生之前; ④就目的而言, 纳税筹划不是为了减轻税收负担而不计后果和影响, 而是为了实现企业价值的最大化。

❷ 网上纳税申报流程

Q2 随着计算机技术的广泛应用，网上申报已经成为纳税申报的主要方式，那么在网上进行纳税申报的流程是怎样的呢？

A2 网上申报就是利用网络媒介完成各类纳税申报表的填写。实际上，采用网上纳税申报时填写的纳税申报表与纸质纳税申报表基本一致。但是，网上申报除了报表的数据填写外，还涉及具体的流程。在办理网上纳税申报时，可按照以下步骤进行。

第一步：登录纳税人所属税务局网上办税服务网站，进入登录界面。

第二步：输入用户名和密码，进入申报界面。

第三步：选择需要申报的报表名称，进入纳税申报表的录入界面。

第四步：根据实际情况，录入报表数据。

第五步：核对报表数据无误后，单击"提交"。

第六步：当期不是零申报，则可继续单击"缴纳税款"，根据系统提示进行税款扣划，税款扣划成功则表示完成了本次网上申报纳税并缴税的工作。

❸ 纳税申报代理

Q3 若公司规模小，没有配备专门的税务人员，是否可以委托代理公司进行纳税申报？

A3 税务代理是指代理人接受纳税主体的委托，在法定的代理范围内依法代其办理相关税务事宜的行为。税务代理的范围包括以纳税人（含扣缴义务人）的名义代为办理纳税申报，申办、变更、注销税务登记证，申请减免税，设置保管账簿凭证，进行税务行政复议和诉讼等。因此，若规模较小，企业可以委托具有相应资质的代理公司进行纳税申报。

❹ 申请一般纳税人的条件和流程

Q4 小规模纳税人满足一定条件时应申请成为一般纳税人，申请成为一般纳税人的条件和流程是什么？

A4 具备以下条件之一的企业，均应申请认定为增值税一般纳税人。

①从事货物生产或者提供应税劳务的纳税人，以及以从事货物生产或者提供应税劳务为主，并兼营货物批发或零售的纳税人，年应税销售额在 50 万元以上的。

②对①中规定以外的纳税人，年应税销售额在 80 万元以上的。

③提供应税服务，年应税服务销售额在 500 万元以上的。

若小规模纳税人申请成为一般纳税人，其具体申请流程如下。

①提出申请报告。符合一般纳税人规定条件的纳税人，申请办理一般纳税人认定手续时，应提出申请报告，并提供相关资料。

②填报"增值税一般纳税人申请认定表"。税务机关对企业的申请报告和有关证件、资料经初步审核符合规定条件的，发给"增值税一般纳税人申请认定表"，一式三份，由企业填写并上报待批。

③税务机关认定。负责审批的税务机关对企业提供资料进行审核后，认定企业为一般纳税人的，应在企业"税务登记证"副本首页上加盖"增值税一般纳税人"确认专章。

完成上述流程，企业经税务机关审核认定为一般纳税人后，可按规定申领并使用增值税专用发票。

第 16 章

会计人员的业务技能——票据管理

本 章 导 读

对票据的处理是会计工作中不可避免的一项业务，各类票据的使用与填写也有着十分严谨的要求。因此，能否正确使用并填开财务工作中涉及的各类票据，是考验会计人员工作技能是否娴熟的关键。

本章介绍了会计工作中最常涉及的四种票据——发票、支票、汇票和本票。上述票据在第二篇有关账务处理中已经进行了初步介绍，本章主要从票据管理出发，介绍票据的使用规范。具体而言，有关发票的管理，主要介绍了发票的种类以及各类发票的填开等；有关支票的管理，主要介绍了支票的填写规范以及填写时的注意事项等；有关汇票与本票的管理，则主要介绍了汇票和本票的记载事项、当事人以及相关票据行为等。

通过将本章与第二篇有关内容相结合，读者可以对各类票据的使用及其账务处理有更清晰的认识，从而进一步提高处理会计业务的技能。

• 精彩内容

▶ **发票管理：**发票的种类、发票的领购、发票的填开、发票的缴销。

▶ **支票管理：**支票的种类、支票的填开。

▶ **汇票管理：**汇票概述、汇票的票据行为。

▶ **本票管理：**本票概述，本票与支票、汇票的区别。

16.1 发票管理

发票是指单位和个人在购销商品、提供或接受服务以及从事其他经营活动中，所开具和收取的业务凭证。根据《中华人民共和国发票管理办法》的规定，销售商品、提供服务以及从事其他经营活动的单位和个人，对外发生经营业务收取款项时，收款方应向付款方开具发票。

> 发票只能证明业务已经发生，不能证明款项是否收付。

16.1.1 发票的种类

常见的发票可以分为两大类，分别为普通发票和增值税专用发票。

1 │ 普通发票

普通发票是相对于增值税专用发票而言的，任何单位和个人在购销商品、提供或接受服务以及从事其他经营活动中，除增值税一般纳税人开具和收取的增值税专用发票之外，均应开具或收取普通发票。增值税一般纳税人在不能开具增值税专用发票的情况下也可使用普通发票。

普通发票由行业发票和专用发票组成，且印有全国统一发票监制章。其中，行业发票适用于某个行业和经营业务，如商业零售统一发票、商业批发统一发票、工业企业产品销售统一发票等；专用发票仅适用于某一经营项目，如广告费用结算发票、商品房销售发票等。

普通发票的基本联次为三联：第一联为存根联，开票方留存备查用；第二联为发票联，收执方作为付款或收款原始凭证；第三联为记账联，开票方作为记账原始凭证。根据填开方式的不同，普通发票还可分为通用机打发票、通用手工发票和通用定额发票，具体内容如下。

（1）通用机打发票

通用机打发票是指不用手工填写，而应在计算机系统中使用各税务部门研发的发票开具系统进行填制的普通发票。根据税收管理机关的不同，通用机打发票有国税发票与地税发票之分，这两类发票的票面样式与填开方法基本一致，其主要区别在于发票监制章的不同：国税发票印制的是"国家税务局监制"；地税发票印制的是"地方税务局监制"。

> 自2016年5月1日起全面推开"营改增"后，地方税务局将不再负责发票管理的相关业务。

在没有全面推开"营改增"前，国税发票与地税发票的适用范围如表 16-1 所示。

表 16-1 国税发票与地税发票的适用范围

类型	适用范围
国税发票	从事批发零售业、加工制造业、维修业的纳税人在经营业务确认收入开具国税发票，一般在工业、商业、加工修理修配业、收购业、水电业中使用
地税发票	交通运输业（公路、内河货物运输除外）、建筑业、金融保险业、邮电通讯业、服务业、娱乐业、文化体育业、服务业、销售不动产和转让无形资产的纳税人在经营业务确认收入时开具

通用机打发票的一般格式如图 16-1 所示。

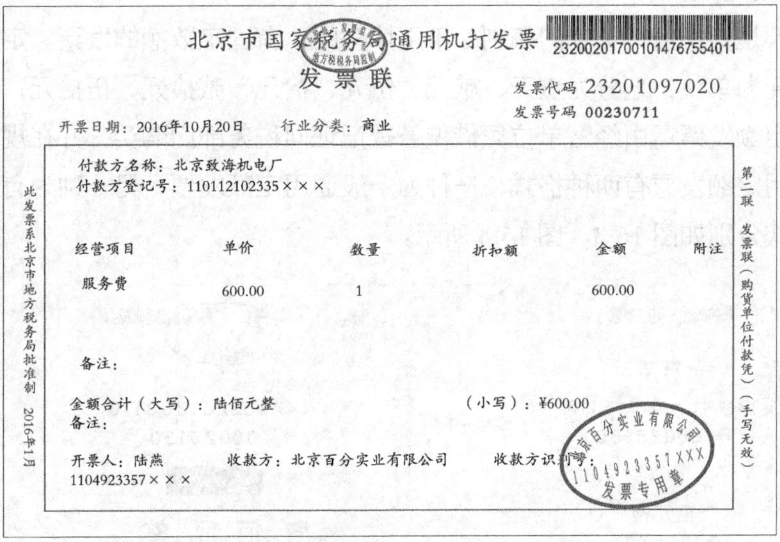
北京市国家税务局通用机打发票
23200201700101476755401 1
发票联
发票代码 23201097020
发票号码 00230711
开票日期：2016年10月20日　行业分类：商业
付款方名称：北京致海机电厂
付款方登记号：110112102335×××

经营项目	单价	数量	折扣额	金额	附注
服务费	600.00	1		600.00	

备注：
金额合计（大写）：陆佰元整　（小写）：¥600.00
备注：
开票人：陆燕　收款方：北京百分实业有限公司　收款方识别号：1104923357×××
此发票系北京市地方税务局批准制 2016年1月
第二联 发票联（购货单位付款凭）（手写无效）

图 16-1 通用机打发票的一般格式

（2）通用手工发票

通用手工发票是指由税务机关统一制定、具有一定格式的，需由开票人手工填写的普通发票。通用手工发票与通用机打发票一样，也可划分为国税发票和地税发票，其适用范围与通用机打发票的划分一致，只是填列的方式不同而已。通用手工发票的一般格式如图 16-2 所示。

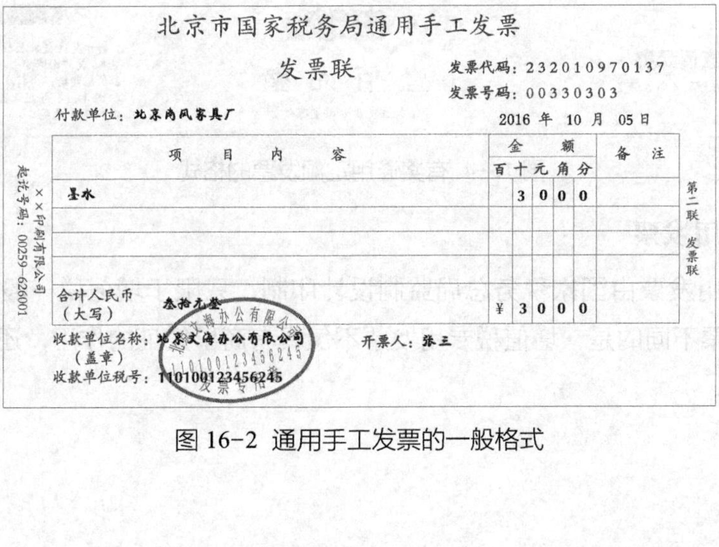
北京市国家税务局通用手工发票
发票联
发票代码：232010970137
发票号码：00330303
付款单位：北京冉风家具厂　2016 年 10 月 05 日

项目内容	金额（百 十 元 角 分）	备注
墨水	3 0 0 0	
合计人民币（大写）叁拾元整	¥ 3 0 0 0	

收款单位名称：北京文海办公有限公司（盖章）　开票人：张三
收款单位税号：110100123456245
××印刷有限公司 起讫号码：00259-626001
第二联 发票联

图 16-2 通用手工发票的一般格式

> **经验之谈**　　无论是通用机打发票还是通用手工发票，都有单次开票最高额度的限制。各纳税人通常应在首次领购发票时向主管税务机关申请，经税务机关核定后按照规定开具发票。普通发票的单张发票金额通常有十万元版、万元版与千元版，其中，手工发票只有千元版与万元版。另外，十万元版的发票每张能开具的最高金额为"999 999.99"元；万元版发票的每张能开具的最高金额为"9 999.99"元；千元版的发票每张能开具的最高金额为"999.99"元。

（3）通用定额发票

定额发票是指税务机关专门印制、不用填开的，有固定数额的发票。定额发票按人民币等值以元为单位，划分为壹元、贰元、伍元、拾元、贰拾元、伍拾元、壹佰元，共七种面额。定额发票需由经营单位凭借税务登记证向税务部门购买，并在规定时间内缴纳税金。通用定额发票有两种格式：一种为一般通用定额发票；另一种为有奖通用定额发票，其格式分别如图 16-3、图 16-4 所示。

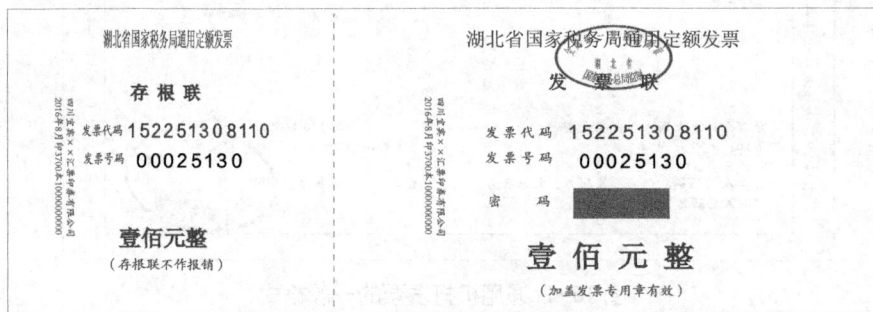

图 16-3　一般通用定额发票的格式

图 16-4　有奖通用定额发票的格式

2 ｜ 增值税专用发票

增值税专用发票由国家税务总局监制设计印制，只限于增值税一般纳税人领购使用。与普通发票不同的是，增值税专用发票不仅具有商事凭证的作用，还具有完税凭证的作用。

增值税专用发票有三联次和六联次两种。三联次中，第一联为发票联，购货单位作付款的记账凭证；第二联为抵扣联，作为购买方报送主管税务机关认证和留存备查的凭证；第三联为记账联，销货方作为销售的记账凭证。六联次中，第一联为发票联；第二联为抵扣联；第三联为记账联；第四、五、六联为附联。本书主要介绍三联次增值税专用发票。三联次增值税专用发票的用途可概括为如图 16-5 所示。

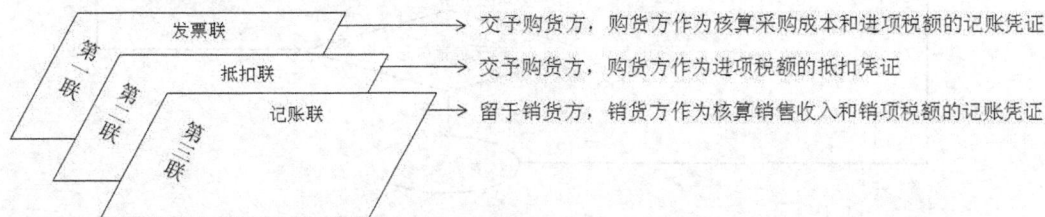

图 16-5　三联次增值税专用发票的用途

> **知识补充**
>
> 除普通发票和增值税专用发票两种发票类型外，还有一种发票类型为专业发票，该类发票可由政府主管部门自行管理，不套用税务机关的统一发票监制章，也可以根据税收征管的要求纳入统一发票管理。主要使用的专用发票包括以下三类：
> ①国有金融、保险企业的存贷、汇兑、转账凭证、保险凭证；
> ②国有邮政、电信企业的邮票、邮单、话务、电报收据；
> ③国有铁路、国有航空企业和交通部门、国有公路、水上运输企业的客票、货票。

16.1.2　发票的领购

企业使用发票应向主管税务机关提出申请，税务机关核定企业实际情况后发予发票领购簿，企业可凭发票领购簿上核准的发票种类、数量及方式申请领购发票。

1 ｜发票的领购流程

企业若是首次领购发票，首先需办理发票领购簿，然后按照相应程序领购发票；若企业非首次领购发票，则需对已经使用的发票进行验旧处理。企业领购发票时应报送以下资料。

（1）税务登记证件。

（2）经办人身份证明（经办人变更的提供复印件）。

（3）发票领用簿。

（4）领用增值税专用发票、货物运输业增值税专用发票、机动车销售统一发票和增值税普通发票的，应提供金税盘（税控盘）、报税盘或 IC 卡；领用税控收款机发票的，应提供税控收款机用户卡。

通常情况下，发票的领购流程如图 16-6 所示。

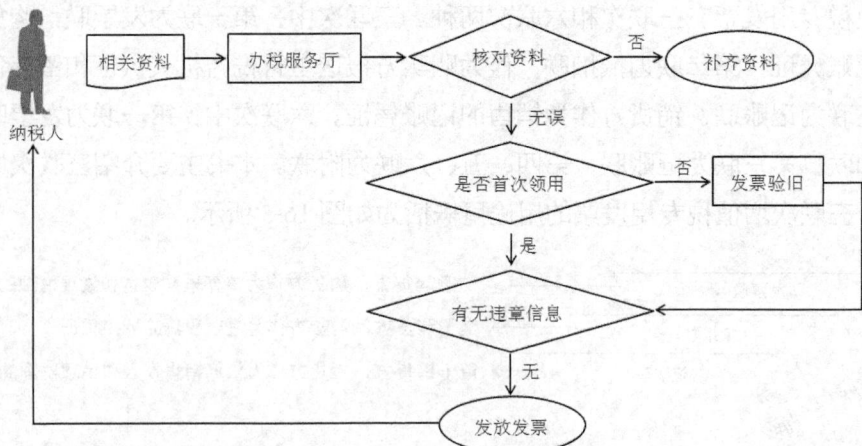

图 16-6 发票领购的流程

2 │ 发票领购的注意事项

一般纳税人领购增值税专用发票和增值税普通发票后需要将已申领的发票读入防伪数控系统。也即是说，企业领购发票后，需要经 IC 卡中的空白发票信息进行读入，会计人员应将所领购的纸质发票与防伪税控系统中的电子发票相核对，核对发票号码、数量等是否一致。将空白发票信息录入防伪税控系统的流程如图 16-7 所示。

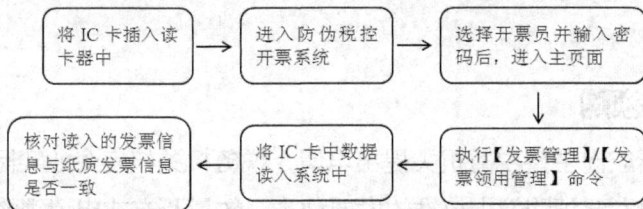

图 16-7 读入空白发票信息的流程

> **知识补充** 防伪税控系统既可以开具增值税专用发票，也可以开具增值税普通发票。因此，当一般纳税人不满足开具增值税专用发票的条件时，应开具增值税普通发票，而不再开具通用机打发票。

16.1.3 发票的填开

发票填开也称发票开具。通常情况下，发票应在发生经营业务确认营业收入时由收款方向付款方开具；在特殊情况下，由付款方向收款方开具。

1 │ 手工发票的填开

通用手工发票每一个发票号都包括三联，会计人员开具手工发票时应全部联次一次性如实开具，并加盖单位发票专用章。填开手工发票时应注意以下事项：

（1）不得拆本使用领用的整本发票。

（2）按照企业实际经营业务如实开具发票项目。

（3）付款方为单位的，"付款单位"填写付款单位的全称；付款方为个人的，填写个人的全名。

（4）"年""月""日"按照实际开票日期填写。

（5）"项目内容"必须逐项填写，每个项目占用一行单元格。

（6）"合计人民币（大写）"和"金额"必须如实、规范、正确填写。

（7）"收款单位名称"填写收款单位全称，"收款单位税号"填写本单位税务登记证件的纳税人识别号。

（8）不得转借、代开、虚开、超面额开具发票。

例 16-1

▲ 填开通用手工发票

北京万明商贸有限公司为增值税小规模纳税人，2016 年 7 月 2 日向深圳宏达电子有限公司销售型号为 3LHQ82 的灯管 5 箱，每箱灯管单价为 268 元；销售型号为 3LHQ84 的灯管 8 箱，每箱灯管单价为 224 元；销售型号为 3LHQ88 的灯管 10 箱，每箱灯管单价为 135 元。已知该公司日常业务使用的是手工发票，那么对于上述业务，会计郑凯文应怎样开具发票？

专家解答

上述业务为一般购销业务，北京万明商贸有限公司应于实现销售时确认收入，会计人员应按照公司管理制度的规定以及客户的要求，在规定时间内开具销售发票。假设该笔业务的开票时间为 2016 年 7 月 5 日，则通用手工发票的填写步骤如下。

①"付款单位"填写为"深圳宏达电子有限公司"。

②"年 月 日"填写为"2016 年 7 月 5 日"。

③"项目内容"栏下第一行单元格中填写"3LHQ82 灯管 5 箱"，"金额"栏下第一行单元格中填写"1 340"元。

④"项目内容"栏下第二行单元格中填写"3LHQ84 灯管 8 箱"，"金额"栏下第二行单元格中填写"1 792"元。

⑤"项目内容"栏下第三行单元格中填写"3LHQ88 灯管 10 箱"，"金额"栏下第三行单元格中填写"1 350"元。

⑥在"合计人民币（大写）"后顶格填写"肆仟肆佰捌拾贰元"，在"金额"栏下最后一行单元格中填写"4 482"元。

⑦在"收款单位名称"处填写"北京万明商贸有限公司"，在"收款单位税号"后填写"11010559061798"，在"开票人"处填写"郑凯文"。

⑧检查上述填写均无误后，在左下角"收款单位名称（盖章）"处加盖公司发票专用章。

填制完成后的发票如图16-8所示。

北京市国家税务局通用手工发票

发票联

发票代码：000000000000
发票号码：00000000

付款单位：深圳宏达电子有限公司

2016 年　07 月　15 日

项目	金额							备注
	千	百	十	元	角	分		
3LHQ82灯管5箱		1	3	4	0	0	0	第二联
3LHQ84灯管8箱		1	7	9	2	0	0	发票联
3LHQ88灯管10箱		1	3	5	0	0	0	
合计人民币（大写）肆仟肆佰捌拾贰元整		4	4	8	2	0	0	

收款单位名称（盖章）：北京万明商贸有限公司　开票人：郑凯文
收款单位税号：11010559061798

图16-8 填制完成的通用手工发票

2 │ 机打发票的填开

企业填开通用机打发票前需要在税务局购买网络发票开票系统，并在该系统中完成发票项目的填写，其填开流程如下：

（1）每次领用发票后，将电子发票信息读入开票系统。

（2）根据实际销售情况，在系统中填写发票各项目。

（3）核对填写的电子发票号码与将使用的纸质发票号码是否一致。

（4）核对无误后，将填写的电子发票信息打印在纸质发票上。

会计人员在实际填开机打发票时，其填写要求与注意事项与手工发票的要求基本一致，只是机打发票的有些项目不需要手动录入，只需在系统预设的选项中进行选择即可。

例
16-2

填开通用机打发票

成都明伊广告传播有限公司为增值税小规模纳税人，2016 年 5 月 19 日因担任小童星比赛的评委收到主办方以个人名义支付的评委费 9 900 元。会计人员在收到款项当日即开具发票。已知该公司使用的是通用机打发票，则该公司会计杨兆星应怎样开具该项业务的发票？

专家解答

对于该项业务的发票填开，会计人员应按照以下步骤进行：

①进入网络发票开票系统的主界面，选择【发票】/【开票】菜单命令，如图 16-9 所示。

图 16-9 进入发票开具主界面

②进入正式开票界面。未开票前正式开票界面如图 16-10 所示。

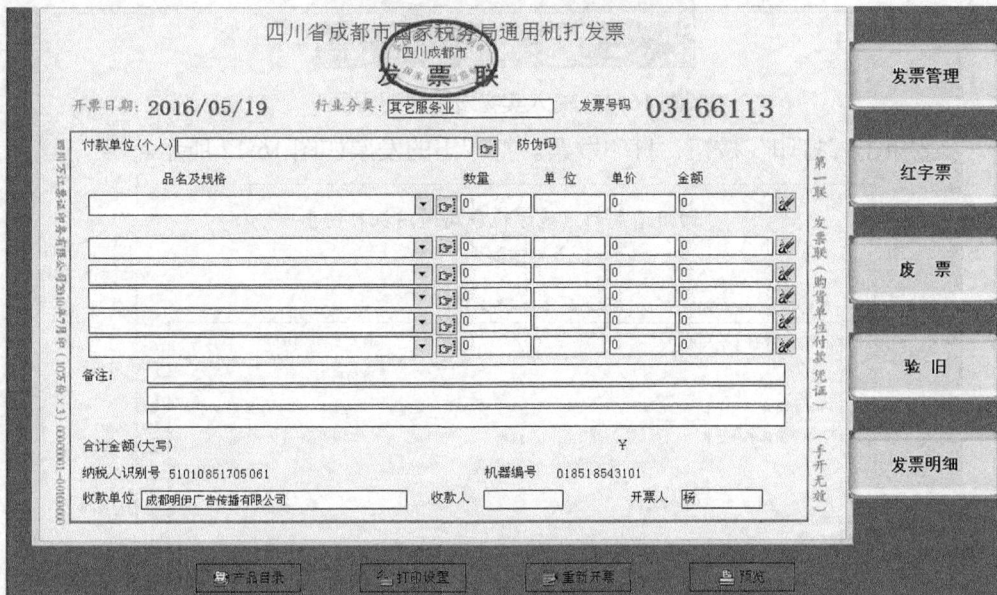

图 16-10 正式开票界面

③根据业务情况填写发票项目。在"付款单位（个人）"栏填写"个人"，

在“品名及规格”下第一个单元格中填写“小童星比赛评委费”，“数量”下第一个单元格中输入“1”，“单位”下第一个单元格中输入“次”，“单价”下第一个单元格中输入“9 900”。

输入每一项目的单价及数量后，不用再输入金额栏，系统会直接根据“金额 = 单价 × 数量”计算出金额。

④录入发票信息后，点击“预览”按钮，在预览界面确认发票信息是否填写正确，尤其注意机打号码与放入打印机的发票号码是否一致、金额是否正确。

⑤确认录入的发票信息无误后，点击“确认”按钮，完成发票录入。

经验之谈

为了防止放错发票，首次登录系统或更换发票时，系统需要输入实物发票号码进行确认。输入后单击“打印”按钮，输入号码与系统默认号码一致则打出发票。输入实物发票的界面如图16-11所示。

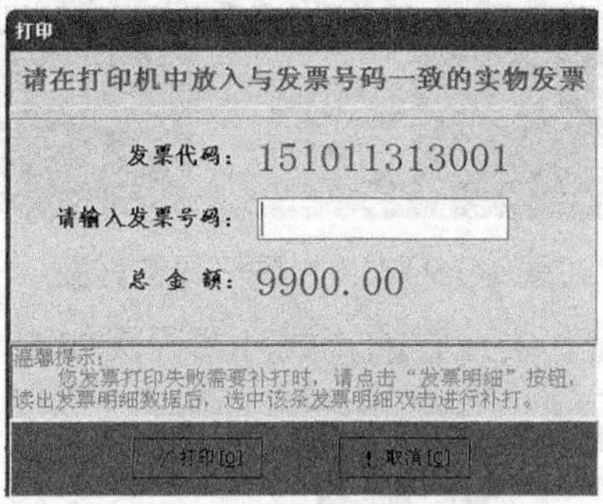

图 16-11 输入实物发票号码界面

⑥单击“打印”按钮，打印发票。打印出的发票如图 16-12 所示。

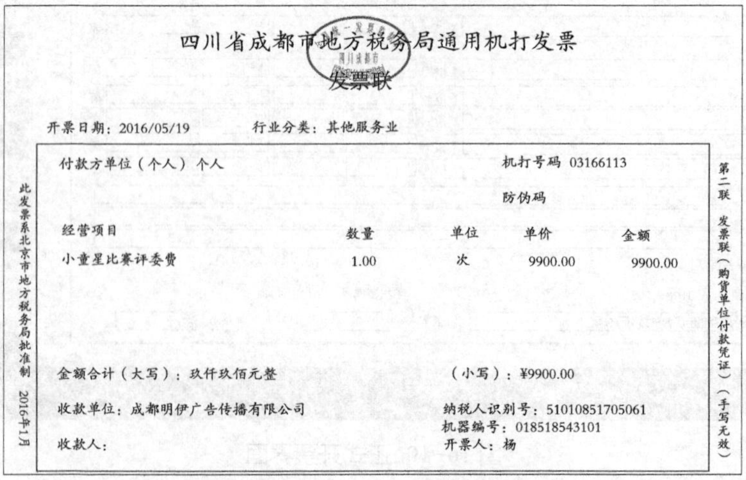

四川省成都市地方税务局通用机打发票

发票联

开票日期：2016/05/19　　行业分类：其他服务业

付款方单位（个人）个人　　机打号码 03166113

防伪码

经营项目	数量	单位	单价	金额
小童星比赛评委费	1.00	次	9900.00	9900.00

金额合计（大写）：玖仟玖佰元整　　（小写）：¥9900.00

收款单位：成都明伊广告传播有限公司　　纳税人识别号：51010851705061

机器编号：018518543101

收款人：　　开票人：杨

此发票系北京市地方税务局批准制 2016年1月

第二联 发票联（购货单位付款凭证）（手写无效）

图 16-12 填制完成的通用机打发票

3 │ 增值税专用发票的填开

企业开具增值税专用发票与增值税普通发票都应在增值税防伪税控系统中进行。增值税防伪税控系统是国家金税工程的主要组成部分，其由税务发行子系统、企业发行子系统、防伪开票子系统和认证报税子系统四个子系统组成。其中，增值税专用发票与普通发票的开具在防伪开票子系统中进行。

会计人员使用增值税防伪开票系统开具增值税专用发票通常涉及的操作流程如图16-13 所示。

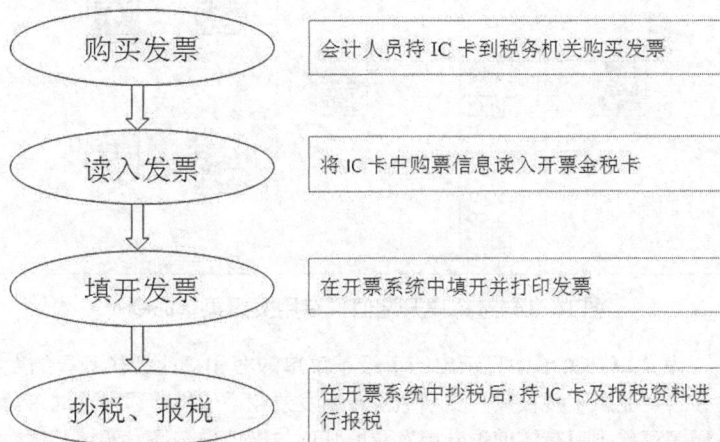

购买发票	会计人员持 IC 卡到税务机关购买发票
读入发票	将 IC 卡中购票信息读入开票金税卡
填开发票	在开票系统中填开并打印发票
抄税、报税	在开票系统中抄税后，持 IC 卡及报税资料进行报税

图 16-13 使用增值税防伪税控开票系统开具增值税专用发票的操作流程

例 16-3

填开增值税专用发票

北京尚禾股份有限公司为增值税一般纳税人，2016 年 7 月 25 日向陆众实业公司销售计算机一台，不含税单价为 5 999 元，增值税税额为 1 019.83 元。若北京尚禾股份有限公司会计蒋明君在 7 月 25 日收到货款即开具发票，则其应如何在开票系统中开具增值税专用发票？

┃ 专家解答 ┃

会计人员在防伪税控开票系统中开具增值税专用发票，应按照以下步骤进行操作。

①进入开票系统主界面，选择【发票管理】/【发票填开】/【增值税专用发票填开】菜单命令，如图 16-14 所示。

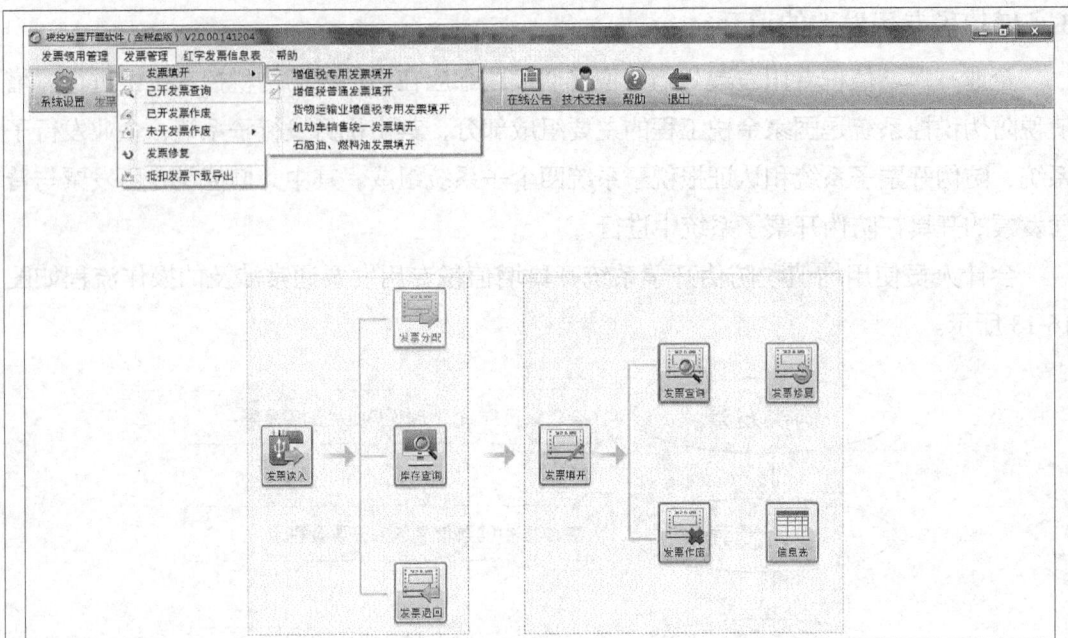

图 16-14 选择填开增值税专用发票菜单命令

知识补充 发票填开菜单中显示出的下级子菜单内容和企业授权开具的发票种类有关，若企业属于授权只开具增值税专用发票和增值税普通发票的单营户，则其下级子菜单中只有增值税专用发票填开项与增值税普通发票填开项，无其他填开菜单。

执行上述命令后，系统会弹出"发票号码确认"提示框，核对无误后单击"确认"按钮即可，提示框如图 16-15 所示。

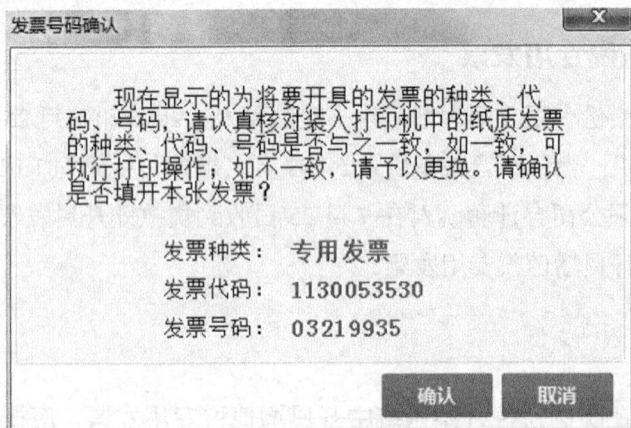

现在显示的为将要开具的发票的种类、代码、号码，请认真核对装入打印机中的纸质发票的种类、代码、号码是否与之一致，如一致，可执行打印操作；如不一致，请予以更换。请确认是否填开本张发票？

发票种类：	专用发票
发票代码：	1130053530
发票号码：	03219935

确认　取消

图 16-15 发票填开号码确认窗口

②确认发票信息后，系统弹出"开具增值税专用发票"，该窗口中显示的发票格式以及内容与实际票面格式基本相同，如图 16-16 所示。

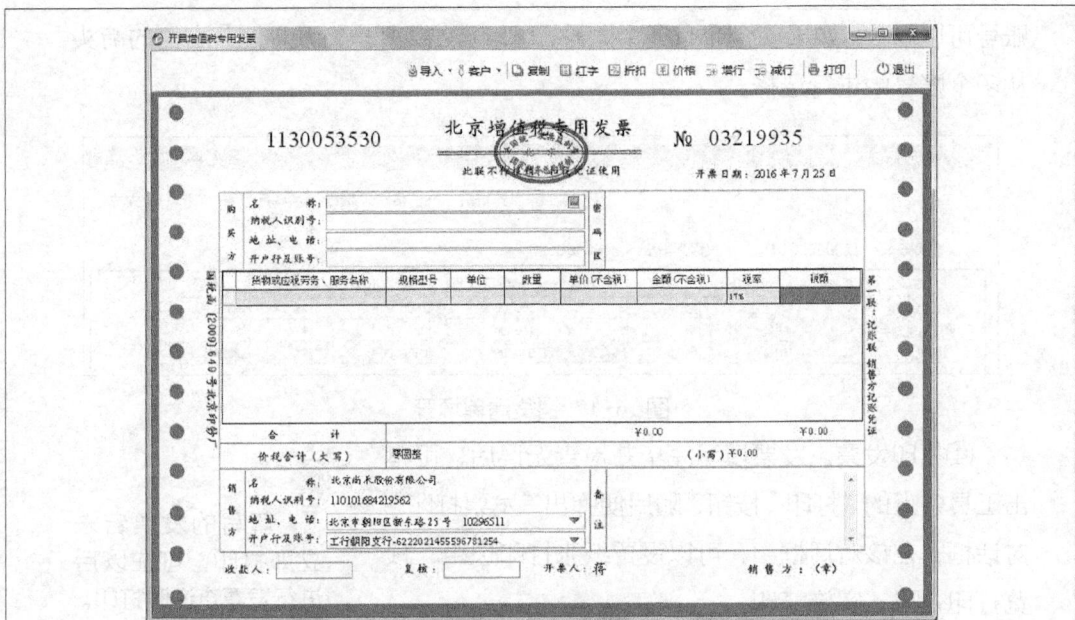

图 16-16 发票填开窗口

③填写发票内容。具体填写发票时，可分为以下三部分进行。

a. 购货方信息填写如下。

"名称"栏填写"陆众实业公司"；"纳税人识别号"栏填写
"110102343168473"；"地址、电话"栏填写"北京市东城区张自忠路 2 号
81236849"；"开户行及账号"栏填写"工行东城区支行-6221267386792369871"。

b. 商品信息填写如下。

"货物或应税劳务名称"列填写"计算机"；"规格型号"列填写"B5143"；
"单位"列填写"台"；"数量"列填写"1"；"单价（不含税）"列填写"5
999"；"税率"列填写"17%"。完成上述填写后，按回车键，系统会自动计
算出金额、税额和价税合计金额。

> **知识补充**
>
> 企业销售商品时，若客户所购商品的种类或项目较多，在一张发票上填列
> 不完整时，可利用系统提供的销货清单的功能开具带销货清单的发票。具体操作
> 为：进入发票填开界面后，直接点击工具条上的"清单"按钮，系统弹出"销货
> 清单填开"窗口，在该窗口中填入各项商品的信息即可。若需要增、减行数，可
> 直接单击"增行""减行"按钮。填写销货清单的界面如图16-17所示。

c. 销售方信息填写如下。

销售方信息中企业名称、纳税人登记号、地址、电话均由系统自动从金税
盘和系统参数设置中的企业税务信息中提取，开票时不能修改，只有开户行及

账号可以修改。如果该企业有多个账号，可以点击"开户行及账号"右侧的箭头，从多个账号中进行选择。

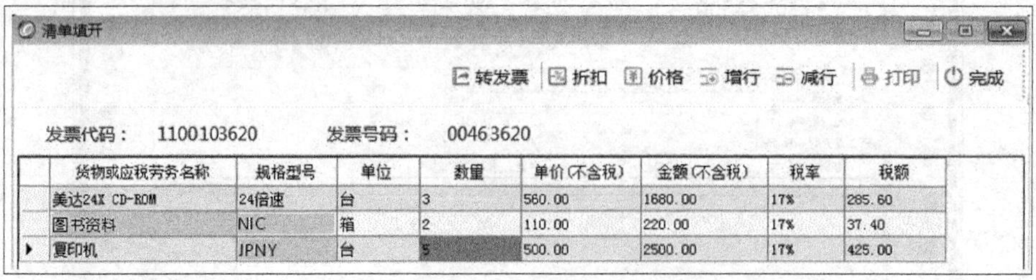

货物或应税劳务名称	规格型号	单位	数量	单价(不含税)	金额(不含税)	税率	税额
美达24X CD-ROM	24倍速	台	3	560.00	1680.00	17%	285.60
图书资料	NIC	箱	2	110.00	220.00	17%	37.40
▶ 夏印机	JPNY	台	5	500.00	2500.00	17%	425.00

图 16-17 销货清单填开

④打印发票。发票填写完毕并检查无误后，可单击工具条上的"打印"按钮，随后便弹出"发票打印"对话框，在该对话框中，可以设置纸张打印边距、预览打印效果、实施打印。

> 填写的发票若未立即打印，可在以后进行发票查询时打印。

填制完成的增值税专用发票如图 16-18 所示。

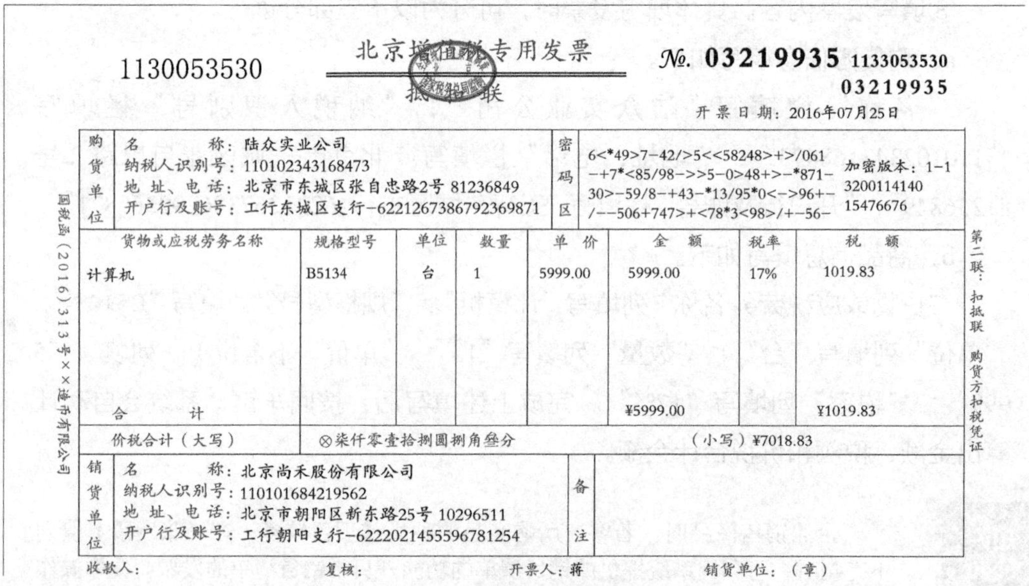

图 16-18 填制完成的增值税专用发票

> **知识补充**
> 使用防伪税控系统开具增值税专用发票时，由于系统所使用的时钟是专用的，并与税务局服务器联网，所以发票的填开日期不可修改。同时，该日期不受计算机设置的日期控制。

经验
之谈　　　　需要注意的是，普通发票中的金额是价税合计金额，而增值税专用发票中的金额注明了不含税金额与增值税税额。而在一般业务交往中，企业签订的购销合同中注明的金额通常为含税价格，所以会计人员在填开增值税专用发票填写商品单价时，应注意将含税价格换算为不含税价格，以免造成开票错误。

　　增值税普通发票与增值税专用发票的填开方法基本一致，只是增值税普通发票没有抵扣联。增值税普通发票有两联次和五联次两种：两联次中，第一联为发票联，第二联为记账联；五联次中，第一联为发票联，第二联为记账联，第三、四、五联为附联。

16.1.4 发票的缴销

　　发票缴销是指将从税务机关领取的发票交回税务机关查验并作废。根据规定，用票人应按照主管税务机关的要求在规定时间内完成发票缴销工作。

　　发票的缴销主要涉及五种情况，分别为日常缴销、税务缴销、旧版缴销、丢失缴销和损毁缴销。

1 ｜日常缴销

　　日常缴销是指用票人将当前已领用的发票使用完毕，需领用新的发票时，持已使用完的发票存根、在规定期限内未使用或未使用完的发票及发票领购簿，向税务机关发票管理部门报验缴销。会计人员办理发票的日常缴销时，需领取并填写"发票缴销登记表"，并提交以下材料。

- 发票领购簿。
- 已使用完的发票存根或在规定期限内未用的发票。

2 ｜税务缴销

　　税务缴销是指用票人因税务登记发生变更或注销时，到税务机关发票管理部门办理发票缴销。会计人员办理发票的税务缴销时，需领取并填写"发票缴销登记表"，并提交以下材料。

- 发票领购簿和"发票领、用、存月报表"。
- 未使用完的发票或尚未使用的发票。
- 已开具的发票存根。

3 ｜旧版缴销

　　旧版缴销是指因税务机关的发票改版、换版，导致用票人需要更换新发票时，到税务机关发票管理部门办理旧版发票的缴销。会计人员办理发票的旧版缴销时，需领取并填写"发票缴销登记表"，并提交以下材料。

- 发票领购簿和"发票领、用、存月报表"。
- 未使用完或尚未使用的发票。
- 已开具的发票存根。

4 │ 丢失缴销

丢失缴销是指用票人因发生发票丢失、被盗等情况，向税务机关发票管理部门办理丢失、被盗发票的缴销。会计人员办理发票的丢失缴销时，需领取并填写"发票缴销登记表"，并提交以下材料。

- 发票遗失的证明材料。
- 在当地新闻媒介公开的作废声明。
- 发票领购簿。
- 其他需要的资料。

5 │ 损毁缴销

损毁缴销是指用票人因发票发生霉变、水浸、虫咬、火烧等情况时，向税务机关发票管理部门办理损毁发票的缴销。会计人员办理发票的损毁缴销时，需领取并填写"发票缴销登记表"，并提交以下材料。

- 发票领购簿。
- 霉变、水浸、虫咬、火烧残存的发票。
- 其他需要的资料、证明。

16.2 支票管理

支票是指由出票人签发的，委托办理支票存款业务的银行见票时无条件支付确定的金额给收款人或者持票人的票据。支票的基本当事人包括出票人、付款人和收款人。单位和个人均可在全国范围内实现支票的互通使用。

支票出票人签发的支票金额，不得超出其在付款人处的存款金额，如果存款金额低于支票金额，即为空头支票，银行将拒绝付款。

16.2.1 支票的种类

根据支付票款方式的不同，支票可以分为现金支票、转账支票和普通支票。

- 支票上印有"现金"字样的为现金支票，现金支票只能用于支取现金。
- 支票上印有"转账"字样的为转账支票，转账支票只能用于转账，不得支取现金。

● 支票上无"现金"或"转账"字样的为普通支票，普通支票可以用于支取现金，也可用于转账。在普通支票左上角画两条平行线的为划线支票，划线支票只能用于转账，不能支取现金。

以现金支票为例，一张完整的现金支票分为两部分，左侧的较小部分为"存根"，留于企业记账，右侧较大部分为支票的主体部分，该部分应给予支票的收款人，用于向付款银行收取支票款项。现金支票的一般格式如图 16-19 所示。

××银行现金支票存根	本支票付款期限为十天	××银行 现金支票 地名 支票号码
支票号码		出票日期（大写） 年 月 日　付款行名称：　出票人账号：
科目_____		收款人：
对方科目_____		人民币（大写）　　　　千 百 十 万 千 百 十 元 角 分
出票日期：		
收款人：		用途　　　　　科目（借）：_____
金额：		上列款项请从我账户内支付　　对方科目（贷）：_____
用途：		付讫日期： 年 月 日
		出票人签章　　出纳　复核　记账
单位主管　会计		贴对号单处　　　　　出纳对号单

图 16-19 现金支票的一般格式

16.2.2 支票的填写

会计人员在填写支票时，应遵循《票据法》对票据填写的相关规定，将支票上的重要项目填写完整，且保证各项目具体内容的准确性。

1 支票填开规范

会计人员在填开支票时，支票上各项目的具体写法应遵循以下要求。

● **出票日期：** 数字必须为大写，大写数字的写法为：零、壹、贰、叁、肆、伍、陆、柒、捌、玖、拾。

> **知识补充**　在填写月、日时，月为壹、贰和壹拾的，日为壹至玖和壹拾、贰拾和叁拾的，应在其前面加"零"；日为拾壹至拾玖的，应在其前面加"壹"。如"1月18日"，应写作"零壹月壹拾捌日"；"10月20日"，应写作"零壹拾月零二十日"。

● **收款人：** 对于现金支票，收款人可写本单位名称，此时现金支票背面"被背书人"栏内加盖本单位的财务专用章和法人章，收款人可凭盖章后的现金支票直接到开户银行提取现金；现金支票的收款人可写为个人，此时现金支票背面不盖任何章，收款人在现金支票背面填上身份证号码和发证机关名称，凭身份证和现金支票签字领款。对于转账支票，收款人应填写对方单位名称，转账支票背面不盖章。

- **付款行名称、出票人账号**：填写本单位开户银行名称及银行账号，账号应用小写数字填写。
- **人民币（大写）**：人民币数字的大写写法分别为零、壹、贰、叁、肆、伍、陆、柒、捌、玖、拾、佰、仟、万、亿。
- **人民币小写**：填写人民币小写金额时，应在最高额的前一位空格用"￥"符号打头，数字填写应清楚完整。
- **用途**：对于现金支票，其用途的填写有一定的限制，通常应填写为"备用金""差旅费""工资""劳务费"等；对于转账支票，其用途的填写没有具体规定，可填写为"货款""代理费"等。
- **盖章**：支票的正面需盖财务专用章和法人章，两者缺一不可。

> **经验之谈**　对于支票上的盖章，印泥必须为红色，且印章必须清晰。若印章模糊，则只能将该张支票作废，换一张空白支票重新填写并盖章。

2 | 支票填写的注意事项

对于支票的填写，会计人员除了应掌握支票上各项目的填写方法外，还应了解有关支票填写的注意事项，主要包括以下内容。

（1）支票的正面不能有涂改的痕迹；若有，则该张支票作废。

（2）受票人若发现支票的某些项目填写不全，可以补记，但不能涂改。支票可以补记的项目包括支票的金额以及收款人名称等。

（3）支票的有效期为 10 天，日期首尾算一天，节假日顺延。

> **知识补充**　支票付款的有效时间采取"算头不算尾"的方法，例如，支票的填写日期为3月11日，则3月11日算1天，3月20日为第10天，那么该支票在3月21日作废。

（4）支票为见票即付，属于不记名票据。如果支票丢失，对于现金支票而言，若一般要素填写齐全，且丢失的支票未被冒领的，在开户银行挂失；对于转账支票而言，若一般要素填写齐全，则应在开户银行挂失；若要素填写不齐全，则应到票据交换中心挂失。

（5）出票单位现金支票背面的印章若模糊，可以将模糊的印章打叉，重新盖一个清晰的印章，但不能超过三个印章。

（6）若转账支票背面的收款单位印章模糊，则不能以重新盖章的方法来补救。此时可由出票单位带上转账支票及银行进账单到出票单位开户银行办理收款手续，不需要出票单位重新填写支票。这种方式俗称"倒打"。

> 倒打即倒进账，也即开出支票的企业到自己的开户行填写进账单进账。

16.3 汇票管理

汇票是最常见的票据类型之一，也是国际结算中使用最广泛的一种信用工具。

16.3.1 汇票概述

汇票是指出票人签发的、委托付款人在检票时或者在指定日期无条件支付确定的金额给收款人或者持票人的票据。

1 | 汇票的种类

汇票分为银行汇票和商业汇票，银行汇票是指银行签发的汇票，商业汇票则是银行之外的企事业单位、机关、团体签发的汇票。其中，商业汇票又可分为银行承兑汇票和商业承兑汇票，前者是指由银行承兑的汇票，后者是指由银行以外的付款人承兑的汇票。

2 | 汇票的内容

一张完整的汇票，其内容应当包括：载明“汇票”字样、无条件支付的命令，一定金额，付款期限，付款地点，出票人，收款人，出票日期，出票地点和出票人签字等。商业承兑汇票的一般格式如图 16-20 所示。

<table>
<tr><td colspan="17">商业承兑汇票　　2 XX00000000
第　号
签发日期（大写）　年　月　日</td></tr>
<tr><td rowspan="3">付款人</td><td>全称</td><td colspan="2"></td><td rowspan="3">收款人</td><td>全称</td><td colspan="11"></td></tr>
<tr><td>账号</td><td colspan="2"></td><td>账号</td><td colspan="11"></td></tr>
<tr><td>开户银行</td><td colspan="2"></td><td>开户银行</td><td colspan="11"></td></tr>
<tr><td rowspan="2" colspan="2">汇票金额</td><td rowspan="2">人民币（大写）</td><td rowspan="2" colspan="3"></td><td>亿</td><td>千</td><td>百</td><td>十</td><td>万</td><td>千</td><td>百</td><td>十</td><td>元</td><td>角</td><td>分</td></tr>
<tr><td></td><td></td><td></td><td></td><td></td><td></td><td></td><td></td><td></td><td></td><td></td></tr>
<tr><td colspan="2">汇票到期日（大写）</td><td colspan="3">年　月　日</td><td>交易合同号</td><td colspan="11"></td></tr>
<tr><td colspan="5">本汇票已经本单位承兑，到期日无条件支付票款。
付款人签章
负责　经办　年　月　日</td><td colspan="12">汇票签发人盖章
负责　经办　年　月　日</td></tr>
</table>

图 16-20 商业承兑汇票的一般格式

3 | 汇票的当事人

汇票的当事人分为基本当事人和非基本当事人，其具体解释如表 16-2 所示。

表16-2 汇票的当事人

汇票当事人		解释
基本当事人	出票人	开出汇票的银行或企业
	收款人	汇票上记载收取票据款项者
	付款人	履行汇票付款责任者
	承兑人	承兑汇票上承诺并记载汇票到期日支付汇票金额的付款人
非基本当事人	被背书人	受让票据后取得票据权利者
	保证人	为了保证收款人或者持票人能够得到付款而承担担保付款的连带责任者

16.3.2 汇票的票据行为

汇票在使用过程中的各种行为，都由票据法加以规范。汇票的票据行为主要有出票、提示、承兑和付款；若需将汇票转让，则还包括背书行为；若持票人将汇票在到期前支付，则还包括贴现行为；若汇票遭拒付，则还包括拒付与追索行为。

1 │ 出票

出票是指出票人签发汇票并交付给收款人的行为。一经出票，出票人即承担了保证汇票得到承兑和付款的责任。如果汇票遭到拒付，持票人可以向出票人进行追索，出票人应清偿汇票金额、利息以及有关费用。

2 │ 提示

提示是指持票人将汇票提交付款人要求承兑或付款的行为，是持票人要求取得票据权利的必要程序。提示又分为付款提示和承兑提示，承兑提示是指付款人在持票人向其提示远期汇票时，在汇票上签名，承诺于汇票到期时付款的行为；付款提示是指付款人在汇票到期日，向提示汇票的合法持票人足额付款。

3 │ 承兑

承兑是指付款人在持票人向其提示远期汇票时，在汇票上签名，承诺于汇票到期时付款的行为。

承兑的具体做法是：付款人在汇票正面写明"承兑"字样，注明承兑日期并签章后交还持票人。付款人一旦对汇票做出承兑，即成为承兑人，将以主债务人的身份承担汇票到期时付款的法律责任。

4 │ 付款

付款是指付款人在汇票到期日，向提示汇票的合法持票人足额付款。一经付款，汇票所代表的债务债权关系即告终止。

5 | 背书

背书是指持票人在汇票背面签上自己的名字，并记载被背书人名称，然后将汇票交给被背书人（即受让人），使被背书人（受让人）成为持票人的行为。

例 16-4

▲ 汇票的背书

万明公司于 2016 年 6 月份销售一批商品给上彩公司，上彩公司签发了一张商业承兑汇票用于支付商品货款。2016 年 7 月 12 日，万明公司向长舟公司购入一批商品，由于现金短缺，经商量，将该汇票作为商品采购款交付给长舟公司，并在汇票上注明了万明公司与长舟公司的公司名称。根据上述资料，分析万明公司的上述行为是否涉及背书？

┃ 专家解答 ┃

根据上述资料，上彩公司签发一张商业承兑汇票给万明公司，则上彩公司为该汇票的出票人，万明公司为收款人，同时也成为该汇票的持票人。2016 年 7 月 12 日，万明公司将该汇票交予长舟公司抵作商品采购款，此时，长舟公司即成为该汇票的受让人与持票人，则万明公司将商业承兑汇票交付给长舟公司，并在汇票上记载万明公司与长舟公司名称的行为，就是背书。在实际操作中，万明公司将该汇票背书给长舟公司时，应在汇票背面写明背书人与被背书人名称，并加盖背书人的财务专用章与法人章。背书的示意图如图 16-21 所示。

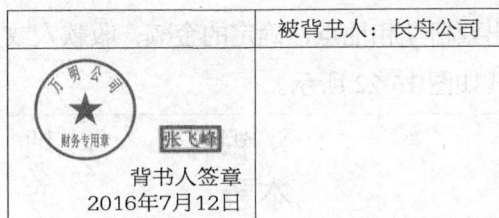

	被背书人：长舟公司
万明公司 财务专用章 ★ 张飞峰 背书人签章 2016年7月12日	

图 16-21 背书示意图

6 | 贴现

贴现是指银行承兑汇票的持票人在汇票到期日前，为了取得资金，贴付一定利息将票据权利转让给银行的票据行为。贴现是持票人向银行融通资金的一种方式。

7 | 拒付与追索

拒付是指持票人向付款人提示，付款人拒绝付款或承兑的行为。除此之外，付款人逃匿、死亡或宣告破产，以致持票人无法实现提示的，也称为拒付。如果汇票遭到拒付，持票人有权向其前手（背书人、出票人）要求偿付汇票金额利息和其他费用，这就称为追索。

16.4 本票管理

本票是一项书面的无条件的支付承诺，由一个人作成并交付另一个人。

16.4.1 本票概述

根据《票据法》的相关内容，本票即指银行本票，是指由出票人签发的、承诺自己在见票时无条件支付确定金额给收款人或者持票人的票据。

1 │ 本票的种类

根据不同的划分方式，本票可以分为不同的种类。根据签发人的不同，本票可分为商业本票（又称一般本票）和银行本票；根据付款时间的不同，本票可分为即期本票和远期本票；根据有无收款人的记载，本票可分为记名本票和不记名本票；根据支付方式的不同，本票可分为现金本票和转账本票。

在实际使用中，本票的划分常以签发人为标准，即将本票分为一般本票和银行本票。一般本票的出票人为企业或个人，票据可以是即期本票也可以是远期本票；银行本票的出票人是银行，且票据只能是即期本票。

2 │ 本票的内容

一张可生效的本票至少应当包括的项目有：标明其为"本票"的字样、无条件支付的承诺，出票人签字，出票日期和地点，确定的金额，收款人或其指定人姓名。

银行本票的一般格式如图 16-22 所示。

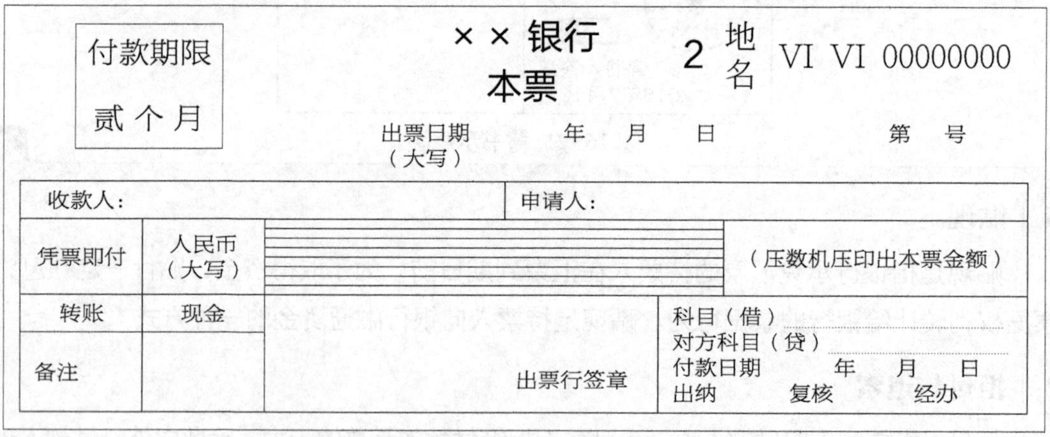

图 16-22 银行本票的一般格式

3 ｜本票的当事人

本票的当事人可分为基本当事人和非基本当事人。基本当事人包括出票人、付款人、收款人；非基本当事人包括背书人、保证人等。本票的背书、保证、付款行为和追索权的行使，除《票据法》"本票"一章规定的外，适用汇票的有关规定。

需要注意的是，由于我国本票都是由出票银行签发并付款的，因此本票的出票人和付款人为同一人，即出票银行。另外，由于本票出票时即表明承兑，因此本票不涉及承兑，从而基本当事人也没有承兑人。

16.4.2 本票与支票、汇票的区别

本票、支票和汇票都是企业日常经营活动中经常使用的支付结算票据，其在票据范围及使用方面既有一定的联系又存在区别，三者之间的联系与区别如表 16-3 所示。

表 16-3 本票、支票和汇票的区别与联系

项目		本票	支票	汇票
联系		（1）性质相同： ①设权有价证券：票据持票人凭票据上所记载的权利内容，来证明其票据权利以取得财产 ②格式证券：票据的格式都是由法律严格规定的 ③文字证券：票据权利的内容以及与票据有关的一切事项都以票据上记载的文字为准，不受票据上文字以外事项的影响 ④可以流通转让的证券：一般债务契约的债权，如果要进行转让，必须征得债务人的同意。而作为流通证券的票据，可以经过背书或不作背书仅交付票据的简易程序而自由转让与流通 ⑤无因证券：票据上权利的存在只依据票据本身的文字确定，权利人享有票据权利只以持有票据为必要 （2）票据功能相同：汇兑功能、支付功能、信用功能		
区别	付款方式不同	自付证券 （约定本人付款）	委付证券（委托他人付款，受托人没有限制）	委付证券（受托人只限于银行或其他法定金融机构）
	使用区域不同	只用于同一票据交换地区	可用于同城或异地票据交换地区	同城和异地都可以使用
	付款期限不同	付款期为2个月，逾期兑付银行不予受理	付款期为10天	付款期限有多种方式

> **知识补充**
>
> 汇票的付款期限主要有以下四种。
>
> ①即期付款汇票：即期汇票无须承兑，持票人提示汇票的当天即为到期日。若汇票没有明确表示付款期限，即为见票即付的汇票。
>
> ②定期付款汇票：在汇票的票面上已明确地指明了付款日期的汇票。这种汇票，持票人须向付款人提示承兑以便明确付款责任。
>
> ③远期汇票：在可以确定的将来时间进行付款的汇票。
>
> ④延期付款汇票：在提单日、交单日或其他特定日期后若干天付款的汇票。

16.5 精通练习

本章主要介绍了票据相关知识，包括各类发票的开具，支票、汇票、本票的管理等。本章内容在会计工作中运用非常广泛，涉及的内容与会计人员的日常工作联系紧密。下面将通过练习，进一步掌握主要发票的填开。

16.5.1 填开通用手工发票

武汉市上彩装饰有限公司为增值税小规模纳税人，2016 年 8 月 2 日向南京市万通文化传播有限公司销售瓷砖一批，该批瓷砖包括三种型号，其金额分别为：WG18N 为 3 800 元；WG15M 为 2 670 元；WG22E 为 3 310 元。已知上彩公司税号为 420100759621445，开票会计人员为钟佳明。

视频演示
填开通用手工发票

要求：为武汉市上彩装饰有限公司上述业务填开通用手工发票。

💿 **答案参见随书光盘** ◀
本书配套\单据资料\第16章\精通练习\通用手工发票模板.docx
本书配套\练习答案\第16章\精通练习\填开通用手工发票.docx

16.5.2 填开通用机打发票

沿用 16.5.1 中武汉市上彩装饰有限公司的基本资料。2016 年 8 月 5 日，武汉市上彩装饰有限公司向广州汇明科技有限公司销售窗帘 10 套，每套单价为 350 元。已知广州汇明科技有限公司的税务登记号为 0205741985417752。

要求：为武汉市上彩装饰有限公司上述业务填开通用机打发票。

💿 **答案参见随书光盘** ◀
本书配套\单据资料\第16章\精通练习\通用机打发票模板.docx
本书配套\练习答案\第16章\精通练习\填开通用机打发票.docx

16.5.3 填开增值税专用发票

北京创汇商贸有限公司为增值税一般纳税人，2016 年 8 月 12 日，向上海君科贸易有限公司销售笔记本电脑 300 台，双方签订的合同中约定：笔记本电脑的型号为 HP1003，单价为 4 095 元。已知创汇公司的纳税识别号为"110103159785461"、地址为"北京市西城区复外大街48号"、开户行为"建行西城支行"、银行账号为"62211 25789 2348 1234"，上海君科贸易有限公司的纳税识别号为

"310225489662547"、地址为"上海市虹口区大连路 14 号"、开户行为"建行虹口支行"、银行账号为"62270 59784 1152 8879"。北京创汇商贸有限公司开票人为许一。

要求：为北京创汇商贸有限公司填开增值税专用发票。

📀 **答案参见随书光盘** ◀

本书配套\单据资料\第16章\精通练习\增值税专用发票模板.docx

本书配套\练习答案\第16章\精通练习\填开增值税专用发票.docx

疑难问答 Difficult Questions

❶ 通用机打发票与增值税普通发票的区别

Q1 企业取得的各类发票中，通用机打发票与增值税普通发票都不得抵扣增值税进项税额，两者在使用上有什么区别呢？

A1 通用机打发票与增值税普通发票都属于我国的常见发票类型，两者都需要在计算机开票系统中进行填开，但它们在使用中存在区别，主要表现在以下几点。

①开票系统不同。通用机打发票的开票系统为一般的网络开票系统，而增值税普通发票的开票系统为防伪税控系统。

②使用主体不同。通用机打发票通常为小规模纳税人使用；而增值税普通发票多用于一般纳税人，当一般纳税人不满足开具增值税专用发票的条件时，通常应在防伪税控系统中开具增值税普通发票。

③适用范围不同。通用机打发票既可用于小规模纳税人，也可用于一般纳税人；增值税普通发票只能用于一般纳税人，尤其是营改增后，由于新增的货物运输等增值税专用发票没有对应的货物运输增值税普通发票，因此即使是一般纳税人，在开具普通发票时使用的也是国税机打发票。

❷ 一般纳税人利用互联网系统抄报税

Q2 增值税一般纳税人利用网络进行抄报税时，主要涉及哪些软件？其具体操作是什么？

A2 一般纳税人利用互联网进行网上抄报税时，主要涉及三个软件：防伪税控开票系统、企业电子报税管理系统和龙山税友网上抄报税系统。上述软件均可在税务机关网站或企业税务专管员处获得。一般纳税人进行网上抄报税的主要流程如下：

在开票系统中抄税→在电子报税管理系统中生成申报盘→网上抄税、申报、清卡。

各流程的主要操作如下。

①在防伪税控系统中抄税。

登录防伪税控开票系统，单击"报税处理"按钮，在打开的"报税处理"窗口中单击"抄税处理"按钮，根据系统提示完成本期抄税工作。

②使用"企业电子报税管理系统"生成申报盘。

a. 完成上月抄报税的完税工作。进入系统主界面，单击"纳税申报"按钮，进入纳税申报主界面后单击"完税"按钮，完成上月抄报税的完税工作。

b. 读入当期销项、进项数据。该步骤主要是通过软件系统将税控系统开票数据读入报税管理软件，以及将进项发票认证文件导入报税管理软件中。

c. 生成附列资料表及增值税申报主表，生成申报盘，并备份。该步骤主要是通过执行【纳税申报】命令，进入纳税申报主界面，然后在窗口中从附表一开始逆时针单击打开各类报表（财务报表除外）。单击打开各附表后，直接按顺序单击"新增""保存""审核"按钮即可，一般不需要做其他操作。在申报主界面打开"纳税申报表"，单击"新增"后，需仔细核对主表中各项数据的正确性，然后对报表数据进行审核并保存。生成主表（纳税申报表）和附表后，就可以生成电子申报盘，将申报盘数据保存在 U 盘完成备份工作。

③在龙山税友软件中按顺序完成"网上抄税""网上报税""清卡"。

在龙山税友软件的主界面中，标明了进行网上抄税、报税清卡的流程，纳税人可按照操作提示完成上述工作。

第 17 章 做好老板的参谋——分析财务报表

本 章 导 读

财务报表分析是为财务会计报告使用者提供管理决策和控制依据的一项管理工作。企业会计核算的最终结果体现在财务报表中，如果不能对财务报表所反映的数据进行处理、分析，那么编制出的财务报表就无法为企业的经营管理提供决策建议。因此，分析财务报表是会计人员应掌握的职业技能。

本章首先介绍分析财务报表应了解的基础知识，包括分析财务报表涉及的对象、方法以及基本要求等；其次，介绍进行财务报表分析所涉及的指标，包括分析偿债能力、营运能力、盈利能力等涉及的指标。在此基础上，本章通过丰富的案例，介绍不同分析指标的具体应用，并引导会计人员在财务分析中发现问题时该如何提出对策与建议。

通过本章，读者可以了解分析财务报表的基本流程与一般方法，轻松应对两大主要财务报表的分析。

精彩内容

▶ **财务报表分析概述**：需要进行分析的财务报表、怎样分析财务报表、分析财务报表时应遵循的基本要求。

▶ **财务报表分析**：偿债能力分析、营运能力分析、盈利能力分析。

17.1 财务报表分析概述

财务报表分析又可称为财务分析，是指通过收集、整理企业财务报表中的有关数据，并结合其他有关补充资料，对企业的财务状况、经营成果和现金流量情况进行综合比较和评价。

17.1.1 需要进行分析的财务报表

企业会计核算的结果主要涉及四类财务报表，分别为资产负债表、利润表、现金流量表和所有者权益变动表。因此，财务报表分析通常是针对这四类报表进行的分析。

1 │ 资产负债表的分析

资产负债表反映了企业在特定时点的财务状况，是企业经营管理活动结果的集中体现。对资产负债表进行分析，主要是通过资产负债表所反映的数据，揭示出企业偿还债务的能力、企业经营所承担的风险，以及企业经营管理总体水平的高低等。具体而言，对资产负债表的分析主要应解决以下问题。

- 现金是否满足业务的需要？
- 现有的存货是否存在积压情况？
- 应收款项是否合理？
- 对外投资是否超过合理范围？
- 资产的盈利是否达到预期标准？
- 企业的偿债能力是否合理？短期或长期负债是否在合理范围？
- 股东报酬率是否客观？

2 │ 利润表的分析

利润表是指反映企业在一定会计期间经营成果的报表。对利润表进行分析，主要是通过利润表所反映的数据分析企业组织收入、控制成本费用支出、实现盈利的能力。具体而言，对利润表的分析主要应解决以下问题。

- 主营业务收入占总收入比例是否正常？
- 企业产品的成本费用是否过高？
- 营业外收支所占利润的比例为多少？
- 税金及附加是否过高？
- 人事、销售、管理方面的成本是否过高？
- 每股可以分得的利润为多少？

利润表是资本市场的"晴雨表"，上市公司的投资者更为关注其反映的盈利水平。

3 | 现金流量表的分析

现金流量表反映的是企业一段时期内的现金的流入与流出情况，对现金流量表进行分析，主要是通过现金流量表所反映的数据分析企业经营活动、投资活动与筹资活动带来的现金流量。具体而言，对现金流量表的分析主要应解决以下问题。

● 企业是否有足够的支付能力、偿还能力和周转能力？

● 企业当期的现金支出和现金收入为多少？

● 企业各项现金收入与现金支出主要来源于何处？

● 企业筹资活动所占的现金流量为多少？

● 企业本期获利的现金为多少？

4 | 所有者权益变动表的分析

所有者权益变动表反映的是企业本期（年度或中期）内截至期末所有者权益变动情况的报表。对所有者权益变动表进行分析，主要是通过所有者权益变动表所反映的数据分析各所有者权益项目以及当期变动情况。具体而言，对所有者权益变动表的分析主要应解决以下问题。

● 各所有者权益项目所占比例为多少？

● 公司的累计盈余为多少？

● 所有者的获利或损失为多少？

● 分配的股利为多少？

考虑到实际业务处理的情况，本章主要讲解资产负债表和利润表的分析。

17.1.2 怎样分析财务报表

财务报表分析的基本方法主要有比较分析法和因素分析法，其具体内容如图 17-1 所示。

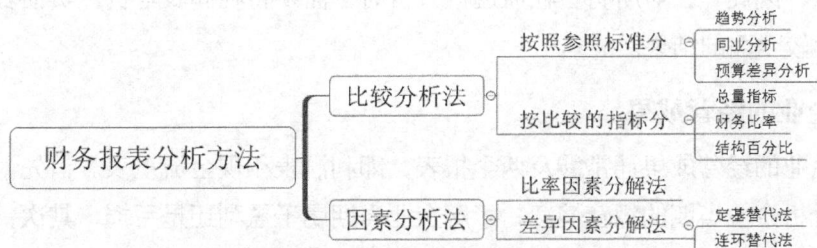

图 17-1 财务报表分析方法

1 | 分析企业的财务状况

分析企业的财务状况主要是对企业的资产、负债以及所有者状况进行分析，主要是对资产负债表进行分析。

（1）资产分析

资产分析主要是对资产的构成情况以及构成比例进行分析。资产负债表中对资产按照流动性由强到弱排列，通过资产负债表，首先可以通过企业流动资产与非流动资产的具体项目，了解资产的构成情况；其次还可以通过计算出主要流动资产与非流动资产项目所占比例，了解企业营运资产的配置及其风险。

（2）负债分析

负债分析主要是对负债的构成情况、构成比例以及对重要负债的分析。资产负债表中将负债按照偿还时间的长短进行排序，将在近期偿还的负债排列在前，偿还时间较长的排列在后。对负债进行分析时，首先，需要分析流动负债与非流动负债包括的各项具体内容，以及重要项目所占的比重，通常情况下，若流动负债占总负债的比重较大，则表明企业资金大多来源于营业活动，此时企业资金的风险较小；其次，对负债的变化情况进行分析，主要分析比较期初与期末负债情况的变化以及影响负债变化的主要因素等。最后，需要对重要负债项目进行分析，如对账龄较长的应收账款，其分析重点在于找出其产生原因并提出解决办法等。

经验之谈　"预收账款"与"其他应收款"是税务稽查的重点，很多纳税人为了达到少缴税款的目的，常常以此为突破口。因此在进行财务报表分析时，可重点关注上述两个项目，对不合规的情况进行清理，以免税务稽查出问题。

（3）所有者权益分析

所有者权益主要包括"股本（实收资本）""资本公积""盈余公积""未分配利润"等四大项目。通常情况下，"股本"与"资本公积"项目没有太大变化，主要是"盈余公积"和"未分配利润"项目会发生变动，而影响上述项目变动的主要因素是"本年利润"项目，因此，在对所有者权益进行分析时，需要将利润表与资产负债表相结合，从而得出比较全面的结果。

2 │分析企业的经营成果

分析企业的经营成果通常涉及两个报表，即利润表和现金流量表。首先，可通过利润表初步分析企业当期的经营情况，了解企业当期属于盈利还是亏损；其次，在此基础上对现金流量表进行分析，从现金和资金流动的角度分析企业实现的利润或发生的亏损是否全面。将利润表与现金流量表相结合对企业的经营成果进行分析，其优点主要体现在以下两方面。

● 修正片面的利润结果。若只利用利润表分析企业的经营成果往往有失偏颇，因为有的企业虽然账面利润很多，但其实应收账款多，资金周转乏力；而有的企业虽然利润表中显示利润亏损，但其现金充足，资金周转灵活。

● 客观评价企业的财务风险。通过现金流量表对资金的来源分析，可全面了解企业的负债情况。例如，有的企业虽然账面利润多，但其负债较多，因而财务风险较大；而有的企业虽然账面显示为亏损，但负债少，因而财务风险较小。所以，通过将现金流量表与利润表相结合进行分析，可以客观、全面、公正地评价企业的经营成果，在一定程度上反映企业真实的利润水平。

3 │ 分析企业的现金流量

分析企业的现金流量主要是通过分析现金流量表完成的。对企业现金流量进行分析可分为三步：首先，将期末与期初的现金流量进行比较，了解本期现金流量是增加还是减少，从总体上把握当期的现金收支差额；其次，分析三大活动的现金流量分别为多少，从而判断导致期末与期初现金流量差额的原因是经营活动、投资活动还是筹资活动引起的；最后，对引起现金流量差额的原因进行分析。例如，当企业扩大规模或开发新的利润增长点时，需要大量的现金投入，当投资活动产生的现金流入补偿不了现金流出时，投资活动现金净流量就为负数。因此，当分析现金流量表时，出现期末投资活动现金流量小于期初现金流量的情形，就可考虑是否是上述情况引起的。

> **经验之谈**
>
> 经营活动是企业生存、发展的基础。通常情况下，经营活动产生的现金流出和现金流入占企业现金总流出与总流入的绝大比重，因此在对企业现金流量进行分析时，应侧重对经营活动的分析。

17.1.3 分析财务报表时应遵循的基本要求

在对财务报表进行分析时，应遵循的基本要求如图 17-2 所示。

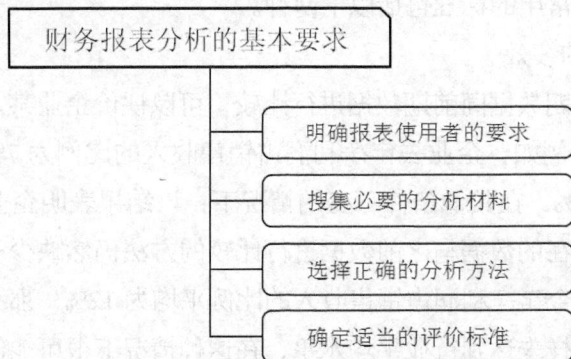

图 17-2 财务报表分析的基本要求

1 | 明确报表使用者的要求

不同的报表使用者所关心的报表内容不同，因此其想要从报表中获取的信息也不一样。因此，在对财务报表进行分析前，应明确报表使用者的要求，然后针对特定要求做出相应的分析。通常而言，企业的所有者比较关心企业的经营成果、获利能力及其变动趋势；企业的债权人更为关心企业的偿债能力；而企业管理者则可能更具综合性，既关心企业的经营成果，又关心企业的偿债能力，还关心企业的营运能力。因此，为履行好"参谋"一职，会计人员在分析财务报表时，应当深入了解报表使用者的具体要求，尽可能有重点、有针对性地进行分析。

2 | 搜集必要的分析材料

财务报表分析的首要基础是已经编制好的各类财务报表。但是，为了正确评价企业的经营成果与财务状况，满足报表使用者的决策需要，会计人员应该尽可能搜集其他有关资料。资料的搜集渠道可概括为两个方面：一方面是从外部获得，包括从证券交易管理机构获取上市公司资料、从证信机构取得各种财务信息等；另一方面是从内部获得，包括企业内部的管理资料等。

3 | 选择正确的分析方法

前面简单介绍了几种财务报表分析方法，但并不是所有的财务报表分析都要用到上述方法，各种方法都有其特定的用途。因此，在明确报表使用者目的的前提下，会计人员应根据需要选择适当的分析方法，并对各种方法进行搭配、组合使用。

4 | 确定适当的评价标准

所谓"没有规矩不成方圆"，无论采用什么方法对财务报表进行分析，都应事先确定评价标准，以判断通过分析得到的结果是否达到了企业的目标或者满足报表使用者的要求。财务报表分析常用的标准包括以下两种。

（1）企业过去的绩效

通过分析，将当期数据同前期数据进行比较，可以评价企业某方面的变化趋势，甚至预测未来的发展。例如，企业去年净利润占销售收入的比例为 7%，而今年净利润占销售收入的比例为 9%，在其他条件不变的情况下，该结果表明企业今年实现了盈利的增长。但是采用将现在的数据与之前数据进行比较的方法仍然缺少一个绝对的基础。例如，若企业所处行业今年净利润占销售收入的比例平均为 12%，那么虽然企业今年实现了盈利的增长，但同样未达到行业平均水平，在这种情况下很可能使企业由于不了解行情而沾沾自喜。所以，仅有企业过去的绩效这一种标准，在很多情况下还不能全面评价企业的经营成果与财务状况。

（2）同行业先进（或平均）水平

将企业的某方面数据与同行业平均水平或某种预定的标准进行比较，有利于正确评价企业的现状。以上面的净利润占销售收入比例的数额为例，若企业与同行业现金水平或平均水平进行比较，可以使企业发现自身的优势和存在的不足，从而为以后的战略规划提供参考依据。

> **例 17-1**
>
> ▶ **财务报表分析评价标准的选择**
>
> 万明公司会计人员通过财务报表分析发现，企业今年销售收入较去年下降了 6%，因而以此判定今年的经营情况不如去年，从而降低了管理人员的绩效评定成绩。万明公司会计人员的上述判断是否存在不足之处？
>
> ┃ **专家解答** ┃
>
> 本例中，万明公司会计人员做出该判断是以去年的销售收入为标准的，但是，其欠缺对同行业平均水平或先进企业的考虑。如果同行业其他企业的销售收入平均下降 12%，或同行业先进企业的销售收入下降为 8%，那么在企业所处行业平均销售收入大幅下降的情况下，本公司的下降幅度较之偏小，这意味着本公司在同行业普遍不景气的情况下，避免了较大的损失。因此，会计人员仅凭单一数据得出的上述结果只是片面的，这对管理人员的绩效评定也不公平。

17.2 财务报表分析

对财务报表进行分析就是对各类财务报表中反映出的数据进行加工处理，把它们换算成比例的形式来进行横向（同行业间）、纵向（本企业的不同时期）比较的过程。具体分析财务报表时，主要包括对企业偿债能力、营运能力和盈利能力的分析。

17.2.1 偿债能力分析

偿债能力是指企业用其资产偿还长期债务与短期债务的能力。偿债能力分析是指分析企业是否有足够的资金流偿还到期债务。企业的偿债能力的分析需要通过一些指标的计算来对财务报表反映的数据加以目标化。分析偿债能力的指标可以分为短期偿债能力分析指标和长期偿债能力分析指标，前者主要包括营运资金、流动比率、速动比率和现金比率等；后者包括资产负债率、产权比率、权益乘数和利息保障倍数等。

1 ｜营运资金

（1）营运资金的含义

营运资金的含义有广义和狭义之分。广义的营运资金又称总营运资本，是指一个企业投放在流动资产上的资金，具体包括应收账款、存货、其他应收款、应付票据、预收票据、预提费用、其他应付款等占用的资金；狭义的营运资金是指某时点内企业的流动资产与流动负债的差额。本书中若无特别说明外，营运资金均指狭义的营运资金。因此，营运资金的计算公式如下：

$$营运资金=流动资产-流动负债$$

（2）营运资金的特点

营运资金具有以下特点。

● 周转时间短。

● 非现金形态的营运资金（如存货、应收账款、短期有价证券）容易变现。

● 数量具有波动性。流动资产或流动负债容易受外界条件的影响，数量的波动往往很大。

> 由于营运资金周转时间短，所以可以通过短期筹资的方式获得。

● 来源具有多样性。营运资金既可通过长期筹资方式解决，也可通过短期筹资方式解决。

（3）营运资金分析

营运资金越多，说明企业不能偿还债务的风险越小。因此，营运资金的多少可以反映企业的短期偿债能力。根据营运资金的计算公式，营运资金还可进行以下换算。

$$营运资金= 流动资产-流动负债$$
$$=（总资产-非流动资产）-（总资产-所有者权益-长期负债）$$
$$=（所有者权益+长期负债）-非流动资产$$
$$= 长期资本-长期资产$$

根据上述公式可以看出，营运资金实际就是长期资本用于购买长期资产后剩余的用在营运活动中的部分。当营运资金 > 0 时，则与此相对应的"净流动资产"是以长期负债和投资人权益的一定份额为资金来源的；当营运资金 =0 时，则占用在流动资产上的资金都是流动负债融资；如果营运资金 <0，则表明流动负债融资由流动资产和固定资产等长期资产共同占用，如果长此以往，企业的经营活动中的流动资金得不到保障，就会造成日常经营瘫痪。

（4）营运资金分析结果的运用

在具体分析企业的偿债能力时，通过对营运资金多少的比较，可以得出以下结论。

- **营运资金过多**：若营运资金过多，变现能力强的，说明资产利用率不高；若营运资金过多，但变现能力弱的，则说明流动资产存在问题，潜在的偿债压力较大。
- **营运资金过少**：若营运资金过少，则预示固定资产投资依赖短期借款等流动性融资额的程度高，经营上可能面临一定的困难。

企业经营的正常运行，需要维持适量的营运资金，做好营运资金管理工作，即做好流动资产和流动负债的管理。具体而言，管理好营运资金就是加快现金、存货和应收账款的周转速度，尽量减少资金的过分占用，降低资金的占用成本。如果出现营运资金周转不灵的情况，则企业可以利用商业信用，或在适当的时候向银行借款，通过利用财务杠杆提高权益资本报酬率的方法解决资金短期周转的困难。

需要注意的是，营运资金是流动资产与流动负债之差，是个绝对数，如果企业之间规模相差很大，绝对数相比的结果会有失公允。

2 │流动比率

（1）流动比率的含义

流动比率是指流动资产对流动负债的比率。它用来衡量企业流动资产在短期债务到期以前，可以变为现金用于偿还负债的能力。流动比率的计算公式如下：

$$流动比率 = \frac{流动资产}{流动负债} \times 100\%$$

（2）流动比率分析

通常情况下，流动比率的值越大，说明企业资产的变现能力越强，短期偿债能力也越强；反之，若流动比率的值越小，说明企业资产的变现能力越弱，短期偿债能力也越弱。但是，若流动比率过大，则表明流动资产占用较多，会影响经营资金周转效率和获利能力。

所以在实际分析中，流动比率的参考标准通常为 2∶1，即流动资产是流动负债的两倍。若流动比率高于 2∶1，表明企业偿还短期负债的能力较强，但是若该比例过高，则表明企业短期资金的运用效率不高；若流动比率低于 2∶1，表明企业短期偿债能力出现了一定问题，若该比例过低，则表明企业可能面临经营危机，甚至会出现破产的可能。

> **经验之谈**　流动比率的高低并不能绝对地说明企业偿债能力的高低，因为流动资产中还包括存货、待摊费用等项目，其变现时间较长。特别是存货很可能发生积压、滞销、残次等情况，若该类项目所占流动资产比率较高，那么即使流动比率较高，也不能据此说明企业的偿债能力强。

（3）流动比率的数据弱点

作为衡量企业短期偿债能力的指标，流动比率所反映出的数据具有以下弱点。

- **无法评估未来资金流量**：计算流动比率所应用的各项要素都是来自资产负债表的数据，该数据都是针对某个时点而言的，只能表示企业在某一特定时刻一切可用资源及需偿还债务的状态或存量，但是该数据与未来资金流量并没有因果关系。因此，流动比率无法用以评估企业未来资金的流动性。

- **不能反映企业资金融通状况**：流动资产中的现金属于非获利性或获利性极低的资产，一般企业均应尽量减少现金的数额。在注重财务管理的企业中，其持有现金的量不会过大，只要能够防范现金短缺的危险即可。而在实际中，许多企业在出现现金短缺时通常会考虑向金融机构借款，但是该项资金流通数额却不能通过流动比率计算反映。

- **应收账款的偏差性**：企业应收账款的额度通常受到销货条件或信用政策的影响，在一般情况下，应收账款具有一定的循环性，除非企业进行清算，应收账款都会保持在相对稳定的数额，因此不宜将应收账款作为未来现金净流入的核算指标。在分析流动比率时，若将应收账款考虑在内，而不考虑企业销货条件、信用政策或其他因素的影响，那么流动比率的数值就会产生偏差。

- **存货价值确定的不稳定性**：企业实际经营中因存货产生的现金流入量，常常取决于毛利的大小。但是在计算流动比率时，却以资产负债表中存货的价值为依据，而此价值是以存货的成本表示的。因此，经由存货而发生的未来短期内现金流入量，除销售成本外，还包括销售毛利，但流动比率的计算中并没有考虑到毛利因素。

- **粉饰效应**：企业管理者为了显示出良好的财务指标，常常通过财务方法对真实情况进行粉饰，即通过提前或延后确认存货从而减少或提高流动比例，这种行为使得流动比率的数值产生偏差。

例
17-2

▲ **流动比率的数据弱点的体现**

某公司 2015 年 12 月 31 日有关项目的余额如下。

库存现金：8 000 元。银行存款：180 000 元。库存商品：12 000 元。原材料：70 000 元。应收账款：58 000 元。固定资产：200 000 元。短期借款：80 000 元。应付账款：50 000 元。应付票据：30 000 元。长期应付款：100 000 元。应付职工薪酬：36 000 元。

根据上述资料计算该公司的流动比率，若该公司流动比率与标准相差较大，会计人员可采取什么操作使得流动比率接近于参考比率？

专家解答

根据流动比率的计算公式：

$$流动比率 = \frac{流动资产}{流动负债} \times 100\%$$

$$= \frac{8\,000 + 180\,000 + 12\,000 + 70\,000 + 58\,000}{80\,000 + 50\,000 + 30\,000 + 36\,000} \times 100\% = \frac{328\,000}{196\,000} \times 100\% = 1.67$$

由于 1.67 < 2，因此，若企业想要得到比较良好的财务指标，就可能会对流动比率进行粉饰。

假设该公司上述资产中，原材料中有 50 000 元为年末采用赊购方式采购的，赊购该原材料涉及的会计分录如下。

借：原材料　　　　　50 000

　　贷：应付账款　　　　50 000

为了使显示出的财务指标良好，该公司可能会将该存货推迟到下年初再购买，那么此时的流动比率计算如下：

$$流动比率 = \frac{流动资产}{流动负债} \times 100\% = \frac{328\,000 - 50\,000}{196\,000 - 50\,000} \times 100\% = 1.9$$

此时的流动比率 1.9 相较于 1.67 则更接近于参考标准。因此，经过对赊购存货时间的调整，可以影响流动比率的大小。这就体现了流动比率的粉饰效应。

（4）流动比率分析结果的运用

计算出的企业流动比率结果，主要是与行业标准进行比较，通常是指与"2"进行比较。若流动比率接近于 2，则表明偿债能力良好；若流动比率小于 2，且偏差较大，则表示企业短期偿债能力出现问题，此时应想办法收回应收账款或拓宽商品销售渠道，提高流动比率，以免遭遇经营危机；若流动比率大于 2，且偏差较大，则表明企业的资产利用率低下，此时应加强投资，将溢余的资产利用起来，创造出更多价值。

与营运资金相比，流动比率是个相对数，排除了公司规模不同的影响，更适合公司间以及本公司不同历史时期数据的比较。

3 ｜ 速动比率

（1）速动比率的含义

速动比率是指速动资产对流动负债的比率。速动比率是衡量企业流动资产中可以立即变现用于偿还流动负债的能力，其计算公式如下：

$$速动比率 = \frac{速动资产}{流动负债} \times 100\%$$

> **知识补充** 计算速动比率时，速动资产的金额等于流动资产减去存货再减去其他流动资产后的余额。

（2）速动比率分析

速动比率剔除了流动资产中变现能力较差的存货等，能直接反映企业的短期偿债能力，比流动比率更加直观、可信。

在某些情况下，有的企业虽然流动比率很高，但速动比率却很低，这就说明该企业的短期偿债能力也很低。因此流动比率高的企业，其短期偿债能力并不一定很强，此时还需考虑其速动比率的大小，因为速动比率更能准确地反映企业的短期偿债能力。传统经验认为，企业的速动比率应维持在 1：1 左右，即速动资产与流动负债的基本相等，若速动比率过低，则企业的短期偿债风险较大；若速动比率过高，则企业在速动资产上占用的资金过多，会增加企业投资的机会成本。

> 机会成本即为了得到某种东西而放弃另一些东西中的最大价值。

（3）速动比率分析结果的运用

速动比率主要是与同行业的平均标准进行比较，若本企业的速动比率高于同行业平均水平，则表明企业应付突发事件的能力较强，企业可变现资金比较充裕，短期偿债能力较强。但此时应注意企业是否存在资金闲置的情况，若有，则应考虑加大投资，使多余的资金发挥其价值。若本企业的速动比率低于同行业平均水平，则表明企业的短期偿债能力薄弱，此时，投资者或债权人应当随时检查企业现金，以防止资金周转不灵，导致更严重情况的发生。

4 │ 现金比率

（1）现金比率的含义

现金比率是指企业在不依靠存货销售以及应收账款的情况下，支付当前债务的能力。现金比率是速动资产扣除应收账款后的余额与流动负债的比率，是最能反映企业直接偿付流动负债能力的指标。现金比率的计算公式如下：

$$现金比率 = \frac{(货币资金 + 交易性金融资产)}{流动负债} \times 100\%$$

> **知识补充** 交易性金融资产也称现金等价物，是指企业为了近期内出售而持有的债券投资、股票投资或基金投资。交易性金融资产的流动性很强，可以随时变现。

（2）现金比率分析

现金比率一般认为 20% 以上为好，但如果现金比率过高，则意味着企业流动资产未能得到合理运用。由于现金类资产的获利能力较低，现金的金额太高就会导致企业的机会成本增加。

（3）现金比率分析结果的运用

企业现金及现金等价物不宜过多，也不宜过少，一般认为，现金比率保持在20%~50% 比较合理。通过计算出的现金比率，可以发现本企业是否有资金浪费的现象，是否存在现金存积等，发现企业存在上述情况的，则应加强现金管理的制度约束，如制订现金使用计划等。

例 17-3

流动比率、速动比率、现金比率计算比较

已知万明公司 2015 年 12 月 31 日资产负债表中列示的部分项目如表 17-1 所示。

表17-1 万明公司资产负债表部分项目金额（单位：元）

项目	金额	项目	金额
库存现金	5 000	短期借款	80 000
银行存款	89 000	应付票据	24 000
应收账款	67 000	预收账款	30 000
存货	120 000	应交税费	3 500

根据上述资料，分别计算万明公司 2015 年 12 月 31 日的流动比率、速动比率和现金比率，并对计算结果进行分析。

┃ 专家解答 ┃

根据流动比率、速动比率和现金比率的公式可以得知，三者主要的差别在于分子的确定。本例中涉及的流动资产 =5 000+89 000+67 000+120 000=281 000（元）；速动资产等于流动资产减去存货的金额 =281 000−120 000=161 000（元）；货币资金 = 库存现金 + 银行存款 =5 000+89 000=94 000（元）。本例中涉及的流动负债 =80 000+24 000+30 000+3 500=137 500（元）。因此，流动比率 =281 000÷137 500=2.04；速动比率 =161 000÷137 500=1.17；现金比率 =94 000÷137 500=0.68。

根据上述计算结果，万明公司的流动比率与速动比率比较接近于参考标准，

由此可初步判断其短期偿债能力良好，该公司在应对突发状况时，有能力采取相应的应对措施。但万明公司的现金比率高于参考标准，由此可考虑该公司流动资产的运用是否存在不合理现象，具体应检查该公司是否由于对外投资较少而造成现金积压。若该公司处于发展期，那么较多的现金留存将影响未来的发展，此时应考虑寻找合适的投资项目进行投资。

流动比率、速动比率和现金比率三者间的计算关系如图 17-3 所示。

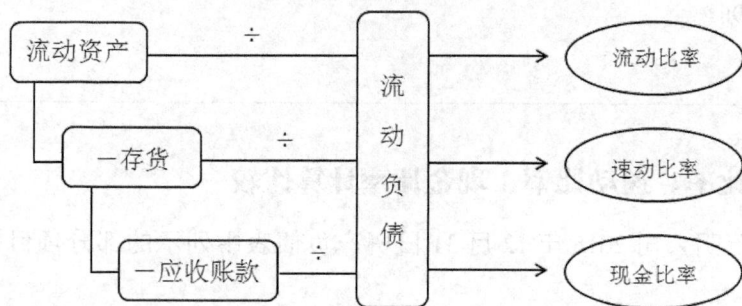

图 17-3 流动比率、速动比率和现金比率的计算关系

5 │ 资产负债率

（1）资产负债率的含义

资产负债率是指期末负债总额除以资产总额的百分比。其计算公式如下：

$$资产负债率 = \frac{负债总额}{资产总额} \times 100\%$$

资产负债率反映在总资产中举债筹资的比例，可以衡量企业在清算时保护债权人利益的程度。

（2）资产负债率分析

在一般情况下，资产负债率越高，债权人利益受保护的程度越低；资产负债率越低，债权人利益受保护的程度越高。资产负债率通常以 50% 为参考标准，当资产负债率高于 50% 时，表明企业资产来源主要依靠负债，财务风险较大；当资产负债率低于 50% 时，表明企业资产来源主要是所有者权益，此时的财务比较稳健。资产负债率越低，表明企业资产对负债的保障能力程度越高，企业的长期偿债能力越强。

在实际中，不同主体对资产负债率的要求有所不同，具体如图 17-4 所示。

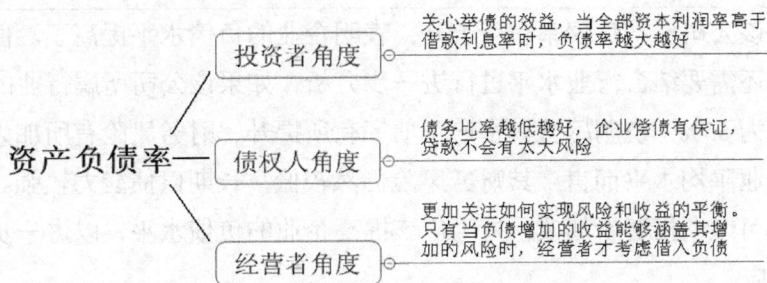

图 17-4 不同主体对资产负债率的要求

（3）资产负债率分析结果的运用

资产负债率分析在不同条件或环境中适用不同的标准，具体应结合以下几个方面进行。

- **结合营业周期分析：**若企业的营业周期较短，则其资产的周转速度快，因而可以适当提高资产负债率的比较标准。
- **结合资产构成分析：**若企业的流动资产占总资产的比例较大，则可以适当提高资产负债率的比较标准。
- **结合企业经营状况分析：**若企业正处于兴旺期间，则可以适当提高资产负债率的比较标准。
- **结合客观经济环境分析：**应考虑利率和通货膨胀率水平，当利率提高时，会加大企业负债的实际利率，增加企业的偿债压力，此时可适当降低资产负债率的比较标准。
- **结合资产质量和会计政策分析。**
- **结合行业差异分析。**

例 17-4

▲ 对年初与年末资产负债率进行分析

某公司 2015 年年初的资产总额为 528 万元、负债总额为 256 万元，2015 年年末的资产总额为 863 万元、负债总额为 479 万元。根据上述资料，计算该公司 2015 年年初与年末的资产负债率，并进行财务分析。

专家解答

该公司 2015 年年初资产负债率 =（256÷528）×100%=48.48%；2015 年年末资产负债率 =（479÷863）×100%=55.5%。通过比较年初与年末的资产负债率发现，该公司资产负债率有所上升，表明企业的负债水平提高了。但偿债能力的强弱还需要结合行业水平进行进一步分析，如果该公司所属行业的平均资产负债率为65%，说明尽管其资产负债率有所提升、财务风险有所加大，但是相对于行业平均水平而言，其财务风险仍然较低，长期偿债能力较强。此时，会计人员可以向投资者建议，是否应该提高企业的负债水平，以进一步发挥财务杠杆效应。

6 │ 产权比率

（1）产权比率的含义

产权比率又称资本负债率，是指负债总额与所有者权益之比。它是企业财务结构是否稳健的标志。产权比率的计算公式如下：

$$产权比率 = \frac{负债总额}{所有者权益} \times 100\%$$

（2）产权比率分析

产权比率反映了企业由债务人提供的资本与所有者提供的资本的对应关系，即企业的财务结构是否稳定；同时，产权比率还可以反映债权人资本受股东权益保障的程度，或者是企业清算时对债权人利益的保障程度。通常情况下，产权比率越低，则表明企业长期偿债能力越强，债权人权益受保障的程度越高。

产权比率高，说明企业属于高风险、高报酬的财务结构；产权比率低，说明企业属于低风险、低报酬的财务结构。

（3）产权比率分析结果的运用

在对产权比率进行分析时，应结合企业所处的具体情况。例如，当企业的资产收益率大于负债成本率时，负债经营有利于提高资金收益率，获得额外的利润，这时可适当提高产权比率的参考标准。

> **知识补充**
>
> 产权比率与资产负债率对评价企业偿债能力的作用基本一致，但两者各有侧重点。从两者的计算公式可以看出：资产负债率侧重于分析债务偿付安全性的物质保障程度，而产权比率则侧重于揭示财务结构的稳健程度以及自有资金对偿债风险的承受能力。

7 │ 权益乘数

（1）权益乘数的含义

权益乘数是指总资产与股东权益的比值。其计算公式如下：

$$权益乘数 = \frac{总资产}{股东权益}$$

（2）权益乘数分析

权益乘数表明股东每投入 1 元钱可实际拥有和控制的金额。在企业存在负债的情况下，权益乘数大于 1。

企业负债比率越高，权益乘数越大，企业的财务风险也就越大。产权比率和权益乘数是资产负债率的另外两种表现形式，是常用的反映财务杠杆水平的指标。

8 ｜利息保障倍数

（1）利息保障倍数的含义

利息保障倍数是指企业息税前利润与全部利息费用之比，又称已获利息倍数。它用以衡量企业偿付借款利息的能力。其计算公式如下：

$$利息保障倍数 = \frac{息税前利润}{全部利息费用}$$
$$= \frac{净利润＋利润表中的利息费用＋所得税}{全部利息费用}$$

（2）利息保障倍数分析

利息保障倍数不仅可以反映企业获利能力的大小，还可以反映获利能力对偿还到期债务的保障程度。它既是企业举债经营的前提依据，也是衡量企业长期偿债能力大小的重要标志。

从长期来看，利息保障倍数至少应大于 1（国际公认标准为 3），也就是说，息税前利润至少应大于利息费用，企业才具有负债的可能性。如果利息保障倍数过低，企业将面临亏损、偿债的安全性与稳定性下降的风险。

在短期内，若企业的利息保障倍数小于 1，企业仍然具有利息支付能力，因为计算净利润时减去的一些折旧和摊销费用不需要支付现金。但这种支付能力往往只是暂时的，若企业需要长期资金投入，如企业需要重置资产时，必然会发生支付困难。

综上，在分析利息保障倍数时，需要比较企业连续多个会计年度（如 5 年）的数据，这样才能说明企业付息能力的稳定性。

（3）利息保障倍数分析结果的运用

在分析利息保障倍数时，需要将近几年数据进行比较，这样可以考查企业支付能力的上升或下降情况。假设计算出的利息保障倍数为 n，表示企业的盈利能力还能支付约 n 期的利息，此时则应考虑企业的发展计划，即在 n 个利息支付期内企业是否有购置资产或重新举债的打算，若有，则应考虑如何提高经营能力才能提高利息支付能力。

17.2.2 营运能力分析

营运能力主要指资产的运用与效率的高低。企业资产的效率主要指资产的周转率或周转速度。在一般情况下，资产周转速度越快，说明企业的资产管理水平越高，资产利用效率越高，企业可以以较少的投入获得较多的收益。

企业营运能力分析就是通过对反映企业资产营运效率与效益的指标进行计算与分析，评价企业的营运能力，为企业提高经济效益指明方向。因此，营运能力指标通过投入与产出（主要指收入）之间的关系反映。

企业营运能力分析主要包括流动资产营运能力分析、固定资产营运能力分析和总资产营运能力分析。其中，反映流动资产营运能力的指标主要有应收账款周转率、存货周转率和流动资产周转率；反映固定资产营运能力的指标主要是固定资产周转率；反映总资产营运能力的指标是总资产周转率。

1 │ 应收账款周转率

（1）应收账款周转率的含义

应收账款是企业重要的流动资产，在企业经营中具有举足轻重的作用，及时收回应收账款有利于提高企业的偿债能力。应收账款周转率又称应收账款周转次数，是指反映企业应收账款周转速度的比率。应收账款周转次数的计算公式如下：

$$应收账款周转次数 = \frac{销售收入净额}{应收账款平均余额}$$

$$= \frac{销售收入净额}{(期初应收账款 + 期末应收账款)/2}$$

与应收账款周转次数相对应，反映应收账款周转速度的比率还有应收账款周转天数，即应收账款周转一次所需要的时间。应收账款周转天数的计算公式如下：

$$应收账款周转天数 = \frac{计算期天数}{应收账款周转次数}$$

$$= 计算期天数 \times \frac{应收账款平均余额}{销售收入净额}$$

> 计算期天数即计算应收账款的周期，若以年为周期，则"计算期天数"为365天。

（2）应收账款周转率分析

应收账款周转率反映了企业应收账款周转速度的快慢及应收账款管理效率的高低。通常情况下，应收账款

> 公式中"应收账款平均余额"为应收账款与应收票据期初数与期末数之和的平均余额。

周转次数越多（或周转天数越少），表明应收账款的管理效率越高。在一定时期内，若企业应收账款周转次数越多（或周转天数越少），则可得出以下结论。

- 应收账款的流动性强，从而使得企业的短期偿债能力较强。
- 企业收账速度迅速，信用销售管理严格。
- 企业的收账费用和坏账损失较少，从而可以增加企业流动资产的投资收益。
- 通过比较应收账款周转天数和企业信用期限，可以评价客户的信用程度，从而调整企业的信用政策。

（3）应收账款周转率分析结果的运用

对于计算出的应收账款周转率结果，通常需要将其进行横向比较和纵向比较。

- 横向比较：将结果与同行业的其他企业平均应收账款周转率相比较。
- 纵向比较：将结果与本公司不同时期的应收账款周转率相比较。

例 17-5

◢ **应收账款周转率分析**

万名公司 2015 年年度销售收入净额为 1 500 万元，2015 年应收账款期末数为 200 万元、期初数为 175 万元；应收票据期末数为 65 万元、期初数为 45 万元。假设年初、年末坏账准备均为零。根据上述资料，会计人员应怎样对应收账款周转率指标进行计算？对于指标结果应如何进行分析？

| **专家解答** |

首先，根据应收账款周转率各指标的计算公式，计算出下列结果：

$$应收账款周转次数 = \frac{1\ 500}{[\ (175+45)\ +\ (200+65)\ ]/2} = 6.19（次）$$

$$应收账款周转天数 = \frac{360}{6.19} = 58.16（天）$$

> 为简化计算，计算期天数中，全年按360天计算，全季按90天计算，全月按30天计算。

其次，将计算结果进行财务解释。已知万明公司 2015 年应收账款周转次数为 6.19 次，表明在一年内，应收账款平均收回 6.19 次；应收账款周转天数为 58.16 天，表明存货每 58.16 天完成一次周转，也即从销售开始到收回现金需要 58.16 天。

最后，根据上述财务解释评价应收账款周转率的好坏。本例中，就绝对数据而言，万明公司一年内应收账款平均只收回 6.19 次，而存货每 58.16 天才完成一次周转，如果万明公司为一般商业企业，则表明该公司应收账款管理效率较低。但是，若万明公司为大型船舶制造企业，其所处行业应收账款一年的平均周转次数为 4 次，存货每 90 天才完成一次周转，那么此时万明公司表现出的应收账款管理效率却是很高的。

因此，在对应收账款周转率进行分析时，除了应考虑数值的绝对额外，还应考虑企业所处行业的平均水平或企业的历史水平。

2 | 存货周转率

（1）存货周转率的含义

存货周转率又称存货周转次数，是指一定时期内企业销售成本与存货平均资金占用额的比率。存货周转率是衡量和评价企业购入存货、投入生产、销售收回等各环节管理效率的综合性指标。存货周转次数的计算公式如下：

$$存货周转次数 = \frac{销售成本}{存货平均余额}$$

$$= \frac{销售成本}{(期初存货＋期末存货)/2}$$

> 公式中的"销售成本"为利润表中"营业成本"的数值。

与存货周转次数相对应，反映存货周转速度的比率还有存货周转天数，即存货周转一次所需要的时间。存货周转天数的计算公式如下：

$$存货周转天数 = \frac{计算期天数}{存货周转次数}$$

$$= 计算期天数 \times \frac{存货平均余额}{销售成本}$$

（2）存货周转率分析

存货周转率可以反映存货的周转速度，包括存货的流动性及存货的资金占用量是否合理等。通常情况下，存货的周转速度越快，存货占用水平越低，流动性越强，存货转化为现金或应收账款的速度就越快，从而增强企业的短期偿债及盈利能力。

（3）存货周转率分析结果的运用

对于计算出的存货周转率结果，同样需要将其进行横向比较和纵向比较。通过横向将其与企业所属行业的平均存货周转率相比，可以发现企业的营运状态，若高于同行业的平均水平，则表明企业的营运较好，商品在同行业中具有一定的竞争力；若低于同行业平均水平，则表明企业的竞争力较差，此时就需要设法提高商品的市场竞争力。通过纵向将其与企业历史时期相比较，可以判断企业的销售是否有进步，经营销售是否有所增长，若本期存货周转率高于前期，那么说明企业产品的市场竞争同前期相比有所增强，产品的销量在增加；若本期存货周转率低于前期，则说明企业产品的市场竞争同前期相比呈下降趋势，产品的销量在减少。

例
17-6

存货周转率分析

艾辉公司 2015 年年度销售成本为 1 320 万元，期初存货为 280 万元，期末存货为 40 万元。根据上述资料，会计人员应怎样对存货周转率指标进行计算？对于指标结果应如何进行分析？

专家解答

首先，根据存货周转率各指标的计算公式，计算出下列结果。

$$存货周转次数 = \frac{1\ 320}{(280+40)/2} = 8.25（次）$$

$$存货周转天数 = \frac{360}{8.25} = 43.63（天）$$

其次，将计算结果进行财务解释。已知艾辉公司 2015 年存货周转次数为 8.25 次，表明在一年内，存货平均完成 8.25 次周转；存货周转天数为 43.63 天，表明存货每 43.63 天完成一次周转，也即从取得存货到销售需要 43.63 天。

最后，根据上述财务解释评价存货周转率的好坏。在评价存货周转率好坏时，应考虑企业所处的行业特征。比如饮料企业，有些企业会在夏季到来之前存下大批产品，等到夏季来临时第一时间抢占市场以获得更高的利润。在这种情况下，此类企业的存货周转率就会存在很大的波动，若以纯粹的绝对值指标来衡量存货的周转情况就会有失偏颇。因此，艾辉公司存货周转率低并不能与企业经营糟糕画等号，需要会计人员根据具体时间以及市场情况进行判断。

知识补充

由于存货在企业的流动资产中所占比重较大，存货的流动性将直接影响企业的流动比率。因此，对存货周转率进行分析时，还需考虑以下几点。

①存货周转率的高低与企业的经营特点有密切联系，应注意行业的可比性，切忌单单以绝对数值进行判断。

②存货周转率反映的是企业存货的整体周转情况，不能以此说明企业经营各环节的存货周转情况和存货管理水平。

③应注意应收款项、应付款项与存货间的关系，企业的信用政策和应收账款周转情况会影响存货周转情况。

3 ｜流动资产周转率

（1）流动资产周转率的含义

流动资产周转率又称流动资产周转次数，是指一定时期销售收入净额与企业流动资产平均占用额之间的比率。它是反映企业流动资产周转速度的指标，其计算公式如下：

$$流动资产周转次数 = \frac{销售收入净额}{流动资产平均余额}$$

$$= \frac{销售收入净额}{(期初流动资产 + 期末流动资产)/2}$$

与流动资产周转次数相对应，流动资产周转天数也可反映流动资产的周转速度，其计算公式如下：

$$流动资产周转天数 = \frac{计算期天数}{流动资产周转次数}$$

$$= 计算期天数 \times \frac{流动资产平均余额}{销售收入净额}$$

（2）流动资产周转率分析

在一定时期内，流动资产周转次数越多，表明以相同的流动资产完成的周转额越多，流动资产年度利用效果越好。流动资产周转天数越少，表明流动资产在经历生产销售各阶段所占用的时间越短，可相对节约流动资产，提高企业的盈利能力。

（3）流动资产周转率分析结果的运用

由于不同行业流动资产的周转率各不相同，所以在比较或者衡量时，多数情况仅在行业内部对流动资产周转率进行对比分析。通过比较，企业可以判断流动资产管理是否需要加强，从而有针对性地提出解决方案，以达到流动资产的高效利用。

4 ｜固定资产周转率

（1）固定资产周转率的含义

固定资产周转率又称固定资产周转次数，是指企业年销售收入净额与固定资产平均净值的比率。它可以反映企业固定资产营运能力以及固定资产的周转情况，其计算公式如下：

$$固定资产周转次数 = \frac{销售收入净额}{固定资产平均净值}$$

$$= \frac{销售收入净额}{(期初固定资产净值 + 期末固定资产净值)/2}$$

（2）固定资产周转率分析

固定资产周转率越高，表明企业固定资产投资得当、结构合理、利用效率高；反之，若固定资产周转率低，则表明企业固定资产的利用效率不高，提供的生产结果较少，从而判断企业的营运能力不强。

（3）固定资产周转率分析结果的运用

由于固定资产周转率的计算与销售收入与固定资产净值有关，因此在对得出的固定资产周转率进行分析时，通常应结合企业销售收入的变化以及折旧、减值对固定资产净值的影响等。

例 17-7

▲ **固定资产周转率分析**

艾辉公司 2014 年、2015 年的销售收入净额分别为 2 200 万元、2 560 万元，2015 年固定资产净值年初为 850 万元、年末为 1 280 万元。已知该公司 2014 年年初固定资产的净值为 600 万元。根据上述资料，会计人员应怎样计算固定资产周转次数？对于指标结果应如何进行分析？

▎**专家解答** ▎

根据固定资产周转率公式，艾辉公司 2014 年、2015 年固定资产周转次数的计算分别如下。

$$2014年固定资产周转次数 = \frac{2\ 200}{(600+850)/2} = 3.03（次）$$

$$2015年固定资产周转次数 = \frac{2\ 560}{(850+1\ 280)/2} = 2.4（次）$$

通过以上计算可以看出，2014 年固定资产平均周转 3.03 次，而 2015 年固定资产平均周转 2.4 次，这说明 2015 年固定资产的周转速度比上年要慢。通过已知数据可以发现，固定资产的净值在 2014 年的增长率为 [（850−600）÷600]×100%=41.67%；在 2015 年的增长率为 [（1 280−850）÷850]×100%=50.59%；而 2015 年销售收入的增长率 =[（2 560−2 200）÷2 200]×100%=16.36%。由此可以判断，2015 年固定资产周转速度较慢的主要原因在于固定资产净值增长幅度要大于销售收入的净增长幅度。根据上述数据，可以判断艾辉公司的营运能力有所减弱，但是这种减弱是否合理，还要将其与公司的目标及同行业的水平相比较才能得出结论。

5 │总资产周转率

（1）总资产周转率的含义

总资产周转率又称总资产周转次数，是指企业销售收入净额与企业资产平均总额的比率。总资产周转次数的计算公式如下：

$$总资产周转次数 = \frac{销售收入净额}{平均资产总额}$$

$$= \frac{销售收入净额}{（期初总资产＋期末总资产）/2}$$

> **知识补充**
>
> 上述公式中对平均资产总额的计算是以企业各期资产总额比较稳定为基础的，若企业资金占用波动比较大，则应采用更详细的资料进行计算，如按照各月份的资金占用额计算。相关公式如下：
> 月平均总资产=（月初总资产+月末总资产）÷2
> 季平均总资产=（1/2季初+第一月末+第二月末+1/2季末）÷3
> 年平均总资产=（1/2年初+第一季末+第二季末+第三季末+1/2年末）÷4

（2）总资产周转率分析

总资产周转率用来衡量企业资产整体的使用效率，在销售收入既定的情况下，总资产周转率的驱动因素是各类资产。因此，在对总资产周转率进行分析时，应结合各项资产的周转情况，分析影响企业资产周转情况的主要因素。

17.2.3 盈利能力分析

盈利能力主要指企业营运资产的效率与效益，也就是企业获取利润、实现资金增值的能力。盈利能力主要通过收入与利润之间的关系、资产与利润之间的关系得以反映。反映盈利能力的指标主要有销售毛利率、销售净利率、总资产净利率和净资产收益率等。

1 │销售毛利率

（1）销售毛利率的含义

销售毛利率是指销售毛利与销售收入之比，通常称为毛利率。其相关计算公式如下：

$$销售毛利率 = \frac{销售毛利}{销售收入} \times 100\%$$

$$销售毛利 = 销售收入 - 销售成本$$

销售毛利率反映产品每销售 1 元所包含的毛利润，即销售收入扣除销售成本后还有多少剩余可用于各期费用和形成利润。

（2）销售毛利率分析

销售毛利率越高，表明产品的盈利能力越强。将销售毛利率与行业水平相比较，可以反映企业产品的市场竞争地位；将不同行业的销售毛利率进行比较，可以发现行业间盈利能力的差异。

（3）销售毛利率分析结果的运用

一般认为销售毛利率越高越好，但是也没有绝对的标准，因为不同行业生产的产品具有不同的性质，其销售毛利率在一定程度上也没有可比性。因此，通常情况下，企业应当将计算出的销售毛利率与同行业的其他企业或企业历史数据相比。通过与历史数据相比，可以发现企业的经营是否良性、发展是否稳健等；通过与同行业其他企业相比，可以了解企业在产品市场中所处的地位。对于那些销售毛利率较高的企业，其实现一定的收入占用了更少的成本，其在资源、技术或劳动生产率方面必定存在优势，此时企业就可以通过分析优势企业的上述情况，实现扬长避短。

2 ｜销售净利率

（1）销售净利率的含义

销售净利率是指净利润与销售收入之比。其计算公式如下：

$$销售净利率 = \frac{净利润}{销售收入} \times 100\%$$

销售净利润反映每 1 元销售收入最终赚取的利润，用于反映产品的最终盈利能力。

> 公式中的净利润为税后净利润。

（2）销售净利率分析

与销售毛利率相比，销售净利率是扣除了相关成本、费用后计算得到的。从利润表中可以看出，从销售收入到净利润需要扣除销售成本、期间费用以及税金等项目。因此，将销售净利率按照利润的扣除项目进行分解可以识别影响销售净利率的主要因素。

若企业的销售净利率较高，可以间接证明企业具有较强的竞争力。若销售净利率较高，可反映出企业多方面的信息；若管理费用较少，可以反映出企业的运作是高效的；若销售费用较少，可以反映出企业的产品有一定的市场，不需要投入大量的宣传成本；若财务费用较少，可以反映出企业的负债水平较低。

（3）销售净利率分析结果的运用

销售净利率的分析结果可用于衡量企业的竞争性以及成本费用的控制情况。若企业拥有较高的销售净利率，则表明企业的竞争力很强，利润表中各项成本费用控制得很好，企业可以进一步发展优势产品；若企业的销售净利率较低，那么企业在行业中的竞争力较弱，利润表中各项成本费用项目控制得不是很好，企业的盈利能力较差，此时就应考虑是否应放弃某些劣势产品，或对产品进行改造。

例
17-8

销售毛利率与销售净利率分析

艾辉公司 2014 年、2015 年利润实现情况如表 17-2 所示。

表17-2 艾辉公司2014年、2015年利润情况（单位：万元）

项目	2014年金额	2015年金额
一、营业收入	2 426	2 850
减：营业成本	1 843	2 175
税金及附加	36	36
销售费用	28	25
管理费用	50	58
财务费用	36	43
二、营业利润	433	513
加：营业外收入	28	12
减：营业外支出	16	34
三、利润总额	445	491
减：所得税费用	111.25	122.75
四、净利润	333.75	368.25

根据上述资料，会计人员应怎样计算该公司的销售毛利率和销售净利率？对计算的结果应怎样进行分析？

专家解答

会计人员对艾辉公司 2014 与 2015 年销售毛利率与销售净利率进行分析时，应按照以下步骤进行。

①根据相关公式，计算出艾辉公司 2014、2015 年的销售毛利率与销售净利率。

$$2014年销售毛利率 = \frac{(2\ 426 - 1\ 843)}{2\ 426} \times 100\% = 24.03\%$$

$$2015年销售毛利率 = \frac{(2\ 850 - 2\ 175)}{2\ 850} \times 100\% = 23.68\%$$

$$2014年销售净利率 = \frac{333.75}{2\ 426} \times 100\% = 13.76\%$$

$$2015年销售净利率 = \frac{368.25}{2\ 850} \times 100\% = 12.92\%$$

②分析指标。根据销售毛利率与销售净利率的计算结果可以看出，2015 年艾辉公司销售利润率指标均比 2014 年有所下降，说明企业的盈利能力存在问题。

③分析出现问题的原因。根据盈利能力指标所反映出的问题，会计人员应

进一步分析产品盈利能力下降的原因，从而提高销售净利率。此时主要可以从销售净利率的计算公式出发，分析企业营业收入、成本或费用是否存在问题。

通过表 17-2 可以看出，该公司营业收入的增长率 =[（2 850-2 426）÷2 426]×100%=17.48%，营业利润的增长率 =[（513-433）÷433]×100%=18.48%，数据显示出该公司盈利能力呈现上升的趋势，但销售净利润率却在下降。此时，可再对营业外收入进行分析，2014 年实现的营业外净收入 =28-16=12（万元），2015 年实现的营业外净收入 =12-34=-22（万元）。根据计算结果可以看出，造成销售净利润率下降的原因是营业外净收入下降过多。此时，就可重点分析形成营业外收支的各项目，从中找出使得销售净利润率下降的"罪魁祸首"。

3 │ 总资产净利率

（1）总资产净利率的含义

总资产净利率是指净利率与平均总资产的比例，反映每 1 元资产创造出的净利润。总资产净利率的计算公式如下：

$$总资产净利率 = \frac{净利润}{平均总资产} \times 100\%$$

（2）总资产净利率分析

总资产净利率衡量的是企业资产的盈利能力，总资产净利率越高，表明企业资产的利用效果越好。影响总资产净利率的因素包括销售净利率和总资产周转率，因此，总资产净利率的计算公式还可表示如下：

$$总资产净利率 = \frac{净利润}{平均总资产} \times 100\% = \frac{净利润}{销售收入} \times \frac{销售收入}{平均总资产}$$
$$= 销售净利率 \times 总资产周转率$$

（3）总资产净利率分析结果的运用

根据计算出的总资产净利率结果，可以分析企业的盈利能力，如果总资产净利率下降明显，表明企业的盈利能力减弱，此时应分析造成此现象是否是由于销售净利率或资产周转率的下降造成的，若是，则企业应进一步分析产品的盈利能力和资产周转能力下降的原因，通过提高销售净利率和资产周转率来改善企业的整体盈利水平。

4 │ 净资产收益率

（1）净资产收益率的含义

净资产收益率又称为权益净利率或权益报酬率，是指净利润与平均所有者权益的比值，表示每 1 元股东资本赚取的净利润，可以反映资本经营的盈利能力。净资产收益率的计算公式如下：

$$净资产收益率=\frac{净利润}{平均所有者权益}\times100\%$$

$$=\frac{净利润}{（期初所有者权益总额+期末所有者权益总额）/2}\times100\%$$

（2）净资产收益率分析

净资产收益率是企业盈利能力指标的核心。通常情况下，净资产收益率越高，股东和债权人的利益保障程度越高。如果企业的净资产收益率在一段时期内持续增长，则表明该企业的资本盈利能力稳定上升。

根据盈利能力指标间的关系，可以对净资产收益率的计算公式进行以下分解。

$$净资产收益率=\frac{净利润}{平均所有者权益}\times100\%=\frac{净利润}{平均净资产}\times100\%$$

$$=\frac{净利润}{平均总资产}\times\frac{平均总资产}{平均净资产}=资产净利率\times权益乘数$$

由上述公式可以看出，净资产收益率并不是越高越好，因为改善盈利能力和增加企业负债都可以提高净资产收益率。但是如果不改善企业的盈利能力，而是单纯依靠大力举债来提高权益乘数进而提高净资产收益率，此时所形成的只是短期效应，最终将因盈利能力无法涵盖增加的财务风险而使企业的财务风险增大，最终陷入财务困境。

> **知识补充** 权益乘数又称股本乘数，是指资产总额相当于股东权益的倍数。其计算公式如下：
>
> $$权益乘数=\frac{资产总额}{股东权益总额}=\frac{1}{1-资产负债率}$$

综上，只有当企业净资产收益率上升的同时没有造成财务风险的明显加大，才能说明企业的财务状况良好。

（3）净资产收益率分析结果的运用

对于净资产收益率的分析结果，通常需要结合资产周转率、销售净利率以及资产负债率等指标进行分析。若企业权益乘数有所增加，但资产盈利能力却呈现下降趋势，那么表明企业盈利水平下降的同时财务风险也有所加大，此时，为了改善盈利能力，就需要企业提高产品的竞争能力、加快资产的周转速度以控制财务风险。

17.3 精通练习

本章主要介绍了财务报表的分析方法及分析结果的具体应用。简言之，财务报表分析就是利用编制的各类财务报表计算各类分析指标，然后将计算出的指标与企业实际情况相结合进行分析。因此，财务报表分析的关键是掌握各类指标的含义及其计算，然后以各类指标为依据分析企业的财务状况与经营结果。

17.3.1 分析企业资产、负债与所有者权益的变化

易启股份有限公司是一家从事承包建筑工程的股份制企业。其旗下控股多个公司，涉及矿业、冶炼、稀土、能源电力等领域。该公司 2013、2014、2015 年资产、负债和所有者权益情况如表 17-3 所示。

表17-3 易启股份有限公司财务状况 （单位：元）

项目	2013年	2014年	2015年
流动资产	384 152 236	464 182 736	782 497 167
固定资产	812 395 221	771 498 384	1 071 498 384
资产总额	1 196 547 457	1 235 681 120	1 853 995 551
流动负债	138 795 487	313 154 397	442 197 624
负债总额	405 382 219	575 311 369	1 014 761 943
所有者权益	652 369 751	660 369 751	839 233 608

要求：根据上述资料，计算易启股份有限公司资产、负债与所有者权益每年的变化百分比，并对资产、负债与所有者权益变化情况进行分析。

答案参见随书光盘 ◄
本书配套\练习答案\第17章\精通练习\分析企业资产、负债与所有者权益的变化.docx

17.3.2 分析企业的偿债能力

沿用表 17-3 中易启股份有限公司的财务资料。

要求：

（1）计算该公司 2015 年偿债能力分析涉及的各项指标。

（2）根据各项指标，分析易启股份有限公司 2015 年的偿债能力。

💿 **答案参见随书光盘** ◀

本书配套\练习答案\第17章\精通练习\分析企业的偿债能力.docx

17.3.3 分析企业的营运能力

沿用表 17-3 中易启股份有限公司的财务资料。假设上述固定资产金额为固定资产净值，已知易启股份有限公司 2013、2014、2015 年销售收入与应收账款情况如表 17-4 所示。

表17-4 易启股份有限公司销售收入与应收账款资料　　　（单位：元）

项目	2013年	2014年	2015年
应收账款	98 257 153	135 158 469	109 157 269
销售收入	186 147 925	229 726 189	251 357 781

注：①销售收入金额为该年平均余额；销售收入假设为销售收入净额。

②表 17-3 中的资产金额假设为该年平均余额。

要求：

（1）计算营运能力分析涉及的各项指标。

（2）根据各项指标分析易启股份有限公司的营运能力。

💿 **答案参见随书光盘** ◀

本书配套\练习答案\第17章\精通练习\分析企业的营运能力.docx

17.3.4 分析企业的盈利能力

创汇股份有限公司为一家销售服装的企业，其盈利能力分析涉及的指标如表 17-5 所示。

表17-5 创汇股份有限公司盈利能力分析指标

指标	2013年		2014年		2015年	
	本年数	变化率	本年数	变化率	本年数	变化率
净资产收益率（%）	30.15	—	31.23	3.58%	12.58	−59.72%
销售净利率（%）	23.45	—	26.11	11.34%	26.37	1%

要求：根据上述资料，对创汇股份有限公司的盈利能力进行分析。

💿 **答案参见随书光盘** ◀

本书配套\练习答案\第17章\精通练习\分析企业的盈利能力.docx

疑难问答 Difficult Questions

❶ 财务报表分析的要点

Q1 财务报表分析并不是各类数据的堆砌，而应该是通过计算得出的指标结果，分析企业的财务状况或经营是否存在问题。那么对于资产负债表与利润表分析的结果，应怎样将其与企业实际情况相联系呢？

A1 对于资产负债表与利润表的分析，出现的结果与企业实际的联系通常应考虑是否具有以下因果关系：

①应收账款周转太慢——是否由于客户的信用政策太宽松或对相关收账人员的绩效考核没有落实到位？

②固定资产周转太慢——是否和企业所处行业、企业规模以及企业的发展状态有关？

③销售净利率下降——是销售收入下降引起的还是成本上升引起的？影响净利润的是主营业务收入还是营业外收入？

④销售收入增加但总资产周转率却严重下降——是否由于资产总额增速太快，超过销售收入的增速？企业投资项目的经济效益是否不好，虽然收入有所上升，但却不能弥补已投入的资金？

⑤流动比率正常，但现金比率很高——是否因为企业资金结构存在问题而导致的？是否由于企业业务需要而储存了大量现金？

❷ 不同主体对财务报表分析的关注重点

Q2 由于不同的主体对财务分析信息具有不同的要求，各自的侧重点也不相同，那么不同的主体所关注的主要是企业哪些方面的信息呢？

A2 对企业财务信息进行分析的主体主要可概括为四类，即所有者、债权人、经营决策者和政府部门，其对财务报表分析的关注重点如下。

①所有者：企业所有者最关心的是资本的保值增值情况，因此其较为重视企业的盈利能力，主要关注反映企业盈利能力的指标。

②债权人：企业的债权人首先关注的是其投资的安全性，因此其重视企业的偿债能力；其次，由于企业的盈利能力直接影响企业的偿债能力，因此债权人也关注企业的盈利能力。

③经营决策者：企业的经营决策者必须对企业经营管理的各个方面都有所了解，因此其必须详尽掌握企业的偿债能力、营运能力、盈利能力等，其需要对企业各方面进行综合分析，并关注企业的财务风险和经营风险。

④政府部门：政府部门兼具多重身份，既是宏观经济的管理者，又是国有企业的所有者和重要的市场参与者，因此政府部门对企业财务分析的关注点因其具体身份的不同而变化。

第18章

让会计工作更高效——会计电算化的运用

本 章 导 读

会计人员对企业经济业务进行账务处理的方法主要有手工账和电脑账两种。其中，手工账的操作更能考验会计人员的专业知识是否扎实。但随着计算机技术的不断发展，会计软件的应用越来越广泛，由于会计软件所具有的高效、快捷、准确、省时等优点，越来越被更多企业使用。

本章内容可概括为会计软件及Excel在会计中的运用。在内容讲解方面，本章首先介绍了会计电算化的概念及其发展，以及实现会计电算化后企业对会计部门岗位设置的变化；其次，简单介绍了会计核算软件的种类，以及会计核算软件的功能；最后，重点介绍了Excel在会计工作中的运用，主要包括会计工作中可能用到的Excel的排序功能、函数功能、筛选功能和分类汇总功能等。

• 精彩内容

▶ **会计电算化基础知识**：会计电算化概述、会计电算化后会计部门的岗位设置、会计软件。

▶ **Excel 在会计中的运用**：公式与函数的运用，凭证、账页、报表模板的设置，善用Excel 的筛选、排序、分类汇总功能。

18.1 会计电算化基础知识

随着计算机技术的广泛应用，使用计算机进行会计核算也越来越普及。就会计人员的工作技能而言，将计算机知识运用于会计核算与管理中具有十分重要的意义。

18.1.1 会计电算化概述

会计电算化即"电子计算机信息技术在会计中的应用"，这一概念是在"财务、会计成本应用电子计算机专题讨论会"中提出的。

1 ｜会计电算化的相关概念

（1）会计电算化

会计电算化有广义和狭义之分。广义的会计电算化是指实现会计工作电算化的所有工作，包括会计电算化软件的开发应用及其软件市场的培育、会计电算化人才的培训、会计电算化宏观规划和管理、会计电算化的制度建设等。狭义的会计电算化是指以电子计算机为主体的当代电子信息技术在会计工作中的应用。

本章中所指的会计电算化即狭义的，具体来讲，就是通过计算机操作会计软件替代手工完成或手工难以完成的会计工作。

（2）会计信息化

会计信息化是会计电算化的高级阶段，是指利用计算机、网络通信等现代信息技术手段，开展会计核算并利用上述技术手段将会计核算与其他经营管理活动有机结合的过程。

会计信息化已经成为一种重要的管理信息资源，能够实时便捷地获取、加工、传递、存储和应用会计信息，为企业的经营管理、控制决策和经济运行提供充足、实时和全方位的信息。

（3）会计信息系统

会计信息系统是指利用信息技术对会计数据进行采集、存储和处理，完成会计核算任务，并提供会计管理、分析与决策相关的会计信息系统。会计信息系统的实质是将会计数据转化为会计信息的系统，是企业管理信息系统的一个重要子系统。

简言之，会计电算化、会计信息化和会计信息系统是电子计算机信息技术在会计工作中应用的不断升级，会计信息化是会计电算化的高级结算，而会计信息化的核心工作是利用现代信息技术，构建由计算机、网络、操作系统、数据库管理系统、会计软件、数据文件、会计和系统管理人员等组成的会计信息系统。三者的关系如图 18-1 所示。

图 18-1 会计电算化、会计信息化、会计信息系统的关系

2 ｜ 会计电算化的优势

由于会计电算化可依靠计算机强大的计算与统计功能，因此，相较于手工核算而言，会计电算化具有以下优势。

- **人机结合**：实现会计电算化后，会计人员填制电子会计凭证并审核后，执行"记账"功能，计算机将根据程序和指令自动完成会计数据的分类、汇总、计算、传递和报告等工作。

- **会计核算自动化、集中化**：实现会计电算化后，试算平衡、登记账簿等以往依靠人工完成的工作，都由计算机自动完成，减轻了会计人员的工作负担，提高了工作效率。同时，计算机网络的使用使企业能将分散的数据统一汇总处理，既提高了速度，又增强了企业集中管控的能力。

- **数据处理及时准确**：实现会计电算化后，可以在较短时间内完成会计数据的分类、汇总、计算、传递和报告等工作，使会计处理流程更为简便，核算结果更为精确。会计软件运用适当的处理程序和逻辑控制，能够避免在手工会计处理方式下出现的一些错误。

- **内部控制多样化**：实现会计电算化后，内部控制由过去的纯粹人工控制发展为人工与计算机相结合的控制形式。内部控制的内容更加丰富，范围更加广泛，要求更加严格，实施更加有效。

18.1.2 会计电算化后会计部门的岗位设置

根据会计电算化工作的特点，企业实现会计电算化后，其岗位设置应由传统的以总账报表岗位中心转变为以系统管理员岗位为核心的岗位架构。具体而言，实现会计电算化后，会计部门应设置的岗位包括系统设计员、系统管理员、系统操作员和数据审核员。各岗位人员的职责如下。

- **系统设计员**：系统设计员的主要职责是根据会计制度和企业管理、核算的要求，负责会计电算化系统中软件的研制、开发和升级工作，帮助系统操作人员掌握软件的应用。

- **系统管理员**：系统管理员的主要职责是负责会计电算化过程中的管理工作，组织、协调会计电算化软件的开发和应用。除此之外，系统管理员还应利用财务、会计和电子计算机知识对本单位运行的会计电算化系统进行使用和维护。

- **系统操作员**：系统操作员的主要职责是负责会计数据的录入与输出。系统操作员就是一般会计核算人员，其需要根据会计电算化制度的要求，按照计算机硬件、软件的操作规程对企业日常经济业务进行会计核算。
- **数据审核员**：数据审核员的主要职责是使用会计电算化系统有关审核方面的功能，审核已录入的会计数据和输出的会计数据、账表的正确性。数据审核员应当掌握会计数据的输入与输出、会计政策的设定等操作。

18.1.3 会计软件

会计软件是指专门用于会计核算、财务管理的计算机应用软件、软件系统或者功能模块。会计软件包括以下四种。

- 计算机软件。
- 软件系统及其功能模块。
- 一组只可通过计算机进行会计核算与管理工作的程序。
- 存储数据以及相关资料。

> **经验之谈**　上述项目均可称为会计软件，它们的区别主要在于功能的多少。通常情况下，认为会计软件就是指计算机软件，然而，计算机软件中的各种功能模块也可视为会计软件，其中，功能模块可能含有相关的处理程序、各种基本数据以及相关的软件使用资料等内容。

1 | 会计软件的种类

会计软件的划分标准主要有两个：一是按照其使用范围划分；二是按照硬件结构划分。

（1）通用会计核算软件和专用会计核算软件

根据使用范围的不同，会计软件可以划分为通用会计核算软件和专用会计核算软件。通用会计软件是指由专业软件公司研制，在市场上公开销售，能适应不同行业、不同单位会计核算与管理基本需要的会计软件。现有市场上常见的金蝶、用友等软件就属于通用会计核算软件。专用会计软件是指由使用单位根据自身会计核算与管理的需要，自行开发或委托其他单位开发，专供本单位使用的会计软件。

（2）单用户会计核算软件和多用户（网络）会计核算软件

根据硬件结构的不同，会计软件可以划分为单用户会计核算软件和多用户（网络）会计核算软件。单用户会计核算软件是指会计核算软件安装在一台或几台计算机上，每台计算机上的会计核算软件单独运行，生成的数据只存储在各自的计算机中，各计算机之间不能直接实现数据的交换和共享。多用户（网络）会计核算软件是指将会计核算软件安装在一个多用户系统的主机（或计算机网络服务器）上，该系统中各个终端（工作站）可以同时运行软件，且不同终端上的会计操作人员能够共享会计信息。

2 ｜会计软件的功能介绍

一套完整的会计软件由各个功能模块组成，会计软件的功能模块即会计软件中能够相对独立完成会计数据输入、处理和输出功能的各个部分或一组程序，也称为子程序。完整的会计软件功能模块通常包括账务处理模块、固定资产管理模块、工资管理模块、应收管理模块、应付管理模块、成本管理模块、报表管理模块、存货核算模块、财务分析模块、预算管理模块、项目管理模块和其他管理模块。

通过上述模块，会计人员可以对企业的各项经济业务进行完整的会计核算与管理，因此，会计人员利用会计软件进行会计处理就是在会计软件的不同功能模块中进行操作。下面将介绍常用功能模块的主要功能。

（1）账务处理模块

账务处理模块是会计软件的核心部分，它以凭证的数据处理为起点，通过对凭证的输入和处理，完成记账、银行对账、结账、账簿查询及打印输出等工作。账务处理模块的主要功能如表 18-1 所示。

> 有的会计软件中账务处理模块又称为总账模块，两者的功能基本一致。

表 18-1 账务处理模块的主要功能

功能	具体操作
账务初始化	建账、设置企业内部系统参数、自定义会计科目体系、设置记账凭证格式、设置账簿体系、输入期初余额等
凭证处理	凭证的输入、修改、审核、汇总、打印等
查询	自定义查询条件，快速查找需要的会计凭证、会计账簿和会计科目等内容
对账	包括总账、明细账、日记账之间的核对，核对银行对账单，编制银行存款余额调整表等
结账	程序自动进行结账，计算并汇总各类会计科目的借贷发生额和余额等数据
打印输出	打印输出记账凭证、账簿等资料
其他辅助功能	银行对账、往来清理、部门核算、项目核算等

（2）固定资产管理模块

固定资产管理模块以固定资产卡片和固定资产明细账为基础，实现固定资产的会计核算、折旧计提和分摊、设备管理等功能。固定资产管理模块的主要功能如下。

- 按照类别、使用情况、所属部门和价值结构等对固定资产进行分析、统计，以及按照上述类别进行固定资产信息查询和资料打印。

- 将固定资产管理模块与其他模块的数据进行接口管理。
- 根据固定资产的分类和管理要求设计建立固定资产卡片，确定固定资产的折旧方法，登记固定资产的增减变动等。
- 汇总并计算固定资产原值、计提折旧额和净值。
- 自动生成固定资产增减变动与计提折旧等的会计凭证，并自动转入账务处理模块。

（3）工资管理模块

工资管理模块主要用于工资核算和管理。在一般情况下，工资数据可分为两类：基本不变数据和变动数据。基本不变数据可在系统启用时输入，平时根据变化随时修改；变动数据则需要每月输入，以计算工资。各类工资数据包括的具体内容如图18-2所示。

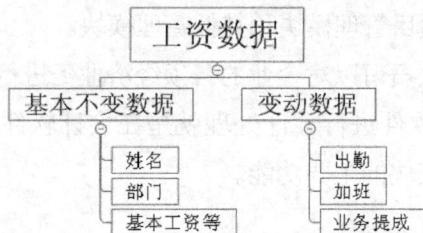

图18-2 工资数据的类型

工资管理模块的功能主要是以人力资源管理提供的员工及其工资的基本数据为依据的，完成员工工资数据的收集、员工工资的核算、工资发放、工资费用的汇总和分摊、个人所得税的计算以及按照设定条件进行工资分析、查询和资料打印等。

（4）应收、应付管理模块

应收、应付管理模块也称为往来管理核算模块。

> **经验之谈**　往来业务不仅仅是指企业与其他单位之间发生的业务，还包括企业与外单位个人或与本单位员工发生业务形成的债权债务关系。

应收、应付管理模块的主要功能如下。

- 以发票、费用单据、其他应收单据和应付单据等原始单据为依据，记录销售、采购业务所形成的往来款项，处理应收、应付款项的收回、支付和转账，进行账龄分析和坏账估计及冲销，对往来业务中的票据、合同进行管理。
- 统计分析、打印和查询输出功能。
- 与采购管理、销售管理、账务处理等模块进行数据传递。

（5）成本管理模块

成本管理模块的功能主要可概括为以下两项。

- 进行成本核算、成本分析、成本预测等，以满足会计核算的事前预测、事后核算分析的需要。

- 与生产模块、供应链模块、账务处理模块、工资管理模块、固定资产管理模块和存货核算模块等进行数据传递。

（6）报表管理模块

在报表管理模块中，会计人员可以按照统一的会计制度，并根据会计资料编制会计报表，以向会计报表使用者提供企业的财务会计报告。报表管理模块的功能主要可概括为以下两项：

- 与其他模块相连，根据会计核算的数据，生成各种内部报表、外部报表或汇总报表，并根据报表数据分析报表，最后生成各类分析图等。
- 在网络环境下，可提供远程报表的汇总、数据传输、检索查询和分析处理等功能。

（7）存货核算模块

存货核算模块的主要功能可概括为以下两项。

- 以供应链模块产生的入库单、出库单、采购发票等核算单据为依据，核算存货的出入库和库存金额、余额，确认采购成本，分配采购费用，确认销售收入、成本和费用等。
- 将核算完成的数据按照需要分别传递到成本管理模块、应付管理模块和账务处理模块等。

（8）财务分析模块

财务分析模块的主要功能是从会计软件的数据库中提取数据，运用各种专门的分析方法，完成对企业财务活动的分析，实现对财务数据的进一步加工，生成各种分析和评价企业财务状况、经营成果和现金流量的各种信息，为企业管理者做出决策提供正确的依据。

> **经验之谈**　会计软件的上述模块中，并不是每一种都必须用到。企业可根据需要，启用相应的模块，对于没有启用的模块，则不能进行相关操作。规模较小、业务比较简单的企业只启用账务处理模块和固定资产模块即可完成会计核算。

18.2　Excel 在会计中的运用

会计电算化并不仅仅指会计软件的使用，在实际工作中，会计人员可利用其他软件的相关功能辅助完成会计核算工作。由于 Excel 电子表格在管理数据、制作图表以及开发应用系统方面具有便捷的功能，所以常作为会计核算的辅助软件。

18.2.1 公式与函数的运用

在 Excel 中利用公式可以计算一些简单的数据，而利用函数则可以轻松地完成各种复杂数据的处理工作，并简化公式的使用。会计核算经常涉及数据的计算与应用，因此利用 Excel 中公式与函数功能可以大大减少计算量，提高工作效率。

1 | 公式的应用

（1）公式的含义

Excel 中的公式是对工作表中的数据进行计算的等式，它以等号"="开始，其后是公式表达式。如"=A2+SUM（B2:D2）/3"，其表示 A2 单元格与 B2、C2、D2 单元格的平均数求和。

> 公式中的SUM表示求和，这与该单词的含义相同。

（2）公式的使用

输入公式的方法与输入数据类似，可在单元格中输入，也可在编辑栏中输入。只是输入公式前需先在单元格或编辑栏中输入等号"="，然后输入公式表达式，完成后按【Enter】键，由系统计算出公式结果，如图 18-3 所示。

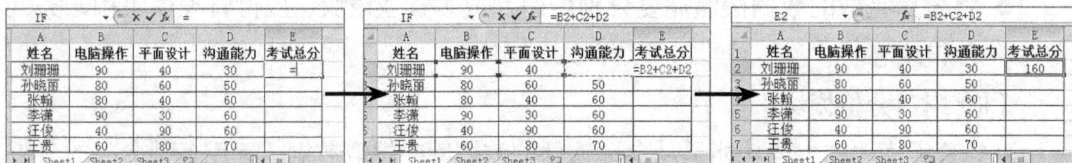

图 18-3 输入公式

除直接手动输入公式外，还可直接复制公式，复制公式是计算同类数据最快捷的方法。在复制公式的过程中，Excel 会自动改变引用单元格的地址，省去了手动输入大量公式的操作，提高了工作效率。复制公式的方法主要有以下两种。

● **拖动控制柄复制公式**：选择包含公式的目标单元格，将鼠标指针移至该单元格右下角的控制柄上，按住鼠标左键不放并拖动选择要复制公式的单元格区域，松开鼠标后即可使所选的单元格区域中含有相同的计算公式，并计算出相应的结果，如图 18-4 所示。

图 18-4 拖动控制柄复制公式

● **使用快捷键复制公式**：选择包含公式的目标单元格，按【Ctrl+C】组合键复制
公式，然后选择要复制公式的单元格或单元格区域，按【Ctrl+V】组合键粘贴
公式即可，如图 18-5 所示。

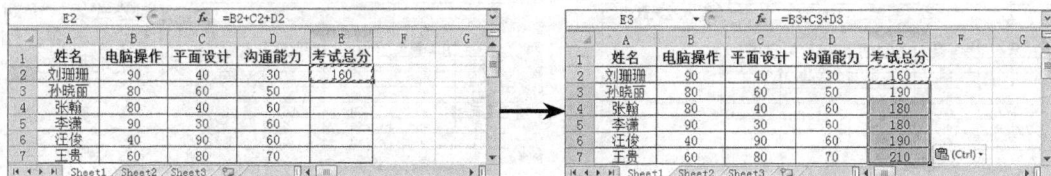

图 18-5　使用快捷键复制公式

2 │ 单元格的引用

在 Excel 中引用单元格和单元格区域的作用在于标识工作表上的单元格或单元格区
域，并指明公式中所使用的数据的地址。通过单元格和单元格区域的引用，可以在一个
公式中使用工作表不同单元格中包含的数据，或在多个公式中使用同一个单元格的值，
也可以引用同一个工作簿中不同工作表中的单元格或不同工作簿中的单元格数据。

（1）相对引用、绝对引用和混合引用

根据单元格计算方式的不同，单元格引用可以分为相对引用和绝对引用，若相对引
用与绝对引用同时存在于一个单元格的地址引用中，则称为混合引用。

● **相对引用**：相对引用指在公式中单元格的地址相对于公式所在的位置而发生改
变。在相对引用中，当复制相对引用的公式时，被粘贴公式中的引用将被更新，
并指向与当前公式位置相对应的其他单元格，如图 18-6 所示。Excel 在默认情
况下使用的是相对引用。

图 18-6　相对引用

● **绝对引用**：绝对引用指复制或移动公式到新位置后，公式中引用的单元格地址保
持不变。如果在复制公式时不希望引用的地址发生改变，则应使用绝对引用。在
绝对引用中，单元格的列标和行号之前分别加入了符号 "$"，如图 18-7 所示。

图 18-7　绝对引用

- **混合引用**：混合引用指在一个单元格地址引用中，同时存在相对引用与绝对引用。当公式中使用了混合引用后，若改变公式所在的单元格地址，则相对引用的单元格地址改变，而绝对引用的单元格地址不变，如图 18-8 所示。

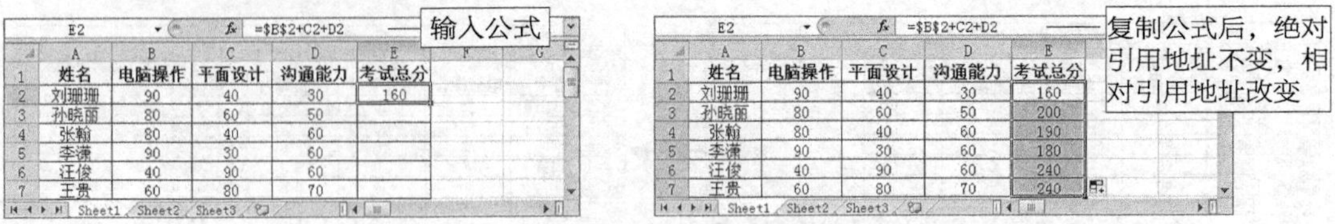

图 18-8 混合引用

例 18-1

引用单元格计算职工工资

万明公司 2016 年 5 月职工工资表基础数据输入如图 18-9 所示。

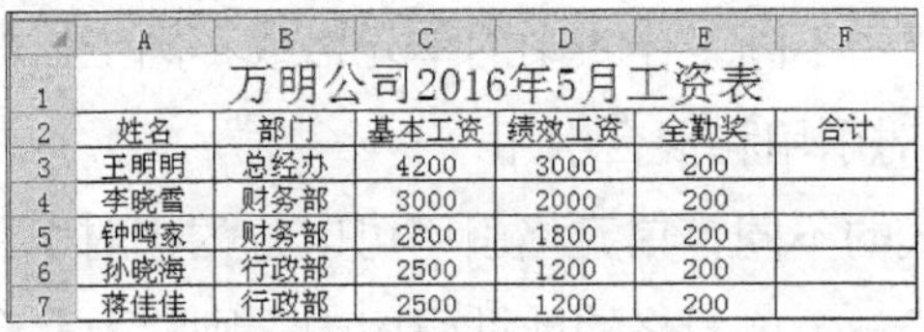

	A	B	C	D	E	F
1	万明公司2016年5月工资表					
2	姓名	部门	基本工资	绩效工资	全勤奖	合计
3	王明明	总经办	4200	3000	200	
4	李晓雪	财务部	3000	2000	200	
5	钟鸣家	财务部	2800	1800	200	
6	孙晓海	行政部	2500	1200	200	
7	蒋佳佳	行政部	2500	1200	200	

图 18-9 万明公司 2016 年 5 月工资数据

若该公司会计人员想利用单元格的引用计算各职工的工资合计数，其应怎样输入公式?

专家解答

本例中，职工工资合计数等于基本工资、绩效工资与全勤奖的合计数，因此，为了求出工资合计数，可直接在"合计"所在列输入工资计算公式。以王明明为例，计算其工资合计数时，应在 F3 单元格中输入"=C3+D3+E3"，然后按下【Enter】键，即可在该单元格中返回计算结果。其余员工的工资合计数直接拖动控制柄复制公式即可。因此，本例中应采用相对引用的方式引用单元格。

另外，由于全部员工的全勤奖均相同，因此，也可在 F3 中单元格中输入"=C3+D3+$E$3"或"=C3+D3+E$3"或"=C3+D3+$E3"，然后拖动控制柄复制公式，返回的结果与上述结果均相同。

经验之谈

在单元格中输入数据时，不应按照每三位数空一格的方式输入，因为中间加了空格后，软件将无法进行数值计算，返回的结果将为"#value！"，表示计算错误。

（2）引用不同工作表中的单元格

在同一工作簿的不同工作表中引用单元格数据，有以下两种情况。

- **在同一工作簿的另一张工作表中引用单元格数据**：采用此种引用时，只需在单元格地址前加上工作表的名称和感叹号"！"，其格式为：工作表名称！单元格地址。图 18-10 所示为在 Sheet2 工作表的 A1:E7 单元格区域中引用 Sheet1 工作表的 A1:E7 单元格区域中的值。

- **在同一工作簿的多张工作表中引用单元格数据**：采用此种引用时，只需在感叹号"！"前面加上工作表名称的范围，其格式为：工作表名称：工作表名称！单元格地址。图 18-11 所示为在 Sheet3 工作表的 B2:E7 单元格中引用 Sheet1 和 Sheet2 工作表的 B2:E7 单元格中的和的值。

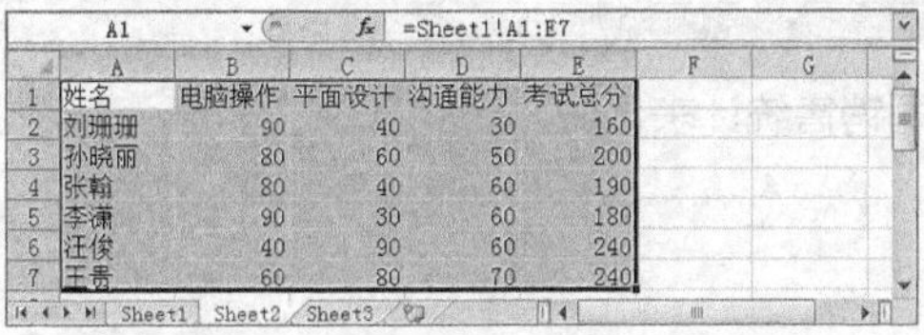

图 18-10 引用另一张工作表中的数据 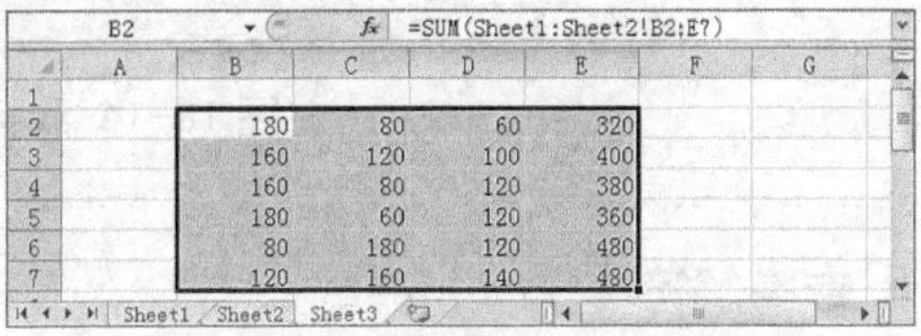 　　　图 18-11 引用多张工作表中的数据

（3）引用不同工作簿中的单元格

引用不同工作簿中的单元格数据时，若需引用数据的工作簿处于打开状态，则输入公式后单元格的引用格式为：=[工作簿名称] 工作表名称！单元格地址，如图 18-12 所示；若需引用数据的工作簿处于关闭状态，则输入公式后单元格的引用格式为：' 工作簿存储地址 [工作簿名称] 工作表名称 ' ！单元格地址，如图 18-13 所示。

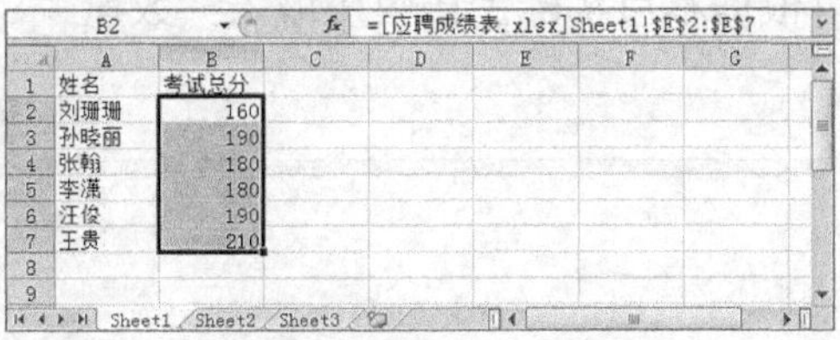

图 18-12 需引用数据的工作簿处于打开状态 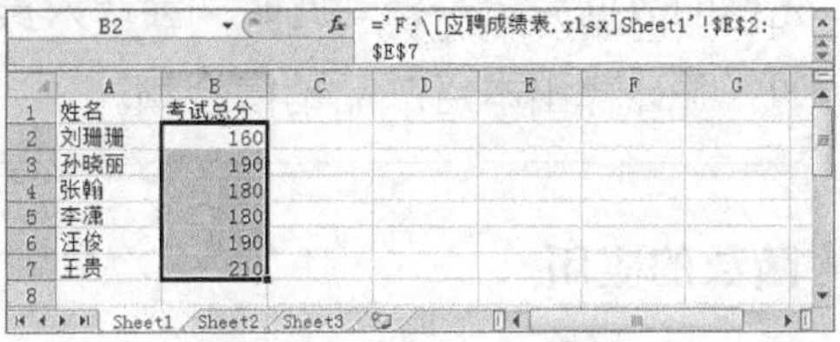 　　　图 18-13 需引用数据的工作簿处于关闭状态

例
18-2

▲ **引用上月产品参数计算本月产品销售额**

　　泰科公司 2016 年上半年的销售数据均保存在一张工作簿"销售统计表"中，该工作簿中每月的销售数据分别记录在一张工作表中。已知其 7 月与 1 月所销售的产品名称及规格型号相同。若会计人员 7 月统计本月销售情况时，想引用 1

月的商品参数信息，其应如何操作？（销售统计表如图 18-14 所示）

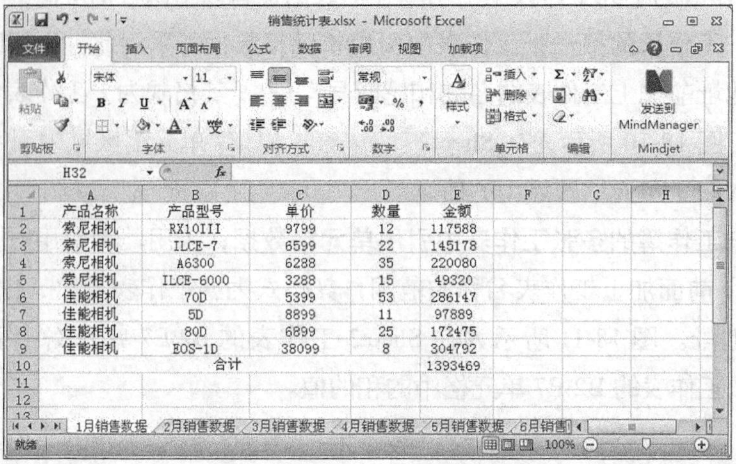

	A	B	C	D	E
1	产品名称	产品型号	单价	数量	金额
2	索尼相机	RX10III	9799	12	117588
3	索尼相机	ILCE-7	6599	22	145178
4	索尼相机	A6300	6288	35	220080
5	索尼相机	ILCE-6000	3288	15	49320
6	佳能相机	70D	5399	53	286147
7	佳能相机	5D	8899	11	97889
8	佳能相机	80D	6899	25	172475
9	佳能相机	EOS-1D	38099	8	304792
10		合计			1393469

图 18-14 泰科公司销售统计表

专家解答

本例中，由于被引用的数据与引用数据所在位置在同一工作簿的不同工作表中，因此只需在单元格地址前加上工作表的名称和感叹号（!）即可。

已知需被引用的数据范围为 A1：C9，所以，应在“7 月销售数据”工作表的 A1 单元格中输入“=1 月销售数据 !A1:C9”，然后按下【Enter】键，该单元格会返回“产品名称”，最后利用拖动控制柄复制公式至所需区域，则“7 月销售数据”工作表中 A1:C9 单元格的数据与“1 月销售数据”工作表中 A1:C9 单元格的数据完全一样。此时，会计人员就可根据本月实际销售数量填入“数量”列，并计算出本月产品销售金额。

3 | 函数的应用

（1）函数的含义

函数是一种在需要时直接调用的表达式，通过使用一些称为参数的特定数值来按特定的顺序或结构进行计算。Excel 中函数的结构为“= 函数名（参数 1, 参数 2,…）”，其中，函数名是指函数的名称，每个函数都有唯一的函数名，如 SUM 和 IF 等；参数则是指函数中用来执行操作或计算的值，当函数名称后没有任何参数时必须加上一组空括号“（）”。

（2）函数的使用

函数的使用方法有很多种，包括直接输入函数、选择函数类别快速插入函数、通过“插入函数”对话框插入函数等，后两种方式的具体操作如下。

- **选择函数类别快速插入函数**：选择需插入函数的单元格，在【公式】→【函数库】组中列出了各类函数，单击所需的函数类别旁的 按钮，在打开的下拉列表中选择需要插入的函数，然后根据提示设置函数参数，完成后在所选的单元格中即可查看其计算结果。
- **通过"插入函数"对话框插入函数**：选择需插入函数的单元格，在"编辑栏"中单击 *fx* 按钮或在【公式】功能区下的【函数库】组中单击"插入函数 *fx*"按钮，在打开的"插入函数"对话框中选择函数类别和所需的函数，如图 18-15 所示，然后单击 确定 按钮，在打开的"函数参数"对话框中根据提示设置函数参数，如图 18-16 所示，完成后单击 确定 按钮即可计算出其结果。

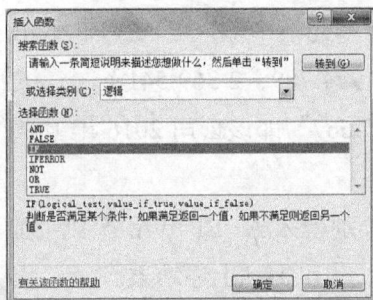

图 18-15　选择函数类别和所需的函数　　　　图 18-16　设置函数参数

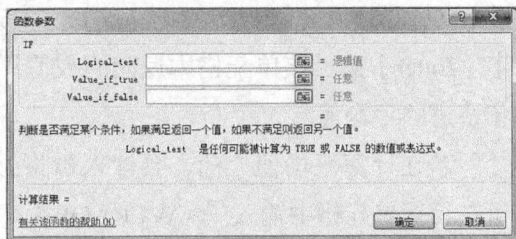

> **知识补充**　要想熟练使用函数功能进行会计核算，需要掌握各类常用函数的用法及其语法结构。常用函数的作用、语法结构和举例如表18-2所示。

表 18-2　常见函数的作用、语法结构和举例

函数名称	作用	语法结构	举例
SUM函数（求和函数）	计算所选单元格区域内所有数字之和	SUM（number1,[number2],…），number1,number2,…为1到255个需要求和的数值参数	"=SUM（A1:A3）"表示计算A1:A3单元格区域中所有数字的和；"=SUM（B3,D3,F3）"表示计算B3、D3、F3单元格中的数字之和
AVERAGE函数（平均值函数）	计算所选单元格区域内所有数据的平均值	AVERAGE（number1,[number2],…），number1,number2,…为1到255个需要计算平均值的数值参数	"=AVERAGE（A2:E2）"表示计算A2:E2单元格区域中的数字的平均值
COUNT函数（计数函数）	计算包含数字的单元格以及参数列表中数字的个数	COUNT（value1,[value2],…），value1,value2,…为1到255个需要计算数字个数的数值参数	"=COUNT（B3:B8）"表示计算B3:B8单元格区域中包含数字的单元格的个数
MAX函数（最大值函数）	计算所选单元格区域内所有数据的最大值	MAX（number1,[number2],…），number1,number2,…为1到255个需要计算最大值的数值参数	"=MAX（A2:E2）"表示计算A2:E2单元格区域中的数字的最大值
MIN函数（最小值函数）	计算所选单元格区域中所有数据的最小值	MIN（number1,[number2],…），number1,number2,…为1到255个需要计算最小值的数值参数	"=MIN（A2:E2）"表示计算A2:E2单元格区域中的数字的最小值

例
18-3

利用函数计算平均数

万明公司 2016 年 1~6 月资产负债表中列明的资产总额分别为 1 569 778 元、1 896 478 元、2 189 741 元、2 061 287 元、1 924 789 元、2 369 541 元。为了了解企业 2016 年上半年资产数额的平均情况，会计人员应怎样利用 Excel 中的函数对上述数据进行计算？

专家解答

本例中，由于是计算 2016 年上半年资产数额的平均情况，即根据每月资产总额求平均数，因此应使用平均值函数，即在目标单元格中输入"=AVERAGE（1 569 778，1 896 478，2 189 741，2 061 287，1 924 789，2 369 541）"，按下【Enter】键，该单元格中返回的数值"2 001 935.667"即该公司 2016 年上半年资产的平均值。

若在计算平均值之前，会计人员将上述数据分别填入 A1:F1 单元格中，则可在目标单元格中输入"=AVERAGE（A1:F1）"，也可得到上述结果。

知识补充　若需要快速了解一组数据的平均值、总和或者包含的数据个数，可直接选中该组数据，在 Excel 窗口最下方会自动显示该组数据的"平均值""计数"和"求和"结果。上例中自动显示的上述结果如图 18-17 所示。

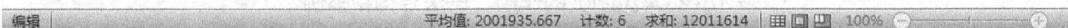

| 编辑 | | 平均值: 2001935.667　计数: 6　求和: 12011614 | 100% |

图 18-17　自动显示结果

18.2.2　凭证、账页、报表模板的设置

在企业的会计核算中，有很多原始凭证需要根据自身经济业务自行设置。由于 Excel 具有强大的表格功能，这为设置各类表格提供了便捷的操作，因此，会计人员可通过 Excel 设置所需的各类自制原始凭证。同理，由于各类账页及报表均有统一的格式，会计人员为了使用方便，也可按照既有的纸质资料，设置电子模板。

1 │ 自制原始凭证模板设置

会计人员进行自制原始凭证模板设置，通常应参考以下步骤。

● 了解该原始凭证的用途。

● 根据具体用途列出该凭证所需的关键信息。

● 初步设计原始凭证各项目的布局。

● 在 Excel 中设置凭证模板。

例 18-4

入库单模板设置

2016 年 7 月 1 日，江汇公司一号仓库收到阳光电子公司发出的编号为 1159、规格为 SGES12 的手机零部件 80 箱，每箱单价为 1 000 元，总价为 80 000 元，另外发生采购费用 250 元。现需要将发生的经济业务填制原始凭证，即填制一张入库单。已知该公司存货采用实际成本法核算，会计人员应如何设置该入库单的模板？

∥ 专家解答 ∥

根据自制原始凭证模板的设置步骤，会计人员设置该入库单时，应按照以下步骤进行。

①明确原始凭证的用途。本例中明确说明设置的是"入库单"，因此该原始凭证是作为对收到货物进行记录的单据。

②根据具体用途列出该凭证所需的关键信息。入库单应列明的关键信息包括收货时间、供应单位、收货仓库，商品编号、商品名称、规格、计量单位、数量、单价、金额、采购费用，财会部门人员签字、保管人员签字、经办人员签字、制单人员签字等。

③初步设计原始凭证各项目的布局。根据上述关键信息，可将该入库单分为上、中、下三部分，第一部分记录供应单位、收货时间以及收货仓库等信息；第二部分记录收到货物的基本信息，如商品名称、规格、单价等；第三部分为相关人员的签字，如财会部门人员、保管人员以及经办人员签字等。

④在 Excel 中设置凭证模板。根据上一步骤涉及的布局，在 Excel 中绘制入库单表格，具体操作如下。

Step1. 启动 Excel，将新建的空白工作簿以"入库单"为名进行保存，然后输入相应的数据。

Step2. 合并 A1:I1 单元格区域，设置其字体格式为"宋体、20"，并为其添加双下划线，然后根据需要合并其他单元格，并输入相关文字。

Step3. 在"金额"列下第一个单元格中输入公式"=D4*F4+G4"，然后利用控制柄复制公式至 H5、H6、H7 单元格，软件将自动计算出本行填列货物的金额。

Step4. 在H8单元格中使用自动求和功能计算合计数据，即输入公式"=SUM（H4:H7）"，软件将自动求和本张入库单中的金额合计数。

制作完成的入库单如图 18-18 所示。

图 18-18 填列后的入库单

> **知识补充**
>
> 若产品编号为"0"开头，则输入该编号时，Excel的默认单元格格式会自动去除前面的0，此时，可通过设置单元格格式来解决这一问题，即选中"商品编号"所在列→单击右键，在弹出的快捷菜单中选择"设置单元格格式"，打开"设置单元格格式"窗口→在"数字"选项卡的"分类（C）："栏中选择"自定义"选项，然后在"类型（T）"下面的文本框中输入"0000"→单击"确认"按钮，如图18-19所示。进行上述设置后，若输入产品编号"152"，则其会自动显示"0152"。

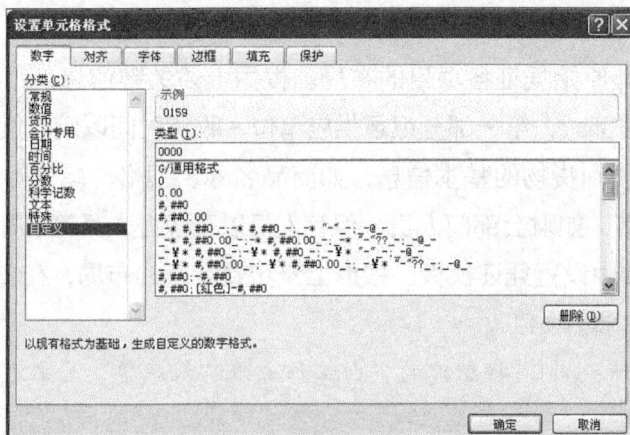

图 18-19 设置单元格格式

2 ┃ 总账、明细账账页设置

利用 Excel 设置总账与明细账账页，并不仅仅设计账页格式，更重要的是利用 Excel 的函数等功能验证数据或会计核算的正确性。

（1）设置条件格式

任何经济业务都应根据"有借必有贷，借贷必相等"的记账规则记账。在使用 Excel 填制会计凭证、登记会计账簿、编制会计报表的整个会计核算过程中，也必须遵守这个规则，因此为了避免出现借贷不平衡的情况，可使用函数判断借贷是否平衡，并使用条件格式设置当借贷不平衡时突出显示单元格数据。

视频演示
设置条件格
式判断借贷
是否平衡

①判断借贷是否平衡

使用 Excel 判断借贷是否平衡的具体操作如下。

Step1. 打开"会计凭证表"工作簿，将其以"日记账"为名进行另存，然后在"会计凭证表"工作表中选择 L2 单元格，在【公式】功能区下的【函数库】组中单击 逻辑 · 按钮，在打开的下拉列表中选择"IF"选项，如图 18-20 所示。

Step2. 在打开的"函数参数"对话框的"Logical_test"参数框中输入"SUM（J:J）=SUM（K:K）"，在"Value_if_true"参数框中输入""""，在"Value_if_false"参数框中输入""借贷不平衡""，然后单击 确定 按钮，如图 18-21 所示。

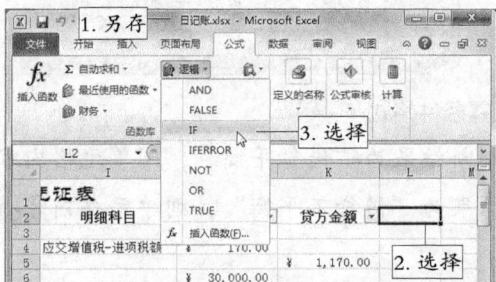

图 18-20 选择"IF"函数

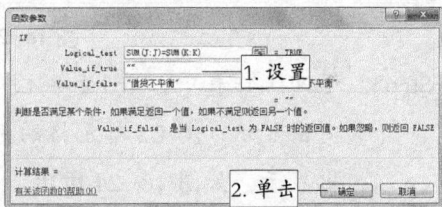

图 18-21 设置函数参数

Step3. 返回工作表中，若 L2 单元格显示为空白，则表示借方金额等于贷方金额，即借贷平衡；若 L2 单元格显示为"借贷不平衡"，则表示借方金额不等于贷方金额，此时说明金额输入有误，需要会计人员逐项进行检查和验证，直到借贷平衡为止，如图 18-22 所示。

图 18-22 判断借贷是否平衡的两种情况

②突出显示借贷不平衡

为了使借贷不平衡的判断结果在填写的经济业务数据中更醒目，便于查阅，下面将设置条件格式突出显示数据，具体操作如下。

Step1. 选择 L2 单元格，在【开始】功能区下的【样式】组中单击"条件格式"按钮，在打开的下拉列表中选择【突出显示单元格规则】→【等于】选项。

Step2. 在打开的"等于"对话框左侧的文本框中输入设置条件"借贷不平衡"，在"设置为"下拉列表框中选择突出显示颜色，这里保持默认设置，完成后单击 确定 按钮，如图 18-23 所示。

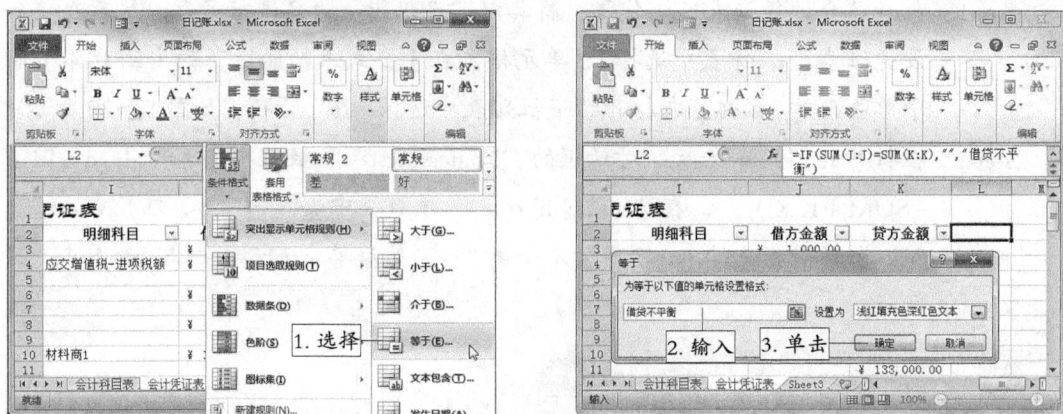

图 18-23 设置条件格式

Step3. 返回工作表中，若 L2 单元格的判断结果为"借贷平衡"，则单元格内容不突出显示；若 L2 单元格的判断结果为"借贷不平衡"，则单元格内容将突出显示，如图 18-24 所示。

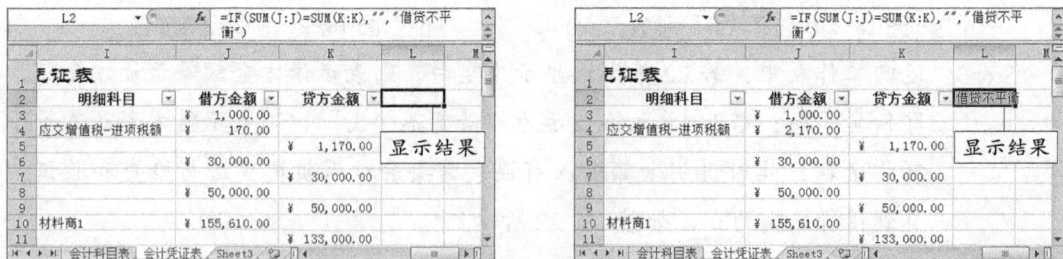

图 18-24 设置突出显示效果后的两种情况

（2）设置总账账页格式

总账账页格式的设置主要是利用数据透视表的相关操作，通过编辑数据透视表使表格内容符合总分类账格式。设置好账页格式后，还可利用取数函数、求和函数以及 IF 函数等对数据进行处理。利用数据透视表建立总分类账的具体操作如下。

视频演示
设置总账账
页格式

Step1. 打开"日记账.xlsx"工作簿，将其以"总分类账"为名进行另存，然后选择"会计凭证表"工作表，在【插入】功能区下的【表格】组中单击"数据透视表"按钮⬚下方的·按钮，在打开的下拉列表中选择"数据透视表（T）"选项，如图 18-25 所示。

Step2. 在打开的"创建数据透视表"对话框中单击选中"选择一个表或区域（S）"单选项，并确认要分析的数据区域为"会计凭证表!$A$2:$K$64"，然后单击选中"新工作表（N）"单选项，完成后单击 ▭确定▭ 按钮，如图 18-26 所示。

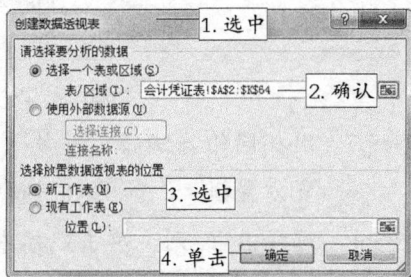

图 18-25 选择"数据透视表"命令　　图 18-26 选择数据透视表的分析区域与存放位置

Step3. 系统会自动创建一个名为"Sheet1"的工作表存放数据透视表，并打开"数据透视表字段列表"任务窗格，如图 18-27 所示。

Step4. 在"数据透视表字段列表"任务窗格的"选择要添加到报表的字段"列表框中将"年"和"月"字段拖动到"报表筛选"区域，将"科目编号""科目名称""日"字段拖动到"行标签"区域，将"借方金额"和"贷方金额"字段拖动到"数值"区域，如图 18-28 所示。

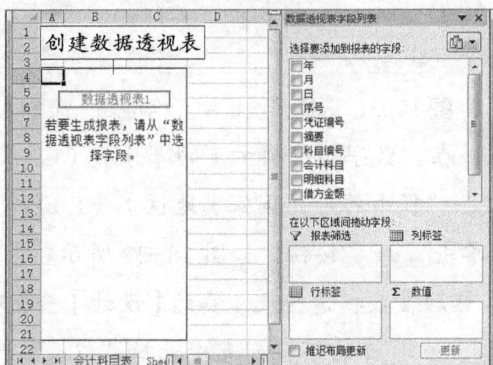

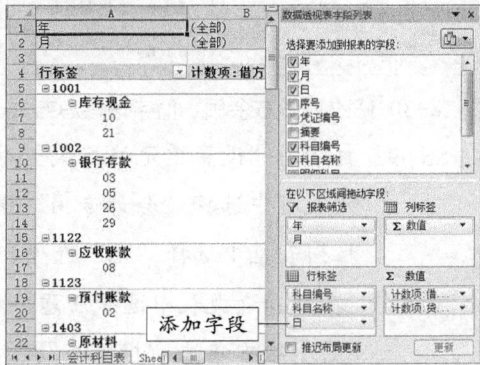

图 18-27 创建数据透视表　　　　　　图 18-28 添加字段到相应的区域

Step5. 在"数据透视表字段列表"任务窗格的"数值"区域中单击"计数项：借方金额"字段，在打开的下拉列表中选择"值字段设置（N）"选项。

Step6. 在打开的"值字段设置"对话框的"值汇总方式"选项卡的"计算类型"列表框中选择"求和"选项，完成后单击 确定 按钮，如图18-29所示。

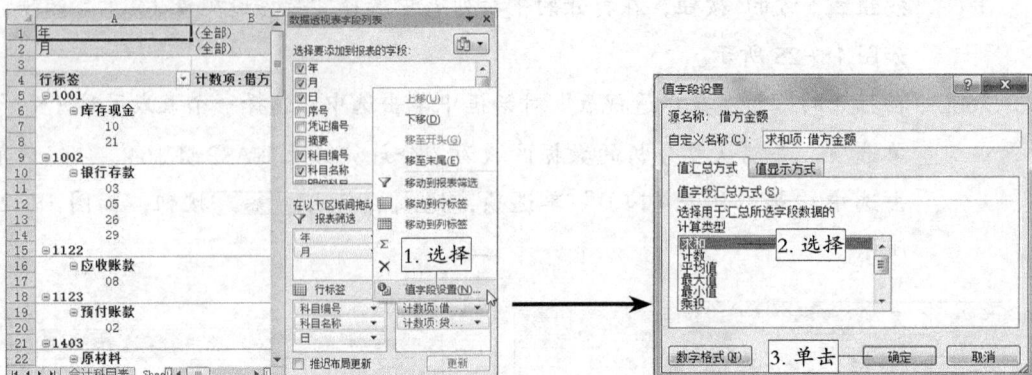

图 18-29 修改值字段的汇总方式

Step7. 用相同的方法将"计数项：贷方金额"值字段的汇总方式改为"求和项：贷方金额"，如图18-30所示。

Step8. 选择B~C列，单击鼠标右键，在弹出的快捷菜单中选择"设置单元格格式（E）"命令，如图18-31所示。

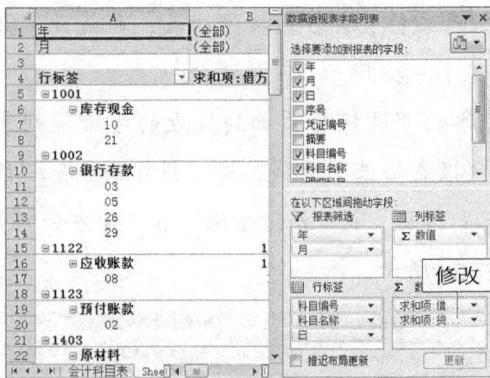

图 18-30 修改"贷方余额"值字段汇总方式

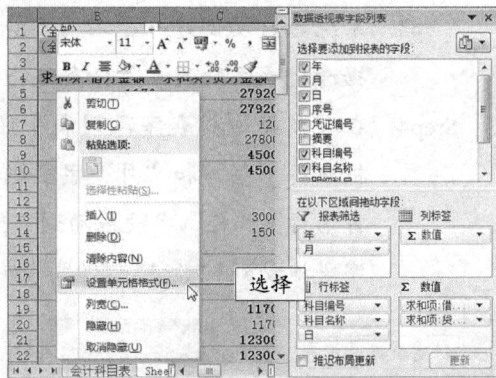

图 18-31 选择"设置单元格格式"命令

Step9. 打开的"设置单元格格式"对话框，在"数字"选项卡下的"分类（C）"列表框中选择"会计专用"选项，在"货币符号（国家/地区）（E）"下拉列表框中选择"无"选项，然后单击 确定 按钮，如图18-32所示。

Step10. 在数据透视表中选择任意单元格，然后在数据透视表工具的【设计】→【布局】组中单击"报表布局"按钮 ，在打开的下拉列表中选择"以表格形式显示（T）"选项，如图18-33所示。

Step11. 选择1~2行，单击鼠标右键，在弹出的快捷菜单中选择"插入（I）"命令，如图18-34所示。

Step12. 合并 A1:G1 单元格区域，在其中输入"鑫业有限责任公司"；合并 A2:G2
单元格区域，在其中输入"总分类账"，然后选择 A1:A2 单元格区域，设
置其字体格式为"方正粗倩简体，16"，完成后将存放数据透视表"sheet1"
的工作表重命名为"总分类账"，并将其移动到"会计凭证表"工作表之
后，如图 18-35 所示。

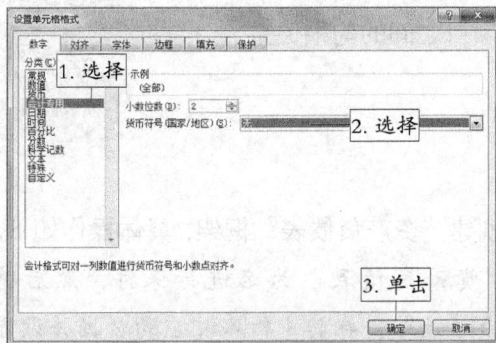

图 18-32 设置数字格式　　　　图 18-33 设置数据透视表的布局样式

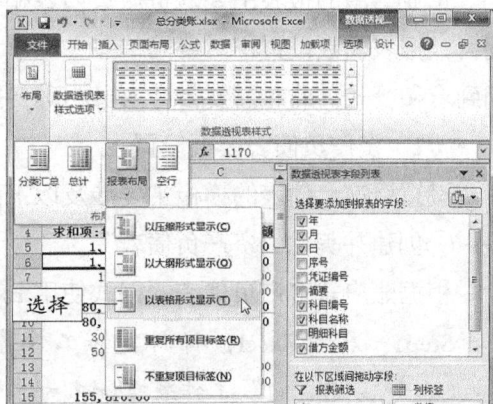

图 18-34 选择"插入"命令　　　　图 18-35 输入数据并设置字体格式

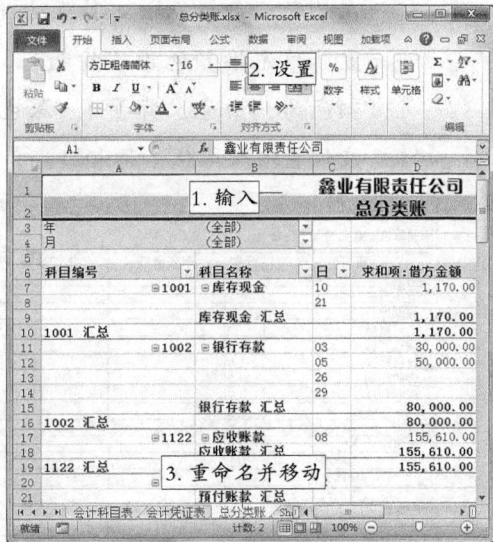

经验之谈　　　一套完整的Excel账模板设置需要一定的工作量，且数据前后连贯。上述总账模板的设置主要是让读者了解在Excel中设置上述操作的作用及效果，不要求完全掌握上述功能。本书最后的附录会赠送Excel账的模板，读者可根据需要选择练习。

（3）设置明细账账页格式

明细账的账页格式比较多样，包括三栏式明细账、多栏式明细账和数量金额式明细

账等，其中三栏式明细账又可分为 7 栏式、11 栏式及 17 栏式等。

就模板设置而言，明细账账页与总账账页在插入数据透视表并进行相关设置的操作基本相同，此处不再赘述。

3 │ 报表模板设置

企业常用的报表主要是资产负债表和利润表。相较于账页模板设置而言，报表模板设置相对要简单些，除了各报表项目的录入外，主要会用到求和公式，此时需要会计人员明确各报表项目之间的勾稽关系。

视频演示
设置资产负债表模板

（1）资产负债表模板设置

设置资产负债表的模板主要涉及以下两步。

①创建并美化"资产负债表"

根据账户式资产负债表的格式使用 Excel 创建"资产负债表"框架，具体操作如下。

Step1. 启动 Excel，将新建的工作簿以"资产负债表"为名进行保存，然后将"Sheet1"工作表重命名为"资产负债表"，在其中输入相应的数据并设置单元格格式。

Step2. 在"资产负债表"工作表中选择资产、负债、所有者权益的分类项目，设置其单元格颜色为"黄色"；然后选择需计算的相关项目，设置其单元格颜色为"白色，背景 1，深色 15%"，完成后分别在 A2 和 D2 单元格的相应位置输入单位名称和日期，如图 18-36 所示。

图 18-36 创建并美化资产负债表

②设置求和公式

在资产负债表中需求和项目中设置相应的公式，这样在输入或引用数据后就可自动计算并填列相关数据，具体操作如下。

Step1. 在"资产负债表"工作表中选择 C14:D14 单元格区域，输入公式"=SUM（C15:C18）"，完成后按【Ctrl+Enter】组合键可分别计算出存货的期末余额和年初余额，如图 18-37 所示。

Step2. 选择 C21:D21 单元格区域，输入公式"=SUM（C6:C14）+SUM（C19:C20）"，完成后按【Ctrl+Enter】组合键可分别计算出流动资产的期末余额和年初余额合计，如图 18-38 所示。

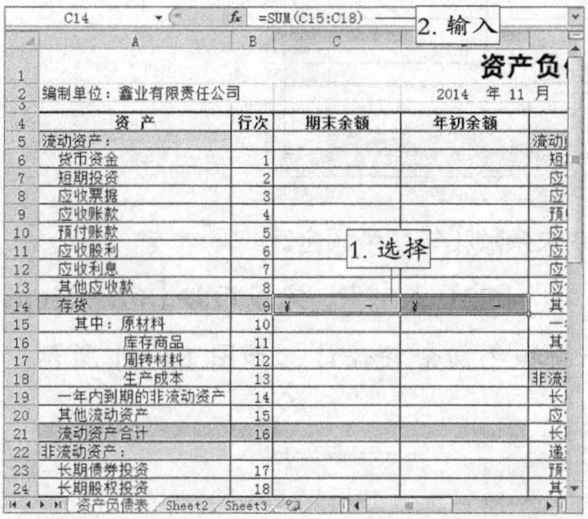

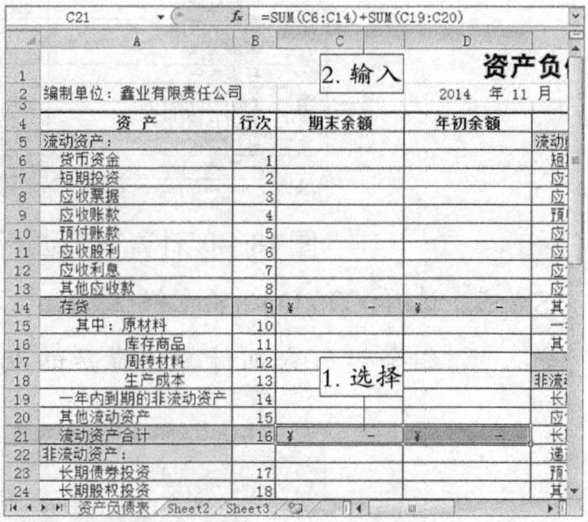

图 18-37 计算存货的期末余额和年初余额　　图 18-38 计算流动资产的期末余额和年初余额合计

Step3. 选择 C27:D27 单元格区域，输入公式"=C25-C26"，完成后按【Ctrl+Enter】组合键可分别计算出固定资产净值的期末余额和年初余额，如图 18-39 所示。

图 18-39 计算固定资产净值的期末余额和年初余额

Step4. 选择 C35:D35 单元格区域，输入公式"=SUM（C23:C24）+SUM

（C27:C34）"，完成后按【Ctrl+Enter】组合键可分别计算出非流动资产的期末余额和年初余额合计，如图 18-40 所示。

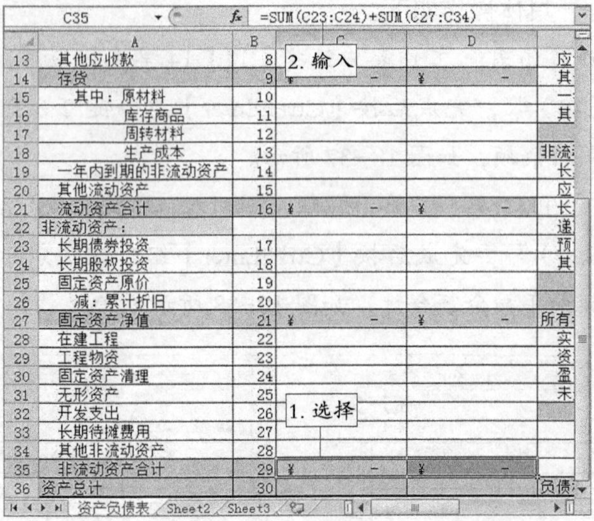

图 18-40 计算非流动资产的期末余额和年初余额合计

Step5. 选择 C36:D36 单元格区域，输入公式"=C21+C35"，完成后按【Ctrl+Enter】组合键可分别计算出资产的期末余额和年初余额合计，如图 18-41 所示。

图 18-41 计算资产的期末余额和年初余额合计

Step6. 用相同的方法输入相应的公式计算流动负债合计、非流动负债合计、负债合计、所有者权益合计、负债以及所有者权益总计的期末余额和年初余额，如图 18-42 所示。

图 18-42 计算负债和所有者权益的期末余额和年初余额合计

（2）利润表模板设置

利润表的制作与资产负债表的制作方法基本相同，即首先根据多步式利润表的格式使用 Excel 创建利润表，然后计算并引用"本月数"和"本年累计数"。相关操作如下。

Step1. 打开"资产负债表 .xlsx"工作簿，将其以"利润表"为名进行另存，然后将"Sheet2"工作表重命名为"利润表"，在其中输入相应的数据并设置单元格格式，完成后分别在 A2 和 B2 单元格的相应位置输入单位名称和日期，如图 18-43 所示。

Step2. 在"利润表"工作表中选择 C14:D14 单元格区域，输入公式"=C5-C6-C7-C8-C9-C10-C11+C12+C13"，然后按【Ctrl+Enter】组合键可分别计算出营业利润的本月数和本年累计数，如图 18-44 所示。

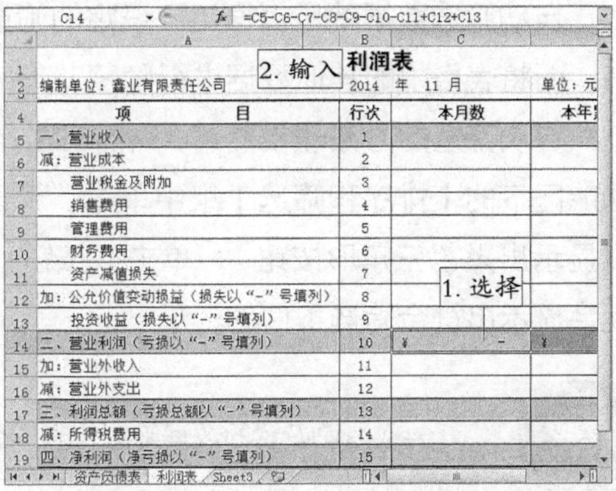

图 18-43 创建利润表

图 18-44 计算营业利润

Step3. 选择 C17:D17 单元格区域，输入公式"=C14+C15-C16"，然后按【Ctrl+Enter】组合键可分别计算出利润总额的本月数和本年累计数，如图 18-45 所示。

Step4. 选择 C19:D19 单元格区域，输入公式"=C17-C18"，然后按【Ctrl+Enter】组合键可分别计算出净利润的本月数和本年累计数，如图 18-46 所示。

图 18-45 计算利润总额

图 18-46 计算净利润

18.2.3 善用Excel 的筛选、排序、分类汇总功能

为了使表格中的数据更具可观性，查阅起来更方便，会计人员可以对 Excel 表格数据进行管理，即对表格数据进行筛选、排序、分类汇总等操作。

1 | Excel 筛选功能的应用

在数据量较多的表格中，如果需要查看具有某些特定条件的数据，如只显示金额在 5 000 元以上的产品名称，此时可使用数据筛选功能快速将符合条件的数据显示出来，而隐藏表格中的其他数据。Excel 的数据筛选方法有三种，分别为自动筛选、高级筛选和自定义筛选。

（1）自动筛选

自动筛选数据就是根据用户设定的筛选条件，自动将表格中符合条件的数据显示出来，而将表格中的其他数据进行隐藏。

自动筛选的方法非常简单，只需在工作表中选择要进行筛选的表头数据，在【数据】功能区下的【排序和筛选】组中单击"筛选"按钮▼，完成后即可在表头的各字段名右侧显示出黑色三角形按钮▾，单击该按钮，在打开的下拉列表中选择筛选条件，表格中就会显示出符合筛选条件的记录。

> **经验之谈**　　要取消已设置的数据筛选状态，显示表格中的全部数据，只需在工作表中再次单击"筛选"按钮▼即可。

（2）自定义筛选

自定义筛选是在自动筛选的基础上进行操作的，即在自动筛选后的需自定义的字段名右侧单击▾按钮，在打开的下拉列表中选择相应的选项，即设置自定义的筛选条件，然后单击 确定 按钮完成操作，如图 18-47 所示。

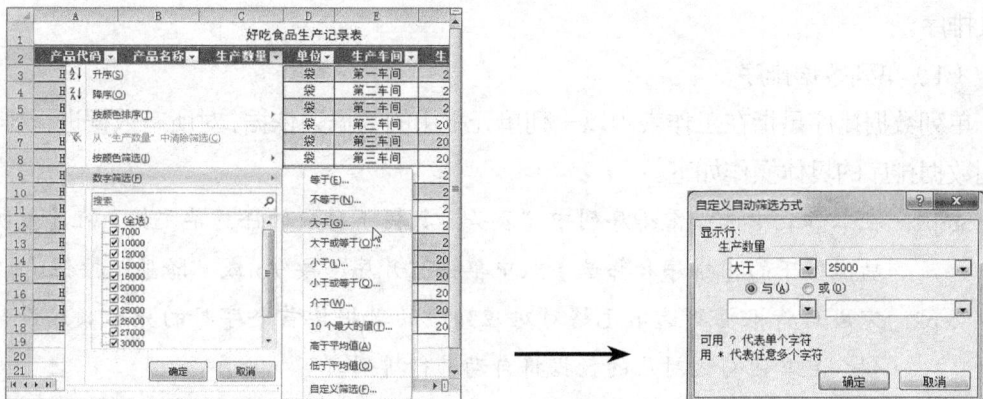

图 18-47 自定义筛选数据

（3）高级筛选

由于自动筛选是根据 Excel 提供的条件进行数据筛选的，若要根据自己设置的筛选条件对数据进行筛选，则需使用高级筛选功能。通过高级筛选可以筛选出同时满足两个或两个以上约束条件的记录。高级筛选的具体操作如下。

Step1. 在工作表的空白单元格中输入设置的筛选条件，然后选择需要进行筛选的单元格区域。

Step2. 在【数据】功能区下的【排序和筛选】组中单击 高级 按钮。

Step3. 在打开的"高级筛选"对话框中选择存放筛选结果的位置，在"条件区域"参数框中输入或选择设置条件所在的单元格区域，然后单击 确定 按钮完成操作，如图 18-48 所示。

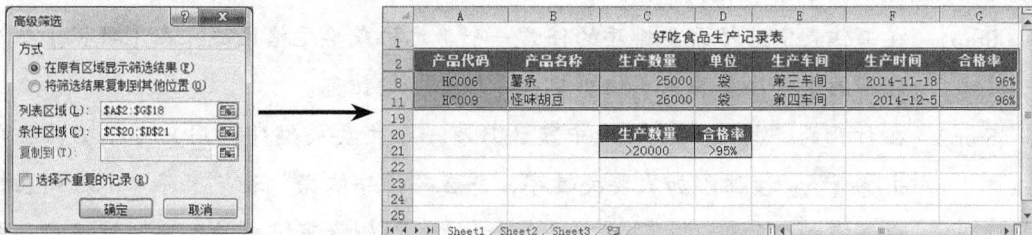

图 18-48 数据的高级筛选

2 ｜ Excel 排序功能的应用

会计人员在工作中常常需要按照领导的指示，提供某段时间的产品资料，如会计计算后的产品生产与销售资料、产品成本资料等，此时就需要将零散的资料进行整合，将各类数据进行排序后交予领导将有助于对产品的成本及销售情况进行分析。

数据排序是指将表格中的数据种类按一定的方式重新排列，它有助于快速直观地显示、组织并查找所需数据。数据排序的方法有三种：单列数据排序、多列数据排序和自定义排序。

（1）单列数据排序

单列数据排序是指在工作表中以一列单元格中的数据为依据，对所有数据进行排列。单列数据排序的具体操作如下。

Step1. 在工作表中选择需排序列中"表头"数据下对应的任意单元格，在【数据】功能区下的【排序和筛选】组中单击"升序"按钮 或"降序"按钮 。

Step2. 完成后将根据所选单元格对对应列中的数据按首个字母的先后顺序进行排列，且其他与之对应的数据将自动进行排列。

（2）多列数据排序

多列数据排序是指按照多个条件对数据进行排序，即在多列数据中进行排序。在多列数据排序过程中，要以某个数据为依据进行排列，该数据称为关键字。以关键字进行排序，对应其他列中的单元格数据将随之发生改变。多列数据排序的具体操作如下。

Step1. 在工作表中选择多列数据对应的单元格区域，且应先选择关键字所在的单元格，然后在【数据】功能区下的【排序和筛选】组中单击"升序"按钮 或"降序"按钮 。

Step2. 完成后将自动以该关键字进行排序，未选择的单元格区域将不参与排序。

（3）自定义排序

当单列数据排序和多列数据排序都不能满足实际需要时，可利用 Excel 提供的自定义排序功能设置多个关键字对数据进行排序，还可以其他关键字对相同排序的数据进行排序。自定义排序的具体操作如下。

Step1. 在工作表中选择需要排序的任意一个单元格或单元格区域，在【数据】功能区下的【排序和筛选】组中单击"排序"按钮 。

Step2. 在打开的"排序"对话框中默认只有一个主要关键字，用户可根据需要单击 添加条件(A) 按钮添加次要关键字，并在"排序依据"和"次序"下拉列表框中选择相应的选项，也可单击 删除条件(D) 按钮删除不需要的次要关键字，如图 18-49 所示。

图 18-49 "排序"对话框

Step3. 完成后单击 [确定] 按钮，工作表中的数据即可根据设置的排序条件进行排序。

3 ┃ Excel 分类汇总功能的应用

使用 Excel 的分类汇总功能，可以将复杂的表格数据按类别进行排序，然后根据需要汇总得出需统计的项目。通过分类汇总，可以总括得出会计数据，有利于会计信息使用的高效性。

（1）创建分类汇总

分类汇总是指按照表格数据中的分类字段进行汇总，同时还需要设置分类的汇总方式和汇总项。其具体操作如下。

Step1. 先对工作表中的数据以汇总选项进行排序，选择需要进行分类汇总单元格区域中的任意一个单元格，在【数据】功能区下的【分级显示】组中单击"分类汇总"按钮 。

Step2. 在打开的"分类汇总"对话框的"分类字段（A）"下拉列表框中选择要进行分类汇总的字段名称；在"汇总方式（U）"下拉列表框中选择计算分类汇总的汇总函数，如"求和"等；在"选定汇总项（D）"列表框中单击选中需要进行分类汇总的选项的复选框。

Step3. 单击 [确定] 按钮，其汇总后的结果将显示在相应的科目数据下方，如图 18-50 所示。

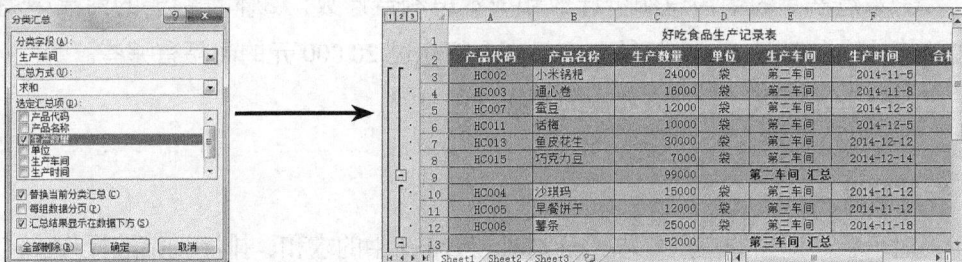

图 18-50　数据的分类汇总

（2）显示或隐藏分类汇总

创建数据的分类汇总后，在工作表的左侧将显示不同级别分类汇总的按钮，单击相应的按钮可分别显示或隐藏汇总项和相应的明细数据。

● **隐藏明细数据：** 在工作表的左上角单击 按钮将隐藏所有项目的明细数据，只显示合计数据；单击 按钮将隐藏相应项目的明细数据，只显示相应项目的汇总项；而单击 按钮将隐藏明细数据，只显示汇总项。

● **显示明细数据：** 在工作表的左上角单击 按钮将显示各项目的明细数据，也可单击 按钮将折叠的明细数据显示出来。

> **经验之谈**
>
> 若想要对某个字段（列）数据进行汇总，在Excel中所谓分类，即是将所有同类项放置在一起，即排序。因此排序相当于"分类"的操作，只有分类后才能得到某类数据汇总后的结果。

例 18-5

对销售数据按要求进行求和、排序、筛选

创客公司为一家销售电脑及电脑配件的公司，其 2016 年 5 月产品销售统计表如图 18-51 所示。

	A	B	C	D	E	F	G	H
1				2016年5月产品销售统计表				
2		产品名称	单位	成本单价	销售单价	销售数量	销售总额	成本总额
3		联想电脑	台	5000	5800	3	17400	15000
4		套打纸	箱	80	100	12	1200	960
5		卡巴斯基杀毒软件	套	140	200	20	4000	2800
6		微软Vista	套	1050	1500	4	6000	4200
7		低端组装电脑	台	2000	2800	12	33600	24000
8		微软SQL数据库	套	7800	13600	5	68000	39000
9		高端组装电脑	台	6000	7800	3	23400	18000
10		彩色墨盒	套	260	330	18	5940	4680
11						合计:		

图 18-51 创客公司 2016 年 5 月产品销售统计表

若公司领导对会计人员提出想了解以下信息：

①本月产品的销售总额合计数和成本总额合计数；②本月销售的商品中销售总额的排名情况；③本月销售商品中金额超过 20 000 元的商品有哪些。

对于上述要求，会计人员应怎样操作？

┃ 专家解答 ┃

对于领导提出的三点要求，分别对应 Excel 中的求和、排序和筛选操作。

对于要求①，应进行的操作如下。

在 G11 单元格中输入公式"=SUM（G3:G10）"，然后单击【Enter】键，返回本月销售商品的销售总额合计数为"159 540"；在 H11 单元格中输入公式"=SUM（H3:H10）"，然后单击【Enter】键，返回本月销售商品的销售总额合计数为"108 640"。

对于要求②，应进行的操作如下。

Step1. 选中 B2：H10 单元格，在【数据】功能区下的【排序和筛选】组中单击"排序"按钮，打开"排序"对话框。

Step2. 在"主要关键字"下拉列表框中选择"销售总额"；在"排列依据"

下拉列表框中选择"数值"，在"次序"下拉列表框中选择"升序"，
排序后的销售统计表如图 18-52 所示。

产品名称	单位	成本单价	销售单价	销售数量	销售总额	成本总额
套打纸	箱	80	100	12	1200	960
卡巴斯基杀毒软件	套	140	200	20	4000	2800
彩色墨盒	套	260	330	18	5940	4680
微软Vista	套	1050	1500	4	6000	4200
联想电脑	台	5000	5800	3	17400	15000
高端组装电脑	台	6000	7800	3	23400	18000
低端组装电脑	台	2000	2800	12	33600	24000
微软SQL数据库	套	7800	13600	5	68000	39000
				合计:	159540	108640

图 18-52 排序后的销售统计表

对于要求③，应进行的操作如下。

Step1. 选中 G2 单元格，在【数据】功能区下单击"筛选"按钮，名称所
在行出现下拉按钮，如图 18-53 所示。

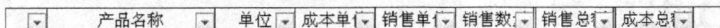

图 18-53 执行筛选命令

Step2. 单击"销售总额"所在列的下拉按钮，弹出快捷菜单如图 18-54 所示。

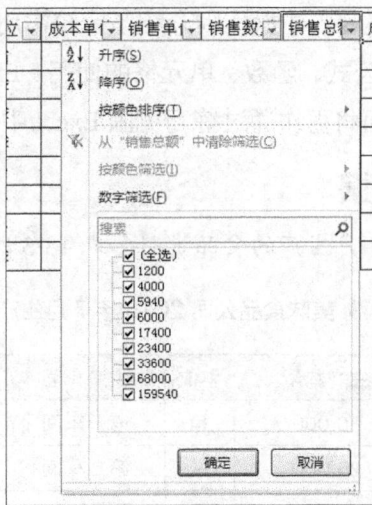

图 18-54 弹出快捷菜单

Step3. 在快捷菜单中选择【数字筛选】/【大于】菜单命令，打开"自定
义自动筛选方式"对话框，在第一行"大于"后方的文本框中输入
"20 000"，然后单击"确定"按钮，完成筛选操作。筛选后的结果
如图 18-55 所示。

2016年5月产品销售统计表

产品名称	单位	成本单价	销售单价	销售数量	销售总价	成本总价
高端组装电脑	台	6000	7800	3	23400	18000
低端组装电脑	台	2000	2800	12	33600	24000
微软SQL数据库	套	7800	13600	5	68000	39000
				合计:	159540	108640

图 18-55 执行筛选命令后的结果

此时显示的，即为本月销售商品中金额超过 20 000 元的商品，包括高端组装电脑、低端组装电脑和微软 SQL 数据库。

> **经验之谈** 若想要不显示某类数据，可单击其所在列的标题旁的筛选按钮，将该数据前方的复选框中的 "√" 去掉，此时将不再显示该数据所在行。

18.3 精通练习

本章内容中，有关会计电算化的相关概念及会计软件的功能模块只做了简单介绍，而对会计人员在工作中常用的 Excel 操作则介绍了比较常用的一些功能，包括凭证、账页、报表模板的设置，Excel 公式、函数、单元格的使用，Excel 的排序、筛选、功能等。考虑到软件的可操作性，下面将再次通过练习巩固 Excel 中的常用操作。

18.3.1 汇总当月生产数据

美味食品公司 2016 年 7 月生产的食品资料如表 18-3 所示。

表 18-3 美味食品公司 2016 年 7 月生产资料

产品代码	产品名称	生产数量	单位	生产车间	单位成本/元	金额/元
BG001	糙米卷	80 000	箱	第一车间	265	21 200 000
BG002	鸡蛋干	25 000	袋	第二车间	26	650 000
BG003	蚕豆	15 000	包	第一车间	14	21 000
BG004	小香肠	4 500	箱	第一车间	36	162 000
BG005	雪饼	2 560	箱	第二车间	150	384 000
BG006	鱿鱼丝	15 000	袋	第二车间	35	525 000
BG007	牛轧糖	3 460	包	第一车间	19	64 740

要求：根据上述资料，统计出该公司 2016 年 7 月各车间生产产品的总金额。

● 答案参见随书光盘 ◀

本书配套\练习答案\第18章\精通练习\汇总当月生产数据.docx

18.3.2 制作固定资产减少记录表

上彩公司为加强固定资产管理，在处置固定资产时除应编制相关的处置凭证外，还需要将相关事项填入固定资产减少记录表中。该记录表应反映的信息主要包括固定资产的价值、减少日期以及减少原因等信息

要求：为上彩公司设置固定资产减少记录表。

● 答案参见随书光盘 ◀

本书配套\练习答案\第18章\精通练习\制作固定资产减少记录表.docx

疑难问答 Difficult Questions

❶ 手工账存在的必要性

Q1 在利用Excel或会计软件做账时，会大大减少工作量，那么手工账是否已经被淘汰了呢？

A1 对于初学者而言，做账应先学习手工账，因为手工账才是会计原理的具体体现。而Excel 账与会计软件账只是简化了手工做账的流程，也即简化了会计人员具体操作的流程，但并没有简化做账本身的流程，它们只是将原来需要会计人员亲自计算或核算的内容，通过计算机在后台进行完成。因此，初次学习做账，一定要学手工账，只有这样，才能知道财务软件的设计原理，财务软件和 Excel 只不过是一个工具，它们都依赖于手工账的记账原理而存在。

❷ 手工账、Excel账与财务软件账的区别

Q2 会计做账有手工账、Excel账与财务软件账三种方式，这三种方式具体有什么区别和联系呢？

A2 手工账、Excel 账与财务软件账三者之间的会计原理是一致的，其做账的区别主要

在于操作流程不同，具体如表 18-4 所示。

表 18-4　手工账、Excel 账、财务软件账的操作流程

操作流程	手工账	Excel账	财务软件账
第一步	填制记账凭证	输入记账凭证	输入记账凭证
第二步	逐笔登记各类日记账、明细账	将记账凭证数据复制粘贴到日记账与明细账账页中	后台自动处理，完成总账、明细账、日记账的编制，报表的填列以及其他会计资料的生成（若有特殊情况，应根据变化调整相关公式）
第三步	用"T"型账户汇总各会计科目发生额，编制科目汇总表	用函数透视分析或者用汇总函数汇总各科目本期发生额	
第四步	根据科目汇总表登记总账	通过复制粘贴或用函数将相关表格中信息导入总账账页中	
第五步	根据总账、明细账填列报表	利用报表模板，填列报表	

❸ Excel中通过"数据有效性"设置下拉列表

Q3 若公司产品的种类繁多，在统计产品销售情况时若每次都手动输入相关数据不仅麻烦还容易出错，在Excel中是否有简便操作，可以选择需要的产品种类呢？

A3 上面描述的问题就是在某字段（列）下设置下拉列表框，对所需商品进行选择的过程。该操作可通过 Excel 中的数据有效性实现，具体操作如下。

①在 Excel 中打开工作表，并选择需要设置的区域（或整行或整列）。

②单击"数据"功能区中的"数据有效性"按钮，打开"数据有效性"对话框，在"设置"选项卡下的"允许"下拉列表框中选择"序列"，根据需要设置是否"忽略空值"，在"来源"文本框中输入待选的列表项（需进行选择的数据来源），各数值间以半角逗号分隔，不需要加引号。完成上述操作后单击"确定"按钮。

③返回工作表，刚才选择的区域中已经出现下拉箭头，点击下拉箭头可弹出下拉列表，下拉列表中显示的数据即上一步骤中"来源"文本框中输入或选择的数据。此时，在该范围内选择所需项目即可。

UNIT

第4篇 ▶▶

实战演练

前面三篇内容介绍了会计人员应如何对企业日常经济业务进行账务处理，为了便于读者系统地掌握会计核算的步骤与方法，本篇将结合前面所讲内容，系统地根据企业实际情况对企业的经济业务进行账务处理。

本篇首先介绍了北京铭昶机械制造有限公司的基本概况，包括公司的工商及税务资料、组织结构、固定资产资料、财务制度、总账与明细账的期初余额等；其次，提供了该公司 2016 年 7 月的全部经济业务，并对经济业务进行账务处理，包括原始凭证的审核、记账凭证的填制、"T"型账户的填制、试算平衡表的编制、总账与明细账的登记以及资产负债表与利润表的编制等。最后，根据账务处理情况，编制该公司涉及的纳税申报表。

通过本篇内容，读者可以进一步掌握会计人员日常工作的内容及其流程，并能独立、完整地处理企业的日常经济业务。

一、北京铭昶机械制造有限公司概况

北京铭昶机械制造有限公司是一家工业企业，已经认证为增值税一般纳税人，其主营业务为生产并销售 15kW 电机壳和 20kW 电机壳。

（一）工商及税务资料

北京铭昶机械制造有限公司的工商与税务基本情况如表 1 所示。

表 1 北京铭昶机械制造有限公司工商与税务情况

项目	具体情况	项目	具体情况
公司名称	北京铭昶机械制造有限公司	成立时间	2012年1月1日
公司地址	北京市海淀区紫竹院路121号	法定代表人姓名	孙传铭
注册资本	1 000万元	经营范围	电机设备生产与销售
股东及其出资额	孙传铭：600万元；赵樱昶：400万元	开户银行	中国工商银行海淀支行
纳税识别号	110108156478315	银行账号	6222021477942365478

（二）组织结构

北京铭昶机械制造有限公司的厂房与行政办公地点分离，设置有总经办、财务部、人事部、行政部、采购部、销售部、库房、生产车间等部门，各部门人员及其职务如表2所示。

表2 北京铭昶机械制造有限公司组织结构

部门	职务	姓名	部门	职务	姓名
总经办	总经理	孙传铭	销售部	经理	张子文
	副总经理	赵樱昶		主管	王慧霞
	秘书	苗芸湘		销售专员	王明明
财务部	经理	王微微		销售专员	姜家堰
	会计	祝嘉嘉		销售专员	孙堡
	出纳	明舰		销售专员	汪松
人事部	经理	张明伟	库房	保管	秦沁
	招聘专员	李晓雪	生产车间	经理	魏火生
	薪酬专员	钱博文		生产工人	李刚
行政部	主管	宋明君		生产工人	张伟
	前台	周敏		生产工人	张飒
	行政专员	贾韵		生产工人	胡枫
采购部	经理	徐高明		生产工人	杜安庆
	采购专员	刘家豪		生产工人	郑堡
	采购专员	吴松青		生产工人	杨蓉

（三）固定资产资料

2016年7月1日，北京铭昶机械制造有限公司固定资产明细如表3所示。

表3 北京铭昶机械制造有限公司固定资产明细

名称	原值/元	预计净残值率	使用年限	已使用年限	累计折旧/元	净值/元
厂房	3 500 000	5%	50年	4.5年	299 250	3 200 750
生产机器	2 000 000	5%	15年	4.5年	570 000	1 430 000
办公家具	280 000	5%	8年	4.5年	149 625	130 375
电子设备	160 000	5%	6年	4.5年	114 000	46 000
运输车辆	500 000	5%	10年	4.5年	213 750	286 250
合计	6 440 000	—	—	—	1 346 625	5 093 375

（四）财务制度

北京铭昶机械制造有限公司的财务制度主要包括以下内容。

（1）会计年度执行公历年制，自公历 1 月 1 日起 ~12 月 31 日止为一个会计年度，要求分月结算账目并编制会计报表。

（2）会计账目设置与启用。根据公司具体情况，会计账目设置的具体要求如表 4 所示。

表 4 会计账目设置具体要求

账目名称	格式	余额	结账	年终更换
总账	订本式	随时填写	月结、累计	建立新账
库存现金日记账	订本式	日清月结	月结、累计	建立新账
银行存款日记账	订本式	随时填写	月结、累计	建立新账
往来明细账	三栏式	随时填写	月结、累计	连续使用
进销存明细账	数量金额式	随时填写	月结、累计	建立新账
成本、期间费用明细账	多栏式	随时填写	月结、累计	建立新账
固定资产明细账	三栏式	随时填写	月结、累计	连续使用
其他科目明细账	三栏式	随时填写	月结、累计	建立新账

（3）本公司会计凭证中的原始凭证主要包括内部自制原始凭证和外来原始凭证两类。其中，内部自制原始凭证主要包括收据、收料单、领料单、差旅费、借支单、费用报销单、支付凭证等；外来原始凭证主要涉及各类发票和银行结算单据等。本公司的记账凭证采用复式通用记账凭证，所有记账凭证都要经过财务部经理的审核。

（4）结账前，本公司当期的经济业务必须全部入账，不得遗漏。根据结算清楚的账目，按月、季、年会计期间，分别编制对应的财务报表。本公司的财务报表主要是资产负债表和利润表，涉及的纳税申报表主要有增值税、企业所得税、城建税和教育费附加报表。

（5）存货发出计价方法采用移动加权平均法；固定资产折旧采用平均年限法，当月增加的固定资产不计提折旧，当月减少的固定资产照提折旧。

（6）员工工资计入应付职工薪酬，于每月月末计提，次月 10 日前发放。

（五）总账与明细账期初余额

北京铭昶机械制造有限公司 2016 年 7 月 1 日总账与明细账科目的余额分别如表 5、表 6 所示。

表5 总账科目期初余额

科目名称	方向	金额/元	科目名称	方向	金额/元
库存现金	借	12 780	应付账款	贷	360 000
银行存款	借	1 399 000	短期借款	贷	120 000
其他货币资金	借	1 634 500	应付职工薪酬	贷	215 000
应收账款	借	820 000	其他应付款	贷	15 750
其他应收款	借	4 000	累计折旧	贷	1 346 625
预付账款	借	12 000	长期借款	贷	500 000
原材料	借	1 622 875	实收资本	贷	10 000 000
库存商品	借	3 862 220	资本公积	贷	120 000
固定资产	借	6 440 000	本年利润	贷	2 850 000
无形资产	借	1 000 000	利润分配	贷	1 280 000
合计	借	16 807 375	合计	贷	16 807 375

表6 明细账科目期初余额

一级科目	二级科目	方向	金额/元	一级科目	二级科目	方向	金额/元
库存现金	—	借	12 780	主营业务成本	15kW电机壳	平	0
银行存款	工行海淀支行	借	1 399 000	主营业务成本	20kW电机壳	平	0
其他货币资金	—	借	1 634 500	累计折旧	—	贷	1 346 625
应收账款	北京机电厂	借	325 000	待处理财产损溢	待处理非流动资产损溢	平	0
应收账款	洛阳机电厂	借	128 560	短期借款	工行海淀支行	贷	120 000
应收账款	石家庄机电厂	借	366 440	应付账款	上海炉料厂	贷	123 000
应收票据	石家庄机电厂	平	0	应付账款	广州铸造厂	贷	86 000
其他应收款	吴松青	借	4 000	应付账款	华北服务公司	贷	151 000
其他应收款	保险公司	平	0	应付职工薪酬	工资	贷	179 990
其他应收款	贾韵	平	0	应付职工薪酬	社保	贷	26 010
预付账款	广州机电厂	借	12 000	应付职工薪酬	住房公积金	贷	9 000
原材料	废钢	借	583 000	其他应付款	个人社保	贷	6 750
原材料	焦炭	借	497 500	其他应付款	个人住房公积金	贷	9 000
原材料	原料铁	借	542 375	其他应付款	韩江	平	0
库存商品	15kW电机壳	借	1 256 870	长期借款	工行海淀支行	贷	500 000
库存商品	20kW电机壳	借	2 605 350	应交税费	应交企业所得税	平	0
固定资产	厂房	借	3 500 000	应交税费	应交个人所得税	平	0
固定资产	生产机器	借	2 000 000	应交税费	应交增值税——进项税额	平	0

续表

一级科目	二级科目	方向	金额/元	一级科目	二级科目	方向	金额/元
固定资产	办公家具	借	280 000	应交税费	应交增值税 ——销项税额	平	0
固定资产	电脑	借	160 000	应交税费	应交城市维护建设税	平	0
固定资产	运输车辆	借	500 000	应交税费	应交教育费附加	平	0
无形资产	非专利技术	借	1 000 000	应交税费	应交地方教育附加	平	0
生产成本	15kW电机壳	平	0	财务费用	手续费	平	0
生产成本	20kW电机壳	平	0	财务费用	利息费	平	0
制造费用	水电费	平	0	所得税费用	—	平	0
制造费用	折旧费	平	0	税金及附加	—	平	0
制造费用	职工薪酬	平	0	主营业务收入	15kW电机壳	平	0
销售费用	折旧费	平	0	主营业务收入	20kW电机壳	平	0
销售费用	广告费	平	0	其他业务收入	—	平	0
销售费用	水电费	平	0	营业外收入	—	平	0
销售费用	职工薪酬	平	0	营业外支出	固定资产盘亏损失	平	0
管理费用	水电费	平	0	实收资本	—	贷	10 000 000
管理费用	职工薪酬	平	0	资本公积	—	贷	120 000
管理费用	办公费	平	0	本年利润	—	贷	2 850 000
管理费用	折旧费	平	0	利润分配	—	贷	1 280 000
借方合计数			16 807 375	贷方合计数			16 807 375

注：原材料与库存商品明细如表 7 所示。

表 7 原材料与库存商品明细

一级科目	二级科目	单价/元	数量	金额/元
原材料	废钢	3 643.75	160t	583 000
原材料	焦炭	2 487.5	200t	497 500
原材料	原料铁	4 339	125t	542 375
库存商品	15kW电机壳	2 513.74	500件	1 256 870
库存商品	20kW电机壳	3 473.8	750件	2 605 350

二、2016年7月经济业务

业务 1：1 日，财务部出纳签发现金支票一张，提取现金 5 000 元，作为公司的备用金使用。经财务经理签字后，出纳从开户行取回现金。

业务 2：3 日，行政部贾韵申请购买办公用品一批，填写借支单一张，经会计审批后，出纳向其支付现金 500 元。

业务 3：4 日，从长春一汽购入东风牌卡车一辆，取得增值税专用发票，发票上注明的价款为 200 000 元，增值税为 34 000 元。货款以银行存款支付。

业务 4：4 日，收到银行传来的进账单，收到北京机电厂所欠货款 200 000 元。

业务 5：4 日，销售给洛阳机电厂 15kW 电机壳 150 件、20kW 电机壳 200 件，其单价分别为 4 500 元和 6 200 元。已开出增值税专用发票，但货款尚未收到。

业务 6：5 日，贾韵报销购买办公用品费用 450 元，退回多余现金 50 元，并填写了费用报销单。

业务 7：5 日，车间为生产 15kW 电机壳领用原料铁 20t、焦炭 23t、废钢 18t。

业务 8：6 日，收到银行传来的收款回单，收到 4 日向洛阳机电厂销售电机壳的销售款。

业务 9：6 日，车间为生产 20kW 电机壳领用原料铁 40t、焦炭 32t、废钢 25t。

业务 10：7 日，开出转账支票，支付广告费 30 000 元。

业务 11：9 日，签发现金支票，从银行提取现金 200 000 元，以备发放工资。

业务 12：9 日，通过银行向社保局缴纳公司与个人部分的社保与住房公积金。各项明细见原始凭证。

业务 13：10 日，以现金支付职工上月工资。

业务 14：10 日，销售给北京机电厂 15kW 电机壳 200 件、20kW 电机壳 300 件，其单价分别为 4 500 元和 6 200 元。当日开出增值税专用发票，并收到货款。

业务 15：12 日，从广州铸造厂购入原料铁 100t，单价为 4 339 元，取得增值税专用发票，货款尚未支付。

业务 16：13 日，车间为生产 15kW 电机壳领用原料铁 50t、焦炭 32t、废钢 25t，为生产 20kW 电机壳领用原料铁 65t、焦炭 37t、废钢 32t。

业务 17：14 日，出纳人员签发一张转账支票支付 12 日采购款。

业务 18：15 日，销售给石家庄机电厂 15kW 电机壳 50 件、20kW 电机壳 80 件，其单价分别为 4 500 元和 6 200 元。当日开出增值税专用发票，并收到对方开出的银行承兑汇票。

业务 19：18 日，向银行购买支票，以现金支付工本费 20 元。

业务 20：21 日，会计人员对公司固定资产进行清查，盘亏一台电脑，该电脑原价为 6 500 元，已计提折旧 3 900 元。

业务 21：22 日，通过电汇方式支付前欠上海炉料厂 100 000 元。

业务 22：24 日，向某个人（韩江）出租工作服 15 套，共计 1 500 元，另收取押金

1 500 元，待韩江归还工作服时再退还多余款项。上述款项均以现金收取。

业务 23：26 日，对 21 日盘亏的固定资产进行处理。其中由保险公司赔偿 1 000 元，其余损失计入营业外支出。

业务 24：29 日，通过网银收到石家庄机电厂前欠货款 100 000 元。

业务 25：31 日，收到本月水费与电费缴费清单。本月电费共计 40 135 元，其中车间耗用 36 841 元、管理部门耗用 2 294 元、销售部门耗用 1 000 元；本月水费共计 10 880 元，其中车间耗用 9 813 元、管理部门耗用 867 元、销售部门耗用 200 元。

业务 26：31 日，支付本月应负担的短期借款利息 583 元。

业务 27：31 日，计提本月固定资产折旧费（注：①由于无形资产无法确定其使用年限，因此不必进行无形资产摊销；②本期购入的固定资产，本期不计提折旧，从下期开始计提折旧）。

业务 28：31 日，计算本月职工薪酬，并代扣员工个人部分的社保、住房公积金和个人所得税，生产工人无法区分其是否专职于生产某一种产品。

业务 29：31 日，根据公司管理层与技术人员勘测决定，按照 4∶6 的比例将本期制造费用在 15kW 电机壳与 20kW 电机壳间进行分摊。

业务 30：31 日，当月投入生产的 15kW 电机壳与 20kW 电机壳全部完工，并验收入库。其中，15kW 电机壳 270 件、20kW 电机壳 260 件。计算完工产品的总成本与单位成本。

业务 31：31 日，计提当月应缴纳的城市维护建设税和教育费附加。

业务 32：31 日，结转本期损益。

业务 33：31 日，计提本月所得税费用。

业务 34：31 日，结转所得税费用。

三、经济业务的原始凭证汇总

北京铭昶机械制造有限公司 2016 年 7 月各项业务涉及的原始凭证如下。其中，"1-1"表示业务 1 的第一张凭证，若某笔业务只有一张原始凭证，如业务 2，其所对应的凭证则为 "2"（注：练习时，读者可以将这些原始凭证裁剪后粘贴到记账凭证中使用）。

1-1 提取现金审批单

申请部门：	财务部	日期：	2016年07月01日
申请人：	明舰	金额：	5000元
金额用途：	备用金		

副总经理：	部门经理：
赵樱昶	王微微

1-2

北京皓天印制有限公司 · 2016年印制

中国工商银行
现金支票存根 （京）

10302145
01389114

附加信息 _____
_____
_____

出票日期 **2016年 07月 01日**

收款人：	北京铭昶机械制造有限公司
金额：	￥5000.00
用途：	备用金

单位主管：赵樱昶　会计：祝嘉嘉

2 借支单

日期：2016 年 07 月 03 日

部门	行政部	职位	行政专员	姓名	贾韵
借支金额	（大写）伍佰元整			小写	500 元
借款事项	购买办公用品				
部门负责人审批	同意借支。行政部主管：宋明君				
财务部门审批	符合规定，同意借支。				

会计：祝嘉嘉　　　　出纳：明舰　　现金付讫　　领款人：贾韵

3-1

2201152340

吉林增值税专用发票
发票联

№. **95781521** 2201152340
95781521

开票日期：2016年07月04日

购货单位	名　　称：北京铭昶机械制造有限公司 纳税人识别号：110108156478315 地址、电话：北京市海淀区紫竹院路121号 开户行及账号：工行海淀支行-6222021477942365478	密码区	6<*49>7-42/>5<<58248>+>/061 -+7*<85/98->>5-0>48+>-*871- 30>-59/8-+43-*13/95*0<->96+- /--506+747>+<78*3<98>/+-56-	加密版本：1-1 3200114140 15476676

货物或应税劳务名称	规格型号	单位	数量	单价	金额	税率	税额
东风牌卡车		辆	1	200000.00	200000.00	17%	34000.00
合　　计					¥200000.00		¥34000.00

价税合计（大写）	⊗贰拾叁万肆仟圆整	（小写）¥234000.00

销货单位	名　　称：长春第一汽车制造公司 纳税人识别号：2201072648456321 地址、电话：长春市午学巷26号 开户行及账号：工行午学支行62284800384057125	备注	（长春第一汽车制造公司 2201072648456321 发票专用章）

收款人：　　　　复核：　　　　开票人：姜江　　　　销货单位：（章）

第三联：发票联　购货方记账凭证

国税函（2016）313号××造币有限公司

3-2

（工） **中国工商银行 单位结算业务申请书** 京No：0112567121

申请日期 Date　**2016** 年Y　**07** 月M　**04** 日D

业务类型 Type	☑电汇 T/T　☐信汇 M/T　☐汇票 D/O　☐本票 P/N ☐其他 Others		汇款方式 Type of Remittance	☑普通 Normal　☐加急 Urgent

客户填写 For Customer Use	申请人 Applicant	全　称 Full Name	北京铭昶机械制造有限公司	收款人 Payee	全　称 Full Name	长春第一汽车制造公司
		账号或地址 A/C No or Address	6222021477942365478		账号或地址 A/C No or Address	62284800384057125
		开户行名称 Account Bank Name	工行海淀支行		开户行名称 Account Bank Name	工行午学支行

金额（大写）人民币 Amount in Words　RMB	贰拾叁万肆仟元整	亿	千	百	十	万	千	百	十	元	角	分
				¥	2	3	4	0	0	0	0	0

上列款项及相关费用请从我账户内支付。
The above remittance and rstated chanrges are to be drawn on my account

中国工商银行
转讫
4

支付密码
Full Name

附加信用及用途：
Meaasage and Purpsoe　支付购车款

第三联　回单联

银行打印 For Bank Use

会计主管：　　　　复核：　　　　记账：

4

		进账单（回单）													

中国工商银行
INDUSTRIAL AND COMMERCIAL BANK OF CHINA

进账单（回单）

2016年 07月 04日

出票人	全　称	北京机电厂	收款人	全　称	北京铭昶机械制造有限公司
	账　号	6215204489742300001		账　号	6222021477942365478
	开户银行	工行大兴支行		开户银行	工行海淀支行

金额	人民币（大写）	贰拾万元整	亿	千	百	十	万	千	百	十	元	角	分
					¥	2	0	0	0	0	0	0	0

票据种类	转支	票据张数	壹张
票据号码		11023657810	

中国工商银行北京海淀支行营业部

转账

开户银行签章

复核　　　　记账

此联是开户银行交给持票人的回单或收账通知

5-1　1101152340

北京增值税专用发票

此联不作报销、扣款凭证使用

No. **10591453** 1101152340
10591453

开票日期：2016年07月04日

国税函（2016）313号××连市有限公司

购货单位	名　称	洛阳机电厂	密码区	6<*49>7-42/>5<<58248>+>/061 -+7*<85/98->>5-0>48+>-*871- 30>-59/8-+43-*13/95*0<>96+- /--506+747>+<78*3<98>/+-56-	加密版本：1-1 3200114140 15476676
	纳税人识别号：311971547923157				
	地址、电话：洛阳市老城区解放路111号				
	开户行及账号：工行解放路支行6217038911147523005				

货物或应税劳务名称	规格型号	单位	数量	单价	金额	税率	税　额
电机壳	15kw	件	150	4500.00	675000.00	17%	114750.00
电机壳	20kw	件	200	6200.00	1240000.00	17%	210800.00
合　计					¥1915000.00		¥325550.00

价税合计（大写）　⊗贰佰贰拾肆万零伍佰伍拾圆整　　（小写）¥2240550.00

第一联：记账联　销货方记账凭证

销货单位	名　称	北京铭昶机械制造有限公司	备注	
	纳税人识别号：110108156478315			
	地址、电话：北京市海淀区紫竹院路121号			
	开户行及账号：工行海淀支行6222021477942365478			

北京铭昶机械制造有限公司
110108156478315
发票专用章

收款人：　　　　　复核：　　　　　开票人：祝嘉嘉　　　　　销货单位：（章）

5-2　　　　　出　库　单　　　　　No 1208003

提货部门：销售部　　　　2016 年 07 月 04 日

货号	商品名称	规格	单位	数量	单价	金额	备注
7001	15kW电机壳		件	150	2513.74	377061	
7002	20kW电机壳		件	200	3473.8	694760	
合　计				350		1071821	

第三联　记账联

会计：　　　提货人：王明明　　　保管：泰沁　　　制单：泰沁

6-1　　　　　费用报销单

2016 年 07 月 05 日　　　　　附件：1 张

报销部门	采购部	报销人	贾韵
用途	金额（元）	备注	现金收讫
购买办公用品	450		
		部门领导审批	宋明君
合计	450		

合计（大写）：肆佰伍拾元整　　　原借款：500 元　　应退余额：50 元

会计主管：王微微　　出纳：明帆　　报销人：贾韵　　领款人：贾韵

6-2　　　北京市国家税务局通用手工发票

发票联

发票代码：13804097 0137
发票号码：00330303

付款单位：北京佲昶机械制造有限公司　　　2016 年 07 月 05 日

项 目 内 容	金　额 百十元角分	备注
办公用品	4 5 0 0 0	
合计人民币（大写）肆佰伍拾元整	￥ 4 5 0 0 0	

起批号码：00259-626001
××印刷有限公司

收款单位名称：北京智达办公设备有限公司　　开票人：张惟
收款单位税号：110265785139512

第二联　发票联

7　　　　　　　　　　领　料　单　　　　　　N̲o̲ 1108126

领料部门：**生产车间**　　　　　　2016 年 07 月 05 日

编号	名称	规格	单位	申领数量	实发数量	单价	金额	用途备注
1	原料铁		吨	20	20	4339	86780	**生产 15kW电机壳**
2	焦炭		吨	23	23	2487.5	57212.5	**生产 20kW电机壳**
3	废钢		吨	18	18	3643.75	65587.5	**生产 15kW电机壳**
合　　计				61	61		209580	

审核：**魏火生**　　　　　　　　库房：**泰沁**　　　　　　　领料人：**胡枫**

第二联

记账联

8　　🏦 **中国工商银行**　　　　　　进账单（回单）
　　INDUSTRIAL AND COMMERCIAL BANK OF CHINA　　2016 年 07 月 06 日

出票人	全　称	洛阳机电厂	收款人	全　称	北京铭昶机械制造有限公司
	账　号	6217038911147523005		账　号	6222021477942365478
	开户银行	工行解放路支行		开户银行	工行海淀支行

金额	人民币（大写）	贰佰贰拾肆万零伍佰伍拾元整	亿	千	百	十	万	千	百	十	元	角	分
				¥	2	2	4	0	5	5	0	0	0

票据种类	转支	票据张数	壹张
票据号码		03973610575	

中国工商银行北京海淀支行营业部

转账

开户银行签章

复核　　　　　　记账

此联是开户银行交给持票人的回单或收账通知

9 　　　　　　　　　　 <u>领　料　单</u> 　　　 № 1108129

领料部门：**生产车间** 　　　　　　 2016 年 07 月 06 日

编号	名称	规格	单位	申领数量	实发数量	单价	金额	用途备注
1	原料铁		吨	40	40	4339	173560	生产 20kW 电机壳
2	焦炭		吨	32	32	2487.5	79600	生产 20kW 电机壳
3	废钢		吨	25	25	3643.75	91093.75	生产 20kW 电机壳
合　　计				97	97		344253.75	

第二联　记账联

审核：**魏火生** 　　　　　　　 库房：**泰沁** 　　　　　　 领料人：**张飒**

10-1

北京皓天印制有限公司 · 2016年印制

中国工商银行
转账支票存根

附加信息

_____

_____

出票日期 **2016** 年 **07** 月 **07** 日

收款人：	北京众晚广告传播有限公司
金额：	￥30000.00
用途：	广告费

单位主管：**赵樱柜** 　会计：**祝嘉嘉**

11-1

北京皓天印制有限公司 · 2016年印制

中国工商银行
现金支票存根

附加信息

_____

_____

出票日期 **2016** 年 **07** 月 **09** 日

收款人：	北京铭柜机械制造有限公司
金额：	￥200000.00
用途：	发工资

单位主管：**赵樱柜** 　会计：**祝嘉嘉**

10-2

北京市地方税务局通用机打发票

记 账 联

2320020170010147675540 11

发票代码 11521489315

发票号码 00330385

开票日期：2016年07月07日　　　行业分类：其他服务业

此发票系北京市地方税务局批准制　2016年1月

付款方名称：北京铭昶机械制造有限公司

付款方登记号：110108156478315

经营项目	单价	数量	折扣额	金额	附注
广告费	30000.00	1		30000.00	

金额合计（大写）：叁万元整　　　　　　　（小写）：¥30000.00

备注：

开票人：章燕　　收款方：北京众晓广告传播有限公司　　收款方识别号：110107269157821

第一联　发票联（购货单位付款凭证）（手写无效）

11-2

提取现金审批单

申请部门：	财务部	日期：	2016年07月09日
申请人：	明舰	金额：	200000元
金额用途：	发工资		

副总经理：	部门经理：
赵樱昶	王微微

12-1 北京市社会保险费专用收款票据

流水号：1002205253145

缴款单位：北京铭昶机械制造有限公司　　经济类别：12009900712　集体

NO.246654578540001

单位：元

收费项目	起始年月	终止年月	人数	单位缴纳额	个人缴纳额	滞纳金	利息	合计金额
基本养老保险费	2016-06	2016-06	30	11931.19	4909.09			16840.28
基本医疗保险费	2016-06	2016-06	30	9544.95	1227.28			10772.23
失业保险费	2016-06	2016-06	30	2386.24	613.63			2999.87
工伤保险费	2016-06	2016-06	30	1193.12				1193.12
生育保险费	2016-06	2016-06	30	954.50				954.50
				26 010.00	6 750.00			32760.00

人民币（大写）　叁万贰仟柒佰陆拾元整

收款单位：　财务复核人：　专项　　业务复核人：汪萍　　操作员：王洁　　开据时间：**2016-07-09**

12-2 中国工商银行 客户付款通知

ICBC

日期：2016/07/09

交易行：44-1241　　　　专票号：P1121411　　　　日志号：5561211

付款账户名：北京铭昶机械制造有限公司

付款账号：6222021477942365478

付款开户行：中国工商银行海淀支行

收款户名：北京市社会保障服务中心

收款账号：622102573571691257

收款户开户行：中国工商银行海淀支行

金额大写：叁万贰仟柒佰陆拾元整

金额小写：32760.00元

摘要：社保费

备注：

12-3

中国工商银行

ICBC

客户付款通知

日期：2016/07/09

交易行：44-1241　　　　专票号：P1121411　　　　日志号：5561211

付款账户名：北京铭昶机械制造有限公司

付款账号：6222021477942365478

付款开户行：中国工商银行海淀支行

收款户名：北京市住房公积金管理中心

收款账号：622100179230248951

收款户开户行：中国工商银行大兴支行

金额大写：玖仟元整

金额小写：9000.00元

摘要：住房公积金

备注：

14-1　　　　　　　出　库　单　　　№ 1208015

提货部门：销售部　　　2016 年 07 月 10 日

货号	商品名称	规格	单位	数量	单价	金额	备注
7001	15kW电机壳		件	200	2513.74	502748	
7002	20kW电机壳		件	300	3473.8	1042140	
合　　计				500		1544888	

第三联　记账联

会计：　　　提货人：汪松　　　保管：秦沁　　　制单：秦沁

工资领款单

13

2016 年 07 月 09 日

编号	姓名	出勤(天)	基本工资	岗位工资	补贴	全勤奖	合计	请假扣款	迟到扣款	其他扣款	应扣合计	实发工资	签字
			应发金额					应扣金额					
1	孙传铭	12	7000	3000	500	0	10500	600	300	0	900	9600	孙传铭
2	赵樱昶	18	7000	3000	500	0	10500	200	100	0	300	10200	赵樱昶
3	苗芸湘	21	3500	1500	300	200	5500	0	0	40	40	5460	苗芸湘
4	王微微	21	4000	2500	500	200	7200	0	0	0	0	7200	王微微
5	祝嘉嘉	21	3500	2000	300	200	6000	0	0	0	0	6000	祝嘉嘉
6	明舰	20	3000	1500	300	0	4800	50	50	0	100	4700	明舰
7	张明伟	21	4000	2000	500	200	6700	0	0	0	0	6700	张明伟
8	李晓萱	21	3500	1500	300	200	5500	0	0	80	80	5420	李晓萱
9	钱博文	21	3500	1500	300	200	5500	0	0	0	0	5500	钱博文
10	宋明君	21	4000	1500	500	200	6200	0	0	0	0	6200	宋明君
11	周敏	18	3500	1500	300	0	5300	200	0	0	200	5100	周敏
12	贾韵	21	3500	1500	300	200	5500	0	0	0	0	5500	贾韵
13	徐高明	21	3900	2500	500	200	7100	0	0	0	0	7100	徐高明
14	刘家豪	21	3500	1500	300	200	5500	0	0	0	0	5500	刘家豪
15	吴松青	21	3500	1500	300	200	5500	0	0	0	0	5500	吴松青
16	张子文	21	4000	2500	500	200	7200	0	0	0	0	7200	张子文
17	王慧霞	21	3500	1500	300	200	5500	0	0	120	120	5380	王慧霞
18	王明明	17	3000	1500	300	0	4800	500	50	0	550	4250	王明明
19	姜家堰	21	3000	1500	300	200	5000	0	0	0	0	5000	姜家堰
20	孙堡	21	3000	1500	300	200	5000	0	0	0	0	5000	孙堡
21	汪松	21	3000	1500	300	200	5000	0	0	0	0	5000	汪松
22	秦沁	21	3500	1500	500	200	5700	0	0	0	0	5700	秦沁
23	魏火生	20	5000	2500	1500	0	9000	50	0	0	50	8950	魏火生
24	李刚	21	3000	1200	1200	200	5600	0	0	220	220	5380	李刚
25	张伟	21	3000	1200	1200	200	5600	0	0	200	200	5400	张伟
26	张飒	20	3000	1200	1200	0	5400	50	0	0	50	5350	张飒
27	胡枫	21	3000	1200	1200	200	5600	0	0	200	200	5400	胡枫
28	杜安庆	21	3000	1200	1200	200	5600	0	0	0	0	5600	杜安庆
29	郑堡	19	3000	1200	1200	0	5400	150	50	0	200	5200	郑堡
30	杨蓉	21	3000	1200	1200	200	5600	0	0	100	100	5500	杨蓉
分栏合计		606	109900	50900	18100	4400	183300	1800	550	960	3310	179990	

领导签字：孙传铭　　　　　出纳：明舰　　　　　制表：明舰

14-2

1101152340

北京增值税专用发票

此联不作报销、扣款凭证使用

№. **10591454** 1101152340
10591454

开票日期：2016年07月10日

购货单位	名　　称：北京机电厂						
	纳税人识别号：110102147926214						
	地址、电话：北京市大兴区海北路12号						
	开户行及账号：工行大兴支行 6215204489742300001						

密码区：
6<*49>7-42/>5<<58248>+>/061
-+7*<85/98->>5-0>48+>-*871-
30>-59/8-+43-*13/95*0<->96+-
/--506+747>+<78*3<98>/+-56-

加密版本：1-1
3200114140
15476676

货物或应税劳务名称	规格型号	单位	数量	单价	金额	税率	税额
电机壳	15kw	件	200	4500.00	900000.00	17%	153000.00
电机壳	20kw	件	300	6200.00	1860000.00	17%	316200.00
合　　计					¥2760000.00		¥469200.00

价税合计（大写） ⊗叁佰贰拾贰万玖仟贰佰圆整 （小写）¥3229200.00

销货单位	名　　称：北京铭昶机械制造有限公司	备注
	纳税人识别号：110108156478315	
	地址、电话：北京市海淀区紫竹院路121号	
	开户行及账号：工行海淀支行 6222021477942365478	

收款人：　　　　复核：　　　　开票人：祝嘉嘉　　　　销货单位（专章）

（国税函〔2016〕313号××海××有限公司）

第一联：记账联　销货方记账凭证

14-3

 中国工商银行
INDUSTRIAL AND COMMERCIAL BANK OF CHINA

进账单（回单）

2016 年 07 月 10 日

出票人	全　　称	北京机电厂	收款人	全　　称	北京铭昶机械制造有限公司
	账　　号	6215204489742300001		账　　号	6222021477942365478
	开户银行	工行大兴支行		开户银行	工行海淀支行

金额	人民币（大写）	叁佰贰拾贰万玖仟贰佰元整	亿	千	百	十	万	千	百	十	元	角	分
				¥	3	2	2	9	2	2	0	0	0

票据种类	转支	票据张数	壹张	
票据号码		01057910178		

中国工商银行北京海淀支行营业部

转账

开户银行签章

复核　　　　记账

此联是开户银行交给持票人的回单或收账通知

15-1

4401152240

广东增值税专用发票

发票联

No. **56704561** 4401152240
56704561

开票日期：2016年07月12日

购货单位	名　　称：北京铭昶机械制造有限公司 纳税人识别号：110108156478315 地址、电话：北京市海淀区紫竹院路121号 开户行及账号：工行海淀支行-6222021477942365478	密码区	6<*49>7-42/>5<<58248>+>/061 -+7*<85/98->>5-0>48+>-*871- 30>-59/8-+43-*13/95*0<->96+- /--506+747>+<78*3<98>/+-56--	加密版本：1-1 3200114140 15476676

货物或应税劳务名称	规格型号	单位	数量	单价	金额	税率	税额
原料铁		吨	100	4339.00	433900.00	17%	73763.00
合　　计					¥433900.00		¥73763.00

价税合计（大写）	⊗伍拾万零柒仟陆佰陆拾叁圆整	（小写）¥507663.00

销货单位	名　　称：广州铸造厂 纳税人识别号：440100328791257 地址、电话：广州市白云区三元里134号 开户行及账号：工行白云支行6222150299425781335	备注	

收款人：　　　　复核：　　　　开票人：白慧明　　　　销货单位（章）

第三联：发票联　购货方记账凭证

粤税函（2016）313号××连市有限公司

15-2　　　　　入 库 单

入库时间：2016 年 7 月 12 日　　　　　　　　　　　　　编号：10115

序号	品　名	规　格	单位	数量	单价	金额	备　注
1	原料铁		吨	100	4339	433900	
2							
3							
4							

交货人：魏渭硋　　　　保管员：泰沁　　　　　　　　　制表：泰沁

16　　　　　领 料 单　　　　No 1108129

领料部门：**生产车间**　　　　2016 年 07 月 13 日

编号	名称	规格	单位	申领数量	实发数量	单价	金额	用途备注
1	原料铁		吨	50	50	4339	216950	生产 15kW 电机壳
2	焦炭		吨	32	32	2487.5	79600	生产 15kW 电机壳
3	废钢		吨	25	25	3643.75	91093.75	生产 15kW 电机壳
4	原料铁		吨	65	65	4339	282035	生产 20kW 电机壳
5	焦炭		吨	37	37	2487.5	92037.5	生产 20kW 电机壳
6	废钢		吨	32	32	3643.75	116600	生产 20kW 电机壳
	合　　计			241	241		878316.25	

审核：魏犬生　　　　库房：泰沁　　　　领料人：杨蓉

第二联　记账联

17

中国工商银行
转账支票存根 （京）

No：0005478

科　目 _____

对方科目 _____

出票日期 **2016** 年 **07** 月 **14** 日

收款人：	广州铸造厂
金额：	￥507663.00
用途：	贷款

单位主管：赵樱桃　会计：祝焘焘

北京皓天印制有限公司 · 2016年印制

18-1

银行承兑汇票

签发日期　　贰零壹陆年柒月壹拾伍日

00000225

出票人全称	石家庄机电厂	收款人	全称	北京铭昶机械制造有限公司
出票人账号	6221456278948623014		账号	6222021477942365478
付款行全称	工行建设支行		开户银行	工行海淀支行

汇票金额	人民币（大写）　捌拾肆万叁仟伍佰柒拾元整	亿千百十万千百十元角分 ￥ 8 4 3 5 7 0 0 0

汇票到期日	贰零壹陆年捌月壹拾肆日	付款人	行号	6221456278948623014
承兑协议编号	0000000000000010		地址	北京市桥东区建设北大街132号

本汇票请你行承兑，到期无条件付款。

本汇票已经本单位承兑，到期日由本行付款。商

秘押

承兑日期 2016年7月15日

出票人签章　　备注　　　　　　　　复核　　记账

18-2

1101152340

北京增值税专用发票

此联不作增值、扣款凭证使用

№. **10591455** 1101152340
10591455

开票日期：2016年07月15日

国税函（2016）313号××连市有限公司

购货单位	名　　称：石家庄机电厂
	纳税人识别号：310154789125634
	地址、电话：石家庄市桥东区建设北大街28号
	开户行及账号：工行建设支行6221456278948623014

密码区

6<*49>7-42/>5<<58248>+>/061
-+7*<85/98->>5-0>48+>-*871-
30>-59/8-+43-*13/95*0<->96+-
/--506+747>+<78*3<98>/+-56-

加密版本：1-1
3200114140
15476676

第一联：记账联 销货方记账凭证

货物或应税劳务名称	规格型号	单位	数量	单价	金额	税率	税额
电机壳	15kw	件	50	4500.00	225000.00	17%	38250.00
电机壳	20kw	件	80	6200.00	496000.00	17%	84320.00
合　　计					¥721000.00		¥122570.00

价税合计（大写）	⊗捌拾肆万叁仟伍佰柒拾圆整	（小写）¥843570.00

销货单位	名　　称：北京铭昶机械制造有限公司	备注
	纳税人识别号：110108156478315	
	地址、电话：北京市海淀区紫竹院路121号	
	开户行及账号：工行海淀支行6222021477942365478	

收款人：　　　　　复核：　　　　　开票人：祝嘉嘉　　　　　销货单位：（章）

18-3

出　库　单

№ 1208018

提货部门：销售部　　　　2016 年 07 月 15 日

货号	商品名称	规格	单位	数量	单价	金额	备注
7009	15kw 电机壳		件	50	2513.74	125687	
7010	20kw 电机壳		件	80	3473.8	277904	
合　　计				130		403591	

第三联 记账联

会计：　　　　　提货人：姜家堪　　　　保管：泰沁　　　　制单：泰沁

19

<table>
<tr><td colspan="3">🏦 中国工商银行</td></tr>
<tr><td colspan="3" align="center">收费凭证
2016 年 07 月 20 日</td></tr>
<tr>
<td>
付款账号：6222021477942365478
付款户名：北京铭昶机械制造有限公司

开户行：中国工商银行海淀支行
币种：人民币
合计实收金额（大写）：人民币贰拾元整

合计实收金额（小写）：
合计应收金额：
付费方式：现金
摘要（收费项目）：支票工本费
</td>
<td>
实收金额
20.00

RMB20.00
RMB20.00
</td>
<td>
实收金额
20.00
</td>
</tr>
<tr><td colspan="3">经办03214   复核</td></tr>
</table>

（印章：中国工商银行海淀支行 201607 业务清讫 22）

---

20 固定资产盘亏报告表

编制日期：2016 年 07 月 21 日   资产编号：0125

资产名称	办公用电脑	规格型号	HP1003
计量单位及数量	1 台	所在地点	办公室
原值、评估值	6500	开始使用日期	2013 年 6 月 30 日
已提折旧	3900	会计折旧年限	5 年
净值	2600	实际使用年限	3 年

盘亏原因：管理不善被盗

使用部门意见	情况属实 宋明君	财务部门意见	情况属实 王微微
总经理审批意见	情况属实 孙传铭		

制表人：明舰

本表审批后复印一式三份，交使用部门一份，财务部门一份

21

🏦 中国工商银行 电汇凭证（回单）

☑普通 □加急　　　　　　委拖日期：2016 年 07 月 22 日

汇款人	全称	北京铭昶机械制造有限公司	收款人	全称	上海炉料厂
	账号	6222021477942365478		账号	6201411555263710278
	汇出地点	省 北京 市/县		汇出地点	省 上海 市/县
汇出行名称		中国工商银行海淀支行	汇入行名称		中国工商银行静安支行

金额	人民币（大写）	壹拾万元整	亿 千 百 十 万 千 百 十 元 角 分
			¥ 1 0 0 0 0 0 0 0

汇出行签章　　　　　　　　　　　　　　　　票证安全码

附加信息及用途：

复核：　　　记账：

此联汇出行给汇款人的回单

22-1

北京市地方税务局通用机打发票

23200201700101476755 4011

记 账 联

开票日期：2016年07月22日　　行业分类：其他服务业

发票代码 10387045926
发票号码 01350614

付款方名称：韩江
付款方登记号：

经营项目	单价	数量	折扣额	金额	附注
工作服	100	15		1500.00	

金额合计（大写）：壹仟伍佰元整　　　（小写）：¥1500.00
备注：

开票人：祝嘉嘉　收款方：北京铭昶机械制造有限公司　收款方识别号：110108564783315

此发票系北京市地方税务局批准制 2016年1月

第二联 记账联（收款方付款凭证）（手写无效）

22-2

收 据

No: 0000012

2016 年 07 月 24 日

今收到 韩江

工作服租金（1500元）和押金（1500元），共计3000元

金额（大写）叁仟元整　　　　　　（小写）¥3000

现 金 收 讫

收款单位财务专用章

核准：王微微　会计：祝嘉嘉　记账：祝嘉嘉　出纳：明舰　经手人：孙婵

第三联　记账联

23

固定资产处置报告单

2016 年 07 月 26 日

固资编号	资产名称	开始使用日期	预计使用年限	原值	净值	保管人	存放地点
125	办公用电脑	2013 年 6 月 30 日	5 年	6500	2600	贾韵	办公室
使用状况		尚可使用					
处置原因		被盗丢失					
处置方案		保险公司赔偿1000元，其余计入营业外支出。					
使用部门主管意见	按处置方案执行　张明伟			单位负责人意见	按处置方案执行　赵樱昶		

会计主管：王微微　　　　　　　　　　　　　　　　　制单：祝嘉嘉

24

中国工商银行　网上银行电子回单

电子回单号码：0010-1258-7412-3624

回单类型	网上转账汇款			指令序号		BJB0000000123517892148	
付款人	户名	石家庄机电厂		收款人	户名	北京铭昶机械制造有限公司	
	账号	6221456278948623014			账号	6222021477942365478	
	地区	石家庄			地区	北京	
	网点	中国工商银行石家庄市建设支行			网点	中国工商银行北京市海淀支行	
币种	人民币			钞汇标志		钞	
金额	100000.00元						
合计	人民币（大写）壹拾万元整　　　¥100000.00元						
交易时间	2016年07月29日15时31分			时间戳		2016-07-29-04.99.1025	
用途	货款						
附言：							
	验证码：a12d259dc/d562rk425=					中国工商银行 电子回单 专用章	
记账网点	中国工商银行石家庄市建设支行		记账柜员	012		记账日期	2016年07月29日

25-1

1101153340

北京增值税专用发票

发票联

No. **12704964** 1101153340
12704964

开票日期：2016年07月31日

购货单位	名　称：北京铭昶机械制造有限公司 纳税人识别号：110108156478315 地址、电话：北京市海淀区紫竹院路121号 开户行及账号：工行海淀支行-6222021477942365478		密码区	6<*49>7-42/>5<<58248>+>/061 -+7*<85/98->>5-0>48+>-*871- 30->59/8-+43-*13/95*0<->96+ /--506+747>+<78*3<98>/+-56-	加密版本：1-1 3200114140 15476676

货物或应税劳务名称	规格型号	单位	数量	单价	金额	税率	税额
电费（普通工业）		千瓦时	50168.75	0.80	40135.00	17%	6822.95
合　　计					¥40135.00		¥6822.95

价税合计（大写）	⊗肆万陆仟玖佰伍拾柒圆玖角伍分	（小写）¥46957.95

销货单位	名　称：国网北京市电力公司 纳税人识别号：1002064589157462 地址、电话：北京市朝阳区朝阳北路369号 开户行及账号：工行朝阳支行6221542300028790014	备注

收款人：　　　　复核：　　　　开票人：向航　　　　销货单位专用章

第三联：发票联 购货方记账凭证

国税函（2016）313号××连市有限公司

25-2

1101152240

北京增值税专用发票

发票联

No. **13586971** 1101152240
13586971

开票日期：2016年07月31日

购货单位	名　称：北京铭昶机械制造有限公司 纳税人识别号：110108156478315 地址、电话：北京市海淀区紫竹院路121号 开户行及账号：工行海淀支行-6222021477942365478		密码区	6<*49>7-42/>5<<58248>+>/061 -+7*<85/98->>5-0>48+>-*871- 30->59/8-+43-*13/95*0<->96+ /--506+747>+<78*3<98>/+-56-	加密版本：1-1 3200114140 15476676

货物或应税劳务名称	规格型号	单位	数量	单价	金额	税率	税额
工业用水		立方米	1280	8.50	10880.00	17%	1849.60
合　　计					¥10880.00		¥1849.60

价税合计（大写）	⊗壹万贰仟柒佰贰拾玖圆陆角	（小写）¥12729.6

销货单位	名　称：北京招商供水有限公司 纳税人识别号：100105125889643 地址、电话：北京市朝阳区朝阳路111号 开户行及账号：工行朝阳支行622354778900254836	备注

收款人：　　　　复核：　　　　开票人：马本布　　　　销货单位专用章

第三联：发票联 购货方记账凭证

国税函（2016）313号××连市有限公司

25-3

中国工商银行
ICBC

客户付款通知
日期：2016/07/31

交易行：44-1241　　　专票号：P1121411　　　日志号：5561211

付款账户名：北京铭昶机械制造有限公司

付款账号：6222021477942365478

付款开户行：中国工商银行海淀支行

收款户名：国网北京电力公司

收款账号：6221542300028790014

收款户开户行：中国工商银行朝阳支行

金额大写：肆万陆仟玖佰伍拾柒元玖角伍分

金额小写：46957.95元

摘要：电费

备注：

25-4

水电费分配表

2016 年 07 月

耗用部门	电费			水费			水电费合计（元）
	单价（元/千瓦时）	数量（千瓦时）	分配金额（元）	单价（元/立方米）	数量（立方米）	分配金额（元）	
生产车间	0.8	46051.25	36841	8.5	1154.47	9813	46654
管理部门	0.8	2867.5	2294	8.5	102	867	3161
销售部门	0.8	1250	1000	8.5	23.53	200	1200
合计	—	50168.75	40135	—	1280	10880	51015

25-5

中国工商银行
ICBC

客户付款通知
日期：2016/07/31

交易行：44-1241　　　专票号：P1121587　　　日志号：5562034

付款账户名：北京铭昶机械制造有限公司

付款账号：6222021477942365478

付款开户行：中国工商银行海淀支行

收款户名：北京招商供水有限公司

收款账号：622354778900254836

收款户开户行：中国工商银行朝阳支行

金额大写：壹万贰仟柒佰贰拾玖元陆角

金额小写：12729.6元

摘要：水费

备注：

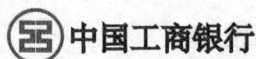

中国工商银行 26

贷款利息通知单

记账日期：2016-07-31

付款人户名：北京铭昶机械制造有限公司　　　　　　检索号：
收款人户名：　　　　　　　　　　　　　　　　付款人账号：6222021477942365478
金额：人民币（大写）伍佰捌拾叁元整　　　　　　　收款人账号：
　　　　　　　　　　　　　　　　　　　　　　　　　¥583.00

起息日期：2016-07-01　　止息日期：2016-07-31　　息余积数：120000.00　　利率：5.83%

利息：583.00　　调整利息：　　　冲正利息：　　　计息账户账号：

金融自助卡号：　　　　　　　　　打印时间：
银验证码行：　　　　　　　　　　打印方式：
地区号：　　　　　　　　　　　　柜员号：　　　　已打印次数：
　　　　　网点号：　　　　　　　　　　　　　　授权柜员号：

27　　固定资产折旧计算表

2016 年 07 月 31 日　　　　　　　　　　单位：元

名称	使用部门	原值	预计使用年限	净残值率	折旧方法	已计提折旧月数	累计折旧	本月应计提折旧	净值
厂房	生产车间	3500000	50 年	5%	年限平均法	54	299250	5541.67	3195208.33
生产机器	生产车间	2000000	15 年	5%	年限平均法	54	570000	10555.56	1419444.44
办公家具	管理部门	280000	8 年	5%	年限平均法	54	149625	2770.83	127604.17
电子设备	管理部门	160000	6 年	5%	年限平均法	54	114000	2111.11	43888.89
运输车辆	销售部门	500000	10 年	5%	年限平均法	54	213750	3958.33	282291.67
合计		6440000					1346625	24937.5	5068437.50

29　　制造费用分配表

2016 年 07 月

分配对象	制造费用总额	分配率	分配金额
15kw电机壳	105887.23	40%	42354.89
20kw电机壳	105887.23	60%	63532.34
合计			105887.23

2016年7月工资表

28

部门	姓名	基本工资	岗位工资	全勤奖	应发合计	养老保险 公司部分	养老保险 个人部分	医疗保险 公司部分	医疗保险 个人部分	失业保险 公司部分	失业保险 个人部分	生育保险(公司)	工伤保险(公司)	住房公积金 公司部分	住房公积金 个人部分	公司缴纳五险一金合计	个税计税基础	个税	扣款合计	实发合计
总经办	孙传骏	8000	3000	0	11000	336	224	224	56	56	28	28	28	320	320	992	10372	819.4	1447.4	9552.6
总经办	赵樱姐	7000	3000	200	10200	336	225	224	57	56	29	28	28	320	320	992	9569	658.8	1289.8	8910.2
财务部	苗芸湘	3500	1500	200	5200	336	226	224	58	56	30	28	28	320	320	992	4566	31.98	665.98	4534.02
财务部	王微微	4000	2500	200	6700	336	227	224	59	56	31	28	28	320	320	992	6063	151.3	788.3	5911.7
财务部	祝鑫鑫	3200	1800	200	5200	336	228	224	60	56	32	28	28	320	320	992	4560	31.8	671.8	4528.2
财务部	明航	2800	1200	0	4000	336	229	224	61	56	33	28	28	320	320	992	3357	0	643	3357
人事部	张明伟	4000	2200	200	6400	336	230	224	62	56	34	28	28	320	320	992	5754	120.4	766.4	5633.6
人事部	李晓雪	2800	1200	0	4000	336	231	224	63	56	35	28	28	320	320	992	3351	0	649	3351
人事部	钱博文	2800	1200	0	4000	336	232	224	64	56	36	28	28	320	320	992	3348	0	652	3348
行政部	宋明君	3500	1500	200	5200	336	233	224	65	56	37	28	28	320	320	992	4545	31.35	686.35	4513.65
行政部	周敏	2800	1200	0	4000	336	234	224	66	56	38	28	28	320	320	992	3342	0	658	3342
行政部	曾钧	2800	1200	200	4200	336	235	224	67	56	39	28	28	320	320	992	3539	1.17	662.17	3537.83
采购部	徐清明	4000	2500	200	6700	336	236	224	68	56	40	28	28	320	320	992	6036	148.6	812.6	5887.4
采购部	刘泽鋆	3200	1500	0	4700	336	237	224	69	56	41	28	28	320	320	992	4033	15.99	682.99	4017.01
采购部	吴松青	3200	1500	200	4900	336	238	224	70	56	42	28	28	320	320	992	4230	21.9	691.9	4208.1
销售部	张子文	3500	2500	0	6000	336	239	224	71	56	43	28	28	320	320	992	5327	77.7	750.7	5249.3
销售部	王慧馥	4000	1800	200	6000	336	240	224	72	56	44	28	28	320	320	992	5324	77.4	753.4	5246.6
销售部	王明明	2500	1800	0	4300	336	241	224	73	56	45	28	28	320	320	992	3621	3.63	682.63	3617.37
销售部	姜泽堠	2500	1200	200	3900	336	242	224	74	56	46	28	28	320	320	992	3218	0	682	3218
销售部	孙垄	3000	1800	200	5000	336	243	224	75	56	47	28	28	320	320	992	4315	24.45	709.45	4290.55
库房	汪松	2500	1200	200	3900	336	244	224	76	56	48	28	28	320	320	992	3212	0	688	3212
库房	秦欢生	3000	1200	200	4400	336	245	224	77	56	49	28	28	320	320	992	3709	6.27	697.27	3702.73
库房	李刚	4000	2200	0	6200	336	246	224	78	56	50	28	28	320	320	992	5506	95.6	789.6	5410.4
生产车间	张怡	2800	1200	200	4200	336	247	224	79	56	51	28	28	320	320	992	3503	0.09	697.09	3502.91
生产车间	张枫	2800	1200	200	4200	336	248	224	80	56	52	28	28	320	320	992	3500	0	700	3500
生产车间	胡枫	2800	1200	0	4000	336	249	224	81	56	53	28	28	320	320	992	3297	0	703	3297
生产车间	杜安庆	2800	1200	200	4200	336	250	224	82	56	54	28	28	320	320	992	3494	0	706	3494
生产车间	郑隆	2800	1200	200	4200	336	251	224	83	56	55	28	28	320	320	992	3491	0	709	3491
生产车间	杨睿	2800	1200	0	4000	336	252	224	84	56	56	28	28	320	320	992	3288	0	712	3288
生产车间	[未识别]	2800	1200	200	4200	336	253	224	85	56	57	28	28	320	320	992	3485	0	715	3485
合计		100500	51000	3600	155100	10080	7155	6720	2115	1680	1275	840	840	9600	9600	29760	134955	2317.83	22462.83	132637.17

完工产品成本计算单

30-1

产品名称	材料成本	人工及其他成本	合计	单位	数量	单价
15kW电机壳	597223.75	42354.89	639578.64	件	270	2368.81
20kW电机壳	834926.25	63532.34	898458.59	件	260	3455.61
合计			1538037.23		530	

审核: 魏火生   制单: 杨蓉

入 库 单

30-2

入库时间: 2016 年 7 月 31 日   编号: 20123

序号	品 名	规 格	单位	数量	单价	金额	备 注
1	15kw 电机壳		件	270	2368.81	639578.64	
2	20kw 电机壳		件	260	3455.61	898458.59	

交货人: 张琨   保管员: 秦沁   制表: 秦沁

31

本月增值税销项税额合计=325 550（5）+469 200（14）+122 570（18）=917 320（元）；
本月增值税进项税额合计=34 000（3）+73 763（15）+8 672.55（25）=116 435.55（元）；
本月应交增值税=917 320−116 435.55=800 884.45（元）；
本月应交城市维护建设税=800 884.45×7%=56 061.91（元）；
本月应交教育费附加=800 884.45×3%=24 026.53（元）；
本月应交地方教育附加=800 884.45×2%=16 017.69（元）。

32

收入类账户本月发生额合计数=主营业务收入 + 其他业务收入
　　　　　　　　　　　　　=5 396 000 + 1 500=5 397 500（元）；
支出类账户本月发生额合计数=主营业务成本+财务费用+销售费用+管理费用+营业外支出 + 税金及附加=3 020 300 + 603 + 70 210.33 + 115 164.94 + 1600 + 96 106.13=3 303 984.4（元）；
本月实现利润总额=5 397 500 − 3 303 984.47=2 093 515.6（元）。

33

　　本月应交所得税 = 本年利润 × 所得税税率 =2 093 515.6×25%=523 378.9（元）

四、填制记账凭证

根据北京铭昶机械制造有限公司的各项财务制度以及 2016 年 7 月发生的经济业务及其原始凭证，填制记账凭证。

> 💿 **答案参见随书光盘** ◄
> 本书配套\第四篇\记账凭证\2016年7月记账凭证.xlsx

五、编制"T"型账户与试算平衡表

填制完成记账凭证后，可根据记账凭证编制"T"型账户，只需要对总账科目编制"T"型账户，并计算出本月涉及的各账户的借方与贷方发生额，然后计算出各账户的期末余额。最后，根据该公司的期初资料与"T"型账户中计算出的各账户的发生额与余额，编制试算平衡表。

> 💿 **答案参见随书光盘** ◄
> 本书配套\第四篇\"T"型账户\本月有发生额科目的"T"型账户.xlsx
> 本书配套\第四篇\试算平衡表\2016年7月发生额与余额试算平衡表.xlsx

六、登记总账与明细账

完成"T"型账户与试算平衡表的编制后，可根据两者登记总账与明细账。登记总账时，只需登记汇总本月记账凭证后各科目的发生额合计数与期末余额。登记明细账时，由于该公司本月涉及的记账凭证数量较少，因此可直接根据记账凭证登记明细账。登记明细账后，应将其与所对应的总账进行核对，检查各会计科目总账的发生额与余额是否与其所属明细账的发生额与余额合计数一致，若不一致，还应检查并改正存在的错误，直至两者一致为止。

> **知识补充**　由于现金日记账与银行存款日记账是由出纳在每笔业务完成后登记的，所以会计人员只需登记库存现金与银行存款的总账与明细账，不必登记库存现金日记账和银行存款日记账。但为了使读者了解日记账的登记方法，本书光盘中仍然提供了北京铭昶机械制造有限公司2016年7月的现金日记账与银行存款日记账。

> 💿 **答案参见随书光盘** ◄
> 本书配套\第四篇\账本\2016年7月有发生额科目的总账.xlsx
> 本书配套\第四篇\账本\2016年7月有发生额科目的明细账.xlsx
> 本书配套\第四篇\账本\2016年7月现金日记账与银行存款日记账.xlsx

经验之谈　　　在账簿的登记中，"过次页"与"承前页"有承接上页与下页的作用，为了练习其写法，本书中总账中统一标明了每页的"承前页"。同时，考虑到实务中明细账与日记账登记每页都是连续的，因此本书在明细账与日记账的登记中统一没有标明每页的"承前页"。

七、编制财务报表

完成总账与明细账的登记后，可直接根据总账的登记情况，编制财务报表。其中，资产负债表中各项目的"期末余额"可根据总账科目的期末余额数填列，"年初余额"数则直接根据各项目的年初余额填列；利润表中各项目的"本期金额"可根据各损益类科目的本期发生额填列，"上期金额"则根据上月利润表中的"本期金额"填列。

　　答案参见随书光盘 ◀

　　本书配套\第四篇\财务报表\2016年7月资产负债表.xlsx

　　本书配套\第四篇\财务报表\2016年7月利润表.xlsx

八、填制纳税申报表

该公司本月主要涉及的纳税申报表包括增值税纳税申报表与地税综合纳税申报表，此类报表的数据可根据"应交税费"科目的相关明细科目分析填列。假设该公司本月取得的增值税进项税额均已经进行了认证。

　　答案参见随书光盘 ◀

　　本书配套\第四篇\纳税申报表\2016年7月增值税纳税申报表.xls

　　本书配套\第四篇\纳税申报表\2016年7月地税综合纳税申报表.doc

附录一　《企业会计准则》与《小企业会计准则》下业务处理的区别

本书中所涉及的各项经济业务均是以《企业会计准则》为基础进行会计处理，但是考虑到有的企业由于规模较小或是财务人员配备等因素，其业务处理是依据《小企业会计准则》进行的，因此，本书附录一将对《企业会计准则》与《小企业会计准则》下经济业务的具体处理进行区分。

在两种会计准则下，会计业务处理的基本原则、核算方法以及一般流程是相同的，其最大的区别在于部分会计科目的使用差异以及资产负债表项目与利润表项目的差异，具体内容如表1、表2、表3所示。

表 1　会计科目使用的差异

比较项目		《小企业会计准则》下的处理	《企业会计准则》下的处理
现金清查	现金盘盈	①批准前： 借：库存现金 　　贷：待处理财产损溢 ②批准后： 借：待处理财产损溢 　　贷：其他应付款（应付有关单位或人员款项） 　　　　营业外收入	
	现金盘亏	①批准前： 借：待处理财产损溢 　　贷：库存现金 ②批准后： 借：营业外支出 　　其他应收款（应收责任人赔款） 　　贷：待处理财产损溢	①批准前： 借：待处理财产损溢 　　贷：库存现金 ②批准后： 借：管理费用 　　其他应收款（应收责任人赔款） 　　贷：待处理财产损溢
短期投资	初始计量	取得短期投资时，采用历史成本计量，交易费用计入投资成本 借：短期投资（购买价款+相关税费） 　　应收股利（价款中含已宣告但未发放现金股利） 　　应收利息（价款中含已到期但未领取债券利息） 　　贷：银行存款等	取得交易性金融资产按照公允价值进行计量，相关交易费用在发生时直接计入投资收益 借：交易性金融资产——成本（公允价值） 　　投资收益（交易费用） 　　应收股利（价款中含已宣告但未发放现金股利） 　　应收利息（价款中含已到期但未领取债券利息） 　　贷：银行存款等

比较项目		《小企业会计准则》下的处理	《企业会计准则》下的处理
短期投资	后续计量	①持有期间的现金股利或债券利息收入 借：应收股利（被投资单位宣告分派现金股利部分） 　　应收利息（应付利息日计算的债券利息） 　　贷：投资收益 ②期末公允价值变动：不作账	①持有期间的现金股利或债券利息收入 借：应收股利（被投资单位宣告分派现金股利部分） 　　应收利息（资产负债表日计算的债券利息） 　　贷：投资收益 ②期末公允价值变动 a．公允价值上升 借：交易性金融资产——公允价值变动 　　贷：公允价值变动损益 b．公允价值下降 借：公允价值变动损益 　　贷：交易性金融资产——公允价值变动
	处置	借：银行存款 　　贷：短期投资 　　　　投资收益（差额，也可能在借方）	双分录： 借：银行存款等 　　贷：交易性金融资产 　　　　投资收益（差额，也可能在借方） 借：公允价值变动损益 　　贷：投资收益 或相反分录
存货	存货取得成本	①通过加工取得的存货成本包括直接材料、直接人工和制造费用 ②投资者投入的存货成本：评估价值	①存货加工成本，由直接人工和制造费用构成，其实质是企业在进一步加工存货的过程中追加发生的生产成本，不包括直接由材料存货转移而来的价值 ②投资者投入的存货成本：投资合同或协议约定的价值（但投资合同或协议约定价值不公允的除外）
	出租、出借的周转材料	不需要结转成本，但应当进行备查登记	要结转其成本，计入销售费用或其他业务成本
	存货盘盈	①批准前： 借：原材料等 　　贷：待处理财产损溢 ②批准后： 借：待处理财产损溢 　　贷：营业外收入	①批准前： 借：原材料等 　　贷：待处理财产损溢 ②批准后： 借：待处理财产损溢 　　贷：管理费用
	存货盘亏、毁损	①批准前： 借：待处理财产损溢 　　贷：原材料等 ②批准后： 借：原材料（入库的残料） 　　其他应收款（应收责任人、保险赔款） 　　营业外支出 　　贷：待处理财产损溢	①批准前： 借：待处理财产损溢 　　贷：原材料等 ②批准后： 借：原材料（入库的残料） 　　其他应收款（应收责任人、保险赔款） 　　管理费用（计量收发差错和管理不善） 　　营业外支出（非常原因） 　　贷：待处理财产损溢
	存货减值与出售	不计提存货跌价准备 出售时也不存在结转存货跌价准备问题	存货成本高于可变现净值时，发生减值： 借：资产减值损失 　　贷：存货跌价准备 出售时要将存货跌价准备转入主营业务成本或其他业务成本中

续表

比较项目		《小企业会计准则》下的处理	《企业会计准则》下的处理
收入	包括的内容	销售商品收入和提供劳务收入 注意：出租包装物和商品的租金收入计入"营业外收入"；出租固定资产、无形资产的租金收入计入"其他业务收入"	根据性质不同，可分为销售商品收入、提供劳务收入、让渡资产使用权收入 注意：出租包装物和商品、固定资产、无形资产的租金收入均计入"其他业务收入"
	分期收款方式销售商品	合同约定的收款日期确认收入	发出商品时确认收入
	劳务的开始和完成分属不同的会计期间	应当按照完工进度确认提供劳务收入	①提供劳务交易结果能够可靠估计的，按完工百分比法确认提供劳务收入 ②提供劳务交易结果不能可靠估计的，不能按完工百分比法确认提供劳务收入，应当正确预计已经发生的劳务成本能否得到补偿分情况处理
费用	计入税金及附加的费用	消费税、城市维护建设税、资源税、土地增值税、房产税、城镇土地使用税、车船税、印花税和教育费附加、矿产资源补偿费、排污费等	消费税、城市维护建设税、教育费附加和资源税（房地产企业销售开发产品应纳的土地增值税也在"税金及附加"核算）
	小企业（批发业、零售业）购买商品过程中发生的费用	小企业（批发业、零售业）在购买商品过程中发生的费用（包括运输费、装卸费、包装费、保险费、运输途中的合理损耗和入库前的挑选整理费等）也构成销售费用	计入所购入商品的成本，在所购入商品未对外销售之前一同构成企业的存货
	小企业（批发业、零售业）管理费用	小企业（批发业、零售业）管理费用不多的，可不设置"管理费用"科目，管理费用可并入"销售费用"科目核算。	无此规定
	财务费用	①汇兑收益不计入财务费用，而计入营业外收入 ②在合同约定的债务人应付利息日确认利息费用	①汇兑收益计入财务费用 ②资产负债表日确认利息费用
营业利润		营业收入减去营业成本、税金及附加、销售费用、管理费用、财务费用，加上投资收益（或减去投资损失）后的金额	营业收入减去营业成本、税金及附加、销售费用、管理费用、财务费用、资产减值损失，加上公允价值变动收益（或减去公允价值变动损失），加上投资收益（或减去投资损失）后的金额
营业外收入	盘盈收益（利得）	库存现金、存货、固定资产盘盈收益均计入营业外收入 注意：不存在纳税调整	现金盘盈：营业外收入 存货盘盈：冲减管理费用 固定资产盘盈：先通过"以前年度损益调整"核算，最后转入"利润分配——未分配利润"科目 注意：固定资产盘盈要作纳税调整
	汇兑收益	计入营业外收入	计入财务费用
	租金收入	出租包装物和商品：营业外收入 出租固定资产、无形资产：其他业务收入	出租包装物和商品、固定资产、无形资产的租金收入计入其他业务收入

续表

比较项目		《小企业会计准则》下的处理	《企业会计准则》下的处理
营业外收入	逾期未退的包装物押金	计入营业外收入	逾期未退包装物押金收入计入其他业务收入，但逾期未收回包装物，要加收一部分押金，对于该部分加收的押金，在取得时应作为营业外收入处理
	已作坏账损失处理后又收回的应收款项	计入营业外收入 注意：不存在纳税调整	已作坏账损失处理后又收回的应收款项不计入损益，其账务处理为： 借：应收账款等 贷：坏账准备 借：银行存款 贷：应收账款等 注意：要作纳税调整
	纳税调整	本准则规定的营业外收入与企业所得税法实施条例规定的转让财产收入中转让固定资产、生物资产、无形资产、应收账款等财产取得的收入，租金收入中的出租包装物和商品取得的租金收入，接受捐赠收入和其他收入相一致（即本处不存在纳税调整）	固定资产盘盈、已作坏账损失处理后又收回的应收款项不计入损益，但要作纳税调整
营业外支出比较	坏账损失	计入营业外支出	冲减坏账准备和应收款项
	资产盘亏、毁损、报废净损失	计入营业外支出	①现金盘亏：管理费用 ②存货盘亏：若属于管理不善导致的计入管理费用；若属于非常原因导致的计入营业外支出 ③固定资产盘亏：营业外支出
	非货币性资产交换、偿债损失	小企业如果发生了非货币性资产交换、偿债损失，在会计和所得税法上都应当视同处置非流动资产，确认"营业外支出"	作为非货币性资产交换损失、债务重组损失，计入营业外支出

表 2 资产负债表项目的差异

比较项目	《小企业会计准则》	《企业会计准则》
资产项目	短期投资	交易性金融资产
	预付账款	预付款项
	——	一年内到期的非流动资产
	——	可供出售金融资产
	长期债券投资	持有至到期投资
	——	长期应收款
	——	投资性房地产
	固定资产原价	固定资产
	减：累计折旧	
	——	油气资产
	——	商誉
	——	递延所得税资产

续表

比较项目	《小企业会计准则》	《企业会计准则》
负债项目	——	交易性金融负债
	预收账款	预收款项
	应付利润	应付股利
	——	一年内到期的非流动负债
	——	应付债券
	——	长期应付款
	——	预计负债
	——	递延所得税负债
所有者权益项目	——	减：库存股

表 3 利润表项目的差异

《小企业会计准则》	《企业会计准则》
一、营业收入	一、营业收入
减：营业成本	减：营业成本
税金及附加	税金及附加
销售费用	销售费用
管理费用	管理费用
财务费用	财务费用
	资产减值损失
	加：公允价值变动损益（损失以 "–" 号填列）
加：投资收益（损失以 "–" 号填列）	投资收益（损失以 "–" 号填列）
二、营业利润（亏损以 "–" 号填列）	二、营业利润（亏损以 "–" 号填列）
加：营业外收入	加：营业外收入
减：营业外支出	减：营业外支出
三、利润总额（亏损总额以 "–" 号填列）	三、利润总额（亏损总额以 "–" 号填列）
减：所得税费用	减：所得税费用
四、净利润（净亏损以 "–" 号填列）	四、净利润（净亏损以 "–" 号填列）
	五、每股收益：
	（一）基本每股收益
	（二）稀释每股收益
	六、其他综合收益
	七、综合收益总额

附录二　利用 Excel 做账的模板

利用 Excel 做账时，其账务处理流程与手工账的账务处理流程基本一致，同样包括填制记账凭证、登账、填列报表等步骤。与手工账相比，Excel 做账最大的特点在于各类模板的使用：如填制记账凭证，就需要在记账凭证模板中填列相应的会计科目；如登账，登记库存现金日记账时可直接在模板中筛选"库存现金"科目，登记银行存款日记账时可直接在模板中筛选"银行存款"科目，登记明细账时可直接在模板中筛选明细科目，登记总账时可直接在模板中筛选总账科目或汇总总账科目；如填列报表，可根据期初余额、本期各科目发生额数据汇总数据，在模板中编制试算平衡表，然后根据手工账的取数规则在报表模板中填列数据。

利用 Excel 做账涉及的各类模板如下。

一、审批类

（1）提取现金审批单

提取现金审批单			
申请部门：		日期：	
申请人：		金额：	
金额用途：			
副总经理：		部门经理：	

（2）付款申请单

付款申请单
年　月　日

收款单位：			
付款金额：		付款方式：	
付款用途：			

总经理：　　　　　财务经理：　　　　　部门经理：　　　　　经办人：

（3）应付账款核销申请表

应付账款核销申请表
年　月　日

应付单位：	
应付账款余额：	
申请核销原因：	
附件：	
财务部审批：	
公司负责人审批：	

二、计算类

（1）工资表

工资表

编号	姓名	应发金额				应扣金额				实发工资
		基本工资	岗位工资	全勤奖	合计	请假扣款	迟到扣款	其他扣款	应扣合计	
合计										

单位负责人：　　　　　　　出纳：　　　　　　　　　　　　　制表：

（2）固定资产折旧明细表

固定资产折旧明细表

类别	代码	名称	单位	数量	型号	使用部门	折旧方法	入账日期	使用年限（年）	原值	净残值	累计折旧	净值

三、凭证、账簿类

（1）记账凭证

记 账 凭 证

年 月 日　　　　　　　　　　　　　记字第＿＿＿＿号

摘　　要	会计科目	明细科目	借方金额								贷方金额								记账
			千	百	十	万	千	百	十	元	角	分	千	百	十	万	千	百	十	元	角	分	
合　　　　计																							

附件　张

会计主管　　　　　　记账　　　　　　　　审核　　　　　　　　制证

（2）日记账

现 金 日 记 账

年度　　　　　　　　　　第　　　页

年		记账凭证		摘　要	对方科目	总页	借　方										贷　方										余　额									
月	日	收款	付款				亿	千	百	十	万	千	百	十	元	角	分	√	亿	千	百	十	万	千	百	十	元	角	分	√	亿	千	百	十	万	千	百	十	元	角	分	√

四、报表类

资产负债表

编制单位：　　　　　　　　　　　　　年　月　日　　　　　　　　　　　会企01表
　　　　　　　　　　　　　　　　　　　　　　　　　　　　　　　　　　单位：元

资　产	行次	年初余额	期末余额	负债和所有者权益（或股东权益）	行次	年初余额	期末余额
流动资产：				流动负债：			
货币资金				短期借款			
以公允价值计量且其变动计入当期损益的金融资产				以公允价值计量且其变动计入当期损益的金融负债			
应收票据				应付票据			
应收账款				应付账款			
预付款项				预收款项			
应收利息				应付职工薪酬			
应收股利				应交税费			
其他应收款				应付利息			
存货				应付股利			
一年内到期的非流动资产				其他应付款			
其他流动资产				一年内到期的非流动负债			
流动资产合计				其他流动负债			
非流动资产：				流动负债合计			
可供出售金融资产				非流动负债：			
持有至到期投资				长期借款			
长期应收款				应付债券			
长期股权投资				长期应付款			
投资性房地产				专项应付款			
固定资产				预计负债			
在建工程				递延收益			
工程物资				递延所得税负债			
固定资产清理				其他非流动负债			
生产性生物资产				非流动负债合计			
油气资产				负债合计			
无形资产				所有者权益（或股东权益）：			
开发支出				实收资本（或股本）			
商誉				资本公积			
长期待摊费用				减：库存股			
递延所得税资产				其他综合收益			
其他非流动资产				盈余公积			
非流动资产合计				未分配利润			
				所有者权益（或股东权益）合计：			
资产总计				负债和所有者权益（或股东权益）合计：			

💿 **更多模板参见随书光盘** ◄

本书配套\赠送资源\附录二\Excel做账的模板